Günter Vornholz
Entwicklungen und Megatrends der Immobilienwirtschaft

Günter Vornholz

Entwicklungen und Megatrends der Immobilienwirtschaft

———

3., grundlegend überarbeitete und aktualisierte Auflage

DE GRUYTER
OLDENBOURG

ISBN 978-3-11-055046-7
e-ISBN (PDF) 978-3-11-055053-5
e-ISBN (EPUB) 978-3-11-055075-7

Library of Congress Cataloging-in-Publication Data
A CIP catalog record for this book has been applied for at the Library of Congress.

Bibliografische Information der Deutschen Nationalbibliothek
Die Deutsche Nationalbibliothek verzeichnet diese Publikation in der Deutschen
Nationalbibliografie; detaillierte bibliografische Daten sind im Internet über
http://dnb.dnb.de abrufbar.

© 2017 Walter de Gruyter GmbH, Berlin/Boston
Einbandabbildung: Nikada / Vetta / gettyimages
Druck und Bindung: CPI books GmbH, Leck
♾ Gedruckt auf säurefreiem Papier
Printed in Germany

www.degruyter.com

Vorwort

Das vorliegende Lehrbuch liefert eine Einführung in eine der interessantesten Branchen und Märkte überhaupt: die Immobilienwirtschaft und die damit verbundenen Immobilienmärkte. Sie weisen nicht nur vielfältigste Strukturen auf, sondern ebenfalls eine hohe Dynamik. In diese Zusammenhänge soll das vorliegende Buch einen Einblick verschaffen.

Das Ziel des Lehrbuches besteht darin, das Verständnis für die Funktionsweise von Immobilienwirtschaft und Immobilienmärkte zu verstärken. Es soll helfen zu verstehen, wie die Nutzungen und Werte von Immobilien sich verändern, wenn sich Rahmenbedingungen und Einflussfaktoren ändern. Mithilfe des Buches sollen Veränderungen von Immobilienwerten, -nutzungen und -aktivitäten erklärt werden.

Dieses Buch soll sowohl für Studierende der Immobilienwirtschaft und verwandter Bereiche als auch für interessierte Beschäftigte in der Immobilienwirtschaft geeignet sein. Das Buch ist konzipiert als Lehrbuch, das aufgrund seiner didaktisch aufbereiteten Lehrstoffe und -materialien für Vorlesungen bzw. Seminare verwendet werden kann. Von mir werden die Inhalte dieses Buches in meinen Vorlesungen an der privaten Hochschule EBZ Business School in Bochum eingesetzt.

Die fachlichen Inhalte werden mithilfe von Übungsfragen und Fallstudien didaktisch aufbereitet und können so auch für das Selbststudium verwendet werden. Für das Erarbeiten des Lernstoffes dienen darüber hinaus die Lernziele sowie die fachlichen Informationen mit jeweils theoretischen und praktischen Inhalten.

Mein Dank gilt allen, die mich beim Verfassen dieses Lehrbuches tatkräftig unterstützt haben.

Glück auf!

Lüdinghausen, im Mai 2017

Günter Vornholz

Inhaltsverzeichnis

Abkürzungsverzeichnis

A-Städte	Hamburg, Berlin, Düsseldorf, Köln, Frankfurt am Main, Stuttgart und München
ABS	Asset-Backed Securities
AfA	Absetzung für Abnutzungen, Abschreibungen
AIF	Alternativer Investmentfonds
AR	Augmented Reality
BBSR	Bundesinstitut für Bau-, Stadt- und Raumforschung
BGF	Brutto-Grundfläche
BIM	Building Information Modeling
BIP	Bruttoinlandsprodukt
CBD	Central Business District
CDS	Credit Default Swap
(C)MBS	(Commercial) Mortgage-Backed Securities
c. p.	ceteris paribus (unter sonst gleichen Bedingungen)
CSR	Corporate Social Responsibility
DIX	Deutscher Immobilien Index
DGNB	Deutsche Gesellschaft für nachhaltiges Bauen
EZB	Europäische Zentralbank
GBP	britisches Pfund
gif	Gesellschaft für immobilienwirtschaftliche Forschung e.V.
GPI	German Property Index
HDE	Handelsverband Deutschland
HVPI	Harmonisierter Verbraucherpreisindex
IoT	Internet of Things
IPD	Investment Property Databank GmbH
IuK-Technologie	Informations- und Kommunikations-Technologien
IVD	Immobilienverband Deutschland
IWF	Internationaler Währungsfonds
KAG	Kapitalanlagegesellschaft
KAGB	Kapitalanlagegesetzbuch
KfW	Kreditanstalt für Wiederaufbau

KVG	Kapitalverwaltungsgesellschaft
LTV	Loan to Value
MBS	Mortgage Backed Securities
MFI	Monetäre finanzielle Institutionen
MNU	Multinationale Unternehmen
MF-G	Mietfläche für gewerblichen Raum
NOI	Net Operating Income
OGAW	Organismus für gemeinsame Anlagen in Wertpapieren
p. a.	per annum (pro Jahr)
REIT	Real-Estate Investment Trust
USD	US-Dollar
vdp	Verband deutscher Pfandbriefbanken
VGR	Volkswirtschaftlichen Gesamtrechnung
VPI	Verbraucherpreisindex
WZ	Wirtschaftszweig
ZIA	Zentrale Immobilien Ausschuss

1 Einleitung

Die Immobilienwirtschaft gehört zu den interessantesten Märkten überhaupt. Sie ist in der umfassenden Abgrenzung aufgrund ihrer Größe eine der bedeutendsten Branchen der deutschen Volkswirtschaft. Die Immobilienbranche, umfassend gesehen, besteht aus der Entwicklung, dem Bau und dem Verkauf sowie der Vermietung bzw. Nutzung bis hin zur Modernisierung und letztlich zum Abriss von Immobilien für wohnliche oder gewerbliche Zwecke sowie den entsprechenden Investments und deren Finanzierung. Weiterhin überzeugt die Immobilienwirtschaft durch ihre Vielfalt. Die Immobilienwirtschaft setzt sich aus den verschiedensten Teilbereichen zusammen, die entlang des Lebenszyklus der Immobilie bestehen.

Gleichzeitig werden Immobilien auf Märkten gehandelt, die nach unterschiedlichen Kriterien abgegrenzt werden können. So gibt es zwischen den verschiedenen Immobilienmärkten zwar Gemeinsamkeiten, aber auch erhebliche Divergenzen. Grundsätzlich kann zwischen den Märkten entlang des Lebenszyklus der Immobilien einerseits und den Immobilien-Investmentmärkten andererseits unterschieden werden. Vor diesem Hintergrund ergibt sich die Gliederung dieses Buches.

In dem einführenden Kapitel 2 werden grundsätzliche Aspekte angesprochen: Definition, Begriffe und Erklärungen, Abgrenzungen und Gemeinsamkeiten. Es geht darum einen Überblick über die Strukturen von Immobilien, der Immobilienbranche und den Immobilienmärkten zu vermitteln. Insbesondere wird auf die Besonderheiten von Immobilien und Immobilienmärkten eingegangen. Unterschiedliche Akteure sind in und auf den verschiedenen Teilbereichen und Teilmärkten engagiert, sie sollen hier zum Abschluss dieses Kapitels beschrieben werden.

In Kapitel 3 wird auf die geschichtliche Entwicklung der Immobilienwirtschaft und -märkte im Wesentlichen seit der Wiedervereinigung eingegangen. Durch dieses Ereignis haben sich die Rahmenbedingungen dramatisch verändert. Die Trends danach werden anhand von vier abgrenzbaren konjunkturellen Zyklen und einigen wesentlichen Indikatoren der Immobilienwirtschaft untersucht. Die Immobilienmärkte werden anschließend für die wesentlichen Teilmärkte in Deutschland analysiert. Das betrifft zum einen die Immobilien-Investmentmärkte und zum anderen die drei wesentlichen Objektmärkte, wobei sowohl auf die Entwicklung als auch auf deren Ursachen eingegangen wird.

Das Kapitel 4 befasst sich mit den (langfristigen) zukünftigen Perspektiven der Immobilienwirtschaft und -märkte. Dazu werden zunächst die bedeutenden Megatrends analysiert. Nachdem die wesentlichen Auswirkungen auf die jeweiligen Geschäftsmodelle und -prozesse analysiert wurden, werden die Effekte für die Immobilienwirtschaft und die wesentlichen Immobilienmärkte dargelegt.

https://doi.org/9783110550535-013

2 Immobilienwirtschaft und -märkte – Definitionen und Abgrenzungen

Für die Beschäftigung mit dem Thema der Immobilienwirtschaft und -märkte ist es zunächst notwendig, sich mit den grundlegenden Begriffen auseinanderzusetzen. Neben den Definitionen werden insbesondere die Zusammenhänge zwischen den einzelnen Begriffen dargestellt sowie voneinander abgegrenzt.

In Kapitel 2.1 werden aus der Sicht verschiedener Wissenschaftsdisziplinen Immobilien definiert und auf einzelne Immobilienarten wird näher eingegangen. Aufgrund der Besonderheiten der Immobilien, die sich insbesondere durch Standortgebundenheit und Heterogenität auszeichnen, lassen sich dann die Besonderheiten der Immobilienmärkte ableiten.

Weiterhin werden im Kapitel 2.2 verschiedene Abgrenzungen für die Immobilienwirtschaft dargestellt, die auch zu unterschiedlichen Bedeutungen der Branche in der Volkswirtschaft führen. Die Immobilienmärkte (Kapitel 2.3) als das Zusammentreffen von Angebot und Nachfrage nach Immobilien lassen sich nach verschiedenen Kriterien abgrenzen. Dabei werden zum einen die Immobilienmärkte im Verlauf des Lebenszyklus der Immobilien und zum anderen die Immobilien-Investmentmärkte analysiert.

Im abschließenden Teil dieses Kapitels (2.4) wird auf die Akteure und ihre Bedeutung in der Immobilienwirtschaft eingegangen. Für eine bessere Übersichtlichkeit werden diese wiederum sowohl in den verschiedenen Abschnitten des Lebenszyklus einer Immobilie analysiert als auch als Teilnehmer des Immobilien-Investmentmarktes.

> **Lernziele zu Kapitel 2**
> Nach der Bearbeitung dieses Kapitels können Sie
> - die Eigenschaften von Immobilien im Vergleich zu anderen Gütern erläutern, die dazu führen, dass Immobilien Unikate sind,
> - die Besonderheiten der Immobilienwirtschaft und Immobilienmärkte unterscheiden,
> - die verschiedenen Interpretationen von „Immobilienwirtschaft" herausarbeiten und damit deren unterschiedliche Bedeutungen für die Volkswirtschaft gegenüberstellen,
> - unterschiedliche Definitionen und Abgrenzungen zusammenfassen, die zu einer Vielzahl von Märkten und nicht zu „dem" einen Immobilienmarkt führen,
> - die Unterschiede zwischen Vermietungs- und Investmentmärkte, die zu unterschiedlichen Marktergebnissen führen, aufzeigen und beurteilen,
> - die Akteure, die auf den Angebots- und Nachfrageseiten der Immobilienteilmärkte Deutschlands (Investment- und Vermietungsmärkte) wirken, und ihre Ziele analysieren.

https://doi.org/9783110550535-015

2.1   Immobilien

2.1.1   Definitionen und Abgrenzungen

Immobilien sind immer Unikate, ob von der Lage her, vom Grundriss, der Ausstattung, der Bauqualität oder anderen Indikatoren. Es gibt keine einheitliche Definition von Immobilien, sondern jede Wissenschaftsdisziplin erläutert diese aus ihrem eigenen Blickwinkel (siehe Abbildung 2.1). Dabei werden sehr unterschiedliche Immobilienbegriffe verwendet.

Im allgemeinen Sprachgebrauch sind Immobilien „unbewegliche Güter" (lateinisch *immobilis*: eine unbewegliche Sache). Dazu zählen neben Gebäuden auch unbebaute Grundstücke. Wenn ein Grundstück bebaut ist, wird umgangssprachlich das Grundstück inklusive der sich darauf befindlichen Gebäude als Immobilie bezeichnet. Eine Annäherung an den Begriff der Immobilie kann über deren **Funktionen** erfolgen. Die Hauptfunktionen von Immobilien liegen z. B. in Wohnen, Arbeit, Freizeit, Ver- und Entsorgung. Darüber hinaus erfüllen sie einige zusätzliche Funktionen, wie beispielsweise Altersvorsorge oder Kreditbesicherung. Die wichtigsten Definitionskategorien sind physischer, juristischer und ökonomischer Art.

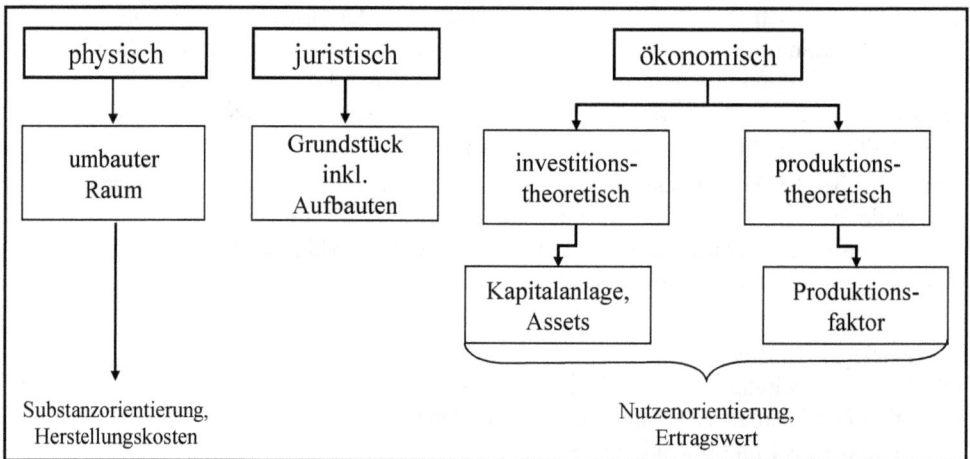

Abb. 2.1:   Immobiliendefinitionen; Quelle: eigene Darstellung.

Aus **physischer bzw. ingenieurwissenschaftlicher Sicht** werden allein die materiellen Eigenschaften der Immobilie betrachtet. Hiernach wird die Immobilie als umbauter Raum oder dreidimensionales Gebilde gesehen, welches für verschiedene Zwecke verwendet werden kann. Grund und Boden sind nach dieser Definition nicht Teil der Immobilie. Zudem beinhaltet diese nicht die mit der Immobilie verbundenen Nutzungsmöglichkeiten.

Die physische Definition, die materiell orientiert ist, hat ihre Bedeutung beispielsweise für die Wertermittlung nach dem Sachwertverfahren. Dieses Verfahren wird vorwiegend bei Immobilien für die Eigennutzung angewandt. Da hier Renditeüberlegungen eine untergeordnete Rolle spielen, erfolgt die Bewertung von Immobilien auf der Basis der Aufwendungen, die für die Erstellung dieser oder vergleichbarer Gebäude notwendig wären.

Eine in sich geschlossene **juristische Definition** für den Begriff „Immobilie" gibt es nicht, auch wenn viele Aspekte der Immobilienwirtschaft die Beachtung der rechtlichen Rahmenbedingungen erfordern. Nur in wenigen Gesetzen (z. B. im Investmentgesetz) wird der Begriff „Immobilie" verwendet. Üblicherweise wird in Gesetzestexten die Immobilie über den Grund und Boden bzw. das Grundstück definiert. Ein Grundstück bezeichnet nach der juristischen Definition einen räumlich abgegrenzten Teil der Erdoberfläche; dazu gehören der Raum über der Erde und der Boden unter der Oberfläche. Zu den wesentlichen Bestandteilen eines Grundstücks werden die mit dem Grund und Boden fest verbundenen Sachen gerechnet, insbesondere die darauf stehenden Gebäude (§ 94 BGB). Zum Grundstück gehören ferner die das Eigentum betreffenden Rechte.

Ökonomisch gesehen existieren zwei unterschiedliche Konzepte des Immobilienbegriffes. Immobilien sind primär (unbebaute, bebaute) Flächen, die für ihre Nutzer (Mieter, Eigentümer) einen ökonomischen Nutzen stiften. Immobilien werden auf der einen Seite als Produktionsfaktor und auf der anderen Seite als Investment gesehen. Der wirtschaftliche Charakter einer Immobilie begründet sich somit nicht durch ihre Herstellung, sondern durch ihre Nutzung. Aus produktionswirtschaftlicher Sicht gehören Immobilien zum Ressourcen- bzw. Produktionsfaktorenbestand von Unternehmen. Die Produktionsfaktoren Arbeit, Kapital und Boden sind die Inputs, die im betrieblichen Leistungsprozess zur Erstellung anderer Güter eingesetzt werden. Dazu gehören neben den o. g. Faktoren auch die Immobilien, da Grundstücke und Gebäude zu den wesentlichen Faktoren für die Produktion zählen. Aus investitionstheoretischer Sicht werden hingegen Immobilien als Investitionsgut oder Vermögensgegenstand, Kapitalanlage oder Sachvermögen („Asset") gesehen. Dabei gibt es die verschiedensten Anlageformen. Die Motive der Investoren liegen sowohl in der Erzielung laufender Erträge als auch in der Aussicht auf ein Wertsteigerungspotenzial der Immobilien. Die nachfolgende immobilienökonomische Definition berücksichtigt die bisherigen Definitionen von Immobilien und verbindet diese mit der volkswirtschaftlichen Sicht.

Immobilien aus Sicht der Immobilienökonomie
„Immobilien sind Wirtschaftsgüter, die aus unbebauten oder bebauten Grundstücken mit dazugehörigen Gebäuden und Außenanlagen bestehen. Sie werden von Menschen im Rahmen physisch-technischer, rechtlicher, wirtschaftlicher und zeitlicher Grenzen für Produktions-, Handels-, Dienstleistungs- und Konsumzwecke genutzt" (Bone-Winkel u. a., 2008, S. 16).

2.1.2 Immobilienarten

Immobilien werden für verschiedene Aufgaben im Wirtschaftsprozess eingesetzt. Die Unterteilung nach den Funktionen bzw. der Nutzung der Immobilien ist in der Branche die etablierteste und am weitesten verbreitete. Generell kann zwischen Gewerbe- und Wohnimmobilen sowie Immobilien des öffentlichen Sektors unterschieden werden, wobei die folgende detailliertere Unterteilung vorgenommen werden kann (siehe auch Abbildung 2.2).

```
                              Immobilienmärkte

 I. Gewerbe-              II. Wohn-               III. Immobilien des
 immobilien              immobilien               öffentlichen Sektors
 • Bürogebäude            • Eigentums-
 • Einzelhandels-          wohnungen
   immobilien            • Einfamilien-
 • Hotelimmobilien        häuser                   • Infrastruktur
 • Logistikimmobilien    • Zweifamilien-
 • Freizeitimmobilien      häuser                   • Verwaltung
 • Industrieimmobilien   • Mehrfamilien-
 • Spezialimmobilien       häuser
```

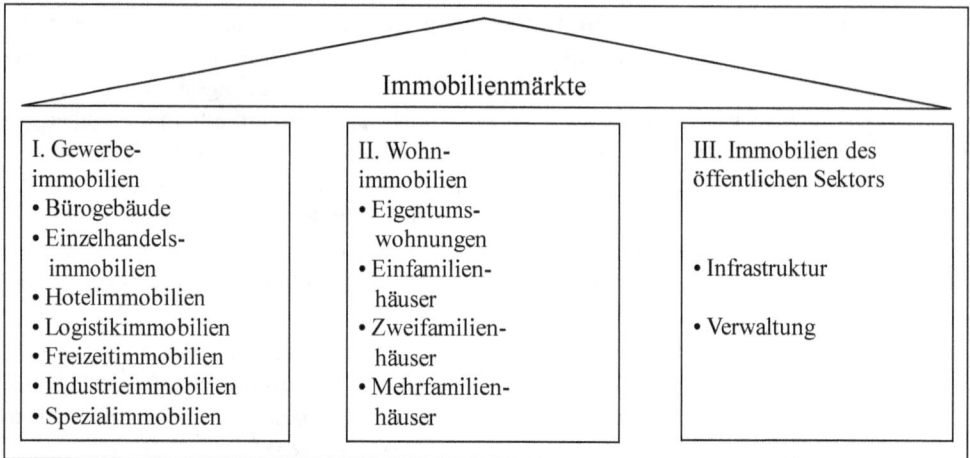

Abb. 2.2:   Immobilien nach Objektart; Quelle: eigene Darstellung.
             Die Erklärung der verschiedenen Objektarten erfolgt in der hier angegebenen Reihenfolge.

Gewerbeimmobilien

Bei Gewerbeimmobilien handelt es sich um Immobilien, die überwiegend zu gewerblichen Zwecken genutzt werden. Ein gewerblicher Zweck liegt bereits dann vor, wenn die Nutzung im Rahmen gewerblicher Tätigkeit erfolgt. Mithilfe von Gewerbeimmobilien können von den Eigentümern Einkommen erzielt werden. Die Mieter zahlen für die Nutzung der Flächen, statt sie zu kaufen.

Büro- und Verwaltungsimmobilien

Immobilien, in denen primär Verwaltungstätigkeiten und Schreibtischtätigkeiten erfolgen, werden als Büroimmobilien bezeichnet. Neben Lage, Fläche und Ausstattung ist bei dieser Objektart vor allem Flexibilität von Bedeutung. Bei der Lage wird u. a. nach City-Lage, City-Randlage, Bürozentrum, Backoffice-Standort sowie Umland unterschieden.

Darüber hinaus wird nach der Gestaltung der Büroarbeitsplätze differenziert. Das Zellenbüro ist die klassische Büroform, die in Deutschland weit verbreitet ist. Meist kommt diese Büroform als Ein- und Zwei-Personen-Büro vor. Die Entstehung von Großraumbüros ist auf die Nachteile der Zellenbüros zurückzuführen. Die Verbesserung der Kooperation und Kommunikation und die Erhöhung der Flächennutzung sollten zu deutlich erhöhter Produktivität führen. Viele Großraumbüros sind in Gruppenbüros umgewandelt worden, die üblicherweise von mehreren Personen genutzt werden.

In einem Kombibüro werden für jeden Mitarbeiter persönliche Büros in Verbindung zu vielfach nutzbaren Räumlichkeiten (Multifunktionszone für Archivierung, Post, Kopien oder Besprechungsräume) vorgehalten. Diese Büroart ist eine Kombination von Großraum- und Zellenbüros und versucht deren jeweilige Vorteile zu kombinieren. Darüber hinaus sind Kombibüros durch hohe Flexibilität in der Gestaltung der Multifunktionszone gekennzeichnet.

Seit den 1990er-Jahren entwickeln sich Bürokonzepte, die auf Desk-Sharing basieren und New-Work-Konzepte (siehe Kapitel 4.3) genannt werden. Beim Desk-Sharing gibt es mehr

Arbeitsplätze als Schreibtische und es wird die direkte Zuordnung von Arbeitsplätzen zu einzelnen Mitarbeitern aufgehoben.

Einzelhandelsimmobilien

Einzelhandelsimmobilien zeichnen sich allgemein dadurch aus, dass die Immobilien zu Handelszwecken genutzt werden. Die Einzelhandelsimmobilien sind der Ort, an dem der stationäre Einzelhandel mit dem Absatz von Waren an die Endverbraucher stattfindet. In erster Linie stehen hierbei nicht die Nutzung der Fläche, sondern die Generierung von Umsatz und das Geschäft mit Kunden im Vordergrund. Bei den Einzelhandelsimmobilien wird z. B. nach Größe oder Sortiment (z. B. Kleidung oder Lebensmittel) sowie Betriebsformen unterschieden.

Der **Standort der Einzelhandelsimmobilien** ist ein weiteres Abgrenzungskriterium, um die Bestände differenziert zu analysieren. Die 1a-Lage bezeichnet die umsatzstarken, hochfrequentierten Lagen einer Stadt, die zu den besten Einkaufslagen gehören. Sie liegen meist im Hauptgeschäftszentrum einer Stadt. Direkt an die 1a-Lage grenzen die 1b-Lagen (meist die Nebenstraßen der Haupteinkaufsstraßen), die dann in weiterer Entfernung in Nebenlagen bzw. Streulagen übergehen. Dies ist in der Tabelle 2.3 wiedergegeben.

Tab. 2.3: Standortfaktoren Einzelhandelsbetriebe, Quelle: Jones Lang LaSalle, 2011, S. 23.

Standort/Lage	Anteil an der Spitzenmiete	Passantenfrequenz
1a-Lage	80–100 %	70–100 %
1b-Lage	40–80 %	40–70 %
Nebenlage / Streulage	unter 40 %	unter 40 %
Stadtteillage	außerhalb des Citybereichs; von der Stadtplanung ausgewiesene Versorgungsschwerpunkte des Handels	

Die **Betriebsformen des Einzelhandels** unterscheiden sich durch verschiedene Merkmale wie z. B. Sortimentstiefe und -breite, Preisniveau, Verkaufsfläche oder Standort. Sie sind u. a. durch folgende Besonderheiten gekennzeichnet:

- Nahversorger

Hierbei handelt es sich um Objekte mit nur sehr regionaler Bedeutung, die sich auf das umliegende, unmittelbare Einzugsgebiet beziehen und sich deshalb in entsprechend guter, zentraler Lage befinden sollten. Die Baustandards sind im Regelfall einfach gehalten; die Lebensdauer ist dadurch beschränkt. Da diese Art von Immobilie relativ leicht ersetzbar ist, ist es häufig kostengünstiger, neu zu bauen, als ein bestehendes Objekt dem aktuellen Standard anzupassen (Refurbishment).

- Fachmärkte / Fachmarktzentren

Dies sind Zusammenfassungen oder Kombinationen von Fachmärkten an einem Standort. Früher haben sich solche Zentren aus der sukzessiven Ansiedlung von Einzelfachmärkten entwickelt, heute geht die Tendenz zu einer geplanten Zusammenstellung von Fachmärkten durch einen Investor mit dem Ziel der Angebots- und Wettbewerbsoptimierung. Bevorzugte Standorte befinden sich häufig an Ein- und Ausfallstraßen von Städten sowie in Gewerbegebieten.

- Kaufhäuser

Ein Kaufhaus ist ein innerstädtischer Fachmarkt und bietet Waren nur aus einer oder wenigen Warengruppen auf einer Verkaufsfläche von mindestens 1.000 m² an. Beispiele sind Kaufhäuser mit Textilien (u. a. C&A) oder mit Elektrogeräten (u. a. Saturn oder MediaMarkt).

- Warenhäuser

Ein Warenhaus ist ein großes, meist mehrstöckiges Geschäft, indem Waren jeglicher Art angeboten werden. Beispiele hierfür sind Karstadt oder die Galeria Kaufhof.

- Shoppingcenter

Shoppingcenter sind räumliche Konzentration von Einzelhandels- und Dienstleistungsbetrieben sowie Gastronomieangeboten. In den 1960er-Jahren eröffneten die ersten Shoppingcenter in Deutschland. Gab es bis 1990 noch eine relativ moderate Zunahme auf rund 100 Center, nahm die Anzahl in der ersten Dekade nach der Wiedervereinigung rasant auf ca. 300 zu. Während die Shoppingcenter in den 1990er-Jahren noch überwiegend auf der „Grünen Wiese" eröffnet wurden, befinden sich heute neue Standorte in den Innenstädten und in Stadtteilen. Bis heute stieg die gesamte Fläche auf ca. 16 Mio. m² verteilt auf über 400 Shoppingcenter.

Hotelimmobilien

Unter einer Hotelimmobilie wird ein Beherbergungsbetrieb mit gehobener Ausstattung und Dienstleistungskomfort (eine Rezeption, Dienstleistungen, tägliche Zimmerreinigung, zusätzliche Einrichtungen und mindestens ein Restaurant) verstanden. Die Hotellerie ist das Kernstück des Beherbergungsgewerbes, auch traditionelle oder klassische Hotellerie genannt. Daneben existiert die Parahotellerie, unter die u. a. Ferienheime, Gästehäuser oder Jugendherbergen gefasst werden.

Hotelimmobilien lassen sich nach verschiedenen Kategorien unterscheiden. Nach der amtlichen Statistik wird die Hotellerie in Deutschland und in vielen anderen Ländern nach den Betriebsarten Hotels, Gasthöfe, Pensionen und Hotels garni differenziert. Es gibt unterschiedliche Qualitätsstufen, die von Luxushotels über verschiedene Sterne-Hotels bis zu Low-Budget-Hotels reichen. Beim Standort kann in Stadthotels oder verkehrsabhängigen (Bahnhof oder Flughafen) sowie z. B. Ferienhotels unterteilt werden. Auch die Zielgruppe kann ein Unterscheidungskriterium sein wie Business- oder Tagungshotel oder Ferienhotel.

Aufgrund der vielfach schwankenden saisonalen Auslastung sind entsprechend große betriebliche Kapazitäten notwendig. Bei mangelnder Auslastung können sich hieraus aber existenzbedrohende Leerstandskosten ergeben.

Logistikimmobilien

Logistikimmobilien haben sich als eine bedeutende Assetklasse etabliert und auch das Fertigstellungsvolumen hat sich in den letzten Jahren deutlich erhöht. Die Logistik in Unternehmen umfasst die ganzheitliche Planung, Steuerung, Koordination, Durchführung und Kontrolle aller unternehmensinternen und unternehmensübergreifenden Güter- und Informationsflüsse. Aus funktionaler Sicht werden mit Logistik die Phasen vom Beschaffungs- bis hin zum Absatzmarkt verstanden, untergliedert in Beschaffungs-, Produktions-, Distributions- und Entsorgungslogistik. Auch wenn Logistik keineswegs allein mit dem Transport von Gütern und Waren gleichzustellen ist, wird das Verkehrssystem hier dennoch als wichtigste Ressource angesehen.

Logistikimmobilie ist demnach die Bezeichnung für eine Immobilie, die zur Lagerhaltung, Kommissionierung und Distribution von Waren genutzt wird. Die Grenzen von Produktion, Lagerhaltung und Dienstleistungen verschwimmen jedoch zunehmend. Logistikimmobilien sind Betreiberimmobilien. Nach den Grundfunktionen können vier Typen einer Logistikimmobilie unterschieden werden. Das Beschaffungslager dient als Sammelstelle für Güter unterschiedlicher Lieferanten. Das Produktionslager versorgt das produzierende Unternehmen mit Roh-, Hilfs-, Betriebsstoffen und Halbfabrikaten. Das Distributionslager ist Bindeglied zwischen Produktion und Absatzmarkt, während ein Umschlagslager der Zwischenlagerung und Abfertigung von Gütern bei einem Wechsel von einem Transportmittel auf ein anderes dient.

Je nach Art der Logistik variieren die typischen Anforderungen an die Immobilie. Auch wenn jede Nutzung eine andere Lösung erfordert, können grundsätzlich verschiedene bautechnische und standortspezifische Anforderungen unterschieden werden, die aber trotzdem variabel sind. Dies betrifft die Höhe, die Bodentragfähigkeit, den Zugang (Tore), Erweiterungsflächen und großzügige Freiflächen, die auch die Drittverwendungsfähigkeit des Objekts ermöglichen. Der Bestand an reinen Lagerflächen wird auf 290 Mio. m², der an modernen Logistikimmobilien in Deutschland insgesamt auf rund 11,4 Mio. m² geschätzt.

Vergleichsweise schwierig sind die Standortkriterien festzulegen, da die Funktionen der Logistikimmobilien eine entscheidende Rolle spielen. Von der Lage in einem oder in der Nähe eines Ballungsgebietes können Unternehmen profitieren, denen Liefergeschwindigkeit und -zuverlässigkeit wichtig sind. Periphere Standorte weisen niedrigere Grundstückskosten und flexiblere Raumaufteilungen für große Logistiker auf, die hier Warenströme günstiger bündeln und feinverteilen können. Als globale Gateways können Hamburg oder der Rhein-Main-Raum bezeichnet werden, während z. B. das östliche Ruhrgebiet für die Nahversorgung der Region zuständig ist.

Freizeitimmobilien

Freizeitimmobilien ebenso wie Sportimmobilien sind solche, in denen die Menschen ihre Freizeit bzw. die entsprechenden Aktivitäten verbringen. Eine einheitliche Definition oder Abgrenzung existiert nicht und muss aufgrund des unbeständigen Charakters dieser Betreiberimmobilien auch einen eher flexiblen Charakter aufweisen. Zu diesen Immobilien zählen Marktsegmente wie Sport-, Fitness- und Wellnessanlagen, kulturelle Freizeiteinrichtungen, (Event-)Gastronomie, Veranstaltungszentren, kommerzielle Vergnügungs- und Spielstätten oder einzelhandelsorientierte Freizeitlokalitäten. Weiterhin zählen dazu der Outdoor-Kletterpark und die Sportarenen, im weiteren Sinne auch Ferienimmobilien wie Ferienhäuser oder Ferienwohnungen.

Sie sind ein besonderes Segment des Immobilienmarktes, weil sie zum einen sehr vielfältig in den Marktsegmenten und zum anderen sehr stark aktuellen Trends unterworfen sind. Als Managementimmobilie sind sie vor allem von der Qualität des Managements sowie im Vorfeld von der Standortauswahl und der Konzeption abhängig.

Industrieimmobilien

Typisch für Industrieimmobilien sind relativ große Hallen und Räume mit wenigen Innenausbauten. Es wird zwischen Produktions-/Lagerhallen und Gewerbeparks unterschieden; Logistikimmobilien werden teilweise auch dazugezählt. Die Übergänge zwischen den Gruppen sind aber fließend.

- Produktions- und Lagerhallen dienen Fertigungs- und Lagerzwecken. Typische Beispiele sind Produktionsgebäude, Werkstätten und Lager von Stahl-, Chemie- oder Automobilunternehmen.

- Gewerbeparks haben eine lange Tradition in Deutschland. Typisch ist hierbei die gemeinsame Nutzung von Büroflächen, Hallen und Serviceflächen durch verschiedene Nutzer. Darüber hinaus steht eine dienstleistungsorientierte Nutzung mit Technik- bzw. Technologiekomponenten sowie für Forschung und Entwicklung im Vordergrund. Standorte befinden sich häufig in Vororten von größeren Städten sowie an Autobahnen. Die gute Verkehrserschließung ist ein zentrales Kriterium für diese Gewerbeimmobilienart.

Spezialimmobilien

Spezial- oder Sonderimmobilien werden von der Funktion, der Nutzungsseite, meist unscharf definiert als Immobilien mit spezieller Nutzung. Lassen sich Immobilien nicht den vorherigen Kategorien zuordnen, so werden sie dann – quasi als Restgröße – den Spezialimmobilien zugeordnet. Deren Drittverwendungsfähigkeit ist oft eingeschränkt und somit ist der wirtschaftliche Erfolg der Immobilien stark abhängig von dem wirtschaftlichen Erfolg des Betriebs innerhalb der Immobilien. Typische Formen sind Sozialimmobilien, Gesundheitsimmobilien oder Verkehrs- und Infrastrukturimmobilien.

Wohnimmobilien

Die Wohnimmobilien sind Gebäude, die überwiegend oder ausschließlich Wohnzwecken dienen. Hierbei ist es unerheblich, ob sich die Immobilie im Eigentum des Nutzers befindet oder die Immobilie angemietet ist. Die Wohnimmobilien sind mit Abstand die größte Immobiliengruppe, sodass die Wohnimmobilien weiter untergliedert werden können.

Typische Formen von Wohnimmobilien unterscheiden sich hinsichtlich ihrer Größe beziehungsweise der Haushaltsanzahl. Üblicherweise wird differenziert in Einfamilienhäusern und Zweifamilienhäuser sowie Reihenhäuser und Mehrfamilienhäuser. Ein- und Zweifamilienhäuser werden überwiegend selbst genutzt, während die Wohnungen in Mehrfamilienhäusern eher vermietet werden. Nach der Eigentümerstruktur lässt sich der deutsche Wohnungsmarkt in drei große Gruppen einteilen: Selbstnutzer und private Kleinanbieter sowie professionell-gewerbliche Anbieter.

Immobilien des öffentlichen Sektors

Diese Immobilienart kann vom Staat einerseits den anderen Wirtschaftssubjekten zur Verfügung gestellt werden wie die öffentliche Infrastruktur (z. B. Straßen). Andererseits können diese vom Staat selbst genutzt werden wie Verwaltungsgebäude.

Die Immobilien sind für Gebietskörperschaften ein erheblicher Vermögens- und Investitionsgegenstand. Die Gebäudewirtschaft und die damit verbundene Wahrnehmung der Betreiberverantwortung stehen dabei in einem ständigen Spannungsfeld zwischen beschränkten finanziellen Möglichkeiten und vorgegebenen Anforderungen. Nutzer, Gesetzgeber und die lokale Politik richten regelmäßig hohe Erwartungen an die zuständigen Stellen.

2.1.3   Besonderheiten der Immobilien

Immobilien unterscheiden sich aufgrund mehrerer Besonderheiten wesentlich von anderen Wirtschaftsgütern. Dies ist vor allem auf die folgenden charakteristischen Merkmale zurückzuführen, die alle Nutzungsarten aufweisen. Bei den Besonderheiten sind es vor allem die ersten beiden Eigenschaften, die dominierend bei den Immobilien sind und erhebliche Auswirkungen haben.

Standortgebundenheit bzw. Immobilität

Die Immobilität und damit die Standortgebundenheit ist die wesentliche Eigenschaft einer Immobilie. Bei Immobilien handelt es sich um unbewegliche, ortsfeste Güter, bei denen der Standort letztlich für die Einzigartigkeit der Immobilien verantwortlich ist. Da sie durch das Grundstück fest mit der Erdoberfläche verbunden ist, bestimmt der spezifische Standort zum einen die Nutzungsmöglichkeit und prägt zum anderen den ökonomischen Wert und die Wertentwicklung einer Immobilie.

Das Angebot ist räumlich gebunden, sodass die Immobilie auch nur an einem Ort angeboten werden kann. Falls Knappheiten in einem Teilmarkt bestehen, können die Wirtschaftsgüter (Immobilien) nicht transportiert werden, sondern die Nachfrager müssen mobil sein. Die Nutzer müssen zu den Immobilien kommen und nicht umgekehrt. Die Immobilität in Verbindung mit der Lage führt dazu, dass es zu geografischen bzw. lokalen Teilmärkten kommt. Die einzelnen Immobilien konkurrieren üblicherweise innerhalb der lokalen Teilmärkte. Durch die Standortgebundenheit ist eine Immobilie auch von den Bedingungen im benachbarten und weiträumigen Umfeld (Mikro- und Makrostandort) abhängig.

Heterogenität

Die Eigenschaft der Immobilität impliziert bereits die weitere Besonderheit der Heterogenität. Immobilien sind heterogen, da jede Immobilie ein Unikat bezüglich des Gebäudes, der Ausstattung, der Nutzung oder der Lage sein kann. Es gibt keine identischen Immobilien mit demselben Standort und denselben Eigenschaften. Dies führt dazu, dass die Immobilien nur sehr eingeschränkt miteinander vergleichbar sind.

Die nachfolgenden Merkmale treten bei Immobilien in besonders starkem Ausmaß auf. Sie gelten aber auch bei anderen besonderen Wirtschaftsgütern wie z. B. Containerschiffen oder großen Flugzeugen.

Begrenzte Substituierbarkeit

Bei Immobilien besteht eine nicht mögliche bzw. nur eingeschränkte Substituierbarkeit. So gehört Wohnen zu den Grund- und Existenzbedürfnissen eines Haushaltes. Ebenso können Büro- und Einzelhandelsflächen nur in beschränktem Ausmaß von den Nutzern substituiert werden. Dies schränkt die Drittverwendungsmöglichkeiten einer Immobilie ein, da sie i. d. R. für einen Zweck gebaut werden und damit eine alternative Nutzung schwierig ist.

Hohes Investitionsvolumen und hohe Transaktionskosten

Immobilien weisen üblicherweise ein hohes Investitionsvolumen und eine lange Kapitalbindung auf. Dies reduziert die Anzahl potenzieller Investoren für den direkten Immobilienerwerb. Indirekte Anlageformen wie offene Immobilienfonds bieten jedoch dazu eine Alternative.

Neben der Investitionshöhe bestehen bei Immobilien relativ hohe Transaktionskosten bei der Eigentumsübertragung wie beispielsweise Grunderwerbsteuer oder Grundbuch- oder Notargebühren. Weiterhin entstehen den Investoren beim Erwerb durch die Heterogenität und geringe Markttransparenz häufig hohe Transaktionskosten in Form von Such- und Informationskosten.

Lange Entwicklungs- und Lebenszyklen

Lange Entwicklungs- und Lebenszyklen sind eine weitere Eigenschaft von Immobilien. Die Dauer des Entwicklungsprozesses von Immobilien ist im Vergleich zu anderen Gütern relativ lang. Von der Projektidee bis zur Baufertigstellung dauert es üblicherweise mehrere Jahre. Je größer das Projekt ist, desto länger dauert die Akquisitionszeit für Grund und Boden und je länger ist die Vermietungs- und Vermarktungsdauer. Aber auch die Fertigstellung einmal begonnener Neubauten kann aus betriebswirtschaftlichen oder produktionstechnischen Gründen nicht beliebig verändert werden. Das macht das Immobilienangebot kurzfristig unelastisch in Bezug auf Marktveränderungen.

Immobilien besitzen außerdem eine lange Nutzungsdauer und einen wesentlich längeren Lebenszyklus als die meisten anderen Güter. Üblicherweise ist dabei die technisch mögliche Nutzungszeit sogar höher als die ökonomische. So entsteht selten ein Ersatzbedarf, sondern eher ein neuer oder veränderter Bedarf. Hieraus ergibt sich auch die relativ hohe Bedeutung des Bestandes im Verhältnis zum Neubau.

Besonderheiten der Immobilien	Besonderheiten der Immobilienmärkte
• Immobilität	• Heterogenität
• Heterogenität	• Marktteilnehmer
• begrenzte Substituierbarkeit	• Markttransparenz
• hohes Investmentvolumen und hohe Transaktionskosten	• Anpassungsfähigkeit
• lange Entwicklungs- und Lebenszyklen	

Abb. 2.4:   Besonderheiten von Immobilien und Immobilienmärkten; Quelle: eigene Darstellung.

2.1.4   Besonderheiten der Immobilienmärkte

In einer idealtypischen Marktwirtschaft führt der **Preismechanismus** zu einer effizienten Allokation der Ressourcen (Kapital, Arbeit oder Güter) unter den verschiedenen Nutzungsmöglichkeiten. Durch die Interaktion von Angebot und Nachfrage wird der Gleichgewichtspreis bestimmt. Homogene Güter, vollständige Konkurrenz, vollständige Informationen sowie sofortiges Gleichgewicht kennzeichnen den vollkommenen Markt. Sind alle diese Bedingungen erfüllt, findet der Markt eine effiziente Lösung. Es ist offensichtlich, dass es in der Realität keinen Markt gibt, der alle diese Bedingungen gleichzeitig erfüllen kann. Am ehesten gleichen noch Börsen dem Ideal des vollkommenen Marktes.

Immobilienmärkte weichen mehr als andere Gütermärkte vom Idealbild eines vollkommenen Marktes ab. Der Immobilienmarkt entspricht nicht einem idealen Markt, der über den Preis Angebot und Nachfrage in ein effizientes Gleichgewicht bringt. Bei einem Vergleich der

Annahmen des mikroökonomischen Marktmodells mit dem in der Realität vorzufindenden Immobilienmarkt gibt es deutliche Unterschiede. Diese sind vor allem auf die besonderen Eigenschaften des Gutes „Immobilie" zurückzuführen, die sich auf die Eigenschaften und Funktionsweisen des Immobilienmarktes auswirken. Die Transaktionen auf dem Immobilienmarkt sowohl beim Bau als auch dem Kauf einer Immobilie sind oftmals komplex und sehr ressourcen- und zeitaufwendig. Die Merkmale dieser Handlungen unterscheiden sich systematisch von denen in dem vorher beschriebenen idealtypischen mikroökonomischen Marktmodell.

In der Realität gibt es **unvollkommene Immobilienmärkte**, da die Bedingungen eines vollkommenen Marktes bei den Immobilien fehlen oder unvollständig sind. Dadurch wird verhindert, dass die Märkte effizient agieren können. In der Tabelle 2.5 erfolgt eine Gegenüberstellung der Bedingungen von vollkommenen Märkten und den Eigenschaften des unvollkommenen Immobilienmarktes.

Tab. 2.5:   Unterschiede zwischen „vollkommenen Märkten" und „unvollkommenen" Immobilienmärkten; Quelle: eigene Darstellung.

vollkommene Märkte	Immobilienmärkte (unvollkommen)
homogene Güter	heterogene Güter
vollständige Konkurrenz	begrenzte Anzahl an Marktteilnehmern
Markttransparenz	geringe Markttransparenz
unendlich schnelle Anpassung an Veränderungen	geringe Anpassungsfähigkeit an Marktveränderungen

Heterogene Güter

Aus der oben dargestellten Heterogenität der gehandelten Güter folgt, dass auch die Immobilienmärkte heterogen sind. Bei einem vollkommenen Markt sind die gehandelten Güter homogen, also gleichartig. Dadurch richtet sich die Nachfrage ausschließlich nach dem Preis und individuelle Vorlieben oder Qualitätsunterschiede werden nicht berücksichtigt. Durch die fehlende Homogenität der Immobilien entstehen auf dem Immobilienmarkt Präferenzen für bestimmte Angebote oder Anbieter, vor allem in räumlicher, zeitlicher oder persönlicher Hinsicht. Die Heterogenität bei den Immobilien führt dazu, dass Märkte teilweise erst gar nicht entstehen können oder es Schwierigkeiten bei der Preisfindung bzw. keine eindeutigen Marktpreise gibt.

Ein Resultat der Standortgebundenheit ist, dass der Immobilienmarkt aus vielen lokalen heterogenen Teilmärkten besteht, die sich nicht nur durch ihre geografische Lage, sondern auch in ihren Rahmenbedingungen und Strukturen unterscheiden. Die Nachfrager treffen wegen der Standortgebundenheit der Immobilie auf regionale Teilmärkte mit unterschiedlichen Angebots- und Nachfragebedingungen. Daher entsteht das Risiko, dass Immobilienpreise eine reduzierte Informationsfunktion haben. Durch die geringe Umschlagshäufigkeit und die regionalen Unterschiede der Märkte ergeben sich besondere Schwierigkeiten hinsichtlich der Repräsentativität der Daten. Die mangelnde Informationsfunktion der Preise erschwert die Wahrnehmung von Tendenzen in der Nachfrage. Dies kann zu Fehlentwicklungen im Angebot und damit zu langfristigen Marktungleichgewichten führen.

Die Vergleichbarkeit von Immobiliendaten kann aufgrund der Heterogenität der Immobilien durch unterschiedliche **statistische Methoden** erreicht werden. Bei der hedonischen Regres-

sion wird als Basis eine Standardimmobilie definiert und darauf aufbauend preisbeeinflus-
sende Objektmerkmale als Zu- und Abschläge berücksichtigt. Dadurch sollen die rein markt-
bezogenen Preisänderungen und -unterschiede ermittelt werden. Bei der Methode der Durch-
schnittspreise nach typischen Fällen werden nur Objekte mit ähnlichen Eigenschaften berücksichtigt. Diese Merkmale können z. B. Wohnungsgröße, Gebäudeart oder Baujahr sein.
Weiterhin gibt es als einfachste Methode die einfachen Durchschnittswerte. Diese können
aber nur als eine grobe Orientierung über Preise und Mieten der Objekte fungieren. Da die
Transaktionen im Vergleich zum Gesamtbestand gering sind, können transaktionsbasierte
Preisindizes erheblich durch zufällige Entwicklungen in einzelnen Beobachtungszeiträumen
verzerrt sein.

Begrenzte Anzahl an Marktteilnehmern

Ein vollkommener Markt ist durch die Marktform der vollständigen Konkurrenz mit vielen
Anbietern und Nachfragern gekennzeichnet. Diese Marktform verhindert, dass einzelne
Marktteilnehmer Marktmacht besitzen und damit die Preise beeinflussen können. Weder ein
einzelner Anbieter noch ein Nachfrager kann Einfluss auf den Markt nehmen oder die Preise
kontrollieren. Bei einem Monopol (ein Anbieter) bzw. Oligopol (wenige Anbieter) setzt der
einzelne Anbieter einen höheren Preis durch, sodass einige Nachfrager keine Güter mehr
erhalten werden. Hat ein Anbieter oder Nachfrager Einfluss auf das Marktgeschehen, so wird
von einem unvollkommenen Markt gesprochen.

Auf dem Immobilienmarkt in Deutschland gibt es insgesamt keine besonders hohe **Markt-
konzentration**, da eher kleine Unternehmen vorherrschend sind. Anders sieht die Situation
teilweise aus, wenn lokale, objektbezogene Teilmärkte betrachtet werden. Auf diesen Teilmärkten kann es diese Marktunvollkommenheiten mit einem oder wenigen Anbietern geben.
In einzelnen Wohnquartieren kann eine oligopolistische Marktsituation bestehen, sodass z. B.
das Wohnungsangebot von wenigen Wohnungsunternehmen oder das Angebot von Eigenheimen von wenigen Bauträgern bestimmt wird. Das gleiche kann auch für das Angebot von
besonderen Dienstleistungen zutreffen, wie z. B. spezielle Bauunternehmen oder Projektentwickler. Hohe Markteintrittsbarrieren, wie sie z. B. durch eine hohe Kapitalbindung bei Immobilien gegeben sind, können ebenfalls Ursache dafür sein, dass nur wenige Teilnehmer am
Markt aktiv sind. Unterschiedliche Marktkonzentrationen können auch auf die Art der Investoren zurückgeführt werden, wenn zwischen privaten und institutionellen unterschieden wird.

Auf diesen Märkten kann es dann bei einer geringen Anzahl an Marktteilnehmern auf der
Angebotsseite zu einer hohen Marktmacht kommen. Sie können sowohl Einfluss auf die
angebotene Menge als auch auf die Preise nehmen. Eine geringe Anzahl an Nachfragern
kann aber auch zu Marktmacht für diese führen. Wenn es einige Nachfrager und nur einen
Verkäufer gibt, wird sich ein höherer Preis als unter den Bedingungen des vollkommenen
Marktes ergeben. Im anderen Fall mit nur einem Käufer ist davon auszugehen, dass es zu
einem niedrigeren Preis kommt. Die beiden Fälle werden als einem „Verkäufer-Markt" (Verkäufer dominieren) bzw. „Käufer-Markt" (Käufer dominieren) bezeichnet.

Neben der Marktmacht besteht aber auch das Risiko, dass es aufgrund der geringen angebotenen bzw. nachgefragten Menge im Extremfall zu keiner Transaktion kommt, weil die Vorstellungen der Marktteilnehmer hinsichtlich der Objekte und Preise zu stark divergieren.

Geringe Markttransparenz

In dem idealtypischen mikroökonomischen Modell wird angenommen, dass die Preise durch Angebot und Nachfrage bestimmt werden und der Preismechanismus zum Gleichgewicht und somit Ausgleich von Angebot und Nachfrage führt. Dabei wird vorausgesetzt, dass vollständige Markttransparenz besteht und die Marktteilnehmer über vollständige Informationen verfügen. Nur wenn alle Marktteilnehmer einen umfassenden Überblick über Angebot und Nachfrage und die sonstigen Marktbedingungen besitzen, kann es zu einem effizienten Verhalten aller Akteure kommen.

Auf dem Immobilienmarkt herrscht dagegen eine mangelnde oder stark begrenzte **Markttransparenz**, oftmals fehlen wichtige Daten und Informationen. Auf internationaler Ebene ist teilweise auf Objektebene eine hohe Transparenz gegeben, während für Deutschland oft die mangelnde Öffentlichkeit beklagt wird. Bei Aggregation zu Marktdaten ist aber auch international feststellbar, dass es unterschiedliche Daten für die gleichen Märkte gibt. Dies ist darauf zurückzuführen, dass Immobilien Unikate sind und daher eine Aggregation bei Indikatoren wie Preisen eher schwierig ist.

Aufgrund der Bestrebungen zur Vereinheitlichung und der Setzung von verbindlichen Standards hat die Transparenz zwar in den vergangenen Jahren zugenommen, aber die Informationslage innerhalb der Immobilienbranche ist generell schwächer als in anderen Bereichen. Diese geringe Markttransparenz ist vor allem auf die Heterogenität und Standortgebundenheit der Immobilien in zahlreichen Teilmärkten zurückzuführen. Dadurch entstehen für die Marktteilnehmer teilweise erhebliche Suchkosten.

Käufer und Verkäufer sind relativ uninformiert über die Immobilienmärkte, die Immobilien bzw. deren Werte sowie die Markttrends. Ein Mangel an Informationen bei Käufern und Verkäufern führt jedoch zu einem ineffizienten Agieren auf den Märkten. So kann es zum Matching- bzw. Zuordnungsproblem kommen. Sowohl Anbieter als auch Nachfrager wissen zu wenig über die Marktbedingungen, sodass sie nicht die jeweils optimale Entscheidung treffen können.

Die bislang aufgezeigten Informationsprobleme betreffen sowohl die Anbieter als auch die Nachfrager von Immobilien. Es können aber auch unterschiedlich verteilte Informationen vorliegen, diese Informationsasymmetrien führen auf einem Markt systematisch zu suboptimalen Ergebnissen.

In einigen Bereichen besitzen die Immobilienanbieter gegenüber den Nachfragern Informationsvorteile. In der Literatur wird dies als „**adverse selection**" oder auch als vorvertragliches Informationsproblem bezeichnet. Die Informationen vor Vertragsabschluss sind ungleich verteilt. Die Anbieter verfügen i. d. R. über wesentlich bessere Informationen über die Qualität und den Zustand der Immobilie als die Nachfrager, insbesondere mit Blick auf die baulichen und technischen Details einer Immobilie. Dies kann dazu führen, dass die Käufer einen zu hohen Preis bezahlen oder ein Abschluss erst gar nicht zustande kommt.

Weiterhin besteht das nachvertragliche Problem „**moral hazard**" (moralische Risiko). Bei Mietverträgen erwartet beispielsweise der Vermieter, dass mit dem Eigentum ordentlich umgegangen wird. Bei Vertragsabschluss hat der Vermieter aber zum einen wenige Informationen über das spätere Verhalten der Mieter und kann es zum anderen auch kaum kontrollieren. Außerdem fehlen oftmals dem Mieter die Anreize, sich im Sinne des Vermieters zu verhalten. Der Vermieter ist nach Vertragsabschluss im Nachteil. Das moralische Risiko kann dazu führen, dass eine Vermietung bzw. ein Markt erst gar nicht zustande kommt oder aber auch gegebenenfalls Risikoprämien verlangt werden, sodass die Kosten insgesamt steigen.

Unterschiede bei der Markttransparenz gibt es auch zwischen privaten und institutionellen Marktakteuren. Privatleute agieren eher selten auf den Immobilienmärkten und verfügen daher nur über geringere Marktkenntnisse und -erfahrungen. Institutionelle Akteure nehmen dagegen regelmäßiger am Marktgeschehen teil und haben daher weit mehr Informationen und Erfahrungen. Diese Informationsasymmetrien lassen insbesondere bei privaten Akteuren ineffizientes Marktverhalten entstehen.

Sowohl die geringe Markttransparenz als auch ungleich verteilten Informationen können auf den Immobilienmärkten dazu führen, dass die Lösung nicht effizient ist. Im Extremfall kommt ein Marktgleichgewicht nicht zustande.

Geringe Anpassungsfähigkeit an Marktveränderungen

Nach dem Ideal des vollkommenen Marktes sollen sich Märkte „unendlich schnell" an veränderte Rahmenbedingungen anpassen können. Marktanpassungsprozesse stellen somit keine Restriktion für den Markt dar. Im Gegensatz dazu erfolgt auf dem Immobilienmarkt eine Reaktion nur mit relativ großen Zeitverzögerungen („Time-Lags") und weicht damit stark von den Annahmen der mikroökonomischen Theorie ab. Marktungleichgewichte und -schwankungen sind daher typisch für den Immobilienmarkt, dies zeigt sich anhand der Immobilienmarkt- und Investmentmarktzyklen.

Aufgrund der Charakteristika der Immobilienmärkte kann es **nicht zu sofortigen Anpassungen** an exogen verursachte Veränderungen kommen. Unterschiedlich hohe Elastizitäten auf der Angebots- und Nachfrageseite prägen die Immobilienmärkte. Der Immobilienmarkt verfügt über eine kurzfristig eher unelastische Angebotsfunktion, was insbesondere auf die lange Planungsdauer bzw. Bauzeit von Immobilien zurückzuführen ist. Da die Anpassungen auf der Angebotsseite eher langsam sind, kann es zu bemerkenswert zyklischen Volatilitäten kommen. Die Nachfrage hingegen reagiert schneller auf Veränderungen.

Somit erschwert z. B. ein Nachfrageüberhang aufgrund der spezifischen Produktionsbedingungen von Immobilien (lange Produktionsdauer) einen kurzfristigen Marktausgleich bzw. das Erreichen des Marktgleichgewichts. Kurzfristig kann das Flächenangebot nur in begrenztem Umfang ausgeweitet werden. Eine Anpassung an eine veränderte Marktsituation durch eine Veränderung der Fertigstellungen erfolgt nur mittelfristig. Baufertigstellungen erhöhen das Flächenangebot oft erst nach einer mehrjährigen Planungs- und Bauzeit. Selbst bei einer hohen prozentualen Preisveränderung ist kurzfristig nur eine geringe Mengenveränderung möglich. Überschüsse auf der Angebots- und der Nachfrageseite passen sich auf den Immobilienmärkten daher kurzfristig zunächst über die Preise und Leerstände an. Auf vollkommenen Wettbewerbsmärkten reagieren Anbieter und Nachfrager augenblicklich auf Veränderungen im Marktumfeld. Auf den Immobilienmärkten ist hingegen das Angebot im Gegensatz zur Nachfrage kurzfristig relativ unelastisch und kann nicht sofort auf Marktveränderungen reagieren.

2.2   Immobilienwirtschaft

Die Immobilienwirtschaft (Synonyme: Immobilienbranche oder -sektor) ist der Teil der Volkswirtschaft, der sich mit Immobilien beschäftigt. In der ökonomischen Literatur existieren unterschiedliche Abgrenzungen; eine einheitliche Definition konnte sich noch nicht herausbilden. Unterschieden wird zwischen der Immobilienwirtschaft im engeren Sinn (i. e. S., Grundstücks- und Wohnungswirtschaft) nach der Definition der Wirtschaftszweige-Systematik des Statistischen Bundesamtes und der Immobilienwirtschaft im weiteren Sinn (i. w. S.) nach der Abgrenzung in den Studien „Wirtschaftsfaktor Immobilien" (2009, S. 21) und „Wirtschaftsfaktor Immobilien" (2013, S. 13) (siehe Tabelle 2.6). Aus diesen Studien stammen auch die statistischen Daten über die Bedeutung und Entwicklung der Immobilienwirtschaft i. w. S.

Tab. 2.6:   Die Immobilienwirtschaft in den unterschiedlichen Abgrenzungen; Quelle: Wirtschaftsfaktor Immobilien 2013, S. 13.

Immobilienwirtschaft i. e. S.	Immobilienwirtschaft i. w. S.
Immobilienhandel	Immobilienwirtschaft i. e. S.
Immobilienvermietung und -verpachtung	Bauwirtschaft, Immobilienfinanzierung, Beteiligungsgesellschaften, Kapitalanlagegesellschaften, Architektur- und Ingenieursbüros, Hausmeisterdienste, Gebäudereiniger, sonstige Dienstleister wie z. B. Wirtschaftsprüfer oder Immobilienberater
Vermittlung	
Verwaltung	
(alle WZ 68)	

Immobilienwirtschaft i. e. S.
Unternehmen der Branche „Grundstücks- und Wohnungswesen" (WZ-Nr. 68) kaufen, verkaufen und vermieten Grundstücke, Gebäude und Wohnungen sowie erbringen Dienstleistungen im Zusammenhang mit Immobilien. Dazu gehört ebenso die Tätigkeit von Hausverwaltungen.

Die Grundstücks- und Wohnungswesen (WZ-Nr. 68) umfasst den Kauf und Verkauf von eigenen Grundstücken, Gebäuden und Wohnungen sowie die Vermietung, und Verpachtung von eigenen oder geleasten derartigen Objekten. Darüber hinaus gehört dazu auch die Vermittlung und Verwaltung von Grundstücken und Immobilien für Dritte. Die immobilienwirtschaftlichen Leistungen anderer Wirtschaftszweige wie beispielsweise von Immobilienbanken oder der Bauwirtschaft werden darin nicht erfasst.

Für die Immobilienwirtschaft i. e. S. waren im Jahr 1991 rund 125.000 Unternehmen tätig. Die Branche ist geprägt durch überwiegend kleine und mittlere Unternehmen. In den Jahren danach stieg die Zahl unter größeren Schwankungen auf knapp 200.000. Gut 2 % der Unternehmen der Branche entfielen auf die Teilbranche „Kauf und Verkauf von eigenen Immobilien" (WZ-Nr. 68.1) und knapp 20 % auf den Bereich „Vermittlung und Verwaltung von Immobilien für Dritte" (WZ-Nr. 68.3). Einen ähnlichen Entwicklungstrend gab es auch bei der Beschäftigung. Diese wies ebenfalls eine hohe Volatilität auf und letztlich waren im Jahr

2016 gut 620.000 Beschäftigte im Grundstücks- und Wohnungswesen tätig. Der größte Anteil der Erwerbstätigen, rund 65 %, war in dem Bereich „Vermietung, Verpachtung von eigenen oder geleasten Immobilien" (WZ-Nr. 68.2) beschäftigt.

Immobilienwirtschaft i. w. S.
Die Immobilienwirtschaft ist der Wirtschaftszweig, der sich mit der Entwicklung, Produktion, Bewirtschaftung und Vermarktung von Immobilien beschäftigt.

Bei der **Immobilienwirtschaft i. w. S.** werden die Branchen einer Volkswirtschaft berücksichtigt, die sich während des Lebenszyklus von Immobilien mit diesen beschäftigen. Die
Immobilienwirtschaft i. w. S. umfasst alle Branchen, die mit dem Immobilienbestand und
dessen Veränderungen sowie der gesamten Wertschöpfungskette bzw. dem Lebenszyklus von
Immobilien (Bewirtschaftung und Nutzung sowie Investments) handeln. Dazu gehören auch
alle immobilienwirtschaftlichen Tätigkeiten im Zusammenhang mit dem Investment- und
Finanzmarkt. Somit werden auch alle die immobilienwirtschaftlichen Leistungen berücksichtigt, die bei der Immobilienwirtschaft i. e. S. nicht beachtet werden.

Die **Immobilienwirtschaft i. w. S.** stellt nach der Studie „Wirtschaftsfaktor Immobilien
2013" einen der größten, aber auch recht kleinteiligen Wirtschaftszweig in Deutschland dar.
Zur Immobilienwirtschaft zählten im Jahr 2011 über 788.000 Unternehmen mit einem Anteil
von rund 25 % an den Unternehmen in Deutschland. Besonders viele Unternehmen kamen
allerdings aus der Bauwirtschaft. Dabei arbeiteten rund 2,8 Mio. sozialversicherungspflichti-
ge Erwerbstätige in der Immobilienwirtschaft i. w. S. was einen Anteil von knapp 10 % aller
abhängig Beschäftigten bedeutete. Rund 59 % der Beschäftigten waren in der Bauwirtschaft
und weitere 18 % in der Gebäudereinigung tätig.

Nach dieser Studie war die Immobilienwirtschaft i. w. S. einer der größten Wirtschaftszweige
in Deutschland (siehe Tabelle 2.7). Einzig im Verarbeitenden Gewerbe (Industrie) war die
Bruttowertschöpfung noch höher als in der Immobilienwirtschaft. Bei der Anzahl der Beschäftigten war die Immobilienwirtschaft sogar größer als der Handel. Weiterhin waren rund
25 % aller Unternehmen in der Immobilienwirtschaft tätig, erwirtschafteten jedoch nur 8 %
des Umsatzes.

Tab. 2.7: Immobilienwirtschaft i. w. S.; Quelle: Wirtschaftsfaktor Immobilien 2013, 2013, S. 22, eigene Berechnung.

Daten von 2011	Anzahl Unternehmen	Umsätze in Mio. Euro	sozialversicherungspflichtig Beschäftigte
Immobilienwirtschaft i. e. S..	286.052	152.139	215.481
Architekten und Ingenieure	79.635	22.813	176.715
Bauindustrie	358.173	244.065	1.662.200
Banken und Kapitalanlagegesellschaften	1.911		176.400
Beteiligungsgesellschaften	1.910	8.289	7.500
Hausmeisterdienste und Gebäudereiniger	44.256	16.294	516.507
Sonstige Dienstleister	16.234	9.116	62.829
Immobilienwirtschaft	788.171	452.716	2.823.291
Anteil an Gesamtwirtschaft in %	24,5	8,0	9,8

2.3 Immobilienmärkte

In der Volkswirtschaftslehre werden Märkte als die Orte des Zusammentreffens von Angebot und Nachfrage definiert. Von daher sind Immobilienmärkte solche, auf denen Immobilien bzw. Immobiliendienstleistungen gehandelt werden. Die Marktergebnisse werden durch das Zusammenwirken von Angebot und Nachfrage unter den gegebenen Rahmenbedingungen bestimmt und unterliegen somit den üblichen marktwirtschaftlichen Gesetzen der Preisbildung.

Grundsätzlich gibt es „den" Immobilienmarkt aufgrund der Heterogenität der unterschiedlichen Immobilien nicht. Vielmehr gibt es eine Vielzahl von Immobilienmärkten, die sich nach unterschiedlichen Kriterien abgrenzen lassen. Die Strukturierung des Marktes nach verschiedenen Kriterien macht insbesondere deshalb Sinn, da unterschiedliche Einflussfaktoren auf die einzelnen Segmente identifiziert und in ihrer Wirkung analysiert werden können.

Erstens lassen sich Immobilienmärkte nach unterschiedlichen Gebäudetypen in Abhängigkeit von ihrer jeweiligen **Nutzungs- oder Objektart** (siehe Kapitel 2.1.2) unterscheiden. Je mehr bei einer Objektart nach der Nutzung differenziert wird, desto homogener wird das daraus resultierende Marktsegment. Innerhalb eines Segmentes können die verschiedenen Immobilien nach Größe, Ausstattung und weiteren Kriterien unterschieden werden.

Zweitens können Immobilienmärkte aufgrund der Standortgebundenheit von Immobilien nach **Lage bzw. Standort** (regionale Abgrenzung) bestimmt werden. In Bezug auf ihre räumliche Lage können somit lokale, regionale, nationale und internationale Immobilienmärkte unterschieden werden. Die räumlichen Teilmärkte können sich aufgrund ihrer spezifischen Marktbedingungen unterschiedlich entwickeln. In Deutschland gibt es keinen domi-

nanten Metropolenmarkt, sondern aufgrund der föderalen Struktur existieren mehrere wichtige lokale Märkte wie die sieben A-Städte Hamburg, Berlin, Düsseldorf, Köln, Frankfurt,
Stuttgart und München. Die Einteilung in A- bis D-Standorte geht zurück auf eine Abgrenzung durch die bulwiengesa AG und orientiert sich u. a. an der Marktgröße. Aber auch in
diesen lokalen Märkten gibt es weitere Teilmärkte. Bedingt durch die Heterogenität des Gutes „Immobilie" können unterschiedliche Objektarten in Teilmärkten zusammengefasst werden. Dies führt zu der üblicherweise zu beobachtenden zweidimensionalen Marktabgrenzung
nach der Lage und der Nutzungsart der Immobilie.

Drittens werden Immobilienmärkte nach dem **Lebenszyklus** unterschieden. Bei den Grundstücken bestehen je nach dem Entwicklungszustand unterschiedliche Phasen der Bauland-
entwicklung, die vom Agrarland über das Bauerwartungsland, dem Rohbauland und baurei-
fem Land, auf dem dann die Neubauprojekte entstehen, gehen. Bei den Immobilien selbst
kann, wie in der Abbildung 2.8 in der oberen Hälfte gezeigt wird, zwischen verschiedenen
Phasen unterschieden werden. Zunächst gibt es die Projektentwicklungsphase, die von der
Projektidee über die Planung einschließlich der Finanzierung bis zu Bauausführung und
Fertigstellung führt. Im Anschluss daran folgt die Nutzungsphase und zum Schluss die Verwertungsphase, die oftmals weniger durch physischen Verfall als durch Leerstand oder Alter-
nativnutzungen bedingt ist. Diese Phase umfasst das Refurbishment, den Abriss, Rückbau
oder das Flächenrecycling. Nach den Phasen kann somit auch zwischen den Märkten für die
Projektentwicklung (Neubau), die Vermietung oder Nutzung und die Verwertung sowie den
Investmentmärkten unterschieden werden.

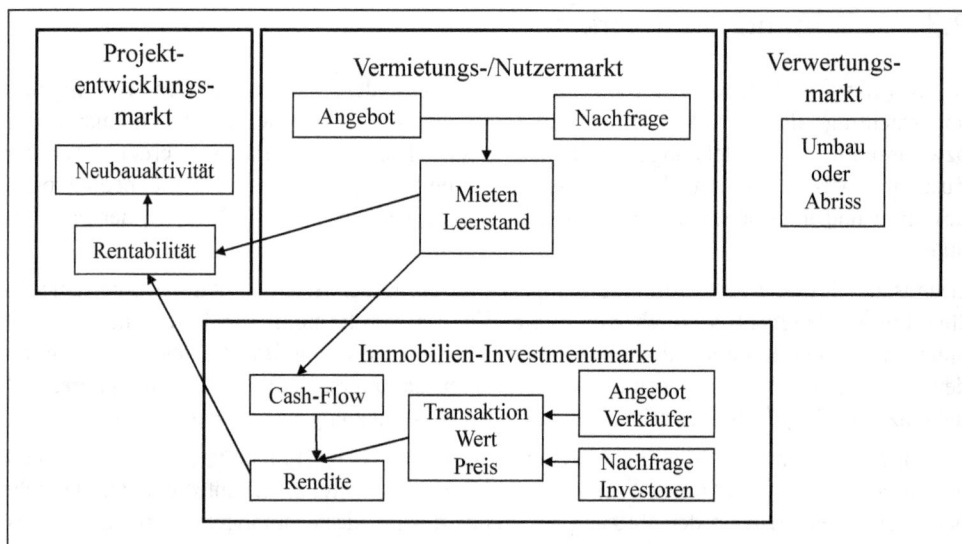

Abb. 2.8:   Immobilienmärkte nach dem Lebenszyklus; Quelle: eigene Darstellung.

2.3.1 Projektentwicklungsmarkt

Die Entwicklung von Immobilienprojekten ist aufgrund der Aufgabenstellung sehr komplex. Die Projektentwicklung besteht aus einer Vielfalt umfassender Aufgaben: alle Analysen, unternehmerischen Entscheidungen, Planungen und anderen bauvorbereitenden Maßnahmen, um ein Projekt zu realisieren. Sie reicht vom Grundstückerwerb über die Planung, Finanzierung und den Bau. Damit gehören zu einer Projektentwicklung alle technischen, juristischen und wirtschaftlichen Maßnahmen, die notwendig sind, um ein Projekt innerhalb eines Kosten-, Qualitäts- und Zeitrahmens zu realisieren.

Die Projektentwicklung ist eine **Kombination der Faktoren** Standort, Kapital und Projektidee, wobei einzelne gegeben sein können und die anderen gesucht werden. Bei „Idee sucht Kapital und Standort" gibt es eine Projektidee und es werden geeignete Investoren sowie Standorte dafür gesucht. In einem anderen Fall kann ein Grundstück vorhanden sein, für die eine Nutzung sowie eine Immobilienfinanzierung gesucht wird. Schließlich gibt es Investoren (Kapital), die ihre finanziellen Mittel in geeignete Ideen und Objekte investieren wollen.

Der **Ablauf einer Projektentwicklung** ist zwar ein komplexer Vorgang, es lassen sich aber oft typische Projektphasen unterscheiden, auch wenn eine eindeutige Abgrenzung zwischen den einzelnen Phasen in der Praxis kaum möglich ist. So wird häufig in eine Phase bis zur Investitionsentscheidung unterteilt, danach folgen die Konzeptions- und Planungsphase sowie die Phase der Realisierung und Vermarktung.

Auf dem Projektentwicklungsmarkt sind als **Akteure** Developer und Bauunternehmen tätig, die entsprechend ihren Rentabilitätsüberlegungen Neubauten erstellen. In ihre Entscheidung gehen dabei sowohl die Kosten als auch Erträge (Mieten und Kaufpreise) ein. Der Projektentwicklungsmarkt fügt durch die Bautätigkeit neue Projekte zum Bestand hinzu und kann damit mehr oder weniger die Flächenabgänge ausgleichen.

2.3.2 Vermietungsmärkte

Der Vermietungs- bzw. Nutzermarkt umfasst die Immobilien, die zur Vermietung angeboten werden. Dies ist bei allen Objektarten nur ein Bruchteil des gesamten Bestandes. Durch Angebot und Nachfrage nach den Immobilien ergibt sich die Entwicklung bei den Marktergebnissen.

Auf den Vermietungsmärkten treffen sich das Angebot und die Nachfrage bezüglich der Verwendung verschiedener Objektarten. Im Folgenden werden nur Büro-, Einzelhandels- und Wohnimmobilien betrachtet, keine weiteren Objektarten. Die Definitionen und Beschreibungen orientieren sich im Wesentlichen an denen der Gesellschaft für Immobilienwirtschaftliche Forschung e.V. (vgl. gif 2014, 2014a und 2015), die versuchen eine einheitliche Research-Basis zu erreichen.

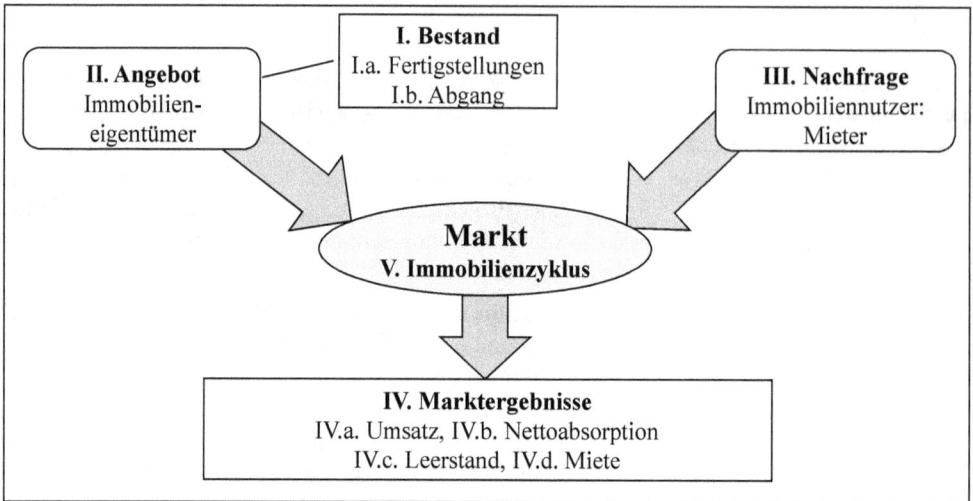

Abb. 2.9:   Vermietungsmärkte; Quelle: eigene Darstellung.

Das oben stehende Schaubild 2.9 zeigt die Zusammenhänge auf den Vermietungsmärkten. Von dem Bestand (I.), der sich durch Fertigstellungen und Abgängen verändert, wird ein Teil jährlich bzw. quartalsweise auf den Vermietungsmärkten angeboten (II.). Im Vergleich mit der Nachfrage (III.) ergeben sich die verschiedenen Marktergebnisse (IV.). Da sich Angebot und Nachfrage nicht im gleichen Ausmaß verändern, entwickelt sich der Immobilienzyklus (V.). Entsprechend der Aufzählung in der Abbildung werden im Folgenden die Begriffe erläutert.

Bestand (I.)

Der **Immobilienbestand** ist allgemein die Basis für das jeweilige Angebot in einem Markt; jedoch sind diese beiden Größen nicht identisch. Bei Gewerbeimmobilien gibt es keine amtlichen Statistiken über die Höhe des Bestandes; bei Wohnimmobilien erfolgte die letzte Vollerhebung mit dem Zensus 2011. Bestandsveränderungen ergeben sich zum einen durch Fertigstellungen und zum anderen durch Abgänge bzw. Umwidmungen.

Der Bestand an **Bürofläche** ist nach der gif-Definition die Gesamtfläche der fertiggestellten (genutzten und leer stehenden) Büroflächen in einem geografisch abgegrenzten Marktgebiet zu einem bestimmten Zeitpunkt (vgl. gif, 2015, S. 3). Der Büroflächenbestand wird durch Flächenfertigstellungen erhöht und durch Bestandsabgänge vermindert. Bestandsabgänge können aus Abrissen und Refurbishments (siehe Projektentwicklungen) resultieren. Hinzu kommen auch die im Bau befindlichen Flächen, die innerhalb der nächsten drei Monate bezugsfähig sein können. Das perspektivische Flächenangebot (Bestand), das sich in der Planung befindet, wird als Pipeline bezeichnet. Diese Flächen werden gebaut, können aber in den nächsten drei Monaten noch nicht bezogen werden. Der Büroflächenbestand wird in Quadratmetern für einen Stichtag angegeben.

Der Büroflächenbestand in einem Marktgebiet ist ein Indikator für die Marktgröße und Marktbedeutung (auch im Vergleich zu anderen Bürostandorten). Vergleiche zwischen den veröffentlichten Daten zu den Büroflächenbeständen in den verschiedenen Marktberichten sind nur bedingt möglich, da bei der Erfassung des Flächenangebots u. a. verschiedene Be-

messungsgrundlagen verwendet werden können. Die Flächenangaben von gewerblich genutzten Immobilien basieren entweder auf der Norm DIN-277 oder MF-G (Mietfläche für
gewerblichen Raum) der gif (vgl. gif, 2015, S. 4). Nach der DIN-Definition besteht die Brutto-Grundfläche (BGF) aus den Grundflächen aller Grundrissebenen eines Bauwerks. Die
Definition der gif legt darüber hinaus fest, welche dieser Flächen zur Mietfläche zählen, und
regelt die anteilige Zuordnung gemeinschaftlich genutzter Flächen. Im Vergleich ist die
Mietfläche nach MF-G kleiner als die Brutto-Grundfläche nach DIN-277, da bestimmte
Flächen zur BGF gerechnet werden, die nicht zur Mietfläche zählen.

Der Bestand an Büroimmobilienfläche wird nicht von der amtlichen Statistik und auch nur
teilweise von privaten Marktteilnehmern (wie Maklern oder der gif) erfasst. Vollerhebungen
über den gesamten Büroflächenbestand gibt es nur für einige große Städte, sodass der Bestand für Deutschland hochgerechnet werden muss. Selbst bei den großen Städten werden die
Gesamtflächen auch nicht jährlich erhoben, was Fortschreibungen bzw. Schätzungen notwendig macht. Die Basis für diese Prognosen bilden jeweils die Entwicklung der Bürobeschäftigten und der jährliche Flächenneuzugang, so wie dies z. B. von der bulwiengesa AG
vorgenommen wird.

Der Bestand an Büroimmobilien in einem Marktgebiet kann weitergehend nach verschiedenen Kriterien analysiert werden. Ein Kriterium, um genauere Informationen über den Büro-
bestand zu erhalten, ist die Differenzierung nach Lage bzw. einzelnen Teilmärkten. Weitere
Differenzierung können nach der Ausstattungsqualität, der Größenklasse oder dem Gebäudealter erfolgen.

Beim **Einzelhandel** wird nach der gif (vgl. gif, 2014, S. 15) unter der Verkaufsfläche die
Fläche verstanden, die dem Verkauf von Waren dient, einschließlich z. B. Gängen, Treppen,
Schaufenstern oder Freiflächen. Enthalten sind auch Freiflächen, die nicht nur vorüberge-
hend für Verkaufszwecke genutzt werden.

Wohngebäude sind nach dem Statistischen Bundesamt Gebäude, die mindestens zur Hälfte
(gemessen an der Gesamtnutzfläche) Wohnzwecken dienen. Eine Wohnung ist die Gesamtheit der Räume, die die Führung eines eigenen Haushalts ermöglichen, darunter stets eine
Küche oder ein Raum mit festinstallierter Kochgelegenheit. Eine Wohnung hat grundsätzlich
einen eigenen abschließbaren Zugang.

Fertigstellungen (I. a.)

Durch die Nettoneubauten (Baufertigstellungen abzüglich Abgänge) wird der Bestand an
Gewerbeimmobilien erhöht. Werden Neubauten bzw. Sanierungen fertiggestellt (vom
Mieterausbau abgesehen), so werden die betroffenen Flächen dem Flächenfertigstellungsvo-
lumen hinzugerechnet und erhöhen den Büroflächenbestand um das entsprechende Volumen.
Neben der Nachfrage stellen die Kosten (einschließlich Grundstück) bei der Entscheidung
über die Realisierung eines Projektes wichtige Orientierungsgrößen dar.

Bei den **Büroimmobilien** zählen zu den Projektentwicklungen sowohl Neubauten als auch
umfangreiche Sanierungen. Letztere sind nur dann Projektentwicklungen, wenn die betroffenen Flächen für die Dauer von mehr als drei Monaten nicht als Büroflächen nutzbar sind.
Diese Flächen werden dann mit dem Beginn der Sanierung aus dem Büroflächenbestand
herausgerechnet. Sowohl im Bau befindliche Flächen als auch Flächen in Gebäuden, für die
bereits konkrete Planungen vorliegen, sind Bestandteil des ausgewiesenen Projektentwick-

lungsvolumens. Das Projektentwicklungsvolumen wird in Quadratmetern angegeben und bezieht sich auf einen Zeitraum.

Die **Wohnungsfertigstellungen** sind die unter genehmigungs- oder zustimmungsbedürftigen Baugenehmigungen definierten Baumaßnahmen. Diese Wohnungen befinden sich in Wohn- und Nichtwohngebäuden und umfassen auch Maßnahmen im Bestand.

Abgang (I.b.)

Als **Wohnungsabgänge** werden die Gebäude oder Gebäudeteile erfasst, die durch ordnungs- behördliche Maßnahmen, Schadensfälle oder Abbruch der Nutzung entzogen werden. Es kann aber auch deren Nutzung zwischen Wohn- und Nichtwohnzwecken geändert werden. Statistische Daten sind nur für den Wohnungsmarkt verfügbar und nicht für Gewerbeimmo- bilienmärkte.

Angebot (II.)

Das Angebot an Immobilien(-fläche) umfasst bei den **Gewerbeimmobilien** (vor allem Büro- und Einzelhandelsimmobilien) die Flächen und bei den Wohnimmobilien die Anzahl, die für eine Vermarktung zum Beobachtungszeitpunkt vorgesehen und die noch verfügbar sind, also nicht vertraglich gebunden. Über die jeweilige Menge und Qualität liegen jedoch keine offi- ziellen statistischen Daten vor. Zur Vermietung während der Nutzungsphase steht immer nur ein kleiner Teil des Immobilienbestandes zur Verfügung. Es setzt sich aus den freigezogenen bzw. leerstehenden Beständen und aus den fertiggestellten Neubauten zusammen.

Über die Anbieter von **Büroimmobilien** auf dem Vermietungsmarkt liegen keine detaillierten Statistiken und Informationen vor. Selbstgenutzte Objekte in den deutschen Metropolen sind vergleichsweise selten, wodurch sich ein breites Betätigungsfeld für Vermieter ergibt. Jedoch gibt es über die verschiedenen Anbieter (Eigentümer, Vermieter) bei der Vermietung von Büroimmobilien keine flächendeckenden Informationen. Die wenigen ausgewählten Daten über die Marktteilnehmer auf dem Büro-Investmentmarkt, die Büroimmobilien besitzen, lassen wenig Rückschlüsse auf die Angebots- und Anbieterstruktur zu.

Das jeweils aktuelle **Wohnungsangebot** auf dem Vermietungsmarkt besteht nur aus einem geringen Teil des vorhandenen Wohnungsbestandes. Aus einer güterwirtschaftlichen Sicht ist das auf dem Vermietungsmarkt gehandelte Gut nicht die Wohnung selbst, sondern ihre Nut- zungsmöglichkeit. Bei den Vermietungen setzt sich das Wohnungsangebot im Wesentlichen aus den freigezogenen Bestandswohnungen und aus den fertiggestellten Neubauwohnungen zusammen. Hinsichtlich dieser Aspekte handelt es sich bereits um verschiedene Marktseg- mente: Vermietung von neuen oder benutzten Wohnungen bzw. Häusern. Am Wohnungs- markt gibt es weder den typischen Anbieter noch das typische Angebot, da das Wohnungsan- gebot sehr heterogen ist.

Nachfrage (III.)

Die Nachfrage nach Immobilien(-fläche) umfasst den an einem bestimmten Markt tatsäch- lich geäußerten Bedarf bzw. die am Markt befindlichen aktiven Flächengesuche. Je nach Objektart gibt es unterschiedliche Nachfragegruppen.

Bei **Büroimmobilien** sind es i. d. R. Unternehmen bzw. Selbstständige. Die Nachfrage be- zieht sich auf ein definiertes Marktgebiet innerhalb eines bestimmten Zeitraums. Die Höhe der Nachfrage zeigt die Attraktivität des jeweiligen Büromarktes an und ist daher auch für potenzielle Investoren interessant. Dieser Indikator ist aber nur schwer zu ermitteln und wird auch nur selten ermittelt bzw. veröffentlicht. Häufig wird statt der Nachfrage der Indikator „Umsatz", der sich jedoch auf den Umsatz der Makler bezieht, verwendet.

Die Nachfrage nach **Einzelhandelsimmobilien** kommt von den Einzelhandelsunternehmen. Die Umsatzentwicklung ist von grundsätzlicher Bedeutung für die Entwicklung des Einzelhandels und damit für die davon abhängige Nachfrage des Einzelhandels nach Verkaufsflächen.

Die **Wohnungsnachfrager** sind die Haushalte, die aus einer oder mehreren Personen bestehen. Der Haushalt ist primär an einer Nutzung einer Wohnung interessiert. In diesem Teilsegment fragen die privaten Haushalte Wohnungen zur Miete nach.

Marktergebnisse (IV.)

Umsatz (IV.a.)

Ein Hinweis auf den Umfang der Geschäftstätigkeit auf einem Markt ist der Flächenumsatz, der sowohl mengenmäßig (z. B. Anzahl der Transaktionen) als auch wertmäßig (z. B. Umsatz) dargestellt werden kann. Bei Gewerbeimmobilien spielt der Flächenumsatz eine wichtige Rolle. Bei ihm werden alle Flächen erfasst, die in einem bestimmten Markt in einem Zeitraum vermietet werden. Diese Größe spiegelt den Umfang des Marktgeschehens und der Vermietungsleistung wider. Der Umsatz kann nach weiteren Kriterien analysiert werden, z. B. nach Teilmärkten oder Ausstattung oder Größen- oder Miethöhenklassen. Mithilfe der Kennziffer Flächenumsatz kann festgestellt werden, in welchen Regionen und von welchen Marktteilnehmern die Flächen nachgefragt werden. Dieses kann sowohl für Projektentwickler als auch für Investoren wertvolle Hinweise liefern, in welchen Teilgebieten für ihre Investitionen die größeren Erfolgsaussichten gegeben sind.

Der **Büroflächenumsatz** ist nach der Definition der gif die Summe aller Flächen, die in einem abgegrenzten Büroimmobilienmarkt innerhalb eines bestimmten Zeitraumes vermietet oder an einen Eigennutzer verkauft oder von den Eigennutzern für sich selbst errichtet werden (vgl. gif, 2015, S. 7). Verlängerungen von bestehenden Mietverträgen, Sale-and-leaseback-Transaktionen sowie Generalmietverträge stellen keinen Büroflächenumsatz dar. Werden im Rahmen einer Mietvertragsverlängerung zusätzliche Flächen angemietet, so werden nur diese zusätzlich angemieteten Flächen dem Flächenumsatz zugerechnet. Der Büroflächenumsatz wird in Quadratmetern angegeben und bezieht sich auf einen bestimmten Zeitraum.

Der Vermietungsumsatz kann nur näherungsweise geschätzt werden, da hierzu keine amtlichen Statistiken vorliegen. Dieser wird von den Maklerhäusern anhand der eigenen Abschlüsse und der Kenntnis über fremde Deals geschätzt und nach der räumlichen Lage sowie den Flächengrößen und Ausstattungsqualitäten analysiert.

Beim **Einzelhandel** sind zwei Umsatzkennziffern wichtig. Zum einen ist dies die Vermietungsleistung mit Einzelhandelsfläche, die von den Maklern getätigt und ebenfalls geschätzt wird (vgl. gif, 2014, S. 15). Zum anderen ist der Einzelhandelsumsatz jeglicher Warenabsatz an den Endverbraucher. In der amtlichen Statistik und in den Auswertungen privater Marktbeobachter werden die einbezogenen Betriebe und Vertriebsformen unterschiedlich berücksichtigt. Aus dem Umsatz leitet sich für den Einzelhandel die wichtige Leistungskennziffer

„Flächenproduktivität oder Flächenleistung als Umsatz je Fläche" ab, die innerhalb der einzelnen Betriebsformen des Einzelhandels unterschiedlich hoch sind. Überdurchschnittlich hohe Flächenproduktivitäten zeigen dabei zum einen an, dass besonders leistungsstarke Wettbewerber vor Ort sind; zum anderen aber auch, dass sich noch zusätzliche Wettbewerber in dem relevanten Marktsegment ansiedeln können.

Über das Ausmaß der **Wohnungsvermietungen** liegen keine offiziellen Daten vor, sondern es stehen die Transaktionen mit Wohnungskäufen im Mittelpunkt. Auch in den privatwirtschaftlichen Quellen wird zwar über die Mietentwicklung und -strukturen berichtet, nicht aber über die Anzahl der Vermietungen.

Nettoabsorption (IV.b.)

Da der Indikator „Umsatz" wenig über die tatsächliche Ausdehnung der Flächennachfrage aussagt, wird die Nettoabsorption herangezogen. Dieser Indikator wird üblicherweise nur für Büromärkte ausgewiesen. Die Nettoabsorption ist definiert als die Veränderung der in Anspruch genommenen Büroflächen innerhalb eines bestimmten Zeitraums in einem Marktgebiet. Es ist die Differenz der aktuell belegten Fläche zu der im Vorjahr belegten Fläche. Die Nettoabsorption ergibt sich als die Differenz zwischen Büroflächenbestand und Leerstand innerhalb eines bestimmten Zeitraumes:

$(\text{Bestand} - \text{Leerstand})_t - (\text{Bestand} - \text{Leerstand})_{t-1}$,

wobei t für den betrachteten Zeitraum steht. Sie kann je nach Standort und betrachtetem Zeitraum positiv oder negativ ausfallen. Ist die Nettoabsorption positiv, so wurde im Berichtszeitraum per Saldo mehr Bürofläche neu in Anspruch genommen, als Fläche aufgegeben wurde. Eine negative Nettoabsorption gibt an, dass per Saldo mehr Fläche freigezogen als in Anspruch genommen wurde.

Die statistisch schwierig zu erfassende Größe Nettoabsorption wird im Vergleich zum Vermietungsumsatz zur Messung der tatsächlichen Nachfrage verwendet, wie das folgende Beispiel zeigt. Eine Firma A expandiert und mietet 500 m² Bürofläche an. Ihre derzeit benutzten 350 m² werden an die Firma B vermietet, die ihrerseits 300 m² Bürofläche leer zieht. Diese Fläche wird auf dem Markt weiter angeboten. Insgesamt wurden zwar 850 m² vermietet (Umsatz), aber der Leerstand reduziert sich insgesamt nur um 200 m². Somit ergibt sich eine Nettoabsorption von 200 m². Eine hohe Nettoabsorption wird vor allem in Aufschwungs- und Boomzeiten realisiert und zeigt sich zunächst durch sinkende Leerstände.

Leerstand (IV.c.)

Durch das Zusammenspiel von Angebot (Flächenfertigstellungen) und der Flächennachfrage (Büro: Nettoabsorption) auf den Vermietungsmärkten ergibt sich der Leerstand. Der Leerstand umfasst alle Flächen, die nicht vermietet und unmittelbar (drei Monate) zu beziehen sind. Auch der Leerstand kann nach der Ausstattung und anderen Kriterien unterschieden werden, um eine teilmarktgerechte Analyse vornehmen zu können. Der Leerstand bezieht sich im Allgemeinen auf die leerstehende Fläche, die in einem jeweiligen Marktgebiet aktiv angeboten wird (einschließlich Untervermietung). Es werden auch die Flächen im Bau (mittelfristig verfügbar) und die Flächen „in der Pipeline", die das langfristig verfügbare Angebot darstellen, berücksichtigt.

Es werden jedoch nur marktfähige Objekte eingerechnet, nicht der strukturelle Leerstand. Flächen, die zum Erhebungszeitpunkt ungenutzt sind, aber nicht zur Vermietung bzw. zum Verkauf angeboten werden, zählen nicht zum Leerstand. Als Sockelleerstand gelten die Büroflächen, die mindestens drei Jahre leer stehen.

Die **Leerstandsquote** wird als das Verhältnis des Leerstandes zum Flächenbestand in Prozent angegeben. Diese Kennziffer gibt Rückschlüsse auf die Attraktivität des jeweiligen Immobilienmarktes. Eine hohe Leerstandsquote kann auf potenzielle Schwierigkeiten bei der Vermietung oder dem Angebot hinweisen. Auch bei Entscheidungen über insbesondere spekulative Projektentwicklungen spielen die Leerstände und deren Entwicklung eine wesentliche Rolle. Jedoch kann es auch bei einem hohen Leerstand (Leerstandsquote) einen weiteren Bedarf an Immobilien geben, da über die Qualität des Leerstandes häufig keine Informationen vorliegen. So kann z. B. eine Nachfrage nach moderner Fläche bestehen, aber nur veraltete Immobilien leer stehen.

Daten über **Büroleerstände** werden von offizieller Seite nicht veröffentlicht, für größere Märkte erfolgt dies durch Makler. Der marktrelevante Büroflächenleerstand umfasst alle fertiggestellten Büroflächen, die zum Erhebungszeitpunkt ungenutzt sind und zur Vermietung, zur Untervermietung oder zum Verkauf an Eigennutzer angeboten werden und innerhalb von drei Monaten bezugsfertig sind. Der Büroflächenleerstand wird in Quadratmetern für einen Stichtag angegeben.

Über die Leerstände bei den **Einzelhandelsflächen** liegen keine bundesweiten Informationen vor. Wenn überhaupt, gibt es in den lokalen bzw. regionalen Einzelhandelsgutachten entsprechende Hinweise.

Der **Wohnungsleerstand** wird nicht nach einer einheitlichen Methode erhoben. Unterschiede ergeben sich vor allem hinsichtlich des Leerstandsbegriffs (total, nur marktaktiv) und in der amtlichen Statistik nach der Beobachtungsmenge (Vollerhebung, Stichprobe), sodass die gemessenen Leerstandsquoten unterschiedlich hoch ausfallen. Die letzte offizielle Erhebung war der Zensus 2011. Der Wohnungsleerstand wird vom Statistischen Bundesamt definiert als eine leerstehende Wohnung, die weder vermietet ist noch vom Eigentümer selbst genutzt wird und auch keine Ferien- oder Freizeitwohnung ist. Wird sie wegen Umbau oder Modernisierung nur vorübergehend nicht genutzt, gilt diese Wohnung nicht als leerstehend. Die Leerstandsquote ist der Anteil der leerstehenden Wohnungen an allen Wohnungen in Wohngebäuden (ohne Wohnheime) und sonstigen Gebäude mit Wohnraum. Die Daten des Mikrozensus weichen hiervon ab, da nur eine Stichprobe ermittelt und eine subjektive Einschätzung des Zählers vorgenommen wird.

Mieten (IV.d.)

Die Miete ist das Entgelt für die Überlassung einer Immobilie auf Zeit. Die Fertigstellungen und der Bestand bestimmen im Zusammenwirken mit der Flächennachfrage die Höhe der Mieten, wobei auch die Leerstandshöhe und -entwicklung sowie die Baukosten wichtige Variable sind. In den Immobilienmieten verdichten sich die Marktinformationen. Mieten sowie deren Veränderungen sind Indikatoren für Angebotsknappheiten oder -überschüsse auf einem Vermietungsmarkt.

Die Mieten bei den Marktberichten unterscheiden sich teilweise stark voneinander, was teilweise auf unterschiedliche statistische Vorgehensweisen zurückzuführen ist. Es werden teils unterschiedliche Marktgebiete gesehen, teils werden statt tatsächlicher Mieten die Angebotsmieten verwendet und teils gibt es unterschiedliche Vorgehenswesen bei der Aggregation der individuellen Werte zu einem „durchschnittlichen" Wert. Bei den Daten der bulwienge-sa AG, mit denen z. B. die Analysen der Deutschen Bundesbank durchgeführt werden, sind die angegebenen Mieten mittlere Werte, die aber nicht mit statistischen Methoden ermittelt werden, sondern nur Schätzungen typischer Werte sind.

Die Mieten, die in den Marktberichten üblicherweise ausgewiesen werden, beziehen sich auf neu abgeschlossene und üblicherweise nicht auf Bestandsmietverträge. Die **Neu- und Wie-dervermietungsmieten** spiegeln die aktuelle Marktlage am besten wider. Bestandsmieten alleine lassen nur wenige Rückschlüsse auf die aktuelle Situation am Mietmarkt zu. Je entspannter ein Markt ist, desto stärker nähern sich die Neu- und Wiedervermietungsmieten jedoch den Bestandsmieten an. In einem angespannten Markt liegen diese jedoch weiter von den Bestandsmieten entfernt.

Weiterhin kann zwischen **nominalen und effektiven Mieten** unterschieden werden. Die Mieten in den Marktberichten werden auf Basis der Nominalmieten ausgewiesen, welche die im Vertrag ausgewiesene Anfangsmiete ohne Berücksichtigung von Incentives, Nebenkosten oder Steuern sind. Diese hat aber für den Mieter nur eine geringe Aussagekraft, da die tatsächliche monatliche Belastung durch Mietkosten im positiven wie im negativen Sinne nicht deutlich wird. Bei der Effektivmiete wird die vertraglich vereinbarte Miete um eventuell gewährte Mietanreize (Incentives: mietfreie Anlaufzeiten, Übernahme von Umzugskosten oder mieterspezifische Aus- oder Umbauten) verringert. Vor allem in den „Mietermärkten" (das Angebot ist höher als die Nachfrage) sind die Vermieter dazu bereit, solche Incentives zur Mietergewinnung einzuräumen.

In den Marktberichten werden unterschiedliche Mieten ausgewiesen, und zwar wird unterschieden zwischen der **Spitzen-, Höchst- und Durchschnittsmiete**. Erstens trifft die Spitzenmiete eine qualitative Aussage über Lage und Gebäudeausstattung und ermöglicht die Beurteilung eines Standortes auch im Vergleich zu Konkurrenzstandorten. Sie gelten aber nur für ein kleines, qualitativ hochwertiges Marktsegment. Bei den Spitzenmieten wird zwischen den realisierten und den erzielbaren Mieten unterschieden.

Spitzenmiete
Die **realisierte** Spitzenmiete umfasst das – bezogen auf ein Marktgebiet – oberste Preissegment mit einem Marktanteil von etwa 3 % des Vermietungsumsatzes innerhalb eines bestimmten Zeitraums. Aus den ermittelten Mieten wird ein Mittelwert gebildet. Berücksichtigt werden die im Mietvertrag vereinbarten Nominalmieten, d. h., ggf. vom Eigentümer gewährte Incentives finden keine Berücksichtigung.
Die **erzielbare** Spitzenmiete repräsentiert eine erzielbare nominale Miete für eine bestimmte Mietfläche. Dieser Wert ist in erster Linie die Sicht der Entwicklung des Marktes, selbst wenn im obersten Preissegment im Berichtszeitraum keine Mietverträge abgeschlossen wurden. Sie sind somit Schätzgrößen bzw. Markteinschätzungen der Researcher.

Die regelmäßig in der Presse kommentierten **Spitzenmieten** sind wichtige Indikatoren der Marktentwicklung. Für eine Mietpreisanalyse sind sie allein nicht ausreichend, da sie nur ein kleines Marktsegment abdecken.

Die zweite Variante **Höchst- bzw. Maximummiete** stellt die absolut höchste tatsächlich erzielte nominale Miete dar. Bei den Gewerbeimmobilienvermietungsmärkten entspricht sie der absoluten Top-Miete. Üblicherweise ist davon auszugehen, dass die Höchstmiete über der realisierten Spitzenmiete liegt.

Höchstmiete
Die Höchstmiete ist die höchste realisierte Miete innerhalb eines definierten Zeit- und Teilraums.

Die dritte Variante ist die **Durchschnittsmiete**, die nur teilweise in den Marktberichten veröffentlich wird. Die Durchschnittsmiete ist die mit der jeweils angemieteten Fläche gewichtete durchschnittliche nominale Miete aller im Berichtszeitraum neu abgeschlossenen Mietverträge.

Durchschnittsmiete
Für die Durchschnittsmiete werden die einzelnen Mieten aller neu abgeschlossenen Mietverträge in einem Zeitraum mit der jeweils angemieteten Fläche gewichtet und ein Mittelwert errechnet. Wie bei der Spitzenmiete werden auch bei der Ermittlung der Durchschnittsmiete ausschließlich Nominalmieten berücksichtigt.

Auf den **Büromärkten** werden die Mieten in Euro pro Quadratmeter pro Monat ausgewiesen. Die Ausweisung in Spitzenmiete und Durchschnittsmiete kann für die verschiedenen Lagen (Teilmärkte) City-Lage, City-Randlage, Backoffice-Standort und Umland sowie bei einigen Städten für die Lage Bürozentrum (Central Business District) erfolgen.

Die **Einzelhandelsmieten** werden zum einen für verschiedene Lagen (1a- und 1b-Lagen sowie Nebenlagen) und zum anderen für die Top-Lagen mit ihren Spitzenmieten ausgewiesen, wie sie von den Maklern (z. B. Comfort oder Brockhoff) ermittelt wird. Die Spitzenmiete repräsentiert die nachhaltig erzielbare nominale Spitzenmiete bei Neuvermietungen für Idealflächen (i. d. R. Erdgeschoss, bis 100 m², stufenfrei, mind. 6 Meter Schaufensterfront) in Top-Lagen. Sie entspricht der Nettomiete ohne Nebenkosten.

Die **Wohnungsmiete** ist der Preis für eine vertragsgemäße Nutzung von Wohnräumen. Bei den Mieten werden Nettokaltmieten, die als Entgelt für die Überlassung der ganzen Wohnung gelten, von den Bruttokaltmieten unterschieden. Die Bruttokaltmiete ist die Summe aus Nettokaltmiete plus die umlagefähigen kalten Betriebskosten (wie z. B. die Kosten für Wasser oder Müllabfuhr). Die Wohnungsmieten gelten idealtypisch für eine Wohnung mit 3 Zimmern mit ca. 65 – 95 m² Wohnfläche und Standardausstattung.

Immobilienmarktzyklus / Immobilienzyklus (V.)
Die Immobilienmärkte unterliegen zyklischen Schwankungen, wobei zwischen Immobilien- und Investmentmarktzyklen (siehe Kapitel 2.3.2) zu unterscheiden ist. Bei den hier betrachteten Immobilienzyklen auf den Vermietungsmärkten ist zunächst zu beachten, dass es nicht *den* Immobilienmarkt gibt, sondern diese nach Standort und Objektart differenzieren. Da diese Segmente verschiedene Strukturen und Einflussfaktoren aufweisen, fallen auch die Zyklen auf den verschiedenen Märkten unterschiedlich aus. Langfristig kann sich aber kein Immobilienmarkt den zyklischen Schwankungen entziehen (siehe Abbildung 2.10).

Die Ursachen der Immobilienmarktzyklen sind sowohl exogene als auch endogene Faktoren. Diese Einflussfaktoren können sich gegenseitig verstärken oder dämpfend aufeinander einwirken. **Exogene Einflüsse** auf den Immobilienmarkt sind aus makroökonomischer Sicht vorwiegend die Folge von Konjunkturzyklen. Veränderungen der gesamtwirtschaftlichen Nachfrage und des Angebots zeigen sich in den Immobilienzyklen. Die Immobiliennachfrage reagiert dabei leicht zeitversetzt zur konjunkturellen Entwicklung. Aufgrund von oft aufwendigen Planungsverfahren und der Dauer der Fertigstellung von Bauten reagiert das Angebot erst mit einer deutlich zeitlichen Verzögerung. Weiterhin ist das eher prozyklische Kreditvergabeverhalten der Banken ein weiterer wichtiger exogener Einfluss. Die verschiedenen Ungleichgewichtssituationen haben zur Folge, dass der Immobilienmarkt sich nur selten im Gleichgewicht befindet. Der Wechsel von Überangebot und Übernachfrage auf den Immobilienmärkten wirkt sich dann auf die Marktergebnisse und -entwicklungen (z. B. Mieten, Leerstand) aus.

Die **endogenen Ursachen** des Immobilienzyklus basieren vorwiegend auf den Unvollkommenheiten der Immobilienmärkte. Es sind vor allem Time-Lags, die zu den zyklischen Entwicklungen führen. Hierfür verantwortlich sind die besonderen Eigenschaften des Gutes Immobilie. Steigt die Nachfrage unerwartet an, so trifft ein kurzfristig starres Angebot auf die gestiegene Nachfrage. Der Markt passt sich über die Preise oder Mengen an.

In Zeiten starker Nachfrage gibt es zunächst wenig neue Angebote, sodass die Mieten anziehen. Die relativ langen Entwicklungs-, Genehmigungs- und Bauphasen machen es schwierig, in kürzester Zeit einen Nachfrageüberschuss abzubauen. Aufgrund interner Genehmigungsprozesse handeln die Investoren zeitverzögert. Schließlich dauert es einige Jahre, bis die geplanten Immobilien als Neubauflächen dem Markt zur Verfügung stehen. Die aufgrund dieser Signale begonnenen Neubauten werden aber oftmals erst dann fertiggestellt sein, wenn die Nachfrage eventuell bereits wieder zurückgeht. Weitere vom Immobilienmarkt ausgehende endogene Ursachen sind psychologische Faktoren, wie sie sich in den Stimmungen der Marktteilnehmer zeigen.

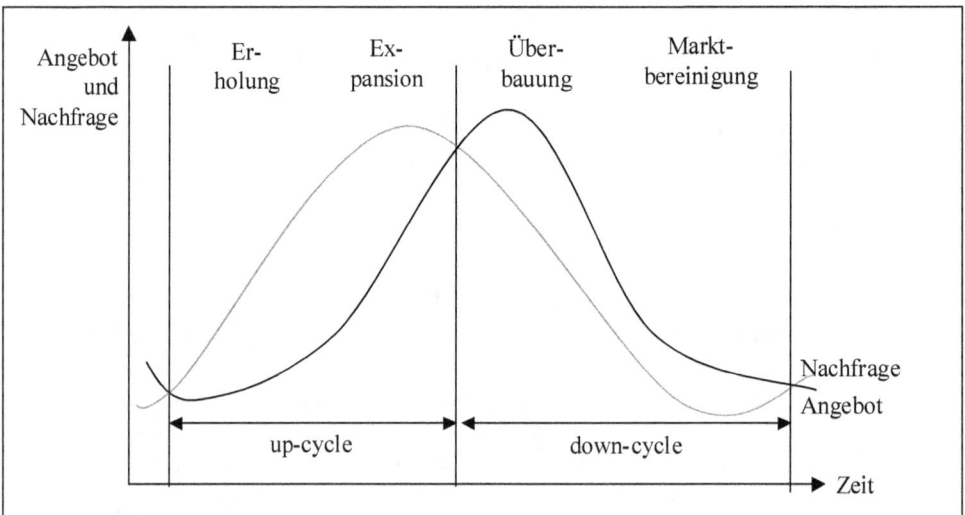

Abb. 2.10:   Immobilienzyklen; Quelle: eigene Darstellung.

Bei der **Beschreibung eines Immobilienzyklus** können die zyklischen Schwankungen der Aktivität grundsätzlich in vier Phasen unterteilt werden. Der „Up-Cycle" des Immobilienzyklus besteht aus der Erholungs- und Expansionsphase. In der ersteren kann ein Konjunkturaufschwung verbunden mit einer Knappheit an verfügbaren Immobilien ein möglicher Beginn eines Immobilienzyklus sein. Die Nachfrage nach Nutzungsflächen erhöht sich und die Leerstände nehmen langsam ab. Da zunächst nur wenige neue Flächen angeboten werden, steigen die Mieten, was wiederum Projektentwicklungen stimuliert. Das Ausmaß des Aufschwungs hängt davon ab, wie stark die Impulse sind. In der folgenden Expansionsphase kommt es zu einer weiteren Ausdehnung der Flächennachfrage. Die Projektentwicklungen nehmen jetzt zu und es kommt zu einer weiter ansteigenden Bautätigkeit. Insgesamt steigt in diesem Zyklusabschnitt auch das Interesse der Banken an Finanzierungen.

Nach dem kurzfristigen Gleichgewicht von Angebot und Nachfrage beginnt der „Down-Cycle", der die Phasen der Überbauung und der Marktbereinigung umfasst. In der ersten Phase des Angebotsüberhangs (Überbauung) gibt es zunächst noch eine weitere Flächenausdehnung durch wachsende Fertigstellungen, obwohl die Nachfrage bereits wieder schrumpft. Das Resultat sind steigende Leerstände und somit auch fallende Mieten. Die Entwicklung mündet in die vierte Phase: die Marktbereinigung. Bedingt durch das Überangebot an Fertigstellungen kommt es bei sinkender Flächennachfrage zu deutlich zunehmenden Leerständen. Daraus resultieren entsprechend weiter sinkende Mieten und zunehmenden Incentives. Projektentwicklungen werden nun zeitlich verschoben.

2.3.3   Verwertungsmärkte

In der abschließenden Verwertungsphase, die nach der Nutzungsphase einsetzt, entspricht die Immobilie nicht mehr der Nachfrage der Nutzer. Es gibt nach der Nutzungsphase grundsätzlich zwei verschiedene Optionen.

Die Immobilie kann zum einen abgerissen werden. Der Abriss und dessen Entsorgung sind komplexe und kostenintensive Maßnahmen. Aus Umweltschutzsicht stellt Bauschutt oftmals belastetes Material dar, das geeignet entsorgt werden muss. Zum anderen kann das Gebäude dagegen erhalten bleiben und einer neuen Nutzung zugeführt werden. Das Gebäude kann umgebaut bzw. revitalisiert (Refurbishment) werden. Das Refurbishment kann von einer Teilmodernisierung bis zur Kernsanierung (komplette Entkernung) reichen. Das Ausmaß hängt u. a. von der Qualität der vorhandenen Bausubstanz, der technischen Güte und Ausstattung, der künftigen Nutzung, Marktfähigkeit usw. ab. Auch die vorhandene Grundstückssituation und der umliegende Bestand spielen bei der Entscheidung eine bedeutende Rolle.

2.3.4   Immobilien-Investmentmärkte

Der Immobilien-Investmentmarkt ist der Markt, auf dem Immobilien verkauft bzw. finanzielle Mittel in Immobilien angelegt werden. Auf dem Investmentmärkten bilden sich die Preise durch das Angebot (Verkäufer) und die Nachfrager, die eine Immobilie kaufen wollen. Der Immobilien-Investmentmarkt, der über alle drei beschriebenen Phasen reichen kann, ist definiert als Markt für Kapitalanlagen in Immobilien für profitable Zwecke. Es werden alle Investitionen (bzw. Käufe/Investments) in Immobilien oder Immobiliengesellschaften zum Zwecke der Kapitalanlage oder der gewerblichen Eigennutzung erfasst.

Auf dem Investmentmarkt treffen sich die Eigentümer, die eine Immobilie verkaufen wollen und die Nachfrager bzw. Investoren. Nach der Definition der Gesellschaft für immobilien-wirtschaftliche Forschung (gif, 2015, S. 5) muss eine Immobilientransaktion vier verschiede-ne **Bedingungen** erfüllen: Eigentümerwechsel, notariell beurkundeter Kaufvertrag, Geldfluss zwischen Käufer und Verkäufer sowie der Immobilienerwerb als Zweck der Transaktion. Üblicherweise werden in Deutschland nur Anlagen ab einer Höhe von 5 Mio. Euro berück-sichtigt.

Es gibt keine einheitliche **Definition des Immobilien-Investmentmarktes**, sodass in den Marktberichten unterschiedliche Begriffe, Definitionen und Marktabgrenzungen vorgenom-men werden. Dies führt zu differenzierten Ergebnissen und Entwicklungstrends.

- Unter dem **institutionellen Immobilien-Investmentmarkt** wird i. d. R. der professio-nelle bzw. gewerbliche Teil des Immobilienmarktes verstanden, auf dem Transaktionen bzw. Investments in gewerbliche Immobilien stattfinden. Als Abgrenzung zum privaten Investmentmarkt werden nur Anlagen ab 5 Mio. Euro berücksichtigt.

- Bei der Statistik des **Immobilienverbands Deutschland IVD** werden alle Immobilien-umsätze berücksichtigt. Sie sind näherungsweise aus dem Grunderwerbsteueraufkom-men abgeleitet, das vom Bundesministerium der Finanzen erhoben wird. Das Immobili-entransaktionsvolumen bzw. der Immobilienumsatz umfasst sämtliche private und ge-werbliche Immobilientransaktionen, die der Grunderwerbsteuer unterliegen. Da die überwiegende Zahl der Transaktionen dieser besonderen Umsatzsteuer auf Grundstücks-umsätze unterliegt, ist die Statistik ein geeignetes Mittel, die jährlichen Immobilienum-sätze zu erfassen. Die Immobilienumsätze des IVD spiegeln den gesamten Markt wider, wobei bei diesem Indikator die privaten Haushalte dominieren. Hingegen ist der Markt-anteil institutioneller Investoren eher klein; vor dem Immobilienboom lag er bei durch-schnittlich rund 20 % und stieg während des Booms auf gut 30 %. Es ist zudem auf-grund der Zusammensetzung mit einer geringeren Volatilität bei diesem Indikator zu rechnen. Die privaten Haushalte reagieren relativ robust gegenüber der gesamtwirt-schaftlichen Entwicklung, während institutionelle Investoren sehr viel sensibler auf ver-änderte Rahmenbedingungen achten.

Gehandelte Immobilien können dabei Bestandsobjekte (Kauf eines bebauten Grundstückes oder der auf einem Grundstück befindlichen Gebäude (Erbpacht) oder Projektentwicklungen (Kauf von zu errichtenden oder sich im Bau befindlichen Gebäuden) oder Entwicklungs-grundstücke (unbebaute Grundstücke, die für eine gewerbliche Bebauung vorgesehen sind) sein. Käufe von Wohnungen oder Wohnungsportfolios werden als Wohninvestments oftmals separat berücksichtigt. Die Berichterstattung zum Wohninvestmentmarkt bezieht sich auf alle Transaktionen von Wohnimmobilien. Erfasst werden dabei alle Investitionen zum Zwecke der Kapitalanlage bzw. Entwicklung.

Die **Motive für die Investition** in Immobilien sind unterschiedlich. Bei einer Immobilien-transaktion können folgende Investmentzwecke des Käufers unterschieden werden. Immobi-lien werden zum einen für die eigene Nutzung eingesetzt werden. Zum anderen stehen Im-mobilien als Geschäftszweck selbst im Mittelpunkt, so z. B. für Immobilienunternehmen. Schließlich werden Immobilien auf dem Finanzmarkt neben anderen Anlagekategorien wie Aktien oder Anleihen als eigenständige Assetklasse verstanden.

Darüber hinaus lassen sich Immobilientransaktionen in Einzelobjekt- (einer gewerblich ge-nutzten Immobilie bzw. eines Entwicklungsgrundstücks) und Portfoliotransaktionen unterscheiden. Bei einer **Einzeltransaktion**, auch Single-Asset-Transaktion genannt, handelt es sich um den Verkauf von i. d. R. einem Gebäude. In Ausnahmefällen kann es auch dann eine Einzeltransaktion sein, wenn mehrere Gebäude verkauft werden, sofern diese eine bauliche und/oder inhaltliche Einheit bilden und in direkter räumlicher Nähe zueinander liegen (z. B. ein Gebäudeensemble wie das Sony-Center in Berlin). Auf dem Wohninvestmentmarkt wird der Verkauf mehrerer Wohngebäude nur dann als Einzeltransaktion behandelt, wenn die einzelnen Gebäude nicht über eine separate Zuwegung verfügen. Bei einer **Portfoliotransaktion** handelt es sich um den Verkauf von mindestens zwei räumlich getrennten Immobilien, die weder eine räumliche noch inhaltliche Einheit bilden. Dabei ist die Distanz zwischen den einzelnen Gebäuden unerheblich, d. h., auch zwei unmittelbar benachbarte Gebäude werden als Portfolio behandelt, sofern sie sich separat voneinander verkaufen lassen.

Weiterhin wird zwischen direkten und indirekten Investitionen in Immobilien (Asset- vs. Share-Deal) unterschieden. Beim **Asset-Deal** (direktes Investment) erwirbt ein Anleger eine abgrenzbare Immobilie direkt, was einen Grundstückserwerb einschließt. Eine direkte Immobilieninvestition zeichnet sich dadurch aus, dass der Käufer als Eigentümer der erworbenen Immobilie(n) in das entsprechende Grundbuch eingetragen wird. Im Rahmen einer unmittelbaren Immobiliendirektinvestition wird das rechtliche und wirtschaftliche Eigentum an einem Objekt übertragen. Dabei erwirbt der Investor neben der uneingeschränkten Verfügungsgewalt über die übertragene Anlage auch die damit verbundenen Rechte und Pflichten.

Die Vorteile eines direkten Immobilienerwerbs liegen in den Steuerungs- und Entscheidungsmacht des Investors. Dieser übernimmt hierbei die uneingeschränkte Kontrolle über ein oder mehrere Objekte und kann direkt und eigenständig darüber verfügen und verwalten. Dies betrifft beispielsweise die Auswahl geeigneter Mieter oder Modernisierungsmaßnahmen. Weiter kann der Investor den Zeitpunkt eines Verkaufs der Immobilie selbst bestimmen. Jedoch sind Direktanlagen auch mit erheblichen Risiken und Nachteilen verbunden. So fallen beim Erwerb hohe Transaktionskosten wie Grunderwerbssteuer und Notarkosten an, die i. d. R. vom Erwerber aufzubringen sind. Auch die laufenden Kosten wie Instandhaltungskosten und Nebenkosten sind erheblich. Ein weiterer Nachteil ist die geringere Risikostreuung.

Bei der **indirekten Investition (Share-deal)** handelt es sich um den Erwerb eines Anteils (von bis zu 100 %) an einer Objektgesellschaft oder einer Immobiliengesellschaft (Gesellschaftserwerb). In der Regel werden Anteile oder Aktien an einer Gesellschaft erworben, die mit dem dadurch zur Verfügung gestellten Kapital direkt oder indirekt in Immobilien investiert oder investiert ist. Indirekte Investments – insbesondere wenn es sich um den Erwerb von Anteilen an Immobiliengesellschaften handelt – werden nur dann als Immobilientransaktion gewertet, wenn dabei der Kauf bzw. Verkauf von Immobilien Hauptzweck der Transaktion ist. So zählen beispielsweise strategische Unternehmensübernahmen, bei denen der Käufer etwa die Realisierung von Synergieeffekten auf der operativen Unternehmensebene beabsichtigt, nicht als Immobilientransaktionen. Bei Kauf- und Verkaufsaktivitäten im gewöhnlichen, täglichen Börsenverkehr handelt es sich ebenfalls nicht um Immobilientransaktionen. Gleiches gilt für Kapitalerhöhungen von an der Börse notierten Immobiliengesellschaften. Börsengänge (Initial Public Offering, IPOs) von Immobiliengesellschaften werden dagegen als Immobilientransaktionen berücksichtigt, da hier ein Eigentümerwechsel stattfindet.

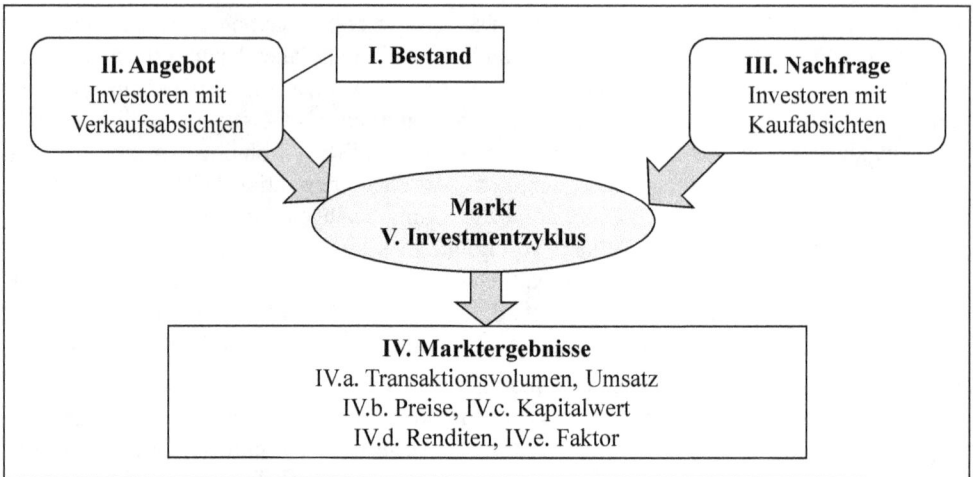

Abb. 2.11:   Immobilien-Investmentmarkt; Quelle: eigene Darstellung.

Abbildung 2.11 zeigt die Zusammenhänge auf den Immobilien-Investmentmärkten. Von dem Bestand (I.) wird ein Teil jährlich/quartalsweise auf den Investmentmärkten angeboten (II.). Im Vergleich mit der Nachfrage der Investoren (III.) ergeben sich die verschiedenen Markt-ergebnisse (IV.). Da sich Angebot und Nachfrage nicht im gleichen Ausmaß verändern, zeigt sich auf den Immobilien-Investmentmärkten der Investmentzyklus (V.). Entsprechend der Aufzählung in der Abbildung werden im Folgenden die Begriffe erläutert.

Bestand (I.)

Der gesamte **Immobilienbestand** bildet die Basis für das jeweilige jährliche Angebot für Investments in einem Markt (siehe Kapitel 2.3.1). Der Immobilienbestand institutioneller Investoren in Deutschland wird von der bulwiengesa AG auf rund 420 Mrd. Euro für das Jahr 2011 geschätzt (siehe Kapitel 3.2.3). Demnach entfallen die größten Anteile mit rund einem Drittel auf geschlossene Fonds und zu einem Viertel auf Immobilien-Leasinggesellschaften. Gut ein Fünftel des Bestandes wird von ausländischen Investoren gehalten.

Angebot (II.)

Auf dem Immobilien-Investmentmarkt von **Gewerbeimmobilien** wird jeweils nur ein klei-ner Teil des gesamten Flächenbestandes gehandelt. Es liegen keine statistischen Auswertun-gen für das Angebot auf den Investmentmärkten vor.

Das **Wohnungsangebot** auf dem Investmentmarkt besteht nur aus einem geringen Teil des vorhandenen Wohnungsbestandes. Bei den Verkäufen setzt sich das Wohnungsangebot im Wesentlichen aus den Bestandswohnungen und den fertiggestellten Neubauwohnungen zu-sammen. Hinsichtlich dieser Aspekte handelt es sich bereits um verschiedene Marktsegmen-te: Verkauf von neuen oder benutzten Wohnungen oder Häusern. Am Wohnungsmarkt gibt es weder den typischen Anbieter noch das typische Angebot, da die Wohnungen sehr heterogen sind.

Nachfrage (III.)

Die Nachfrage nach Immobilien(-fläche) umfasst den am Markt tatsächlich geäußerten Bedarf bzw. die am Markt befindlichen aktiven Flächengesuche. Es liegen jedoch keine statistischen Auswertungen für die Investmentmärkte vor. Es kann dabei zwischen verschiedenen Typen von Immobilieninvestoren unterschieden werden.

Sowohl private als auch institutionelle Investoren (siehe Kapitel 2.4) können Immobilien zur eigenen Nutzung sowie zur Kapitalanlage erwerben. Bei der Kapitalanlage haben sie direkte und indirekte Anlagemöglichkeiten, wobei sie dann bei Letzterem das Kapital wieder institutionellen Investoren zur Verfügung stellen (siehe Abbildung 2.12).

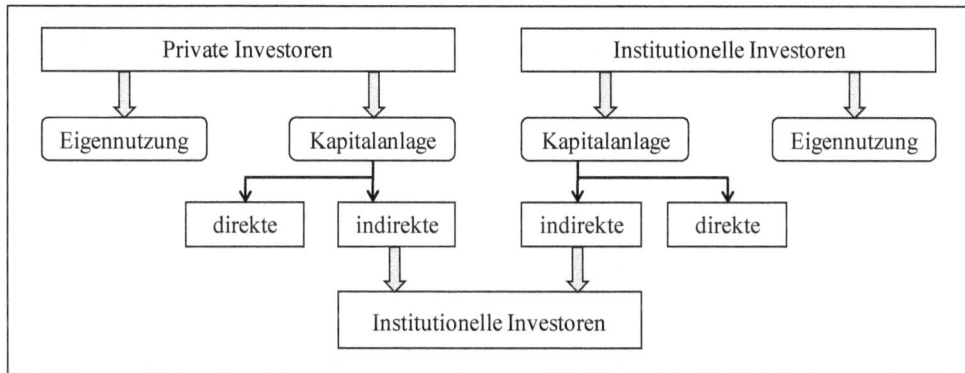

Abb. 2.12:   Typologie von Immobilieninvestoren; Quelle: eigene Darstellung.

Die **Wohnungsnachfrager** sind die Haushalte, die aus einer oder mehreren Personen bestehen. Der Haushalt ist daher primär an einer Nutzung einer Wohnung interessiert. Dabei fragen die privaten Haushalte Wohnungen im Rahmen von Käufen zur Selbstnutzung oder zur Kapitalanlage nach.

Marktergebnisse (IV.)

Transaktionsvolumen / Umsatz (IV.a.)

Der Umsatz oder das Transaktions- oder Investmentvolumen bildet die Käufe und Verkäufe von Immobilien ab. Das Transaktionsvolumen ist die Summe aller registrierten Käufe von Immobilien in einem Berichtszeitraum, exkl. Erwerbsnebenkosten und Transferkosten (z. B. Maklercourtage) in einem bestimmten Markt, sei es zum Zwecke der Kapitalanlage oder der Eigennutzung. Höhere Volumina zeigen mehr Interesse an einem Markt, sie implizieren mehr Entwicklungsaktivitäten und führen c. p. zu steigenden Immobilienpreisen.

Es werden zwei grundsätzlich unterschiedliche Umsätze veröffentlicht. Auf der einen Seite sind dies die Transaktionen der gewerblichen/professionellen Marktteilnehmer, die z. B. von den **Maklern** oder der gif erhoben werden. Üblicherweise werden hier in Deutschland nur Käufe ab einer Höhe von 5 Mio. Euro berücksichtigt. Hingegen sind beim **Immobilienverband Deutschland IVD** alle Immobilienkäufe enthalten, bei denen eine Grunderwerbssteuer in Deutschland fällig wird. Neben den institutionellen Investoren werden ebenfalls private Käufer und Verkäufer einbezogen, welche Immobilien zur Eigennutzung oder Kapitalanlage erwerben. Nicht berücksichtigt werden hingegen Share Deals. Aufgrund der insgesamt wesentlich größeren Marktabgrenzung resultieren hieraus auch höhere Immobilienumsätze.

Immobilienpreise (IV.b.)

Die Preise für die Immobilien werden auf dem Investmentmarkt zwischen Anbietern (Verkäufer) und Nachfragern, die eine Immobilie kaufen wollen, vereinbart. Es gibt verschiedene Abgrenzungen bezüglich des Preises.

Kaufpreis
Der Netto-Kaufpreis stellt den Kaufwert (einschließlich Mehrwertsteuer) laut Kaufvertrag dar. Bei dem Brutto-Kaufpreis werden die objektbezogenen Erwerbsnebenkosten (Grunderwerbsteuer, Notar- und Gerichtsgebühren sowie ggf. Maklercourtage) hinzu addiert.

Die Preisentwicklung von Immobilien kann auf verschiedene Weise erfasst werden. Zum einen ergibt sich der Preis aus dem Gleichgewicht von Angebot und Nachfrage auf dem Immobilien-Investmentmarkt, was durch verschiedene Methoden erfolgen kann, und zum anderen wird dieser synthetisch abgeleitet. Für Wohnimmobilien werden die Preise ausgewiesen und es werden üblicherweise Preisentwicklungen analysiert. Der Anschaffungspreis steht im Vordergrund, da Wohnimmobilien überwiegend von privaten Haushalten für ihre Eigennutzung oder als direkte Kapitalanlage verwendet werden. Bei Gewerbeimmobilien wird hingegen die Rendite oder als Kehrwert der Faktor bzw. Vervielfältiger genannt. Dies liegt daran, dass die institutionellen Investoren, die vorwiegend in Gewerbeimmobilien investieren, vor allem auf die Rendite als Benchmark achten. Von den Maklern werden teilweise auch Kapitalwerte angegeben, die aus den geschätzten Spitzenmieten und -renditen abgeleitet werden.

Kapitalwert (IV.c.)

Kapitalwert
Der **rechnerische** Kapitalwert wird berechnet als Spitzenmiete (Jahreswert) durch die Spitzenrendite (in %) mal 100. Beim VICTOR von Jones Lang LaSalle wird die Wertentwicklung der Büroflächen an den wesentlichen Bürostandorten in Deutschland ungewichtet gemittelt.

Als weiterer Indikator zur Beschreibung der Preisentwicklung von Gewerbeimmobilien wird der Kapitalwert (Capital-Value) verwendet. Die Immobilienpreise werden abgeleitet als Barwert einer Immobilie. Von den Marktakteuren werden dabei unterschiedliche Märkte analysiert, im Kapitel 3.2 wird insbesondere auf den Valuation Performance Indicator VICTOR von Jones Lang LaSalle eingegangen. Der Kapitalwert repräsentiert den theoretischen Wert eines Quadratmeters bester Qualität in bester Lage. Dieser wird zum jeweiligen Zeitpunkt von der aktuellen Spitzenmiete und Spitzenrendite abgeleitet und gibt die Wertentwicklung der 1a-Lagen in den fünf größten Städten an. Die Analyse zeigt die Wertveränderung des vermietbaren Büroflächenbestandes auf und stellt deren Performance (Wertänderungsrendite) im Zeitverlauf dar. Die Marktwertermittlung erfolgt nach internationalen Wertermittlungsrichtlinien, wobei die Modellannahmen auf realen Marktdaten sowie auf den Einschätzungen von Jones Lang LaSalle beruhen. In einem Discounted-Cash-Flow-Modell wird weiterhin sowohl die Inflationserwartung als auch das Marktmietwachstum berücksichtigt.

Exkurs: Wertparadox (Preis-Wert-Dilemma)

Was ist der Wert einer Ware? Mit dieser Frage, die auch bei der Bewertung von Immobilien relevant ist, haben sich Ökonomen schon seit Jahrhunderten beschäftigt und versucht den objektiven Wert eines Gutes zu bestimmen. Bereits Adam Smith, einer der ersten Volkswirte, hatte auf den Unterschied zwischen Gebrauchswert und Preis eines Gutes hingewiesen: Wasser hat einen hohen Gebrauchswert, aber einen niedrigen Preis, bei Diamanten ist es umgekehrt. Der Tauschwert dieser Güter (Preis) verhält sich umgekehrt. Karl Marx versuchte mithilfe der Arbeitswerttheorie den Wert eines Gutes mit der für dieses Gut notwendigen Arbeitsmenge zu erklären.

Die (neoklassische) Ökonomie ist zu dem Schluss gekommen, dass der Wert von den Vorstellungen eines Individuums in einer bestimmten Situation sowie den Angebotsbedingungen abhängig ist. Der Wert eines Objektes richtet sich nicht in erster Linie nach den Kosten des Haus oder der geförderten Energieeffizienzmaßnahme, sondern insbesondere danach, was künftige Nutzer bereit sind, für das konkrete Objekt zu zahlen.

Die Mikroökonomie erklärt den Wert eines Gutes einerseits aus der subjektiven Einschätzung der Nachfrager bezüglich des Gutes. Der Wert (ausgedrückt als Preis) eines Gutes erklärt sich aus dem Grenznutzen: dem Nutzen der letzten Einheit eines Gutes für das Individuum. Demnach ist der Preis eines Gutes der Ausdruck für den Wert eines Gutes aus der Sicht eines Individuums. Diese werden am Markt offenbart, in dem das Individuum angibt, welchen Preis es bereit ist für ein Gut zu bezahlen. Andererseits sind auch die Produktionskosten des Angebots ein wichtiger Einflussfaktor bei der Gestaltung des Angebotspreises. Durch das Zusammentreffen von Angebot und Nachfrage entsteht der Preis eines Gutes.

Für die Immobilienwirtschaft bedeutet dies, dass eine Immobilie das wert ist, was Käufer und Verkäufer vereinbaren und nicht das, was in dem Gutachten eines Immobilienbewerters steht.

Rendite (IV.d.)

Der Ertrag einer Investition kann anhand verschiedener Parameter gemessen werden. Die Rendite bezeichnet den Prozentsatz, der dem Verhältnis des Ertrages einer Kapitalanlage und der ihr zugrunde liegenden Investitionssumme entspricht. Eine erste Form ist die **Anfangsrendite**. Dabei werden bei der Anfangsrendite nur die vertraglich vereinbarten Mieteinnahmen berücksichtigt (nicht Vollvermietung). Darüber hinaus wird zwischen der Brutto- und Netto-Anfangsrendite unterschieden.

Brutto-Anfangsrendite

$$\text{Brutto-Anfangsrendite} = \frac{\text{Vertragsmiete (Ist-Miete) p. a.}}{\text{Netto-Kaufpreis (d. h. ohne Erwerbsnebenkosten)}} * 100$$

inklusive nicht umlegbarer Bewirtschaftungskosten

Bei der **Brutto-Anfangsrendite** werden die Roheinnahmen berücksichtigt, d. h. die erzielbare bzw. veranschlagte Jahresmiete, wobei die Mieteinnahmen *ohne* Abzug der nicht-umlegbaren Nebenkosten in die Rechnung eingehen. Der Netto-Kaufpreis wird ohne marktübliche Erwerbsnebenkosten ausgewiesen. Diese Rendite ist der **Kehrwert des Faktors**.

Netto-Anfangsrendite

$$\text{Netto-Anfangsrendite} = \frac{\text{Vertragsmiete (Ist-Miete) p. a.}}{\text{Brutto-Kaufpreis (d. h. inkl. Erwerbsnebenkosten)}} * 100$$

abzüglich nicht umlegbarer Bewirtschaftungskosten

Bei der **Netto-Anfangsrendite** wird die Vertragsmiete (abzüglich nicht umlagefähiger Betriebskosten; d. h. Nettomiet-Reineinnahmen) in Relation zum Brutto-Kaufpreis, bei dem zusätzlich die Erwerbsnebenkosten einbezogen werden, gesetzt. Der Kehrwert wird als Reinertragsvervielfältiger bezeichnet. Laut der bulwiengesa AG gilt für die Umrechnung der Brutto- in die Nettoanfangsrendite die folgende Faustformel:

Bruttorendite = Nettorendite * 1,18.

Brutto- und Nettoanfangsrenditen entstammen einer Berechnung, bei der der Jahresertrag des ersten Investitionsjahres ab Kaufzeitpunkt berücksichtigt wird. Die Anfangsrenditen werden vorrangig als Erstinformationen im Rahmen von Objektangeboten und Transaktionen verwendet.

Zweitens kann eine **Sollrendite** berechnet werden, die aufgrund angenommener Werte und unter den besten Bedingungen ermittelt wird. Im Vergleich zur Anfangsrendite wird hier eine **Vollvermietung** angenommen. Bei der Berechnung der Rendite werden alle ausgezahlten zu den eingezahlten Beträgen unter Berücksichtigung aller Kosten und Zahlungstermine in Relation gesetzt. Diese Werte sind somit Prognosen und keine Ist-Werte, die im Nachgang berechnet werden. Ferner ist zu beachten, dass diese Rechengrößen nur für den Fall gelten, dass die angenommenen Mieteinnahmen auch tatsächlich eintreffen, also eine entsprechende Vermietung erfolgt. Zudem muss der Mieter die Miete auch tatsächlich zahlen und es dürfen keine unerwartet höheren Kosten anfallen.

Eine dritte Berechnungsweise (**Ist-Rendite**) basiert auf den tatsächlich realisierten Mieteinnahmen (Vergangenheitswerte). Diese Werte werden normalerweise nur in Geschäftsberichten z. B. von Fonds ausgewiesen.

Bei der in Deutschland veröffentlichen Rendite handelt es sich üblicherweise um theoretische Markteinschätzungen der **erzielbaren Spitzenrenditen**. Diese Renditen basieren nicht auf einzelnen Transaktionen, sondern stellen eine Prognose dar, welche anhand der aktuellen Markteinschätzung und des Transaktionsgeschehens von den Marktbeobachtern vorgenommen werden. Referenzobjekte sind Gebäude erstklassiger Qualität in bester Lage, die mit aktueller Spitzenmiete an bonitätsstarke Mieter langfristig voll vermietet sind. Diese Faktoren werden unter Berücksichtigung angenommener Erwerbsnebenkosten und nicht umlagefähiger Bewirtschaftungskosten in eine Spitzenrendite umgerechnet. Die Spitzenrendite ist von besonderer Bedeutung, weil sie die Märkte zeitlich und interregional vergleichbar macht. Die erzielbaren Spitzenrenditen im Sinne von „prime yields" entsprechend der international üblichen Methodik und bilden den definitorischen Standard.

Exkurs: Cap Rates

In anderen europäischen Staaten wie Spanien, Italien oder Benelux wird üblicherweise die Bruttorendite verwendet. In den USA werden Cap Rates (Capitalization Rates: Net Operating Income (NOI)) in Relation zum aktuellen Marktwert oder zum reinen Kaufpreis (exklusive Transaktionskosten) ausgewiesen und liegen damit i. d. R. höher. Üblicherweise handelt es sich bei diesen Renditekennziffern um eine Sollrendite, d. h. die erwartete Rendite.

Schließlich kann viertens die **Gesamtrendite (Gross Returns)** berechnet werden, die der Summe aus Mietrendite und Wertänderungsrendite entspricht und in der Regel als Jahreswert berechnet wird. Die Mietrendite entspricht dabei der Spitzenrendite zum Zeitpunkt des Vorjahres und die Wertänderungsrendite ergibt sich aus der Veränderung des Kapitalwertes. Die ausgewiesenen Gross Returns spiegeln dabei üblicherweise nicht den Ertrag einer konkreten Immobilieninvestition wider; die Berechnung dient in erster Linie dem Vergleich verschiedener Märkte.

In Deutschland können **zwei Indizes** als Benchmark für die Renditeentwicklung von Immobilien oder Immobilienportfolios dienen: der GPI (German Property Index) und der DIX (Deutscher Immobilien Index). Diese Indizes basieren auf unterschiedlichen Datenbasen und werden unterschiedlich berechnet, sodass sie auch zu abweichenden Ergebnissen kommen (siehe Tabelle 2.13).

Tab. 2.13:   Vergleich von German Property Index und Deutscher Immobilien Index; Quelle: IPD und bulwiengesa AG, eigene Darstellung.

	GPI	DIX
Berechnung	synthetischer Index	realer Index
Cash-Flow-Rendite	Nettoanfangsrendite	Ist-Rendite
Wert	= Reinertrag/Nettorendite	Gutachterwerte
Gewichtung	Transaktionswerte	Bestandswerte
Qualitätsbereinigung	typische Werte	keine

Bei der Darstellung der allgemeinen Renditeentwicklung in Deutschland kann der **German Property Index (GPI)** verwendet werden. Dieser ist ein synthetischer Immobilien-Performance-Index. Die Werte beziehen sich immer auf tatsächliche Transaktionen in den jeweiligen Jahren (bestes Objekt, beste Lage). Somit kann es sich um die gleiche Immobilie handeln, meistens werden es unterschiedliche Core-Objekte sein (jedoch immer reale Transaktionen mit entsprechend aktuellem Vermietungsstand etc. in den Städten bzw. entsprechenden Jahren). Der GPI wird von der bulwiengesa AG auf Basis verfügbarer Marktdaten für 125 Städte in den wichtigsten Segmenten Büro, Einzelhandel, Wohnen und Logistik berechnet. Der GPI stellt die Gesamtrendite der Immobilie (Total-Return) dar und ergibt sich aus dem Capital-Growth-Return (Wertänderungsrendite) und dem Cash-Flow-Return (Rendite aus laufenden Mieterträgen). Der zyklische Verlauf des GPI wurde insbesondere durch die Entwicklung des Capital-Growth bestimmt, während der Cash-Flow-Return über die Jahre hinweg relativ stabil war.

Der **Deutsche Immobilien Index (DIX)** wird von der MSCI (früher: IPD Investment Property Databank GmbH) für Deutschland berechnet. Der DIX Deutscher Immobilien Index (siehe Tabelle 2.13) ist ein repräsentativer Index für deutsche Bestandsimmobilien, die sich vorwiegend im Bestand institutioneller Investoren befinden. Er ist als Performanceindex konstruiert, d. h., es werden sowohl die Nettoerträge aus Vermietung und Verpachtung als auch die Wertänderungen von Immobilien berücksichtigt. Der DIX basiert auf den Cash-Flow- sowie Wertermittlungsdaten der datenliefernden institutionellen Investoren. Die Wertentwicklung ergibt sich durch die einmal jährlich durch das Ertragswertverfahren festgestellten Werte der Immobilien. Durch diesen Aufbau kann die Performance von Bestandsimmobilien mit der Performance anderer Assetklassen, wie z. B. Aktien und Renten verglichen werden. Der DIX liefert den institutionellen Kapitalanlegern sowie der Immobilienwirtschaft eine verlässliche, wissenschaftlich fundierte Beurteilungsgrundlage für Investitionsentscheidungen.

Faktor (IV.e.)

Der **Faktor, Multiplikator oder Vervielfacher** ist ein Richtwert für viele Anleger, um zu beurteilen, ob eine Immobilie zu einem akzeptablen Kaufpreis angeboten wird. Der sich aus dem Faktor ergebende rechnerische Wert für ein Objekt resultiert einerseits aus der aktuellen Verzinsung des eingesetzten Kapitals und andererseits aus den Erwartungen über die zukünftige Ertragsentwicklung des Objektes.

Faktor/Multiplikator/Vervielfältiger
Der Faktor wird berechnet als Netto-Kaufpreis (d. h. ohne Erwerbsnebenkosten) durch die anfängliche Vertragsmiete p. a. (Ist-Miete)

Der Faktor ist das Vielfache der Nettojahreskaltmiete im Verhältnis zum Netto-Kaufpreis und somit der Kehrwert der Brutto-Anfangsrendite. Die Höhe des Faktors hängt im Wesentlichen von der Objektart und der Lage des Objektes ab. Unterschiedliche Multiplikatoren zwischen einzelnen Objektarten sind weiterhin auf unterschiedliche Ertrags- und Kostenrisiken zurückzuführen: je höher das Risiko, desto niedriger der Faktor.

Investmentmarktzyklus / Investmentzyklus (V.)

Von dem Immobilienmarktzyklus ist der Investmentmarktzyklus (siehe dazu Kapitel 2.3.2) zu unterscheiden. Ursache für Investmentzyklen sind differenzierte Angebots- und Nachfrageentwicklungen bei den Immobilienkäufen, die zu Preisveränderungen und im Extrem zu Preisblasen führen können. Sein Verlauf ist auf finanzwirtschaftliche Faktoren zurückzuführen. Ursachen eines Investmentzyklus finden sich in den Rahmenbedingungen des Investmentmarktes. Eine wichtige Bedingung für einen Aufschwung ist eine hohe Liquidität der institutionellen Anleger oder hohe Zuflüsse von Kapital auf den Anlagemärkten. Hierbei wird auch von einem „Liquidity Hurricane" gesprochen. Sowohl nach der „Dotcom"-Krise als auch nach der Finanz- und Wirtschaftskrise führten die Zentralbanken weltweit eine expansive Geldpolitik ein. Durch die Erhöhung der weltweiten Liquidität und immer weiter sinkenden Zinsen entwickelte sich ein Boom auf den Immobilien-Investmentmärkten.

Die Investmentmärkte unterscheiden sich ebenfalls nach Lage und Objektart, wobei aber die Einflüsse eine gemeinsame Ursache haben, nämlich die Entwicklung der (internationalen) Finanz- und Kapitalmärkte. Aufgrund der unterschiedlichen Investorentypen und -interessen fallen die Investmentzyklen je nach Markt unterschiedlich aus. Die Investmentmärkte sind insbesondere anfällig für spekulative, sich selbst verstärkende Effekte, die über längere Zeit anhalten und damit zu erheblichen Marktübertreibungen (z. B. Preisblasen) führen können.

Von Charles Kindleberger ist der Ablauf eines typischen Investmentbooms beschrieben worden (siehe Abbildung 2.14). Er analysierte unterschiedliche vergangene Wirtschaftskrisen, wie zum Beispiel die Tulpenzwiebelkrise in Holland im 17. Jahrhundert oder die große Depression der 1930er-Jahre und erkannte dabei ein sich wiederholendes Verlaufsmuster bei der Investitionsintensität. Die Zyklen wiederholen sich immer wieder, was jedoch mit unterschiedlicher zeitlicher Dauer und Amplitude geschieht. Der Ablauf eines Investment-Booms kann in fünf charakteristische Phasen unterschieden werden. Am Startpunkt der Entwicklung steht ein exogener Schock oder Displacement-Effekt (I), der auch zu einem niedrigen Zinsniveau führen kann. Ist diese Veränderung nachhaltig, so werden dadurch die ökonomischen Erwartungen und Gewinnmöglichkeiten verändert. Daraufhin nehmen die Investitionen stark zu, und es kommt zu einem Preisanstieg, was die Investoren bestärkt und den Effekt noch unterstützt. Typisch in dieser Phase ist auch, dass die Akteure am Markt ein immer risikofreudigeres Anlageverhalten entwickeln.

Im Anschluss an die Phase der Veränderung kommt es zur Euphorie (II). Die neuen Gewinnmöglichkeiten locken immer mehr Anleger an. In diesem Abschnitt kann es auch zu einem gesamtwirtschaftlichen Entwicklungsschub kommen, wenn z. B. infolge der Euphorie die Nachfrage überproportional zunimmt. Dieser Schub wiederum heizt die Euphorie der Marktteilnehmer noch weiter an. Charakteristisch ist hierbei, dass die Akteure im Preisfindungsprozess für ihre Kapitalanlage tendenziell mehr die Wertsteigerung beachten und weniger den Cashflow. Dabei werden die Preisanstiege einfach mit überhöhten Wachstumsraten in die Zukunft fortgeschrieben. Typisch in dieser Phase ist, dass einzig die Erwartungen für Preisanstiege zu immer höheren Kaufpreisen führen und nicht fundamentale Daten.

Im Stadium der Manie (III) überhitzen die Märkte und es kommt zu Blasenbildungen. Die Marktteilnehmer haben extrem optimistische Zukunftserwartungen und gehen von einem Szenario mit dauerhaft steigenden Preisen aus. Dies führt zur (massiven) Zunahme spekulativer Aktivitäten. Die Gewinne der bislang erfolgreich agierenden Anleger werden zum Magnet für immer neue Investoren, die hyperaktiv nach Anlagemöglichkeiten suchen, um ihrerseits von der Gesamtentwicklung zu profitieren. Zu diesem Zeitpunkt treten auch erstmalig Marktakteure in Erscheinung, die vor der Entwicklung warnen.

Erreicht der Investment-Boom seinen Höhepunkt (IV), werden die ersten Anleger aus dem Markt aussteigen. Dies ist der Beginn der Phase des Umschwungs. Es setzt eine allgemeine Ernüchterung angesichts der Erkenntnis der viel zu hohen Preise ein, die den fundamentalen Wert der Anlage nicht mehr wiedergeben. Nun fallen die Preise, Unternehmensinsolvenzen nehmen zu und es beginnt die letzte Phase: die Panik (V). Wie auch die Manie treibt die Panikphase sich mit wachsendem Momentum selber an. Die positiven Erwartungen kehren sich in negative um. Alle Anleger wollen zu diesem Zeitpunkt aus den Investments aussteigen. Nun wollen möglichst alle Anleger aus ihren Investments aussteigen. Dies bringt die Preise noch weiter unter Druck und die Kursspekulation bricht zusammen.

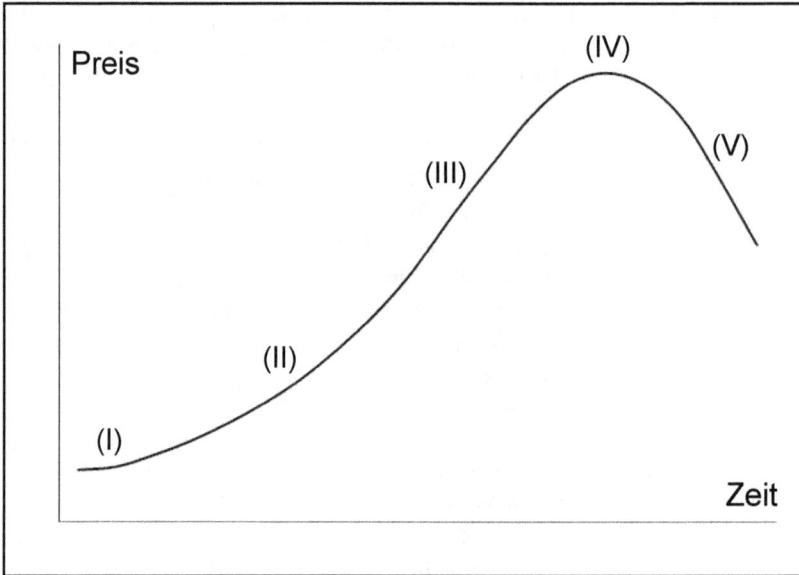

Abb. 2.14:   Schematische Darstellung der Entwicklung eines Immobilien-Investmentmarktzyklus; Quelle: eigene Darstellung.

2.4   Akteure der Immobilienwirtschaft und -märkte

Je nach Untersuchungszweck können unterschiedliche Abgrenzungen und Einteilungen für Akteure, die sich auf den Immobilienmärkten engagieren, vorgenommen werden. Im Folgenden wird zwischen den Marktakteuren nach dem Lebenszyklus einer Immobilie und denen des Investmentmarktes differenziert.

2.4.1   Die Marktteilnehmer während des Lebenszyklus einer Immobilie

Die Marktteilnehmer in der Wertschöpfungskette einer Immobilie übernehmen spezifische Aktivitäten oder Funktionen für den Immobilienmarkt. Die Einteilung erfolgt nach dem Lebenszyklus einer Immobilie. Dabei können jeweils die Anbieter und Nachfrager für die Phasen erstens der Projektentwicklung, zweitens der Nutzung und drittens der Verwertungsphase unterschieden werden. Tabelle 2.15 zeigt diese Betrachtung nach den zwei Kriterien, wobei die Einteilung nicht überschneidungsfrei ist oder vollständig sein kann.

Tab. 2.15:   Marktteilnehmer Immobilienmarkt; Quelle: eigene Darstellung in Anlehnung an Gondring, 2009,
             S. 35.

Phasen	Projektentwicklung	Nutzung	Verwertung
Angebotsseite	Grundstückseigentümer, Architekt, Bauherr, Bauträger, Projektentwickler und -steuerer, Generalunternehmen und -übernehmer, Investor, Finanzierer, Notar, Bauunternehmen, Makler, Sachverständige, Verkäufer, Vermieter	Eigentümer, Facility Management, Finanzierer, Handwerksbetriebe, private Haushalte	Facility Management, Finanzierer, Investor, Architekt, Handwerker, Statiker, Sachverständige, Abrissunternehmen
Nachfrageseite	Architekt, Investor, Projektentwickler und -steuerer, Bauherr, Käufer, Mieter, Notar	Nutzer, Eigentümer, Mieter, Untermieter, Pächter	Eigentümer
Investment			
Investoren: Anbieter und Nachfrager (Investoren)			

Projektentwickler

Die Aufgabe des Projektentwicklers ist es, Kapital, Standort und Idee zusammenzubringen und die Projektidee erfolgreich zu realisieren. Eine gesetzliche Regelung dieser Tätigkeit gibt es in Deutschland nicht. Die Aufgabenstellung schwankt je nach Geschäftsmodell, Branchenfokus sowie regionalem Wirkungskreis. Projektentwickler (Developer) initiieren und entwickeln neue Projekte, revitalisieren oder modernisieren jedoch auch bestehende. Hierbei greift der Projektentwickler häufig auf andere Dienstleister wie Architekten, Bauingenieure, Rechts- und Marktexperten zurück. Das Ausmaß sowie der Zeitpunkt der Zusammenarbeit mit anderen Dienstleistern hängen insbesondere von der Größe und der Wertschöpfungstiefe der Geschäftsmodelle der Projektentwickler ab.

Neben einer Spezialisierung auf Immobilienobjekte wie zum Beispiel Wohnimmobilien oder Handelsimmobilien oder altengerechte Immobilien bis zu Sozialimmobilien können Projektentwickler weiter unterteilt werden nach der Spezifizierung ihres Geschäftsmodells. Hierbei wird häufig unterteilt in:

- Service Developer (Dienstleistungsentwickler)
- Trader Developer (Projektentwickler i. e. S.). Hierzu zählen auch Bauträger, die auf eigenen Grundstücken Projekte bis zur Fertigstellung entwickeln und anschließend verkaufen. Üblicherweise wird der Begriff „Bauträger" für eher kleinteilige Projekte und besonders für Wohnimmobilien verwandt.
- Investor Developer entwickelt Projekte für den eigenen Bestand.

Bauunternehmen

Investoren oder Projektentwickler führen die operativen Bautätigkeiten meist nicht selber aus. Hierzu werden Bauunternehmen beauftragt. Das Leistungsangebot der Bauunternehmen kann grundsätzlich sehr unterschiedlich sein. Hierbei geht es nicht nur um handwerkliche Aspekte der Spezialisierung, sondern auch um erhebliche Unterschiede in der Koordination von Teilleistungen und bei der Frage der Risikoübernahme. Grundsätzlich wird in der amtlichen Statistik nach Betrieben des Bauhauptgewerbes (Bauindustrie und -handwerk) und Baunebengewerbes (z. B. Gerüstbau) unterscheiden.

Der Bauauftrag selbst kann als Einzelvergabe an unterschiedliche Bauunternehmer oder Handwerker oder einen Generalbauträger vergeben werden. Die Vergabe an einen Generalunternehmer (Bauunternehmen führt wesentliche Teile der Leistung selbst durch) oder einen Generalübernehmer (Bauunternehmen vergibt erhebliche Teile der Bauleistungen selbst fremd an Nachunternehmer) ist ein weiteres Unterscheidungskriterium.

Immobilienfinanzierer

Die Immobilienfinanzierung wird hier als die Vergabe von Fremdkapital interpretiert. Die Fremdfinanzierung spielt eine entscheidende Rolle bei Immobilienprojektentwicklungen und Immobilieninvestitionen, da meist nicht genügend Eigenkapital bei den Immobilieninvestoren zur Finanzierung von Projekten zur Verfügung steht. Darüber hinaus ist die Fremdfinanzierung für den Investor günstiger als die Kosten für Eigenkapital, sodass Fremdkapital zur Finanzierung eingesetzt wird.

Die Finanzierung gewerblicher Immobilien ist heterogener als die Wohnimmobilienfinanzierung. Zur Finanzierung stehen eine Reihe von Instituten aus dem Bankensektor zur Verfügung (z. B. Geschäftsbanken, Sparkassen, Genossenschaftsbanken, Bausparkassen, Hypothekenbanken, Sonderkreditinstitute). Darüber hinaus haben sich in den letzten Jahren auch vermehrt andere Fremdkapitalfinanzierer wie Kreditfonds oder Versicherungen engagiert.

Immobiliendienstleister

Immobiliendienstleister werden in den unterschiedlichen Nutzungsphasen eingesetzt: Sie werden bei der Projektkonzeption (z. B. Planer, Berater, Architekten), der Projektrealisierung (z. B. Projektsteuerer, Bauingenieure), dem Vertrieb der Projekte (z. B. Makler) oder eher transaktionsorientiert (z. B. Rechtsanwälte, Gutachter, Berater) eingesetzt. Andere wiederum sind der Projektentwicklung oder der Transaktion nachgelagert als Betreiber oder als Facility-Manager aktiv. Im Folgenden werden die Funktionen der wichtigsten Immobiliendienstleister beschrieben.

1. Immobilienplaner

Bei der Planung wird bei Projekten nach Projektstufen unterschieden, ob es um Aufgaben in der Projektvorbereitung (z. B. Bedarfsplanung), der Projektplanung (z. B. Genehmigungsplanung) oder der Vorbereitung der Projektrealisierung (z. B. Ausführungsplanung, Vorbereitung der Vergabe) geht. Darüber hinaus unterscheidet die Honorarverordnung für Architekten und Ingenieure zwischen Objektplanern und Fachplanern. Als Objektplaner werden vor allem Architekten und Ingenieure eingesetzt. Falls deren Fachkenntnisse für besondere Themen (z. B. Tragwerksplanung, Erd- und Grundbau) nicht ausreichen, werden spezialisierte Fachingenieure als Fachplaner beschäftigt.

2.   Sachverständige/Gutachter

Sachverständige beschäftigen sich insbesondere mit der Immobilienbewertung. Die Bezeichnung „Sachverständiger" ist in Deutschland gesetzlich nicht reglementiert und daher auch nicht geschützt. Dennoch gibt es erhebliche Unterschiede. Es ist zu unterscheiden zwischen Sachverständige der Gutachterausschüsse, öffentlich bestellten und vereidigten Sachverständigen, zertifizierten Sachverständigen sowie freien Sachverständigen.

3.   Makler

Immobilienmakler ist ein Beruf, der sich aus der Heterogenität der Immobilien und der damit verbundenen Markt-Intransparenz und Illiquidität der Märkte ableitet. Die Eigenschaften der Immobilien und der Immobilienmärkte führen zu erheblichem Bedarf an Informationen. Genau hier knüpfen die Makler mit guten Marktkenntnissen und Immobilien-Sachverstand an. In Deutschland wird zur Ausübung des Maklerberufes kein besonderer Fachkundenachweis benötigt. Es genügt die Erlaubnis der Gewerbebehörde. Der Makler hat u. a. die öffentlich-rechtlichen Vorschriften der Makler- und Bauträgerverordnung zu beachten. Bereits bei der Suche nach Grundstücken für eine Projektentwicklung oder eine Baumaßnahme kann ein Makler eingeschaltet werden. Zur Vermarktung von Projekten oder zur Vermietung der neuen oder revitalisierten Projekte werden ebenfalls Makler beauftragt. Das Leistungsspektrum der Immobilienmakler variiert dabei erheblich:

- **Wohnungsmakler** bringen in erster Linie Käufer und Verkäufer sowie Mieter und Vermieter von Wohnimmobilien zusammen. Sie sind an die Sondervorschriften des Wohnungsvermittlungsgesetzes gebunden. Es enthält im Wesentlichen Schutzvorschriften, wie zum Beispiel eine Obergrenze für Vermittlungsprovisionen im Vermietungsfall.

- **Gewerbemakler** bieten ihre Dienstleistung bei dem Kauf und dem Verkauf beziehungsweise der Miete und der Vermietung von gewerblich genutzten Immobilien an. Das Leistungsspektrum ist aufgrund der Marktbedingungen vielfältig und ändert sich häufig im Zeitverlauf.

4.   Berater

Bei vielen Immobilientransaktionen sowie in einzelnen Nutzungsphasen werden Berater hinzugezogen. Bei größeren Transaktionen werden z. B. Rechtsanwälte, Steuerberater und Investmentbanken und/oder Unternehmensberater berücksichtigt. Dies trifft auch bei internationalen Transaktionen oder bei komplexen Finanzierungen (wie Strukturierung und Emission von Anleihen) zu. Neben den Transaktionen weisen auch Bauprojekte oder Projektentwicklungen komplexe rechtliche Probleme auf. So ist in einer frühen Planungsphase eine Auseinandersetzung mit Stadtplanungs- und Baurecht notwendig. Häufig sind auf Immobilien spezialisierte Rechtsanwälte auch Notare. Diese nehmen die Beurkundung und Eintragung von Rechtsgeschäften, z. B. Kaufverträgen, vor.

Eine bedeutende Funktion nehmen Wirtschaftsprüfungsgesellschaften wahr. Diese können meist eine kombinierte Beratung durch Rechtsanwälte, Steuerberater, Wirtschaftsprüfer und Immobilienberater (Unternehmensberater) anbieten und sind daher gerade für komplexe Transaktionen gefragt.

5.   Architekten/Bauingenieure

Architekten und Bauingenieure arbeiten eng mit Projektentwicklern und Bauherren zusammen. Architekten planen die zu errichtende oder zu modernisierende Immobilie. Sie holen die notwendigen Baugenehmigungen ein und überwachen gegebenenfalls die Bauausführung. Bauingenieure arbeiten häufig eng mit dem Architekten zusammen. Besonders als Fachplaner werden Bauingenieure für statische, konstruktive oder baustoffbezogene Aufgaben eingesetzt. Beide Berufsgruppen treten auch als Gutachter oder Sachverständige auf.

6.   Facility-Manager/Immobilienverwalter

Facility-Management ist eine Managementdisziplin, die nicht genau zu definieren ist. In den letzten Jahren ist in Deutschland eine neue und vieldeutige Berufsbezeichnung entstanden. Der Begriff Facility-Manager wird überwiegend im Zusammenhang mit gewerblicher Vermietung für die Aufgaben der Steuerung von Instandhaltung und Wartung verwendet. Der Begriff Immobilienverwaltung wird meist mit wohnungswirtschaftlichen Geschäften in Verbindung gebracht.

Facility-Management vereint die notwendigen Unterstützungs- (Sekundär-)Prozesse des Kerngeschäfts eines Unternehmens. Dabei stehen Arbeitsplatzgestaltung, Werteerhalt und Kapitalrentabilität im Fokus des Facility-Managers. Allgemeine Anforderungen an das Facility-Management können u. a. die Unterstützung von Unternehmens-Kernprozessen oder die Erhöhung der Leistungsfähigkeit betrieblicher Arbeitsplätze sein.

7.   Immobilienbetreiber

Bei Betreiberimmobilien liegt das Management des Objekts bei einem Betreiber, dessen Geschäfttätigkeit weitestgehend von der Nutzenziehung aus der Immobilie abhängt, wobei er jedoch nicht unbedingt über das Eigentum verfügt. Immobilienbetreiber gibt es vor allem bei Sonderimmobilien wie Hotels, Seniorenimmobilien, Sport- und Freizeitimmobilien oder Multiplexkinos.

Auch bei Handelsimmobilien hängt der Erfolg einer Immobilie wesentlich von der Qualität des Betreibers ab. Zum Beispiel kann das Einkaufscentermanagement durch Öffentlichkeitsarbeit und Marketing den Erfolg eines Shoppingcenters beeinflussen.

Immobiliennutzer

Der Immobiliennutzer und damit der Kunde entscheidet letztendlich über den Erfolg einer Immobilie. Die Unternehmen sind auf allen Vermietungsmärkten sowohl als Anbieter als auch als Nachfrager Marktteilnehmer.

Die privaten Haushalte sind üblicherweise Nachfrager auf dem Wohnungsvermietungsmarkt. Als Anbieter treten sie hier in Erscheinung, wenn sie diese vermieten. Bei den Gewerbeimmobilien-Mietmärkte sind sie keine Nachfrager, können aber als Eigentümer diese Immobilien zur Vermietung anbieten.

Neben der Setzung von Rahmenbedingungen ist der Staat als Marktteilnehmer sowohl auf der Angebots- als auch auf der Nachfrageseite aktiv. Die öffentliche Hand ist vielfach Eigentümerin von Immobilien und Grundstücken.

Marktteilnehmer aus dem Ausland können sowohl private Haushalte als auch Unter-nehmen und eher seltener ausländische Staaten sein. Auf den verschiedenen Immobilienmärkten treten sie sowohl als Anbieter als auch als Nachfrager auf.

2.4.2   Die Marktteilnehmer des Investmentmarktes

Immobilien haben sich in den letzten Jahren als eigenständige Assetklasse etabliert und sind zum wichtigen Bestandteil von Portfolioüberlegungen privater und institutioneller Anleger geworden. Am Immobilien-Investmentmarkt agieren die unterschiedlichsten Investoren, die kurz- oder langfristige Investitionsziele haben können (siehe Abbildung 2.16). Dabei können die Anlageformen sowie die Investmentziele und -strategien und das Investitionsvolumen institutioneller und privater Anleger sehr unterschiedlich sein.

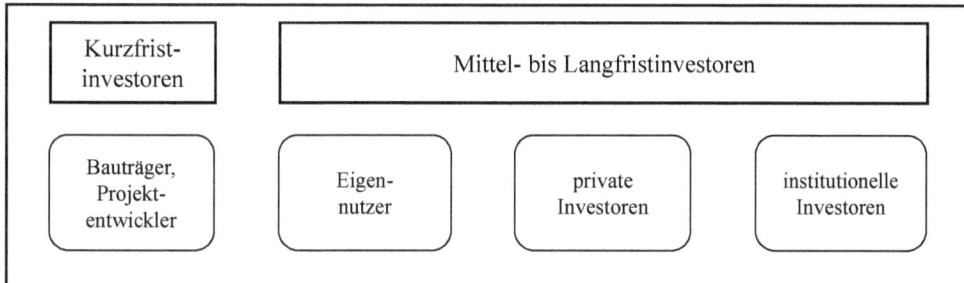

Abb. 2.16:   Investorentypen; Quelle: eigene Darstellung.

Arten von Investoren

Kurzfristinvestoren

Als klassische Kurzfristinvestoren treten im Regelfall Bauträger und Projektentwickler auf. Diese Investorengruppe beschäftigt sich zum einen mit dem Neubau von Objekten und zum anderen mit dem Erwerb von bestehender Bausubstanz, die z. B. den gegenwärtigen Ansprüchen nicht mehr genügt und nach Modernisierung, Umbau und/oder Optimierung einer neuen Verwendung zugeführt wird.

Die Bauprojekte können im Rahmen von Auftragsbau für einen feststehenden Mieter oder Eigennutzer errichtet werden. Daneben ist auch ein spekulatives Investment möglich. Das grundsätzliche Ziel besteht darin, die Immobilie während oder nach der Fertigstellung bzw. Vermietung mit entsprechendem Gewinn zu veräußern.

Eigennutzer

Es gibt unterschiedliche Gründe, warum Immobilien von Investoren, die die Immobilien selbst nutzen wollen, erworben statt gemietet werden. Die Eigennutzer können die Sicherung der uneingeschränkten Verfügungsgewalt über die Immobilie mit allen Möglichkeiten der individuellen Anpassung anstreben. Weiterhin erreichen sie durch den Kauf eine dauerhafte Standortsicherung, wie z. B. bei Einzelhandelsflächen. Darüber hinaus können auch steuerliche und/oder Renditeaspekte für den Kauf entscheidend sein.

Private Anleger

Privatkunden im Sinne dieses Gesetzes sind Kunden, die keine professionellen Kunden sind. Bei privaten Investoren sind insbesondere für mittlere und größere Privatvermögen Investitionen in Immobilien eine gefragte Anlageform. Dabei ist Kapital nicht in dem Ausmaß wie bei institutionellen Investoren vorhanden. Auf dem Immobilien-Investmentmarkt können private Haushalte sowohl als Verkäufer als auch als Käufer tätig sein. Hierbei handelt es sich um natürliche Personen, die als Investoren nur bei einer einzigen oder sehr wenigen Immobilientransaktionen als Marktteilnehmer auftreten. Bei privaten Investoren dominiert der Anteil der Direktanlagen. Das Investment zielt nicht nur auf den Erwerb von selbstgenutztem Wohn- oder Arbeitsraum ab, sondern zunehmend rückt der Renditeaspekt im Rahmen der Altersvorsorge in den Vordergrund.

Immobilien gehören bei diesen Investoren zu einem Teil ihrer Kapitalanlage als Renditeobjekt (z. B. Altersvorsorge) oder werden selbst genutzt. Die Vermögensverwaltung und -sicherung sowie der kontinuierliche und risikoadäquate Wertzuwachs werden von Privatanlegern angestrebt. Private Haushalte sehen Immobilien und speziell Wohneigentum als „Betongold" und erhoffen sich hierdurch ein wertstabiles Investment. Dabei zeichnen sich private Anleger zumeist durch ein begrenztes Investitionsvolumen und geringe Professionalität im Umgang mit Immobilien aus. Auf dem Markt haben sie einen Informationsnachteil; kaufmännisches, juristisches und technisches Fachwissen ist häufig nur in geringem Maße vorhanden. Die Professionalität von privaten Anlegern steigt i. d. R. jedoch mit zunehmendem Investitionsvolumen. Vermögende Privatpersonen sind daher durchaus mit institutionellen Anlegern vergleichbar.

Institutionelle bzw. Gewerbliche Investoren

Institutionelle Investoren sind üblicherweise juristische Personen und sehen die Immobilie als Anlageprodukt. Institutionelle Investoren sind Unternehmen, die Immobilien für sich oder für Dritte kaufen, bewirtschaften und vermieten, um sie als Kapitalanlage zu nutzen. Ihrer Funktion entsprechend beziehen institutionelle Anleger von originären Geldgebern als juristische Personen Geldbeträge Die institutionellen Investoren wiederum können die Kapitalanlagetätigkeit wiederum weiter delegieren an ein in- oder externes Asset-Management. Sie unterliegen dabei anderen Kapitalanlagebestimmungen als private Investoren. Im Gegensatz zu privaten Investoren besitzen institutionelle Anleger ein erhebliches Investitionsvolumen und zeichnen sich durch eine gewisse Professionalität im Umgang mit Immobilieninvestitionen aus. Auf dem Markt haben sie daher einen Informationsvorteil; kaufmännisches, juristisches und technisches Fachwissen sind durch ein qualifiziertes Management vorhanden.

Institutionelle Investoren
Bei diesen Investoren handelt es sich um Marktteilnehmer, die für eigene und / oder fremde Rechnung regelmäßig Objekte erwerben bzw. veräußern und entsprechend professionell bzw. gewerblich am Immobilienmarkt agieren.

Institutionelle Investoren sind vielfach nicht selbstständig in der Wahl ihrer Anlageziele und Bestimmung von Zielschwerpunkten. Die Kapitalgeber hinter den institutionellen Investoren beauftragen mit ihrer Kapitalanlage den institutionellen Investor mit der Verfolgung des von ihnen vorgegebenen Ziels im Hinblick auf Risiko und Rendite in einem vorgegebenen Anlagezeitraum. Zum Schutz der Zielwahrung der Kapitalgeber legen sich institutionelle Investoren verpflichtende Kapitalanlagebestimmungen auf, nach welchen sie handeln. Eine Vielzahl von institutionellen Anlegern verfolgt so das strikte Ziel der Erhaltung des angelegten Kapitals wie dies bei Versicherungen im §54 des Versicherungsaufsichtsgesetzes festgeschrieben ist.

Institutionelle Investoren zielen auf die Realisierung einer Rendite, welche zum einen aus Vermögenszuwächsen durch Wertsteigerungen der Immobilien und zum anderen durch Mieteinnahmen erzielt werden kann. Sie können in zwei Gruppen unterteilt werden. Dies sind zum einen „Non-Property-Unternehmen", die in Immobilien zur Portfoliodiversifikation investieren. Dazu zählen die Finanzintermediäre wie Versicherungen und Pensionskassen oder Unternehmen (allgemein). Zum anderen sind dies „Property-Unternehmen", deren Geschäft in der Erstellung, dem Handel und dem Betreiben von Immobilien liegen.

Exkurs: Käufer- und Verkäufertypen
- Private Anleger (Einzelpersonen, Family Offices, Vermögensverwaltungen)
- Versicherungen
- Pensionskassen und Versorgungswerke
- Pensionsfonds
- Staatsfonds
- Offene Immobilien-Publikumsfonds
- Offene Immobilien-Spezialfonds
- Geschlossene Immobilienfonds
- Private-Equity-Fonds / Opportunity-Fonds
- Sonstige Fonds
- Fondsmanager (dient als Ausweichkategorie, wenn konkrete Fondsart nicht bekannt ist)
- Börsennotierte Immobilieninvestment-AG / Real Estate Investment Trusts
- Nicht-börsennotierte Immobiliengesellschaften (z. B. Grundstücksverwaltungs- und Beteiligungsgesellschaften)
- Banken
- Öffentliche Hand
- Projektentwickler
- Corporates / Unternehmen
- Gemeinnützige Institutionen
- Sonstige
Quelle: gif, 2015, S. 8

Im Folgenden soll auf einige institutionelle Investorentypen näher eingegangen werden. Auch wenn durch das Kapitalanlagegesetzbuch (KAGB) neue Begrifflichkeiten eingeführt wurden, werden aus Gründen der Übersichtlichkeit hier weiterhin die alten Begriffe mitverwendet.

Offene Immobilienfonds (Publikums-AIF) sind im Kapitalanlagegesetzbuch KAGB regulierte Sondervermögen. Sie investieren in der Regel in Gewerbeimmobilien an verschiedenen Standorten. Offene Immobilienfonds sind weder in der Zahl der Anleger noch in ihrem Volumen begrenzt. Bei der Anlageentscheidung steht für diese Fonds der Wert bzw. die Wertentwicklung der Immobilie im Vordergrund. Erzielte Gewinne werden thesauriert. Anteilsscheine können dabei an der Börse gehandelt und erworben werden. Offene Immobilienfonds werden als Publikumsfonds für überwiegend private Anleger verwaltet, bei denen für Anleger Ersthalte-/Rückgabefristen gelten, um die Schließung von Fonds zu verhindern.

Bei **Spezialfonds (Spezial-AIF)** müssen die Anleger bestimmte Voraussetzungen erfüllen. Typischerweise sind es institutionelle Anleger, beispielsweise Versicherungsunternehmen.

Diese vereinbaren individuelle Anlageziele mit der Fondsgesellschaft. Spezialfonds haben auf den Immobilien-Investmentmärkten eine hohe Bedeutung. Sie dürfen nur an institutionelle Anleger, die professionell oder semiprofessionell sind, vertrieben werden.

Geschlossene Immobilienfonds sind dagegen sowohl in der Zahl der Anleger als auch im Fondsvolumen beschränkt und dienen der Finanzierung einzelner Objekte oder Objektgruppen. Anleger können nur während des Platzierungszeitraumes investieren. Bei Erreichen einer bestimmten Summe wird der Fonds geschlossen. Anleger nehmen an allen Chancen und Risiken der Investition teil. Angefallene Erträge sind steuerlich überwiegend Einkünfte aus Vermietung und Verpachtung.

Exkurs: Kapitalverwaltungsgesellschaften
Seit 2013 ist das Kapitalanlagegesetzbuch (KAGB) die rechtliche Grundlage für die Verwaltung offener und geschlossener Fonds sowie Spezialfonds. Das KAGB löst das bis dahin geltende Investmentgesetz ab und ist das Ergebnis der Umsetzung der europäischen Richtlinie über Verwalter alternativer Investmentfonds (AIFM-Richtlinie). Es hat das Ziel, für den Schutz der Anleger einen einheitlichen Standard zu schaffen und den grauen Kapitalmarkt einzudämmen. Aus den bisherigen Kapitalanlagegesellschaften (KAG) wurden nach Inkrafttreten des KAGB sogenannte Kapitalverwaltungsgesellschaften (KVG), die das Investmentvermögen verwalten.

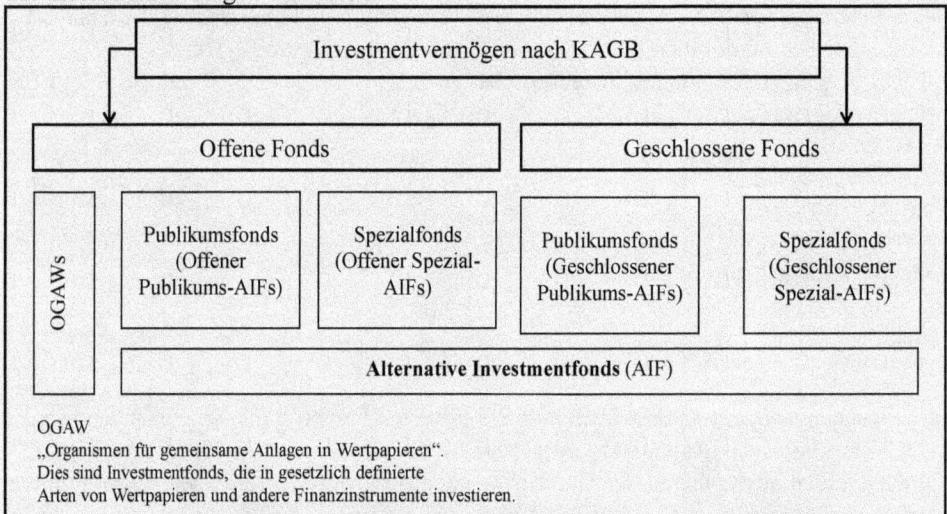

Zu den Alternativen Investmentfonds (AIF) gehören alle geschlossenen Fonds, für die auch die Bezeichnungen „Geschlossene Investmentvermögen" oder „Geschlossene Alternative-Investment-Fonds" gelten. Weiterhin umfassen die AIF alle Spezialfonds, unabhängig davon, ob es sich um offene oder geschlossene Fonds handelt. Darüber hinaus zählen zu den AIF auch die investmentrechtlich regulierten offenen Investmentfonds, die nicht als OGAW (Organismen für gemeinsame Anlagen in Wertpapieren) gelten.

Real Estate Investment Trusts (REITs) gibt es in Deutschland seit 2007, sie sind eine standardisierte und international bekannte Form von börsengehandelten Immobilienaktiengesellschaften. Sie unterliegen speziellen, landesspezifischen Marktregulierungen. Sie sollen die

Vorteile einer Immobilienanlage aufweisen, aber die Nachteile der Direktanlage vermeiden. Aufgrund schwieriger Rahmenbedingungen (administrativ und steuerlich) haben sich REITs in Deutschland bislang nicht durchgesetzt.

Immobilienaktiengesellschaften sind Kapitalgesellschaften, von denen einige auch börsennotiert sind. Diese Unternehmen haben sich auf die Bewirtschaftung spezialisiert und/oder investieren überwiegend in Immobilien. Anleger nehmen als Aktienteilhaber am Erfolg der Unternehmen teil, ohne selbst Besitzer einer Immobilie zu sein. Viele Immobilienaktiengesellschaften sind aus dem Outsourcing von Immobilienbeständen bei Industrieunternehmen entstanden. Börsennotierte Immobilienaktiengesellschaften sind in Deutschland eher wenig verbreitet.

Ziele der Investoren

Private und institutionelle Investorentypen verfolgen mit ihren Investmenttätigkeiten ein ganzes Bündel an Zielen. Bei einem ökonomisch rationalen Vorgehen der Investoren werden die Merkmale und Risiken einer Investmentalternative mit den Präferenzen und Erfordernissen des Investors in Einklang gebracht. Eine Kapitalanlage ist dabei die Verwendung von finanziellen Mitteln, um das Vermögen durch Erträge zu vermehren. Dabei stehen neben der Rentabilität, die Sicherheit (Risiko) und die Liquidität der Kapitalanlage als Ziele im Vordergrund; sie gelten zusammen als die wichtigsten objektiven Anlageziele. Sie stehen in einem Verhältnis, welches als das **magische Dreieck der Kapitalanlage** bezeichnet wird.

Die **Rentabilität** gilt als wesentliches Kennzeichen von Investments und dem Erfolg einer Kapitalanlage. Die Rentabilität einer Investition ergibt sich aus den zu erzielenden Erträgen wie Dividenden- und Zinsauszahlungen sowie den Wertsteigerungen. Sie ist Maßstab zur Messung der Performance einer Investition.

Falls ein Investment erfolgreich ist, werden dadurch zukünftige Erlöse erzeugt und/oder der Immobilienwert wird ansteigen. Dabei ist sowohl die Höhe des Gewinns als auch der Zeitpunkt entscheidend, an dem der Gewinn anfällt. Es gilt aber auch für Immobilien, dass je höher die Rendite ausfällt, desto höher auch das Risiko einer Investition ist.

Das Anlageziel der **Sicherheit/Risiko** steht in engem Zusammenhang mit dem Rentabilitätsziel. Sicherheit beschreibt das Risiko bzw. die Unsicherheit, welche/s mit der Anlage verbunden ist. Unter Risiko werden Nachteile, Verluste oder Schäden verstanden, die mit der Anlage verbunden sind. Bei den Zielen achten die Investoren vielfach auf eine ausreichende Mischung und Streuung der Kapitalanlagen umso das Risiko zu diversifizieren. Die Risiken variieren bei den einzelnen Investments, was als die Gefahr eines Wertverlusts definiert wird. Es gibt verschiedene Arten von Risiken:

- Das finanzielle Risiko ist der potenzielle Verlust des investierten Betrages oder des Profits.

- Das Zinsrisiko besteht darin, dass sich aufgrund von Zinsänderungen der Wert der Investition verringert.

- Das Kaufkraft-Risiko bezieht sich auf einen potenziellen Verlust durch Inflation. Zwar erhält der Investor nominal den gleichen Betrag, aber real kann er sich dafür weniger leisten.

- Das Risiko gesellschaftlicher Veränderungen besteht darin, dass durch diese Veränderungen Angebot und Nachfrage beeinflusst werden und damit auch die Rendite. Durch ihre Standortgebundenheit sind Immobilien hierfür besonders anfällig.

- Politische und gesetzliche Änderungen können ein weiteres Risiko darstellen. Neue Gesetze (z. B. höhere Steuern) können die Profitabilität eines Investments negativ beeinflussen.

Nach einer anderen Abgrenzung können die Risiken nach Objektrisiken (z. B. Altlasten, Mietermix oder Mikrolage) oder Marktrisiken (u. a. Leerstand, Mieten oder Preise) unterschieden werden. Darüber hinaus können Liquiditätsrisiken (Wiederverkaufsrisiko wie bei Liebhaberobjekten, schlechter Zustand oder Image) auftreten.

Das Kriterium **Liquidität** bezieht sich auf die Möglichkeit, ein Asset in Bargeld umzutauschen bzw. bei Unternehmen alle fälligen Verbindlichkeiten fristgerecht zu erfüllen. Hierbei wird festgestellt, wie schnell ein Vermögensgegenstand in Bargeld umgewandelt werden kann und wie hoch die Kosten dafür sind. Geldanlagen in Aktien oder Sparkonten können sehr liquide sein, während Immobilien eher als illiquide Assets anzusehen sind. Um eine Immobilie in Geld umzuwandeln, gibt es die Möglichkeit, diese zu verkaufen oder eine Schuld aufzunehmen. Beide Alternativen benötigen aber Zeit und verursachen Kosten.

Anhand der genannten Ziele bzw. Kriterien lässt sich jede Anlageform einschätzen, beurteilen und bewerten. Allgemeines Ziel der Anleger ist es, überall optimale Ergebnisse zu erhalten, d. h. attraktive Gewinnausschüttungen bei einer hohen Sicherheit sowie Verfügbarkeit des angelegten Kapitals zu jeder Zeit. Da diese drei Kriterien aber in einem Zielkonflikt zueinander stehen, sind sie nicht gleichermaßen zu erfüllen. So muss für einen möglichst hohen Grad an Sicherheit meist eine niedrigere Rendite in Kauf genommen werden. Ebenso bringen liquidere Anlagen c. p. niedrigere Erträge. Zudem sind sichere Anlagen oft auch weniger liquide. Über die Gewichtung der drei Komponenten gibt es keine Regeln. Jeder Anleger entscheidet nach seinen Bedürfnissen und Zielen über deren Verhältnis zueinander. So sind bei der Investitionsentscheidung Kriterien wie Renditevorstellungen, Risikobereitschaft, Gesamtvermögen, Anlagehorizont, familiäre Situation, steuerliche Situation, Liquiditätsbedarf, Einflussmöglichkeit, Investitionsvolumen, Anlageregion, Prioritäten und Fachwissen zu berücksichtigen.

Ergänzt werden die Hauptziele durch **Nebenziele für Investments**. Die Nebenziele der Investoren hängen wiederum von den individuellen Zielen ab, wobei von ihnen eine bestmögliche Kombination angestrebt wird. Nebenziele institutioneller Anleger können u. a. Prestigegewinn, die Bildung stiller Reserven, die Ausnutzung von Steuervorteilen oder die Förderung des Gemeinwohls sein. Institutionelle Investoren können Immobilien auch zum Zwecke gewerblicher Nutzung, wie beispielsweise als Verwaltungs- oder Vertriebsstandort, erwerben. Private Investoren fragen Immobilien häufig zur Eigennutzung nach. Weiter ist für private Investoren bei der Kapitalanlage das Ziel der Altersvorsorge von großer Bedeutung.

Strategien der Investoren

Durch den Aufbau von diversifizierten Immobilienportfolios wollen vor allem institutionelle Investoren ihre Anlage optimieren. Die Struktur des Portfolios kann sich aus den folgenden Strategien ergeben:

- Single- oder Multi-Asset-Portfolio

Das Kapitalanlageportfolio wird hier unterschieden in immobiliendominiertes und gemischtes Kapitalanlageportfolio. Bei einem immobiliendominierten Kapitalanlageportfolio spezialisieren sich die Anleger ausschließlich auf Immobilien oder immobilienähnliche Objekte. Ein Single-Asset-Portfolio von Immobilien stellt die ausschließliche Investition des Anlagevermögens in Immobilienanlagen dar. Hingegen wird ein Portfolio, dessen Anlagevermögen neben Immobilien aus weiteren Anlageklassen wie Aktien oder Anleihen besteht, als Multi-Asset-Portfolio bezeichnet. Nur ein Teil des gesamten Anlagevolumens wird in Immobilien angelegt, weitere Investitionen werden in andere Anlageklassen getätigt.

Der Vorteil eines Single-Asset-Portfolios liegt in der Spezialisierung auf eine Anlageklasse. Durch die bewusste Streuung bzw. Verteilung bei Multi-Asset-Portfolios verteilt sich jedoch das Risiko auf mehrere Anlageklassen. Es ist somit aber auch eine höhere Anlage- und Managementkomplexität erforderlich. Aufgrund der Höhe des Investitionskapitals sind institutionelle Investoren eher zu einer diversifizierten Aufstellung eines Multi-Asset-Portfolios in der Lage als private Investoren. Innerhalb dieser Portfoliostrategie sind sie in der Lage, auch im Bereich der Immobilienanlagen die Investitionen auf die verschiedenen Immobilienanlagen zu verteilen und somit das Gesamtinvestment breiter aufzustellen.

- Direkte oder indirekte Immobilieninvestments

Häufig hat der Investor nicht die Möglichkeiten, die Ressourcen oder das Know-how, um ausschließlich direkt in Immobilien zu investieren. Als Alternative bieten sich diverse Formen der indirekten Immobilienanlage an, in die zur Portfoliooptimierung investiert werden kann.

- Strategien „buy-and-hold" „buy-and-sell" und „buy-and-manage"

Investmentstrategien lassen sich grundlegend unter dem Blickwinkel des zeitlichen Anlagehorizontes, d. h. zwischen Ankauf und Verkauf der Immobilie, voneinander unterscheiden. Die institutionellen Investoren handeln nach einer der beiden gegensätzlichen Strategien „buy-and-hold" oder „buy-and-sell".

Bei der ersteren, eher traditionellen Strategie besteht das Ziel, die Immobilie sehr lang im Portfolio zu halten und diese nicht kurzfristig zu verkaufen. Nach dieser Strategie verfahren fast alle privaten Immobilieninvestoren, welche ihr Investment im Wohnimmobilienbereich und zu dem Zweck der Selbstnutzung getätigt haben. Es wird mehr auf die laufenden Einnahmen gesetzt und so die hohen Transaktionskosten vermieden. Ein Beispiel für eine angewandte buy-and-hold-Strategie durch einen privaten Investor stellt das klassische Investment in ein Zinshaus dar.

Bei der buy-and-sell-Strategie wird mit einer späteren, gewinnbringenden Veräußerung gerechnet. Bei dem kurzfristigen Investitionshorizont tritt vor allem bei institutionellen Investoren ein aktives Immobilienportfolio-Management mehr in den Fokus als das traditionelle Verwalten der Bestände. Auch Projektentwickler oder Bauträger im Wohnungsbereich verfolgen diese Strategie. Voraussetzungen für deren Erfolg sind kurzfristige Wertänderungen und der richtige Einstiegs- und Exitzeitpunkt. Im Extremfall gibt es auch Investoren, die nur darauf setzen, ihr eingesetztes (geringes) Eigenkapital mit einer hohen Verzinsung zurückzuerhalten. Dies kann dazu führen, dass z. B. sämtliche Modernisierungsinvestitionen unterbleiben.

Eine gemischte Strategie aus den beiden dargestellten ist die „buy-and-manage"-Strategie, bei der fallweise über das weitere Vorgehen entschieden wird. Diese Form der Investitionsstrategie wird mehrheitlich von institutionellen Anlegern verfolgt.

- Unterschiedliche Länder und Standorte

Mithilfe einer geografischen Verteilung der Investments kann eine Risikodiversifizierung erreicht werden. Durch das Investment in unterschiedlichen Ländern besteht weiterhin neben möglichen Steuervorteilen und einer größeren Auswahl von Anlageprodukten die Möglichkeit, eventuell unterschiedliche Marktzyklen in einzelnen Ländern auszunutzen. Darüber hinaus gibt es auch innerhalb einzelner Standorte äußerst unterschiedliche langfristige Entwicklungstendenzen der lokalen Märkte, die bei strategischen Investments berücksichtigt werden können. Risiken bestehen vor allem darin, dass Investoren auf internationaler Ebene über keine ausreichenden Fach- und Marktkenntnisse verfügen.

- Unterschiedliche Nutzungsarten

Die unterschiedlichen Arten der Immobilien als auch die unmittelbare Lage sind wichtige Kriterien, die unterschiedliche Chancen und Risiken aufweisen. Insbesondere institutionelle Investoren haben die Möglichkeit ein Immobilienportfolio aus verschiedenen Objektarten zusammenzustellen. Standardimmobilien (Büro, Handel, Wohnungen) mit teilweise geringerem Risiko können in einem Portfolio mit Spezialimmobilien (z. B. Hotel, Logistik) mit teilweise höheren Renditen/höherem Risikoprofil zusammengebracht werden, um so die Gesamtrendite zu optimieren.

- Unterschiedliche Risikoklassen

Aus den angestrebten Zielen von Immobilieninvestitionen lassen sich verschiedene Risiko-Rendite-Profile ableiten und eine Klassifizierung von Investmentstrategien in einzelne Risikoklassen vornehmen. Auch wenn es keine einheitliche Definition von Risikoklassen gibt, können gemäß der Definitionen von Jones Lang LaSalle (2011, S. 31) üblicherweise vier Risikoprofile bei Immobilieninvestitionen unterschieden werden. Die verschiedenen Risikoklassen weisen unterschiedliche Chancen und Risiken auf. Dies schlägt sich auf den möglichen Fremdkapitaleinsatz und die Renditeanforderung seitens der Investoren nieder. Im Folgenden werden keine typischen Renditewerte angegeben, da sich diese in den letzten Jahren drastisch verändert haben und stark vom jeweiligen zyklischen Stand der Immobilienmärkte abhängig sind.

- Als **Core-Immobilien** werden Objekte mit relativ geringem Risikograd mit nachhaltig stabilem, aber geringem Wertsteigerungspotenzial bezeichnet. Sie liegen üblicherweise in A-Lagen mit einer hohen Objektqualität und mit langfristigen Mietverträgen von einwandfreien Adressen. Aufgrund ihrer Objekt- und Lagequalität sowie des Marktumfeldes und ohne über das normale Maß hinausgehende Entwicklungsaktivitäten sind mit diesen Immobilien nachhaltige Vermietungs- und Verkaufserlöse zu erzielen. Die Risiken und damit auch die Chancen sind bei dieser Risikoklasse am niedrigsten. Die Core-Strategie wird in Bezug auf die Vergleichbarkeit der betrachteten Anlegerklassen insbesondere von institutionellen Immobilieninvestoren wie Versicherungen und Pensionskassen gewählt.

- **Core-Plus-Immobilien** sind Immobilien mit einem etwas höherem Risikograd und einem etwas höherem Wertsteigerungspotenzial als Core-Immobilien, die überwiegend Bestandsimmobilien mit mittlerer und moderner Objektqualität sind. Die Mietverträge

weisen eher kurze Vertragslaufzeiten auf und/oder es bestehen eingeschränkte Mieter-
qualitäten. Entsprechend sind die Anforderungen an die Rendite auch höher als bei den
Core-Immobilien. Die angestrebte höhere Renditeentwicklung wird hier durch das Wertsteigerungspotenzial in den Immobilien verfolgt.

- Eine Stärkung der Bedeutung des Wertsteigerungsansatzes charakterisiert die **Value-
  Added-Investitionsstrategie**. Diese Strategie wird durch eine deutliche Zunahme der
  Risikobereitschaft der Investoren geprägt. Bei den Value-Added-Immobilien müssen die
  Objekte erst durch Umbau/Ausbau/Neukonzeption am Markt neu positioniert werden.
  Sie bedürfen eines aktiven Managements, um so Wertsteigerungspotenzial zu erreichen.

- Die Investmentstrategie mit der höchsten Fokussierung auf das Wertsteigerungspotenzial
  von Investitionsobjekten ist die **opportunistische Investitionsstrategie**. Die Opportu-
  nistic-Immobilien umfassen Projektentwicklung oder entwicklungsfähige Gebäude in B-
  und C-Lagen mit Mieten weit unter Marktniveau oder Problemfälle. Hierbei wird auf eine positive Markt- und Objektentwicklung spekuliert, um Eigenkapitalrenditen in zwei-
  stelligem Prozentbereich zu erzielen. Risiken ergeben sich vor allem durch Mieter geringer Bonität, kurzfristige Mietverträge, strukturelle Leerstände oder spekulative Investments. Um die angestrebten Renditeziele zu erreichen, setzen die Investoren auf ri-
  sikoreiche Vorgehensweisen, wie das Ausnutzen des Leverage-Effekts durch hohe
  Fremdkapitalbelastungen. Dementsprechend sind die Investoren auch vor allem Oppor-
  tunistic Funds, Real Estate Venture Capital Funds sowie Projektentwickler.

Übungsfragen und Fallstudien

1. Welche Definitionen von „Immobilien" existieren und wie unterscheiden sich diese?

2. Erläutern Sie die Besonderheiten von Immobilien, durch die diese sich von anderen
   Gütern unterscheiden.

3. Die Immobilienmärkte können nach verschiedenen Kriterien abgegrenzt werden. Erläutern Sie die wesentlichen Abgrenzungen.

4. Unterscheiden Sie den Lebenszyklus von dem Immobilienmarktzyklus und dem Investmentzyklus. Beschreiben Sie die einzelnen Verläufe und Ursachen.

5. Vergleichen Sie die privaten und institutionellen Investoren hinsichtlich ihrer Ziele,
   Strategien und Instrumente.

6. Die Immobilienmärkte weisen bestimmte Besonderheiten auf. Nutzen Sie dazu die nachstehende Tabelle.

    a) Beschreiben Sie diese Besonderheiten.

    b) Welche Auswirkungen haben diese Besonderheiten auf den Immobilienmarkt und das Marktergebnis?

Vollkommene Märkte	Immobilienmarkt	Konsequenzen
vollständige Konkurrenz		
homogene Güter		
unendlich schnelle Anpassung an Veränderungen		
Markttransparenz		

3 Entwicklung der Immobilienwirtschaft und -märkte

In den folgenden Abschnitten werden die Entwicklungen der Immobilienmärkte in Deutschland analysiert. Die Analyse basiert auf den Ausführungen des vorangegangenen Kapitels, in denen die verschiedenen Begrifflichkeiten und Konzepte sowie die wesentlichen Abgrenzungen und Zusammenhänge zwischen den Märkten aufgezeigt wurden. Zunächst wird die allgemeine Entwicklung der Immobilienbranche in Deutschland dargestellt, wobei einerseits die langfristige Entwicklung bis Mitte der 1980er-Jahre aufgezeigt wird. Andererseits werden die ab diesem Zeitpunkt bis heute erfolgten Immobilienzyklen analysiert.

Es wird danach auf den Immobilien-Investmentmarkt eingegangen, der zum einen alle gewerblichen Objektarten umfasst, sich aber zum anderen im Wesentlichen nur auf die institutionellen Investoren beschränkt. Danach werden die Vermietungsmärkte für Büro-, Einzelhandels- und Wohnimmobilien in Deutschland hinsichtlich der Einflussfaktoren und der Entwicklungen analysiert. Aufbauend auf den Begrifflichkeiten, die im zweiten Kapitel definiert und beschrieben wurden, werden in den einzelnen kommenden Kapiteln anhand wesentlicher Indikatoren die Trends und zyklischen Schwankungen dargestellt und interpretiert.

Lernziele zu Kapitel 3
Nach der Bearbeitung dieses Kapitels können Sie
- die Entwicklung der Immobilienwirtschaft in Deutschland beschreiben,
- den Immobilien-Investmentmarkt in seinen verschiedenen Definitionen klassifizieren,
- die Ziele und Strategien der Investoren differenzieren,
- die Entwicklungen der Investmentmärkte und deren Ursachen darzustellen,
- die unterschiedlichen Entwicklungen auf den einzelnen Vermietungsmärkten in Grundzügen erkennen,
- die Ursachen für diese differenzierten Entwicklungen analysieren und kritisch bewerten.

3.1 Geschichte der deutschen Immobilienbranche

3.1.1 Entwicklung der Immobilienwirtschaft

In Deutschland gab es in der jüngeren Immobiliengeschichte verschiedene Phasen bzw. Zyklen. Dabei wird zunächst die Phase bis Ende der 1980er-Jahre betrachtet, in denen die deutschen Immobilienmärkte nur in Grundzügen vorhanden waren. Vermietungs- und Invest-

https://doi.org/9783110550535-069

mentmärkte heutiger Prägung, wie sie vor allem in den sieben A-Standorten gegeben sind, waren unbekannt.

Die danach folgenden vier Zyklen bis heute waren von bestimmten Ereignissen geprägt, die jeweils zunächst zu einem Aufschwung (Boom) geführt haben, dem dann ein Abschwung oder eine Rezession folgte. Dies waren in den ersten beiden Zyklen realwirtschaftliche Ursachen, so zum einen der Vereinigungsboom und zum anderen der Dot-Com- bzw. New-Economy-Boom. Bei den realwirtschaftlich verursachten Zyklen kam zunächst der Anstoß von der Nachfrageseite (Vereinigungsboom oder Boom in der IT-Branche) und durch die verspätete Reaktion auf der Angebotsseite wurde der Abschwung eingeleitet bzw. verschärft. Die beiden folgenden Aufschwünge waren finanzwirtschaftlich geprägt. Der Immobilienboom, der global Anfang des Jahrhunderts und in Deutschland 2004 einsetzte, hatte seinen Höhepunkt 2007/8. Anschließend folgte ab 2009 wieder ein Aufschwung, der noch bis heute anhält (siehe Abbildung 3.1). Die beiden finanzwirtschaftlich geprägten Aufschwünge sind dadurch gekennzeichnet, dass die Preise wesentlich stärker als die Mieten wuchsen und daher die Faktoren deutlich anstiegen.

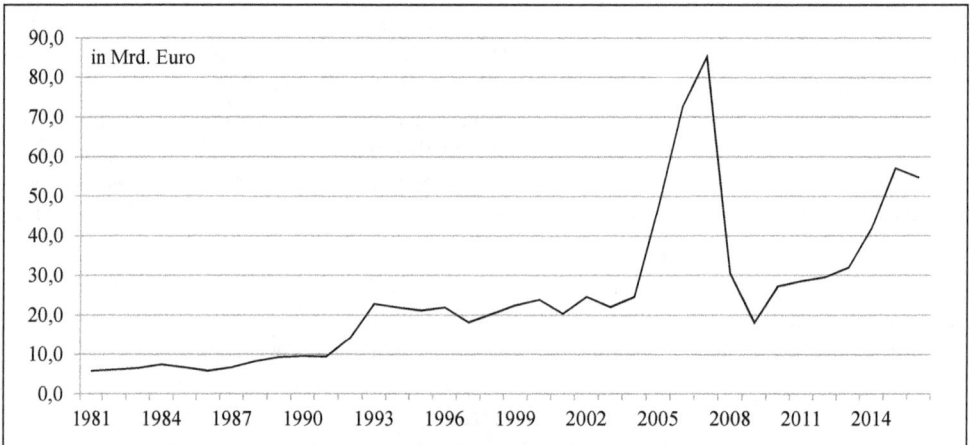

Abb. 3.1:   Entwicklung des Transaktionsvolumens; Quelle: RIWIS-Datenbank der bulwiengesa AG, abgerufen
             am 01.04.2017, eigene Darstellung.

Die Einteilung der Zyklen orientiert sich an den Büromarktzyklen. Diese sind wesentlich stärker von den wirtschaftlichen Trends geprägt als andere Objektmärkte. Bei den Einzelhandelsimmobilien ist teilweise auch ein konjunktureller Einfluss durch die Einkommensentwicklung gegeben, aber der Trend bei den 1a-Lagen ist eher durch die Knappheit an Flächen geprägt. Die Entwicklungen auf den Wohnimmobilienmärkten unterliegen stärker anderen Einflussfaktoren und sind nicht kongruent mit denen auf den Büromärkten (siehe Abbildung 3.2). In den folgenden Kapiteln wird dennoch der Versuch unternommen, die Entwicklung der anderen Objektmärkte ebenfalls in die beschriebenen Zeitperioden zu integrieren. Die entsprechenden Schaubilder zu einzelnen Märkten und Indikatoren sind nur in den folgenden Kapiteln zu den Investmentmärkten (Kapitel 3.2) oder den einzelnen Objektmärkten (Kapitel 3.3 bis 3.5) abgebildet, um Doppelungen zu vermeiden.

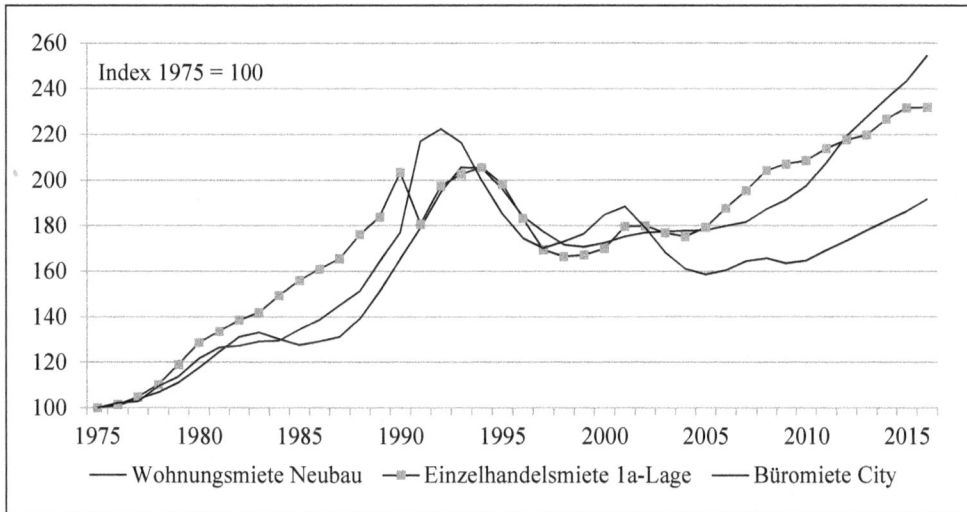

Abb. 3.2: Mieten auf verschiedenen Objektmärkten; Quelle: RIWIS-Datenbank der bulwiengesa AG, abgerufen am 01.05.2016, eigene Darstellung.

Westdeutschland bis Ende der 1980er-Jahre

Die **Immobilienwirtschaft** war während dieser ersten Phase im Vergleich zu heute in einem frühen Entwicklungsstadium und kann nicht mit den heutigen Strukturen und Ausmaßen verglichen werden. Der Immobilienmarkt vor Ende der 1980er-Jahre ist mit dem heutigen nicht gleichzusetzen, was die Mietgesetzgebung, die Größe des Gewerbeimmobilienmarktes oder die Strukturen des Investmentmarktes betrifft. Auch im Vergleich zu anderen – wenigen – europäischen Nationen konnte sicherlich noch nicht von einem „klassischen Immobilienmarkt" gesprochen werden.

Die Immobilienwirtschaft hatte nur eine relativ geringe Bedeutung, wenngleich die Nachfrage nach Immobilien nachhaltig positiv ausfiel. Werden die Erdölkrisen nicht beachtet, so wäre die deutsche Volkswirtschaft in diesem Zeitraum um rund 3 % gewachsen (mit Berücksichtigung knapp 2,5 %). Durch dieses hohe Wirtschaftswachstum gab es in allen Segmenten einen hohen Bedarf an Immobilien. In dieser Periode existierten nur Schwankungen um einen langfristig positiven Trend und nur vereinzelt Schwächephasen. Diese waren zum einen auf den Abschwung in den 1960er-Jahren (1967 Rezession mit erstmals negativem Wachstum) und die Erdölkrisen in den folgenden Jahrzehnten zurückzuführen.

Die Rezession 1974/75 wurde durch die Verlangsamung der weltwirtschaftlichen Entwicklung und die Zinspolitik ausgelöst. Bei der ersten Ölkrise verteuerten sich schlagartig wichtige Rohstoffe. Die höheren Energiekosten zogen in Deutschland wie in den übrigen westlichen Ländern wichtige Kaufkraft ab und eine Rekordinflation führte zu extrem hohen Lohnabschlüssen. Die Bundesregierung lenkte mit Energieeinsparungen und der Erschließung anderer Energiequellen dagegen.

Auch die zweite Ölkrise traf die westlichen Industrieländer 1982/83 hart. In Deutschland ließen die Ölpreisexplosion und eine anhaltende Konsolidierungskrise das Wirtschaftswachstum 1981 auf praktisch Null und 1982 auf etwa minus 1 % sinken. Gegenmaßnahmen hatten zum Teil unerwünschte Folgen. Die schon 1983 auf rund 8 % gestiegene Arbeitslosigkeit und die zur Stärkung der Konjunktur ausgegebenen Milliardenbeträge zogen in den folgenden Aufschwungjahren eine wachsende Staatsverschuldung nach sich.

Der deutsche Gewerbeimmobilienmarkt unterschied sich neben dem geringen Entwicklungs-stand in einigen Bereichen grundlegend von angelsächsischen Märkten. Ursächlich hierfür waren im Grunde die positiven volkswirtschaftlichen Entwicklungen. Westdeutschland wur-de in der Nachkriegszeit zu einer der führenden Industrienationen der Welt. Hingegen verlor England industriell immer mehr an Bedeutung, während London zu einer weltweit führenden Dienstleistungsmetropole wurde. Für die Entwicklung der deutschen Immobilienmärkte wirkte sich die föderale Struktur nachteilig aus. Während sich in Großbritannien und Frank-reich die Immobilienakteure auf die jeweilige Hauptstadt konzentrierten, waren es in Deutschland aufgrund der polyzentrischen Struktur je nach Betrachtungsweise drei, fünf oder sieben vergleichbare Immobilienstandorte. Die Globalisierung, die heute die Immobilien-wirtschaft zumindest mitprägt, war in dieser Phase noch nicht gegeben.

Die Immobilienbranche in ihrer Vielfalt der Professionen war noch nicht so ausgeprägt wie heute. Eine Beraterkultur im angelsächsischen Sinne gab es in Deutschland in dieser Phase nicht. Die Maklerszene war durch Regionalmakler und einige Franchise-Systeme geprägt. Die dahinter stehenden Eigentümer betrieben oftmals die Projektentwicklung selbst und nutzten ihr regionales Know-how.

Empirisch können die Entwicklungen auf den Immobilienmärkten vielfach nicht belegt werden, da offizielle statistische Daten nicht verfügbar sind. Der deutsche Immobilienmarkt wurde erst ab etwa 1990 in Deutschland professionell beobachtet. Hartmut Bulwien hat mit seinem persönlichen Engagement (auch als Gründungsmitglied der gif) viel dazu beigetra-gen. So haben die bulwiengesa AG bzw. die Vorläufergesellschaften erstmals 1986 systema-tisch Datenreihen zum deutschen Immobilienmarkt publiziert (Mieten und Preise für Wohn- und Gewerbeimmobilien, heute bulwiengesa Immobilienindex genannt). Diese Zeitreihen wurden frühzeitig von der Deutschen Bundesbank abgefragt.

Daten über Preise und Mieten lagen für Westdeutschland erstmals für 1975 vor, diese wurden ausschließlich von der bulwiengesa AG für nur wenige Indikatoren veröffentlicht. In den Jahren 1983 bis 1986 wurden alle verfügbaren Informationen zum Immobilienmarkt zusam-mengetragen, um die Zeitreihe ab 1975 abzubilden. Die internen Unterlagen wurden ausge-wertet sowie verfügbare Quellen und Kontakte gesichtet. Mittels entsprechender Verfahren wurde die Qualität der Daten auch über Jahre hinweg immer wieder verbessert. Neue Quel-len oder Informationen wurden eingearbeitet.

In dieser Phase wies der **Immobilien-Investmentmarkt** nur eine geringe Tradition auf; ein Kapitalanlagemarkt für gewerbliche Immobilien hat sich in Deutschland im Vergleich zu anderen Ländern erst relativ spät gebildet. Das Marktgeschehen auf den Investmentmärkten wurde von den Leasingfonds und den geschlossenen Immobilienfonds mit einem durch-schnittlichen Gesamtanteil von rund 50 % dominiert. Diese investierten in Immobilien oder Projektentwicklungen mit hoher Vorvermietungsquote, bei denen oftmals auch nur ein Mie-ter vorhanden war (Single Tenant). Im Jahr 1969 wurde ein gesicherter rechtlicher Rahmen für offene Immobilienfonds geschaffen, der dann dazu führte, dass die Zahl dieser Fonds deutlich zunahm. Darüber hinaus hatten auch die Versicherungen eine wesentliche Marktbe-deutung. Ausländische Investoren waren hingegen mit einem Anteil von durchschnittlich 15 % eher gering engagiert. Die insgesamt wenigen institutionellen Investoren verfolgten überwiegend eine buy-and-hold-Strategie als Bestandshalter.

Die Entscheidungen der Kapitalanleger waren vor allem vom Vermietungsmarkt beeinflusst. Ihre Bereitschaft, einen bestimmten Preis für eine Immobilien zu zahlen, hing im Wesentlichen von der Entwicklung der jeweiligen Vermietungsmärkte ab. In diesen Jahren stand der Nutzungsgedanke im Vordergrund und prägte entsprechend die Preisentwicklung. Als Konsequenz waren die Renditen bzw. Faktoren relativ stabil oder sie schwankten nur wenig um einen langfristigen Mittelwert. Vor diesem Hintergrund entstand auch die alte (veraltete) Immobilienweisheit, dass eine Immobilie, die keine Mieteinnahmen hat, auch keinen Preis bzw. einen Wert von Null hat.

Begünstigt wurde der Investmentmarkt vom Staat, wenn auch auf einem niedrigen Niveau. Speziell die zahlreichen steuerlichen Maßnahmen prägten das gesamte deutsche Kapitalanlagegeschehen in Immobilien.

Der deutsche **Finanzierungsmarkt** war geprägt durch die übermächtige Bedeutung des Bankensektors. Es bestand weitgehend eine 80/20-Relation von Bankkrediten zu Unternehmenseigenkapital. Alternative Finanzierungsfazilitäten nachrangiger Kredite oder Mezzanine-Kapitals waren Nischenprodukte ohne Marktrelevanz. In diesen Jahren gaben Stille Reserven und die Verfügbarkeit von zu bebauenden oder zu tauschenden Vorratsgrundstücken Impulse für weitere Immobilieninvestitionen.

Die Vermietungsmärkte für **Gewerbeimmobilien** waren eher gering ausgeprägt, da die deutschen Gewerbeimmobilienmärkte eigentümergeprägt waren. Die leerstehenden Flächen waren üblicherweise nur Vorratsflächen bei Neubauten oder Flächen, bei denen die Unternehmen insolvent gegangen waren. Nach der eher ruhigen Entwicklung der ersten Jahrzehnthälfte setzte erst wieder etwa ab 1987 eine dynamische Entwicklung der Büroimmobilienmärkte ein, wie es die Entwicklung bei den Mieten zeigt. Volkswirtschaftlich führte ein fortschreitender Tertiärisierungsprozess in der zweiten Hälfte der Dekade zu einer erhöhten Nachfrage nach Büroflächen.

In diesen Jahren gab es – wie beschrieben – **Büromärkte** in den sieben A-Städten (Hamburg, Berlin, Düsseldorf, Köln, Frankfurt, Stuttgart und München) im heutigen Sinne nicht. Als Büromärkte mit internationaler Definition konnten in Deutschland zunächst lediglich Hamburg mit seiner historisch bedingten internationalen Ausrichtung durch den Außenhandel (Hafen) und Frankfurt als prosperierende Banken- und Finanzmetropole mit beginnender Internationalisierung bezeichnet werden. Eine nennenswerte Büronachfrage internationaler Mieter bestand nicht.

In den Bilanzen der Unternehmen waren Stille Reserven aus Immobilieneigentum auch an peripheren Standorten bis in die 1980er-Jahre ein wichtiges Bonitätsmerkmal. Darüber hinaus blieben spekulative Projektentwicklungen zur späteren Vermietung bis weit in die 1970er-Jahre hinein ein Nischengeschäft meist regionaler Projektentwickler mit hoher Bankenabhängigkeit. Der Vermietungsmarkt rechtfertigte lediglich in besonderen standortbedingten Ausnahmefällen wenige spekulative Neubauten, deren prominentere Fälle sich jedoch eher an einer Hand abzählen lassen. Als eine solche Büroentwicklung im heutigen Sinne entstand das bis dato einzige zur Vermietung gebaute Hochhaus: das Frankfurter Bürocenter (FBC).

Der **Einzelhandel** profitierte vom Wirtschaftswunder und dem hohen Wachstum des Einkommens, der auch zu einem starken Konsumanstieg führte. Im Einzelhandel dominierten die kleinen inhabergeführten Fachgeschäfte, aber auch die Kaufhäuser wiesen einen relativ hohen Marktanteil auf. Im Jahr 1964 wurde mit dem Main-Taunus Zentrum das erste Shoppingcenter nach dem Vorbild amerikanischer, in sich geschlossener Einkaufszentren fertig gestellt. Die Mieten, für die historische Daten vorliegen, sind seit 1975 stetig angestiegen, was sowohl für die 1a-Lage als auch für die Nebenlagen galt.

Auf dem **Wohnungsmarkt** waren aufgrund der Kriegsschäden in den Jahren nach dem II. Weltkrieg hohe Fertigstellungen notwendig, um die Schäden des Krieges zu beheben und die Flüchtlinge mit Wohnraum zu versorgen. Auch in den Folgejahren gab es immer wieder Migranten (u. a. DDR, Osteuropa und Gastarbeiter), die nach Deutschland kamen und Wohnungen benötigten. Hinzu kam es aufgrund des gestiegenen Einkommensniveaus zu einer wachsenden Nachfrage nach Wohnraum. Von 1950 bis zum Jahr 1985 wurden jährlich mindestens 500.000 Wohnungen fertiggestellt. In den folgenden Jahren bis zur Wiedervereinigung wurden dann nur noch gut 330.000 Wohnungen jährlich gebaut. Sowohl die Mieten als auch die Preise für Eigentumswohnungen stiegen in den Jahren 1975 bis Anfang der 1980er-Jahre deutlich an. In den 1980er-Jahren selbst war hingegen insgesamt eine Stagnation festzustellen.

Mauerfall bis Mitte der 1990er-Jahre: Wiedervereinigung

Dieser erste Zyklus in der **Immobilienwirtschaft** war realwirtschaftlich verursacht und geprägt. Der Vereinigungsboom sorgte für einen starken Anstieg der Nachfrage nach Immobilien, mit einer Zeitverzögerung (Time-lag) reagierte dann das Angebot. Die 1990er-Jahre starteten realwirtschaftlich und dann auch immobilienwirtschaftlich mit einem Feuerwerk. 1990 und 1991 verzeichnete Westdeutschland jeweils ein reales Wachstum von über 5 % und lieferte so starke Impulse für den Immobilienmarkt. Die erste Hälfte der Dekade war durch die Euphorie der Wiedervereinigung mit steuerlich geförderten Investitionen in den neuen Bundesländern gekennzeichnet. Erst später wurden die Verwerfungen dieser Sonder-AfA-Phase offensichtlich. Die deutsche Wirtschaft hatte nach dem ökonomischen Höhepunkt der Jahre 1990/91 an breiter Front an Wettbewerbsfähigkeit und ökonomischer Dynamik eingebüßt. Die Wiedervereinigung mündete 1993 in eine gesamtdeutsche Rezession, wachsende Staatsschulden, hohe Arbeitslosigkeit (8,9 %), Inflation (4,5 %) und ein Rückgang im Exportgeschäft waren die Ursachen für die zum vierten Mal seit Kriegsende ins Minus gerutschte Wachstumsrate.

Die **Professionalisierung** der Immobilienbranche nahm in dieser Zeit ihren Anfang. Im Jahr 1990 fand in Cannes die erste Immobilienmesse Mipim statt. Und im selben Jahr gründete Karl-Werner Schulte die ebs Immobilienakademie als erste wissenschaftlich fundierte Bildungsinstitution für die Branche. Heute bieten viele Hochschulen und Fachhochschulen gezielte Ausbildungs- und Studiengänge im Bereich der Immobilienwirtschaft an. Im Jahr 1993 veranlassten 27 Experten, darunter Hartmut Bulwien, die Gründung der Gesellschaft für immobilienwirtschaftliche Forschung (gif). Mit ihren Standards für Daten und Bewertungen trug sie maßgeblich zur Erhöhung der Markttransparenz bei. 1990 veröffentlichte die FAZ erstmals eine Immobilienseite und im Folgejahr erschien mit dem Immobilien Manager das erste Fachmagazin. Seit 1998 findet mit der Expo Real in München eine internationale Fachmesse für Immobilien statt.

Nach der Vereinigung nahm der **Immobilien-Investmentmarkt** in Deutschland einen ersten wesentlichen Aufschwung. Die erste Hälfte der 1990er-Jahre war durch die Euphorie der Wiedervereinigung mit steuerlich geförderten Investitionen gekennzeichnet. Das Investmentvolumen wurde u. a. durch eine den Immobilienerwerb fördernde Sonderabschreibung nach dem Fördergebietsgesetz wesentlich erhöht. Auch der Beginn der Boomphase der steuerinduzierten geschlossenen Immobilienfonds fiel in diese Phase, wobei deren Dominanz auf dem Investmentmarkt nur bis Ende des Jahrzehnts anhielt. Durch das Finanzmarktförderungsgesetz von 1990 erweiterten sich die Anlagemöglichkeiten für offene Fonds. Dadurch durften sie auch in den Mitgliedsstaaten der EU investieren. Gleichzeitig nahm zu Beginn der 1990er-Jahre die Bedeutung der Versicherungen bei den Investoren kontinuierlich ab.

Aufgrund des hohen Nachfragedrucks stiegen die Preise bei Gewerbeimmobilien erst einmal deutlich an, um dann ab 1992/93 stark abzufallen. Da aber die Mieten einen ähnlichen Verlauf nahmen, waren die Schwankungen bei den Renditen bzw. Faktoren nur relativ gering. Die Spitzenrenditen für 1a-Bürogebäude lagen seit den 1980er-Jahren bis zur Mitte der letzten Dekade zwischen rund 5,5 und 5 % bzw. bei der 18- bis knapp 20-fachen Nettojahresmiete. Der deutsche Immobilien-Investmentmarkt blieb insgesamt ein vergleichsweise abgeschlossener Markt, da ausländische Investoren fast nicht vertreten waren.

Für die Geschäftsbanken wurde die **Immobilienfinanzierung** ein interessantes Geschäftsfeld, der Allfinanz-Gedanke beherrschte dabei die Finanzwirtschaft. Neben dem Geschäft des Finanzierungsleasings erkannten die Banken auch im originären Gewerbeimmobilienfinanzierungsgeschäft neue Ertragspotenziale.

Auf den **Büroimmobilienmärkten** war ein klassischer Zyklus zu verzeichnen. Bedingt durch den starken Nachfrageanstieg gab es zunächst einen scharfen Preis- und Mietanstieg gefolgt von einem deutlichen Rückgang. Die Faktoren gingen leicht zurück. Entsprechend dem Zyklus reagierten zeitverzögert auch die Fertigstellungen.

In Westdeutschland waren nach dem Mauerfall aufgrund der starken Expansion im **Einzelhandel** eine deutliche Diversifikation des Warenangebots und erste Entwicklungen neuer Betriebstypen zu beobachten. Ostdeutschland hingegen verzeichnete nach der Wiedervereinigung einen überdurchschnittlichen Nachholbedarf nach Konsumgütern mit der Folge eines anfänglich expansiven und zum Teil unkoordinierten Wachstums im Einzelhandel. Vor allem großflächige Einzelhandelsimmobilien in Stadtteilen, peripheren Stadtlagen und auf der „Grünen Wiese" entstanden.

Im **Wohnungsbereich** war nach den Jahren einer ruhigeren demografischen Entwicklung zunächst eine Stagnation erkennbar. Doch die ökonomische Prosperität und Einkommensentwicklung der Wiedervereinigung führten zu einer quantitativ und qualitativ erhöhten Nachfrage. Auch sorgte die Wiedervereinigung für einen Boom bei den Fertigstellungen, der aber die explodierende Nachfrage zunächst nicht ausgleichen konnte. Die dadurch stark gestiegenen Preise und Mieten erreichten zur Mitte des Zyklus ihren Höhepunkt.

Mitte der 1990er-Jahre bis Mitte der 2000er-Jahre: New Economy bzw. Dot-Com

Auch dieser zweite hier betrachtete Zyklus war realwirtschaftlich geprägt. Die Informations- und Kommunikationsbranche erlebte einen außerordentlichen Boom, der sich auch auf andere naheliegende Bereiche übertrug. Das durchschnittliche Wirtschaftswachstum in der Zeit lag aber deutlich unter den vorangegangenen Zyklen. Mit dem Internetboom im letzten Drittel der 1990er-Jahre erreichte der zweite Zyklus seinen Höhepunkt. 2001 und 2002 schließlich bekam die stark exportorientierte deutsche Wirtschaft erneut – insbesondere nach den Terrorakten vom 11. September 2001 – die Folgen eines internationalen Konjunktureinbruchs zu spüren. Das im Vorjahr noch um fast 3 % gestiegene Bruttoinlandsprodukt nahm

2001 lediglich um 0,6 % zu, 2002 nur noch um 0,2 %, was sich nachteilig auf die Immobilienmärkte auswirkte.

In den 1990er-Jahren wurden wichtige Weichen für die professionelle **Immobilienwirtschaft** in Deutschland gestellt. Die Immobilienwirtschaft öffnete sich verstärkt der Öffentlichkeit und gleichzeitig veränderte sich die Medienlandschaft grundlegend. Durch die Professionalisierung und den Ausbau neuer Bildungswege wandelte sich das Image. So fand 1998 mit der Expo Real die erste Immobilienmesse in Deutschland statt. Des Weiteren wurde im Jahr 2006 der Zentrale Immobilien Ausschuss (ZIA) gegründet. Durch die neuen Eigenkapitalvorschriften für die Vergabe von Immobilienkrediten des Basler Ausschusses für Bankenaufsicht (Basel II) ergaben sich2004 besondere Rahmenbedingungen für die Finanzierung von Immobilien. Diese müssen seit Jahresbeginn 2007 für alle Kreditinstitute der EU angewendet werden. Ein weiterentwickeltes Regelwerk wurde 2010 mit Basel III vorgelegt und gilt seit 2013 als internationaler Standard.

Der **Immobilien-Investmentmarkt** war in diesem Zyklus mit einem Investmentvolumen von 20 bis 25 Mrd. Euro relativ stabil. Der Dot-Com-Boom wirkte sich nur schwach auf die Anlageaktivitäten der Investoren aus. Das im vorangegangenen Zyklus starke Engagement der geschlossenen Fonds erreichte seinen Höhepunkt. Nach der Jahrtausendwende nahm deren Anteil wieder deutlich ab. Die Leasingfonds waren die anhaltend aktivste Gruppe. Offene Immobilienfonds agierten stetig, während Spezialfonds erstmals zu Ende des Jahrtausends (statistisch relevant) aktiv wurden und ihren Anteil stetig erhöhten. Ausländische Anleger waren fast nicht vorhanden. Erst 2004 stiegen sie merkbar in den deutschen Markt ein und verfünffachten ihren Anteil innerhalb kürzester Zeit.

Der Dot-Com-Boom führte zu einem allgemeinen Wirtschaftsaufschwung, der eine Mehrnachfrage auf den Vermietungsmärkten für **Büroimmobilien** auslöste. Mit einem Time-lag kam es zu einem drastischen Anstieg der Fertigstellungen von Büroflächen. Im Zuge der Euphorie wurden in erheblichem Umfang Büroflächen-Kapazitäten aufgebaut. Jedoch stellte sich die Branchenentwicklung teilweise als „Luftnummer" heraus, sodass es zu einem Einbruch bei der Nachfrage kam. Insbesondere in den Jahren 2002/3 war das neue Angebot sehr viel höher als die da schon einbrechende Nachfrage. Dadurch kam es in den meisten deutschen Metropolen zu hohen zweistelligen Leerständen. Diese Leerstände waren so hoch, dass sie nicht mehr in einem Zyklus abgebaut werden konnten. Es entwickelte sich ein anhaltender Sockelleerstand. Daher fällt bis Mitte dieses Jahrzehnts auch die Mietdynamik schwach aus. Zum Jahrtausendwechsel war nach Frankfurt, Hamburg und Düsseldorf auch München in den Kreis der Metropolen aufgerückt. Im Zuge der Ost-Euphorie kamen Berlin, Leipzig und Dresden hinzu. Stuttgart spielte im Kreis der Immobilienmetropolen immer eine Sonderrolle.

Die Innenstädte verloren während dieser Zeit wegen der nur bedingten Ansiedlungsmöglichkeiten großflächiger innerstädtischer **Einkaufszentren** nach und nach an Attraktivität und Bedeutung. Die Flächenexpansion des Einzelhandels erfolgte primär in peripheren Lagen und im ländlichen Raum, auf der „Grünen Wiese".

Die Wiedervereinigung wirkte sich auf den **Wohnungsmarkt** aus, wenn auch mit einer Zeitverzögerung. Aufgrund der starken Binnenmigration, insbesondere in westdeutsche Städte, stieg die Nachfrage überproportional zum Angebot an. Mieten und Preise wuchsen entsprechend, wobei die Faktoren insgesamt während dieses Zyklus stabil blieben. Erst mit einem Time-Lag verdoppelten sich die Fertigstellungszahlen in den Folgejahren, sodass dadurch letztlich hohe Überkapazitäten aufgebaut wurden. Dies führte in den nächsten Jahren zu einer Stagnation auf den Wohnungsmärkten, die erst Mitte bis Ende des letzten Jahrzehnts endete.

Mitte der 2000er-Jahre bis 2008: Immobilienboom

Deutschland befand sich nach Ende des Dot-Com-Booms in einer ökonomischen Rezession. Der folgende dritte Zyklus war erstmalig finanzwirtschaftlich bedingt und von einem Immobilienboom auf den Investmentmärkten geprägt. Ursachen hierfür war vor allem die weltweit expansive Geldpolitik der Zentralbanken. Dadurch entstand eine hohe Liquidität, die den Investoren zur Verfügung stand. Darüber hinaus senkten die Notenbanken die Zinsen deutlich, sodass positive Spreads zugunsten der Immobilienrenditen gegenüber den Staatsanleihen entstanden.

Auf den Vermietungsmärkten machte sich dieser Boom dagegen nur in begrenztem Umfang bemerkbar. Der anschließende Crash wurde durch die Subprime-Krise in den USA ausgelöst. Aufgrund des Zinsanstiegs in den USA kam es zum Platzen der Hauspreisblase. Durch die internationale Refinanzierung weitete sich die lokale Krise zu einer weltweiten Vertrauenskrise bei Finanzprodukten wie Asset-Backed Securities (ABS, Verbriefungen) aus, die zur Finanzierung oder Refinanzierung von Immobilien und -portfolios genutzt worden waren. Diese hatten erst für den Boom gesorgt und lösten dann die Krise mit aus. Es folgte eine Finanzkrise (aufgrund des Kurseinbruchs bei sogenannten toxischen Papieren wie ABS), die dann zu einer Wirtschaftskrise und Staatsschuldenkrise führte.

In diesem dritten Zyklus, schon ab Anfang des letzten Jahrzehnts, stand der **Investmentmarkt** unter den Zeichen der Internationalisierung. Zwar wuchs auch das Anlagevermögen der deutschen Anleger in diesem Zyklus, aber für den starken Anstieg bis zum Höhepunkt waren vor allem die ausländischen Investoren verantwortlich. Während das Transaktionsvolumen deutscher Anleger in inländischen Immobilien nur bedingt anstieg, verfünffachten die ausländischen Investoren ihr Volumen innerhalb von drei Jahren. Vor allem der Markteinstieg ausländischer Investoren führte 2006 und 2007 zu einem international verursachten Investitionsboom in Deutschland, der alle historischen Vergleichswerte um ein Mehrfaches übertraf. Auch wenn es bereits ab Jahresmitte 2007 – dem Zenit des Investmentzyklus – zu einem Rückgang der Aktivitäten kam, wurde 2007 das bislang höchste jemals in Deutschland getätigte Immobilien-Transaktionsvolumen erreicht. 2007 wurden in Deutschland dann auch die Real Estate Investment Trusts (REITs) eingeführt. Diese waren in den USA schon seit den 1960er-Jahren bekannt.

Die Preise für **Wohnimmobilien** stagnierten vielfach seit Mitte der 1990er-Jahre und schafften nicht einmal den Inflationsausgleich. Das machte Deutschland ab 2003 für internationale, antizyklisch agierende Investoren interessant, insbesondere im Vergleich mit anderen internationalen Wohnungsmärkten wie Spanien, Großbritannien oder den USA. Die Anzahl ausländischer Investoren nahm stark zu, wozu vor allem die internationalen Beteiligungsgesellschaften (Private-Equity-Fonds) und deren Portfoliotransaktionen zählten. Es engagierten sich weiterhin zunehmend opportunistische Investoren, die immer risikofreudiger wurden und die günstigen Kapitalmarktbedingungen ausnutzten, um große Transaktionen durchzuführen. Die oft unter Zins- und Renditedifferenzaspekten oder aus zyklischen Aspekten investierenden internationalen Anleger erwiesen sich als preislich „schmerzfrei" solange eine positive Zinsdifferenz bestand.

Der Beginn mit Deals von Immobilienportfolios wird üblicherweise auf das Jahr 2000 terminiert, in dem der Bund gut 110.000 Eisenbahnerwohnungen verkauft hat, u. a. an die Deutsche Annington (heute: Vonovia). Weitere herausragende Transaktionen waren der Verkauf des Wohnungsgesellschaft Gagfah durch die Bundesversicherungsanstalt für Angestellte ebenso wie der Verkauf der städtischen Wohnungsgesellschaft der Stadt Dresden jeweils an den amerikanischen Investor Fortress. Einige Marktteilnehmer agierten in diesen Boomjahren primär wie Finanzinvestoren und waren zur Steigerung ihrer Eigenkapitalrenditen sehr hoch fremdfinanziert. Diese Investoren verfolgten vorwiegend statt des traditionellen Bestandhaltens eher die buy-and-sell-Strategie. Sie hatten aber aufgrund zahlreicher institutioneller Hindernisse (z. B. deutsches Mietrecht) vielfach nicht den erhofften finanziellen Erfolg. Viele Fonds der internationalen Investmentbanken erlitten mit deutschen Immobilien einen annähernden Totalverlust.

Die Banken wurden im Zyklus zunehmend risikobereiter, was sich insbesondere bei Faktoren wie Loan to Value (LTV) oder anderen Auflagen zeigt. Bei „Non Recourse"-**Finanzierungen** war für die Investoren das Risiko auf das eingesetzte Eigenkapital begrenzt. Bei Kreditausläufen von oft über 90 %, zu denen deutsche und internationale Banken die Fonds der Investmentbanken nach vorheriger Zurückhaltung finanzierten, bestand die Chance, über zwischenzeitliche Ausschüttungen das Eigenkapital schnell wieder risikofrei zu stellen. Ebenfalls nahm – auch da der Wettbewerb im Finanzsektor anstieg – im Zyklusverlauf die Risikobereitschaft von Investoren und Projektentwicklern immer mehr zu. Schließlich engagierten sich ausländische Investoren im Zyklusverlauf immer stärker.

Auf dem **Büromarkt** waren bei den Vermietungsaktivitäten die Auswirkungen des Immobilienbooms nicht so stark festzustellen. Die Mieten stiegen deutschlandweit nur gering an. Ein wesentlich stärkerer Anstieg war hingegen bei den Preisen festzustellen, sodass die Faktoren ihre bisher stärkste Aufwärtsbewegung nahmen.

Seit Ende der 1990er-Jahre richtet sich im **Einzelhandel** der Fokus, politisch flankiert, auf die Belebung der Innenstädte und die gezielte städtebauliche Integration des Einzelhandels. So siedelten sich mittelgroße Einzelhandelsformate zunehmend auch in Shoppingcentern an, die nach und nach die Innenstädte sowie zunehmend den Einzelhandelsmarkt der Mittel- bis Kleinstädte erschlossen.

Aufgrund der Überkapazitäten auf dem **Wohnungsmarkt** war bei den Marktindikatoren Mieten und Preise eine nominale Stagnation festzustellen. Die Fertigstellungszahlen verringerten sich dementsprechend weiter, da es an Impulsen mangelte. Auch die Abschaffung der Eigenheimzulage auf Bundesebene im Jahre 2006 veränderte die Rahmenbedingungen. Die soziale Wohnraumförderung ging in die ausschließliche Gesetzgebungskompetenz der Länder über, was de facto bedeutete, dass langfristig die Förderung kräftig zurückging.

Seit 2009: Investmentboom

Die deutsche Wirtschaft erholte sich sehr schnell von dem Einbruch (Bruttoinlandsprodukt sank um real ca. - 5 %). Die Finanz- und Wirtschaftskrise führte weiterhin zu einer Veränderung der deutschen Immobilienmärkte. Inflationsangst im Zuge der auf die Finanzkrise folgenden Schuldenkrise brachte den Sachwertgedanken („Betongold") wieder in die Bevölkerung.

Im Gewerbeinvestitionsbereich entstand erstmals eine breite Risikoaversion, die bei Büroinvestments eine Core-Fixierung auslöste. Der Crash 2008/9 wurde durch die internationale

Finanz- und Wirtschaftskrise 2008 eingeleitet, durch die sich auch die Rahmenbedingungen des **Immobilien-Investmentmarktes** sowie Finanzierungskosten und -bedingungen geändert haben. Die opportunistischen, Leverage-gesteuerten Anleger (hohe Fremdkapitalfinanzierung, um die Rentabilität des Eigenkapitals zu steigern) zogen sich zurück und sicherheitsorientierte Anleger dominierten fortan. Auf der Käuferseite gab es nun wieder vorwiegend Anleger mit einem vergleichsweise hohen Eigenkapitaleinsatz. Als Resultat der veränderten Rahmenbedingungen brach das Transaktionsvolumen von 85 Mrd. Euro (2007) bis auf rund 18 Mrd. Euro (2009) ein.

In dem folgenden Aufschwung führt die Fixierung auf Core-Immobilien bei Gewerbeimmobilieninvestoren zu einer Knappheit an Core-Immobilien, sodass heute die Renditen weit unter dem Höhepunkt des vorangegangenen Immobilienbooms liegen. Um für die Anleger eine ausreichende Rendite gewährleisten zu können, gerieten – wie in einem Immobilienzyklus üblich – die Core-plus- und Value-Add-Immobilien verstärkt in den Fokus institutioneller Anleger. Bis heute (2017) dauert der Aufschwung noch an.

In der Finanzkrise brach die **Finanzierung** von Immobilienkäufen zusammen, da die immobilienfinanzierenden Banken fast keine Möglichkeit der Refinanzierung hatten. Aufgrund des Finanzierungsvolumens hatten Immobilieninvestoren Schwierigkeiten, Kredite zu erhalten. Mit zeitlichem Abstand zur Finanzkrise verbesserten sich die Bedingungen wieder.

Auch in diesem Zyklus war die Dynamik auf den Investmentmärkten wesentlich ausgeprägter als auf den **Bürovermietungsmärkten**. Die Fertigstellungen waren auch bedingt durch die Zurückhaltung der Banken unterdurchschnittlich. Aufgrund der vielfach hohen Leerstände war der Mietanstieg zunächst nur sehr beschränkt. Die Preise stiegen in all den Jahren jedoch deutlich stärker an.

Der **Einzelhandel** wies eine differenzierte Entwicklung auf. Nicht alle Standorte konnten von dem Einkommensanstieg profitieren. In den Nebenlagen gab es nicht viel mehr als eine Mietstagnation, während die Mieten in den 1a-Lagen schon aufgrund ihrer natürlichen Begrenztheit deutlicher anstiegen. Eindrucksvoll war der Anstieg der Preise in den A-Städten, der noch stärker als in Deutschland insgesamt ausfiel. Somit ist es nicht verwunderlich, dass die Renditen deutlich zurückgingen. In den Toplagen der sieben A-Städte erreichte die Spitzenrendite 2016 einen Wert von unter 4 %: ein historisch niedriger Wert.

Wohnimmobilien erreichten nach dem ersten Schock infolge der Inflations- und Währungsangst der Bevölkerung eine preisliche Dynamik wie zuletzt zu Beginn der 1990er-Jahre. Verstärkt wurde die Entwicklung durch Zuzug in den Ballungsräumen, die gute Einkommensentwicklung sowie weitere gute wirtschaftliche Rahmenbedingungen (u. a. Zinsen) und annähernd 15 Jahre geringer Neubautätigkeit. Jedoch ist der deutsche Wohnungsmarkt gespalten, denn in vielen Regionen ist eine eher negative Entwicklung festzustellen. Aufgrund der Fortzüge kam es hier zu einem Überangebot, der zu einem Druck auf die Preise und Mieten führte.

Exkurs: Skandale der Immobilienwirtschaft
1970er-Jahre: Helaba-Skandal, spekulative Risikogeschäfte bei u. a. Immobilienprojekten sorgten für Verluste in Höhe von mehreren Hundert Mio. DM.
1984: Deutsche Anlagen-Leasing (DAL), Fehlspekulation bei Immobilien-Leasingfonds verursacht Risiken von fast 2 Mrd. DM.

1994: Das Insolvenzverfahren gegen den Frankfurter Bauunternehmer Jürgen Schneider wird eröffnet. Er hat Banken sowie Handwerker um 2,8 Mrd. Euro geprellt und wird zu über sechs Jahren Haft verurteilt.

2000: Das Projektentwicklungsunternehmen des Heidelbergers Roland Ernst bricht zusammen. Er hat Schulden in Höhe von rund 230 Mio. Euro angehäuft.

2002: Insolvenz des Frankfurter Bauunternehmens Philipp Holzmann AG. 750 Mio. Euro Verbindlichkeiten bei den Banken führen zum Zusammenbruch.

2003: Die Ermittlungen im Frankfurter Immobilienskandal nehmen ihren Anfang. Involviert sind Immobilienfonds, Baufirmen, Architekten, Makler – insgesamt umfassen die Ermittlungen rund 500 Personen. Es sollen Bestechungsgelder in Höhe von mindestens 15 Mio. Euro geflossen sein.

2005: Insolvenz der Falk-Gruppe, einem Anbieter von geschlossenen Immobilienfonds. Vier Vorstandsmitglieder werden zu Haftstrafen verurteilt.

2008: Eine Welle von Schließungen überrollt die Anteilsinhaber von offenen Immobilienfonds, die letztlich zur Abwicklung zahlreicher Anlagevehikel führt.

2009: Als Folge der Finanzkrise wird die Hypo Real Estate verstaatlicht. Auch bei anderen Banken muss der Staat einsteigen.

2012: Der Immobilien- und Staatsfinanzierer Eurohypo wird zerschlagen, ebenfalls eine Folge der Finanzkrise. Im Mai 2016 ist er komplett abgewickelt.

2013: Insolvenz der IVG Immobilien AG. Nach einer Entschuldung um 2,2 Mrd. Euro setzt die IVG ihre Tätigkeit in veränderter Struktur fort.

Quelle: Loibl, Roswitha, Immer wieder Frankfurt, in: Immobilienmanager, Nr. 6/7-2016 vom20.06.2016, S. 10.

3.1.2   Indikatoren: Quantitative Entwicklung der Immobilienwirtschaft

Um die Entwicklung der Immobilienwirtschaft zu erfassen, können verschiedene Indikatoren aus unterschiedlichen volkswirtschaftlichen Bereichen und Statistiken herangezogen werden. Die Volkswirtschaftliche Gesamtrechnung (VGR) gibt hierzu einen Einblick. Ein erster Indikator, der hier betrachtet werden soll, ist die Höhe des volkswirtschaftlichen Immobilienvermögens bzw. -bestand. Ein weiterer wichtiger Indikator für die volkswirtschaftliche Bedeutung einer Branche ist die Größe des Marktes, die vielfach mithilfe des Umsatzes erfasst wird. Darüber hinaus ist der Beitrag der Branche zur volkswirtschaftlichen Wertschöpfung ein Maßstab. Schließlich kann deren Bedeutung auch anhand finanzwirtschaftlicher Kennziffern gemessen werden.

Immobilienbestand

Der **gesamte Immobilienbestand in Deutschland** (s. auch Kapitel 2.3.1 und 2.3.2) wird in der amtlichen Statistik im Rahmen der Vermögensrechnung nur teilweise erfasst. Es liegen nur rudimentär amtliche Statistiken sowie Daten privater Institute vor.

Die **amtlichen Daten** beziehen sich im Wesentlichen auf den Bestand an Wohnimmobilien sowie auf das Anlagevermögen, das im Rahmen der Volkswirtschaftlichen Gesamtrechnung ermittelt wird. In der VGR werden die produzierten Vermögensgüter erfasst und als Kapitalstock bzw. Volksvermögen ausgewiesen. Aufgrund der Neuinvestitionen und der Abschreibungen sowie bei unterstellter Nutzungsdauer wird der Vermögenswert laufend fortgeschrieben. Dabei wird zwischen dem Brutto- und Nettoanlagevermögen unterschieden. Beim Bruttoanlagevermögen werden die Anlagen zu ihrem Neuwert – ohne Berücksichtigung von Wertminderungen – dargestellt, während beim Nettoanlagevermögen die aufgelaufenen Abschreibungen abgezogen werden.

- Im Jahr 2015 belief sich nach dem Statistischen Bundesamt das Bruttoanlagevermögen von Bauten (zu Wiederbeschaffungspreisen) auf 16,3 Bio. Euro (8,1 Bio. Euro für Wohngebäude und 5,8 Bio. Euro für Nichtwohnbauten) und hat sich seit 1991 nahezu verdoppelt.

- Das Nettoanlagevermögen von Bauten betrug zum Jahresende 2015 gut 9,3 Bio. Euro. Am gesamten Nettoanlagevermögen (Sachanlagen) hatten die Wohn- und Nichtwohn-Bauten mit einem Anteil von gut 85 % einen herausragenden Anteil am deutschen Anlagevermögen. Seit der Wiedervereinigung hat sich dieser Anteil um drei Prozentpunkte erhöht. Der Rest des Anlagevermögens entfiel auf Ausrüstungen und immaterielle Anlagegüter wie z. B. Software. Vom Nettoanlagevermögen der Bauten entfallen rund 60 % auf Wohnbauten und gut 40 % auf Nichtwohnbauten (Gewerbe- und Infrastrukturbauten). Aufgrund der langen Lebensdauer von Immobilien sind diese Anteile im Zeitverlauf relativ konstant.

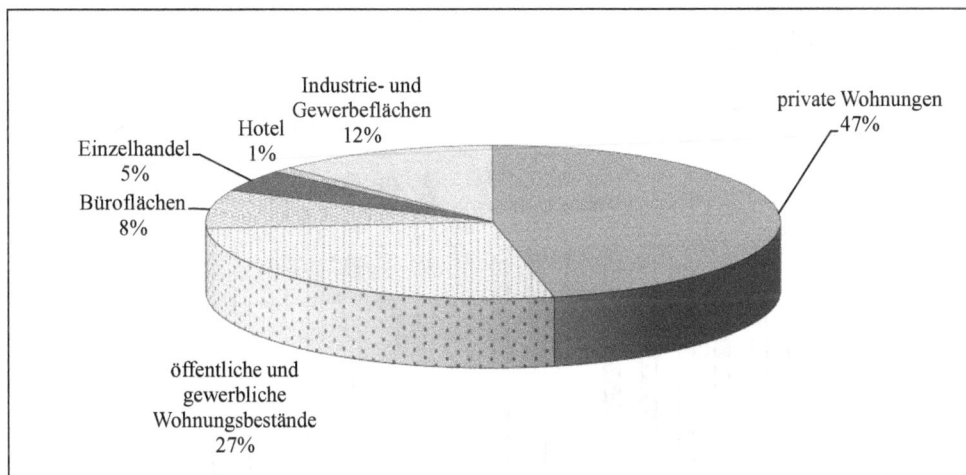

Abb. 3.3:   Immobilienbestand in Deutschland; Quelle: RIWIS-Datenbank der bulwiengesa AG, abgerufen am 01.05.2016, eigene Darstellung.

Die **Daten aus privatwirtschaftlicher Quelle** (hier: bulwiengesa AG) basieren auf einer Schätzung des Immobilienbestandes aus dem Jahr 2012. Diese Aufstellung des Immobilienvermögens ist zwar detaillierter, kommt aber zu anderen Ergebnissen als die amtliche Statistik. Nach Abbildung 3.3 gibt es demzufolge in Deutschland einen Immobilienbestand im Wert von 8,85 Bio. Euro, der sich wie folgt auf die einzelnen Objektarten aufteilt: Der größte Anteil des Bestandes entfällt auf Wohnungen, die sich im Besitz entweder der privaten Haushalte (ca. 17,5 Mio. Wohneinheiten mit einem Wert von jeweils rund 236.000 Euro) oder von Unternehmen bzw. der öffentlichen Hand (ca. 22,5 Mio. Wohneinheiten mit einem Wert von jeweils rund 100.000 Euro) befinden. Der Wert der Büro- und Einzelhandelsimmobilien wird unter der Annahme einer durchschnittlichen Miete (Büro: 10 Euro/m²; Einzel-handel: 20 Euro/m²) und einer Rendite von jeweils 7 % berechnet. Darüber hinaus werden Hotels sowie Industrie- und Gewerbeflächen berücksichtigt, sodass die Gewerbeimmobilien insgesamt einen Wert von rund 2,3 Bio. Euro aufwiesen.

Umsatz der Immobilienwirtschaft

Der Umsatz ist der gebräuchlichste Indikator, um die Größe und damit die Bedeutung eines Marktes zu beschreiben. Der Umsatz dieser Branche kann für unterschiedliche Abgrenzun-gen und auf verschiedene Weise ermittelt werden.

Erstens ist dies für die Immobilienwirtschaft i. e. S. (siehe Kapitel 2.2) die Entwicklung des wertmäßigen (realen) Umsatzes der Branche Grundstücks- und Wohnungswesen. Der Um-satz in Abbildung 3.4 ist seit der Wiedervereinigung stetig angestiegen, jedoch auch von der konjunkturellen Entwicklung beeinflusst. So führten die New-Economy-Blase und auch die Finanz- und Wirtschaftskrise zu einem Rückgang bzw. nur geringem Anstieg der Umsätze. Mehr als drei Viertel des Umsatzes der Branche wird durch die Vermietung oder Verpachtung von eigenen oder geleasten Immobilien realisiert. Der Rest entfällt auf die Teilbranchen Handel mit eigenen Immobilien sowie der Vermietung und Verwaltung von Immobilien für Dritte. Der Anteil der Branche am gesamten Umsatz der Volkswirtschaft stagniert langfristig. Der Umsatzanteil liegt seit Mitte der 1990er-Jahre relativ konstant bei 2 %, sodass daraus nur auf eine relativ geringe Bedeutung der Branche Grundstücks- und Wohnungswesen für die Gesamtwirtschaft geschlossen werden kann.

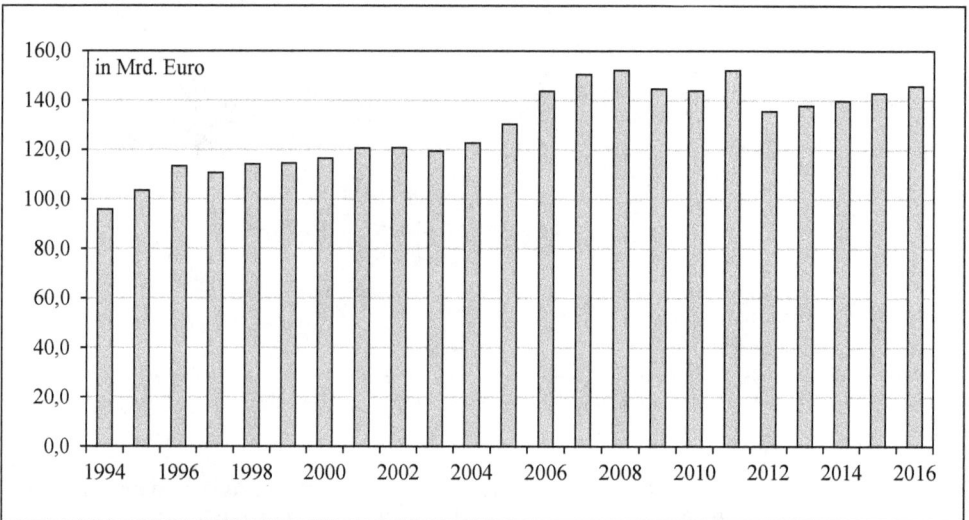

Abb. 3.4:   Immobilienumsätze Grundstücks- und Wohnungswesen (Immobilienwirtschaft i. e. S.); Quelle: Statis-tisches Bundesamt, Umsatz, ustpfl. insgesamt; Grundstücks- und Wohnungswesen; Mrd. Euro, abgeru-fen am 21.02.2017, eigene Darstellung.

Zweitens kann der Umsatz der Immobilienwirtschaft für die Immobilienwirtschaft i. w. S. berechnet werden. Nach der Studie Wirtschaftsfaktor Immobilien 2013 belief sich der Um-satz im Jahr 2011 auf rund 453 Mrd. Euro und damit auf ca. 8 % aller umsatzsteuerpflichtigen Umsätze in Deutschland. Der höchste Umsatzanteil kommt dabei aus der Bauwirtschaft. Ein großer Anteil der Unternehmen erreicht jedoch nur einen Umsatz von weniger als 250.000 Euro im Jahr.

Drittens kann für die Ermittlung der Umsätze für Käufe und Verkäufe in der Immobilienwirtschaft das jährliche Aufkommen der Grunderwerbsteuer nach den amtlichen Steuerstatistiken verwendet werden (siehe Abbildung 3.5). Aus dem Steueraufkommen kann dann auf den Umsatz geschlossen werden, wobei sowohl private als auch gewerbliche Immobilientransaktionen berücksichtigt werden. Da die überwiegende Zahl der Transaktionen dieser besonderen Umsatzsteuer unterliegt, ist dieses Vorgehen ein geeignetes Mittel, die jährlichen Immobilienumsätze zu erfassen. Im Vergleich zu den Umsätzen der Branche i. e. S. zeigen sich hier weitaus stärkere Schwankungen.

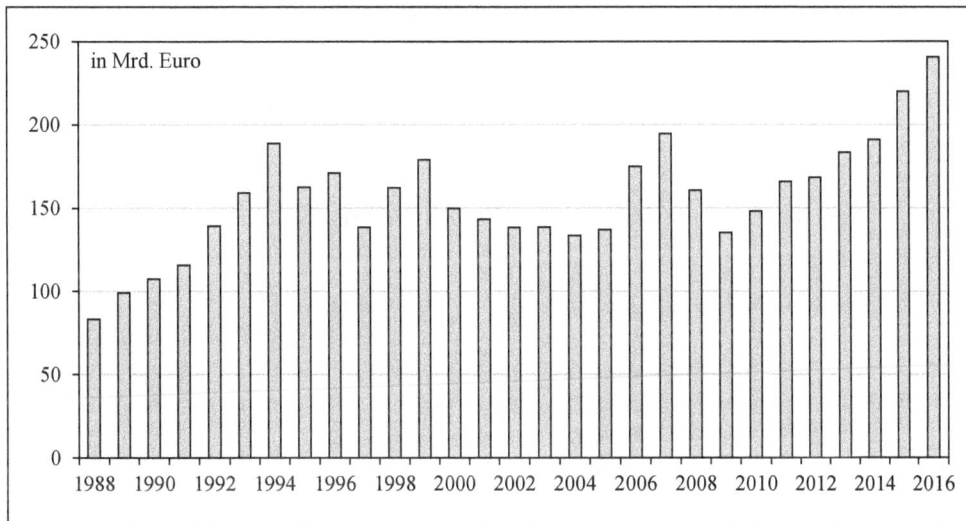

Abb. 3.5:   Immobilienumsätze; Quelle: Immobilienverband Deutschland IVD, Gutachterausschüsse, verschiedene Jahrgänge, eigene Darstellung.

Die Entwicklung der Immobilienumsätze laut Abbildung 3.5 spiegelt das Wachstum der Immobilienbranche im Bereich der (privaten und institutionellen) Investmentmärkte wider. Steigende Umsätze implizieren eine Zunahme des Immobilienhandels. Die Marktentwicklung weist große jährliche Schwankungen auf, wobei die Höhe des Transaktionsvolumens durch konjunkturelle Entwicklungen, rechtliche und steuerliche Rahmenbedingungen sowie weitere externe Faktoren beeinflusst wird.

Wertschöpfung der Immobilienwirtschaft

Für die Beurteilung der gesamtwirtschaftlichen Bedeutung ist die jährliche Wertschöpfung einer Branche eine wichtige Größe. Die Bruttowertschöpfung eines Unternehmens oder einer Branche ergibt sich durch den Wert aller hergestellten Waren und Dienstleistungen abzüglich der verbrauchten Vorleistungen. In Abbildung 3.6 wird die Wertschöpfung für die verschiedenen Abgrenzungen der Immobilienwirtschaft dargestellt.

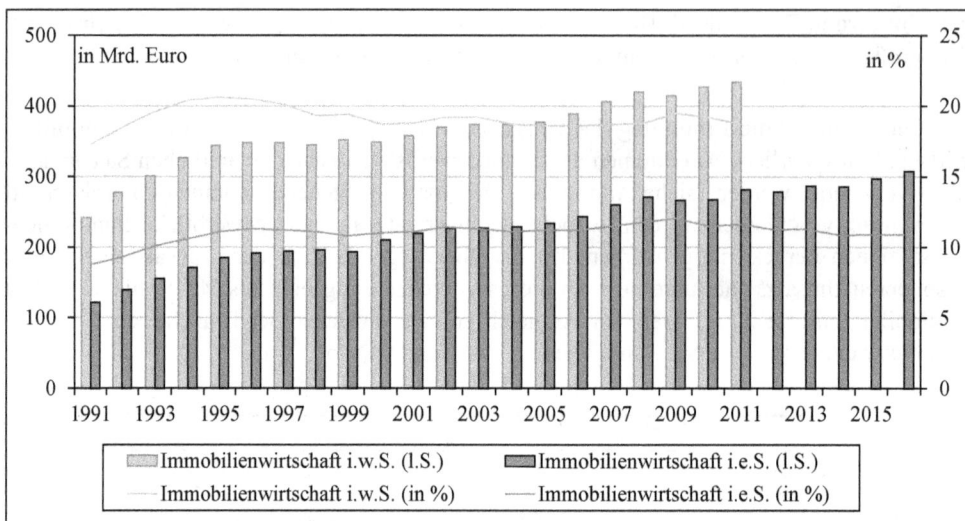

Abb. 3.6:   Bruttowertschöpfung; Quelle: Statistisches Bundesamt Bruttowertschöpfung nominal, verfügbar unter:
              https://www-genesis.destatis.de/genesis/online;jsessionid=FE0173FD077EA837919FE239A640F96B.
              tomcat_GO_1_2?operation=previous&levelindex=2&levelid=1486654223536&step=2, abgerufen am
              09.02.2017; Wirtschaftsfaktor Immobilien, 2009 und Wirtschaftsfaktor Immobilien 2013, S. 13, eigene
              Darstellung.

Für die **Immobilienwirtschaft i. e. S.** nahm die Bruttowertschöpfung seit der Jahrtausendwende trotz kurzfristiger Schwankungen kontinuierlich zu, seit 2008 nominal um gut
2 % p. a. Von 122 Mrd. Euro stieg die nominale Wertschöpfung der Branche auf knapp
307 Mrd. Euro (2016) an. Der Anteil des Grundstücks- und Wohnungswesens an der gesamten Bruttowertschöpfung der deutschen Wirtschaft betrug nach der Wiedervereinigung gut
9,0 % und erreichte 2016 rund 11 %.

Für die **Immobilienwirtschaft i. w. S.** wird die Bruttowertschöpfung für das Jahr 2011 auf
Basis der verfügbaren Daten auf rund 434 Mrd. Euro und damit fast 19 % der gesamtwirtschaftlichen Wertschöpfung geschätzt, wobei die Vermieter von Wohn- und Gewerbeimmobilien den größten Beitrag dazu leisteten. Die Bruttowertschöpfung der Immobilienwirtschaft
war in der Vergangenheit deutlichen Schwankungen unterworfen. Hierfür war vor allem die
Entwicklung der Bauwirtschaft verantwortlich. Diese war langfristig deutlich rückläufig, in
den letzten Jahren aber konnte diese wieder zulegen. Bei der Vermittlung von Wohnraum
oder dem Immobilienhandel brach der Umsatz aufgrund der Finanz- und Wirtschaftskrise
vorübergehend ein.

Finanzwirtschaftliche Bedeutung

Die finanzwirtschaftliche Bedeutung des Immobiliensektors für die Volkswirtschaft in
Deutschland soll im Folgenden anhand der durch die Banken an den Immobiliensektor ver-
gebenen Kredite beurteilt werden. Hierzu werden Statistiken aus unterschiedlichen Quellen
des Finanzsektors verwendet: erstens die Daten der amtlichen Quelle (IWF bzw. Deutsche
Bundesbank) und zweitens die eines privaten Verbandes (Verband Deutscher Pfandbriefbanken (vdp)).

Der **Internationale Währungsfonds (IWF)** hat Anfang 2000 in Reaktion auf die Finanz-marktkrisen der späten neunziger Jahre das Projekt „Financial Soundness Indicators (FSI)" initiiert. Die deutschen Daten für die einzelnen Indikatoren werden von der Deutschen Bundesbank erhoben und auch veröffentlicht. Für den Bereich Immobilienmärkte werden dabei sowohl Preise als auch Kredite für gewerbliche Immobilien sowie Kredite für den Wohnungsbau erhoben.

Der Indikator „Kredite für gewerbliche Immobilien" misst die von deutschen Banken ausgereichten gewerblichen Immobilienkredite sowie deren Anteil am Gesamtkreditvolumen. Diese basieren auf den Daten der vierteljährlichen Kreditnehmerstatistik der monetären finanziellen Institutionen (MFI) in Deutschland. Einbezogen werden noch sämtliche Kredite an das Baugewerbe (Unternehmenskredite) und für Projektentwickler gewerblicher Immobilien. Aus Sicht der Zentralbanken ist diese Abgrenzung sinnvoll, da sich eine Immobilienblase direkt auf die Bauwirtschaft auswirken wird. Ein hoher Kreditbestand an diese Branche kann im Fall einer Immobilienkrise zu Risiken für die kreditvergebenen Banken und damit zur Gefährdung des gesamten Finanzsystems führen.

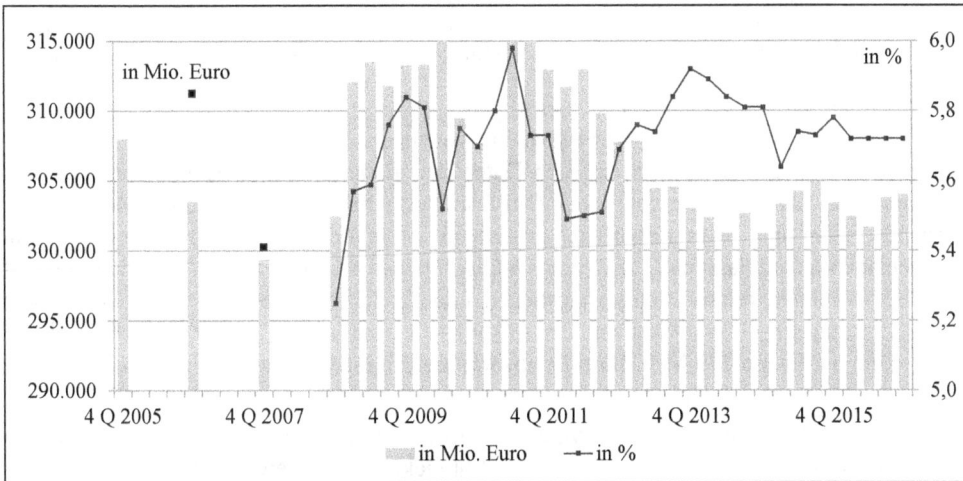

Abb. 3.7:   Kredite für gewerbliche Immobilien; Quelle: Deutsche Bundesbank, Statistik zu Immobilienmärkten, verfügbar unter: http://www.bundesbank.de/Navigation/DE/Statistiken/Zeitreihen_Daten-banken/Makrooekonomische_Zeitreihen/its_list_node.html?listId=www_s101_fsi_immobilien, abgerufen am 21.07.2016, eigene Darstellung.

Nach diesen Daten kam es, wie Abbildung 3.7 zeigt, nach 2005 zunächst zu einem Rückgang sowohl bei den Krediten für gewerbliche Immobilienkredite als auch bei dem Anteil an dem gesamten Kreditbestand in Deutschland. Nach dem anschließenden Anstieg lag das Kreditvolumen im Jahr 2012 wieder auf dem Ausgangsniveau. Seit Ende 2012 ist eher eine Stagnation zu sehen. Der Anteil am Gesamtkreditvolumen schwankt zwischen 5,2 und 6,0 % und ist damit recht stabil.

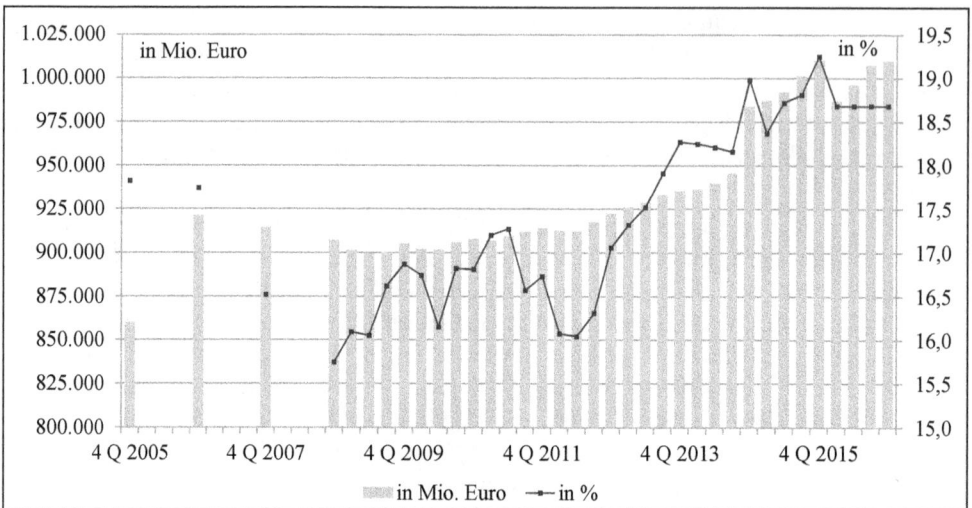

Abb. 3.8:   Wohnungsbaukredite; Quelle: Deutsche Bundesbank, Statistik zu Immobilienmärkten, verfügbar unter:
             http://www.bundesbank.de/Navigation/DE/Statistiken/Zeitreihen_Datenbanken/Makrooekonomische_
             Zeitreihen/its_list_node.html?listId=www_s101_fsi_immobilien, abgerufen am 21.01.2017, eigene
             Darstellung.

Die Indikatoren in Abbildung 3.8 messen die von deutschen Banken ausgereichten Wohnungsbaukredite. Diese basieren auf den Daten der vierteljährlichen Kreditnehmerstatistik
der monetären finanziellen Institutionen (MFI) in Deutschland. Dabei wird das Geschäft der
Auslandsfilialen und -töchter deutscher Institute ausgeblendet, während das Geschäft von in
Deutschland niedergelassenen Filialen ausländischer Institute einbezogen wird. Seit 2006 ist
das Kreditvolumen relativ stetig angestiegen und erreichte Ende 2016 einen Anteil von
knapp 19 % an den Gesamtkrediten. Der Anstieg seit der Finanzkrise mit einer Ausweitung
der Kredite um knapp 150 Mrd. Euro ist ein wichtiger Indikator, um die Frage zu klären, ob
sich an den deutschen Wohnungsmärkten eine Preisblase bildet.

Der **Verband Deutscher Pfandbriefbanken (vdp)** veröffentlicht in seinen Jahresberichten
Angaben der Deutschen Bundesbank über die Entwicklung der Gewerbeimmobilienfinanzierung. Hierbei handelt es sich um den Bestand an durch Nichtwohnimmobilien gesicherte
Hypothekarkredite. Nach Angaben des vdp sind dies in erster Linie Gewerbeimmmobilienfinanzierungen und zusätzlich auch Kredite für land- und forstwirtschaftliche Flächen. Demnach gibt es im Inland einen Darlehensbestand von knapp 245 Mrd. Euro. Der Bestand stieg
gegenüber 2001 um rund 4 %, seit 2005 aber tendenziell ein leichter Rückgang festzustellen.

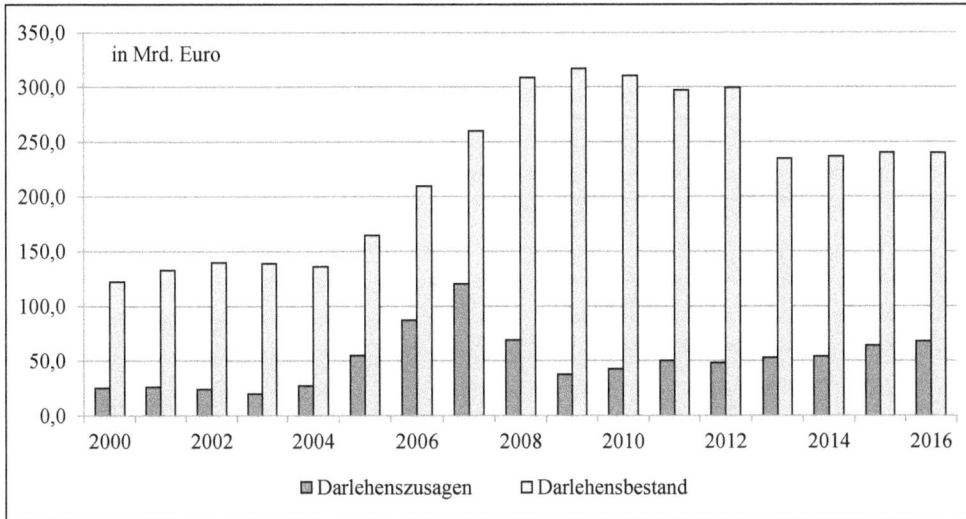

Abb. 3.9:   Gewerbeimmobilienkredite: Darlehenszusagen und -bestand; Quelle: vdp, verschiedene Jahrgänge,
verfügbar unter: http://pfandbrief.de/cms/_internet.nsf/0/EE5B9C04FA3F9CEDC125810C002C37E2/
$FILE/vdp_Statistik_Kreditgeschaeft-vdp_Statistics_Lending_2015-2016.pdf?OpenElement, Abruf
am 21.04.2017, eigene Darstellung.

Weiterhin werden vom Verband Deutscher Pfandbriefbanken der Darlehensbestand und die
jährlichen Darlehenszusagen der Mitgliedsunternehmen ausgewiesen (siehe Abbildung 3.9).
Deren Darlehensbestand hat sich gegenüber 2001 um ungefähr die Hälfte erhöht. Bei der
Interpretation der Zeitreihe ist aber zu beachten, dass sich die Anzahl der berichtenden Mitgliedsunternehmen ständig verändert hat. Seit 2005 hat der vdp etwa 20 Mitglieder hinzugewonnen. In den jährlichen Geschäftsberichten wird jedoch jeweils nur ein Vorjahresvergleich
vorgenommen. Nur für diesen Vergleich sind die jeweiligen Daten um statistische Brüche
bereinigt worden und damit miteinander vergleichbar. Im Jahr 2016 betrugen die jährlichen
Darlehenszusagen im Inland gut 40 Mrd. Euro und im Ausland gut 26 Mrd. Euro, was insgesamt zu einem Darlehensbestand im Inland in Höhe von gut 142 Mrd. Euro und von knapp
100 Mrd. Euro im Ausland führte.

3.2   Immobilien-Investmentmarkt

Der Immobilien-Investmentmarkt ist der Markt, auf dem Immobilien verkauft bzw. finanzielle Mittel in Immobilien angelegt werden. Auf dem Investmentmarkt treffen sich die Eigentümer, die eine Immobilie verkaufen wollen und die Nachfrager bzw. Investoren (siehe Abbildung 3.10). Die grundlegenden Begriffe und Zusammenhänge sind in Kapitel 2.3.4 erklärt.
Der Immobilien-Investmentmarkt war mit seinen Transaktionen von jeher von großer Bedeutung für die gesamte Immobilienbranche.

Auf diesem Markt bilden sich durch das Zusammentreffen von Angebot und Nachfrage die
Preise für Immobilien. Wird die Relation zwischen dem Immobilienpreis und dem Cash-
Flow (u. a. Mieten) und/oder der Wertsteigerung des Objektes ermittelt, ergeben sich die
entsprechenden Renditekennziffern. Während beim Kauf von Wohnimmobilien vorwiegend

der Kaufpreis im Vordergrund steht, sind es bei den (institutionellen) Investoren des gewerblichen Immobilienmarktes die Renditen.

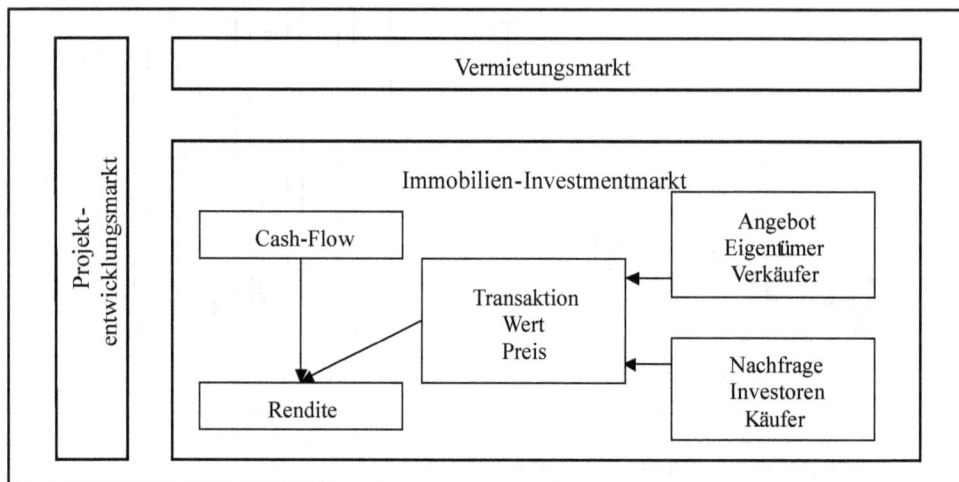

Abb. 3.10:   Abgrenzung des Immobilien-Investmentmarktes; Quelle: eigene Darstellung

Die Marktberichte über den Immobilien-Investmentmarkt weisen erhebliche Differenzen auf.
Dies liegt zum einen daran, dass amtliche und damit objektive Statistiken nicht verfügbar
sind. Zum anderen bestehen bei den privaten Marktteilnehmern häufig unterschiedliche
Marktabgrenzungen. Eine unverbindliche Richtlinie für die Berichte und Auswertungen stellt
die gif-Richtlinie zum Immobilien-Investmentmarkt dar (vgl. gif, 2014a). Aus der nicht
trennscharfen Abgrenzung des Marktes resultieren unterschiedliche Ergebnisse (z. B. bezüglich der Investmenthöhe oder der Rendite) oder sogar verschiedene Entwicklungstrends.

3.2.1   Ursachen der globalen und nationalen Marktentwicklung

Die Entwicklung der Immobilien-Investmentmärkte im letzten Jahrzehnt wurde insbesondere
durch die im Folgenden vorgestellten Faktoren geprägt. Diese Ursachen führten zu dem
Investmentboom Mitte des letzten Jahrzehnts, der sich in vielen Ländern zu einem Hype
entwickelte. Auch heute noch prägen diese den nationalen und internationalen Immobilien-
Investmentmarkt.

Die grundlegende Voraussetzung war die **globale Liquiditäts- und Vermögensentwicklung**.
Als Folge der Asienkrise und des Platzens der „Dot-Com-Blase" kam es nach dem Jahrtau-
sendwechsel durch eine weltweit expansive Geldpolitik zu einer drastischen Ausweitung der
Liquidität. Die mehr als ausreichende Verfügbarkeit internationaler Liquidität führte zu einer
Niedrigzinsphase. Die niedrigen Zinsen waren im vergangenen Jahrzehnt in Verbindung mit
der vorhandenen Liquidität eine wichtige Basis für die deutliche Zunahme der Immobilien-
nachfrage, was sich in der Folge teilweise in einer Vermögenspreisinflation niederschlug.
Auch nach der Finanz- und Wirtschaftskrise zeigt sich aufgrund der international expansiven
Geldpolitik eine ähnliche Entwicklung.

Die **Globalisierung** stellt einen weiteren Faktor für die rasante Veränderung der Immobilienmärkte dar. Nach den internationalen Finanzmärkten veränderte der Prozess der Globalisierung auch das Wesen der Immobilien-Investmentmärkte. Zunächst geschah dies im angelsächsischen Raum, dann aber auch im Rest Europas und in Deutschland. Da die gehandelten Objekte aber immobil und die Märkte zunächst häufig sehr intransparent waren, erreichte die Globalisierung die Immobilienmärkte erst mit einer Verzögerung. Durch die Öffnung von Märkten wie z. B. in Osteuropa und Teilen Asiens nahm die Anzahl der Immobilien-Investmentmärkte zu. Vorangetrieben wurde diese Integration ebenfalls durch neue, international tätige Investoren, zu denen auch Banken und vor allem kurzfristig orientierte institutionelle Investoren gehörten. Die Globalisierung spiegelt sich bei der Entwicklung der Kapitalquellen wider. Der weit überwiegende Anteil des Investmentvolumens stammt aus inländischen Quellen und gut 20 % sind Cross-Border-Aktivitäten, wobei jeweils ungefähr die Hälfte innerhalb einer Region sowie zwischen den Regionen (Nordamerika, Asien oder Europa) fließen. Im Verlauf des Booms im letzten Jahrzehnt waren die Cross-Border-Investments auf über 30 % angestiegen und dann wieder stark abgefallen. In diesem Jahrzehnt nehmen diese internationalen Aktivitäten wieder leicht zu.

Eine weitere Ursache stellte die **zunehmende Verzahnung von Immobilien- und Kapitalmarkt** dar, die für weitere Dynamik auf den Investmentmärkten sorgte. In der Vergangenheit nutzte die Immobilienbranche den monetären Sektor vorwiegend zur Beschaffung von langfristigem Fremdkapital für Objektfinanzierungen. In der Zwischenzeit wurden durch die Liberalisierung des Finanzsektors neue Finanzprodukte eingeführt, die für die Finanzierung u. a. von Immobilien und für die Refinanzierung der Banken verwendet werden können. So gibt es heute auf dem Finanzsektor ein deutlich höheres Angebot an indirekten Immobilienanlagealternativen. Diese neuen Produkte wie Verbriefungen oder REITs oder ähnliche Finanzinnovationen wurden auf dem Immobilien-Investmentmarkt eingeführt.

Schließlich war die **Etablierung der Assetklasse „Immobilie"** am Kapitalmarkt für den Investmentboom Mitte des letzten Jahrzehnts verantwortlich. Die Immobilie wurde von den Investoren als eine Anlageform neben den klassischen Investmentformen wie beispielsweise Aktien oder Wertpapiere entdeckt. Vor allem internationale, opportunistisch ausgerichtete Investoren sahen in Immobilieninvestitionen eine lukrative Anlage und versprachen sich neben einem stabilen Cash-Flow vor allem hohe, kurzfristige Wertsteigerungen. Ihre Strategie ist das aktive Management des Immobilienbestandes, was vielfach auch den schnellen Verkauf einschloss. Vor dem Immobilienboom waren die Investoren vorwiegend Bestandhalter, welche die Immobilien als langfristige Kapitalanlage ansahen. Diese Investoren kamen zumeist aus der Immobilienbranche und waren durch diese geprägt. Wertbestimmend für eine Immobilie und ihr Entwicklungspotenzial waren damals maßgeblich der Vermietungsmarkt und dessen Perspektiven.

Gleichwohl hat insgesamt die Entwicklung der letzten Jahre dazu geführt, dass die Immobilien-Investmentmärkte weitaus stärker durch die Entwicklung auf den Finanzmärkten bestimmt werden. In gleicher Weise, wie die Kapitalmärkte an Bedeutung gewonnen haben, ist der Einfluss der Vermietungsmärkte auf die Marktentwicklung der Investmentmärkte zurückgegangen. Die Immobilienpreisentwicklung wird heute in wesentlichen Bereichen durch den monetären Sektor, dessen Entwicklung und Anforderungen bestimmt.

Weiterhin ist eine Internationalisierung auch bei der **Immobilienfinanzierung** und -refinanzierung festzustellen. Bei der Finanzierung von Immobilien mithilfe von Eigenkapital über REITs zeigt sich dies exemplarisch. Schon seit vielen Jahren im angelsächsischen

Raum vorhanden, wurden diese 2007 auch in Deutschland eingeführt. Dies sollte eine weitere Anlageform wie Immobilienaktien sein. Da aber schon bald die Finanz- und Wirtschaftskrise begann, war die Einführung wenig erfolgreich. Ähnliche Entwicklungen sind auch bei anderen Finanzierungsvehikeln festzustellen. Im Zuge der Globalisierung wuchs der Markt für Verbriefungen (Commercial Mortgage-Backed Securities, CMBS) nach Erfolgen in anderen Ländern im vergangenen Jahrzehnt auch in Deutschland sehr dynamisch, um dann in der Krise einzubrechen. Während Immobilienderivate gerade in den USA und Großbritannien vertraute Instrumente waren, sind diese in Deutschland weitgehend unbekannt. Die Derivate wurden noch in einem frühen Marktstadium von der Krise betroffen. Insgesamt kam es im Verlauf des Booms auf den Investmentmärkten im vergangenen Jahrzehnt zu vielfältigen Übertreibungen, die sich auch in immer komplexer werdenden Finanzierungsstrukturen und -instrumenten zeigten. Die Finanzkrise hat bewiesen, dass diese erhebliche Risiken aufweisen. In der kommenden Zeit ist nur von eingeschränkten Expansionschancen für diese komplexen Finanzierungsstrukturen und -instrumente zu rechnen.

3.2.2   Entwicklung des globalen Immobilien-Investmentmarktes

Über die Entwicklung der globalen Märkte liegen von den Marktresearchern unterschiedliche Statistiken vor, da u. a. unterschiedliche Abgrenzungen vorgenommen werden. Neben den schon in Kapitel 2.3.4 aufgeführten Aspekten lassen sich weitere Unterschiede z. B. auf die Verwendung von Wechselkursen zurückführen, da alle Transaktionen in US-Dollar umgerechnet werden. Aber auch in den einzelnen Jahresberichten der gleichen Marktbeobachter sind die Datenreihen nicht miteinander kompatibel.

Investmentbestand

Der weltweite Bestand an Immobilieninvestments stieg nach Angaben von DTZ von 5,5 Bio. US-Dollar im Jahr 2000 auf 13,7 Bio. US-Dollar im Jahr 2016. Den größten Anteil daran hatte Asien, dessen Anteil rund 37 % betrug und auch die höchste Wachstumsrate aufwies. Der Anteil der USA sank in dem Zeitraum von knapp 50 % auf gut 30 %. Sowohl absolut als auch relativ stieg die Bedeutung Europas. Das Investitionsvolumen stieg von 1,5 Bio. US-Dollar auf 4,4 Bio. US-Dollar, was einen Anteil von knapp 35 % bedeutete.

Investmenttransaktionen

Bei den **jährlichen Transaktionen** auf dem globalen Immobilien-Investmentmarkt (siehe Abbildung 3.11) war eine sehr dynamische Entwicklung in der ersten Hälfte des vergangenen Jahrzehnts festzustellen. Insgesamt haben sich die weltweiten Transaktionen während der Phasen der Euphorie und Manie (siehe Kapitel 2.3.4) mehr als versechsfacht. So war z. B. das durchschnittliche Transaktionsvolumen eines Quartals im Jahr 2006 genauso hoch wie das im gesamten Jahr 2001. Auf dem Zenit im Jahr 2007 betrug das globale Transaktionsvolumen nach Cushman & Wakefield über 1.061 Mrd. US-Dollar (nach Jones Lang LaSalle 759 Mrd. US-Dollar). Im darauf folgenden Abschwung ging das Volumen aber bis 2009 drastisch auf rund ein Drittel zurück. Nach diesem Tiefpunkt setzte eine zyklische Aufwärtsentwicklung ein, die auch heute noch anhält. Während im linken Teil der Abbildung die Entwicklung des Transaktionsvolumens bis 2011 nur mit gewerblichen Immobilien dargestellt wird, ist im rechten Teil die Entwicklung von 2007 bis heute abgebildet. Hierbei werden auch die Investments in Multifamily (Wohnungsportfolios und Apartmenthäuser) berücksichtigt.

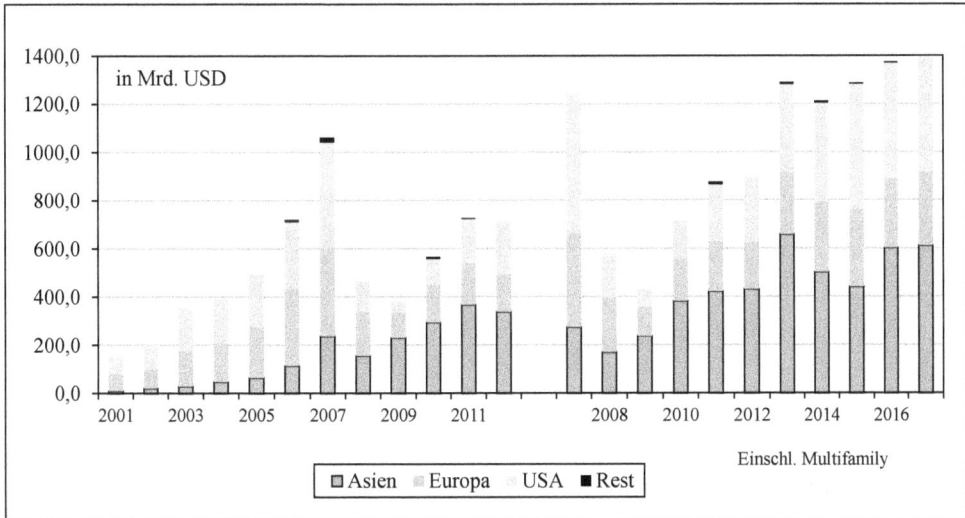

Abb. 3.11:   Jährliche Transaktionen auf dem globalen Immobilien-Investmentmarkt; Quelle: Cushman & Wakefield, verfügbar unter: http://www.cushmanwakefield.de/de-de/research-and-insight, verschiedene Jahrgänge, eigene Berechnung und Darstellung.

Bei der Analyse der geografischen **Herkunft des investierten Kapitals** wird nach den drei Weltregionen Amerika, Europa (EMEA) und Asien (APAC) unterschieden. Bei den grenzüberschreitenden Investments (Cross-Border-Investments) zeigten sich in den vergangenen Jahren deutliche Unterschiede. So kommt in Amerika gut 90 % des Kapitals aus dem Land selbst und 5 % aus der Region Amerika, der Rest stammt aus den beiden anderen großen Gruppen. In Asien ist die Situation vergleichbar, während in Europa die ausländischen Investoren einen wesentlich höheren Anteil haben. Nur gut die Hälfte der Investitionen wird mit heimischem Kapital finanziert. Ein weiteres Viertel stammt aus anderen Ländern Europas, einen bedeutenden Anteil mit rund 15 % hat Amerika und ungefähr 5 % stammt aus Asien. Insgesamt stammen aber weiterhin weltweit rund 80 % der Investments aus der eigenen Region.

In den **Renditen** spiegelt sich auch die Entwicklung der Investmentaktivitäten wider. Seit Ende der 1990er-Jahre sanken die Renditen (insgesamt im Durchschnitt aller Objekte) in den drei Weltregionen Nordamerika, Europa und Asien, wenn auch nicht bei allen Objekten und in allen Regionen im gleichen Ausmaß und jederzeit. Dieser deutliche Rückgang wurde durch die seit 2004 stark gestiegenen Preise ausgelöst. Insbesondere in den sich entwickelnden Märkten war der Renditerückgang deutlich. Die Talsohle wurde im Verlauf des Jahres 2007 erreicht. Danach erholten sich die Renditen wieder, sind aber seit dem Jahr 2010 wieder unter Druck. Im Jahre 2015/16 lagen sie teilweise schon unter ihren historischen Tiefstständen.

Investmentmarktzyklus

Abbildung 3.12 zeigt die Entwicklung des Transaktionsvolumens weltweit und in Deutschland seit dem Jahrtausendwechsel. Allgemeine Ausführungen zum Investmentzyklus finden sich in Kapitel 2.3.4.

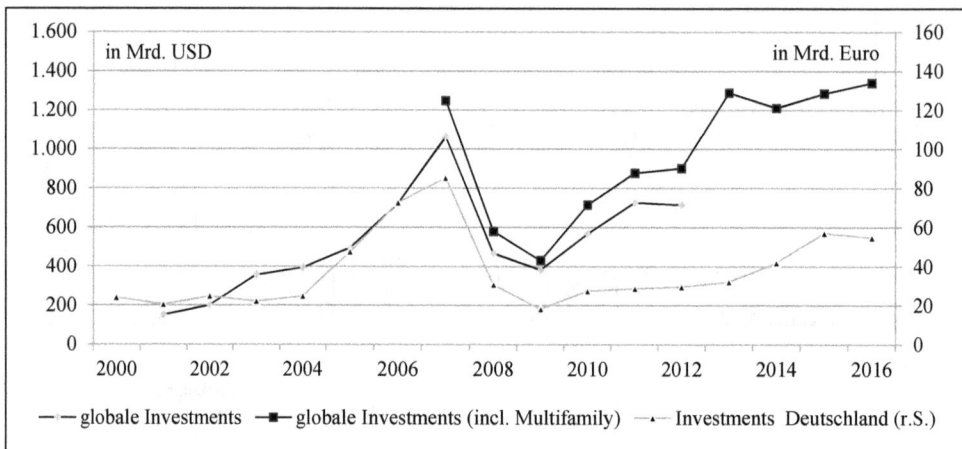

Abb. 3.12:   Investmentzyklus; Quelle: Cushman & Wakefield, verschiedene Jahrgänge und RIWIS-Datenbank der bulwiengesa AG, abgerufen am 01.07.2016, eigene Darstellung.

Am **Beispiel der Preisblase** an den amerikanischen Wohnimmobilienmärkten kann der Ablauf eines Investmentmarktzyklus verdeutlicht werden (sieh Abbildung 3.13). Eine wesentliche Voraussetzung für einen Aufschwung war die hohe Liquidität institutioneller Anleger bzw. starke Kapitalzuflüsse auf den Anlagemärkten („Liquidity Hurricane"). Nach dem Ende der „Dot-Com-Blase" zum Jahrtausendwechsel und den Anschlägen vom 11.09.2001 hatte die US-Notenbank ihre Leitzinsen auf ein historisch niedriges Niveau von 1 % gesenkt und damit den Ausgangspunkt für die folgende Preisblase gesetzt. Als Folge verzeichnete die USA ein überdurchschnittliches Wirtschaftswachstum, außerdem begünstigten Zuwanderungen die Nachfrage nach Wohnraum. Im Ergebnis haben sich die nationalen Hauspreise innerhalb weniger Jahre fast verdoppelt.

Zwischen 2004 und 2006 hob die amerikanische Notenbank die Zinsen wieder deutlich auf 5,25 % an. Die Notenbank versuchte so, den Preisanstieg zu bremsen. Aufgrund des starken Zinsanstiegs konnten die Haushalte ihre Häuser jedoch nicht mehr finanzieren und verkauften diese, was letztlich zu dem Crash führte.

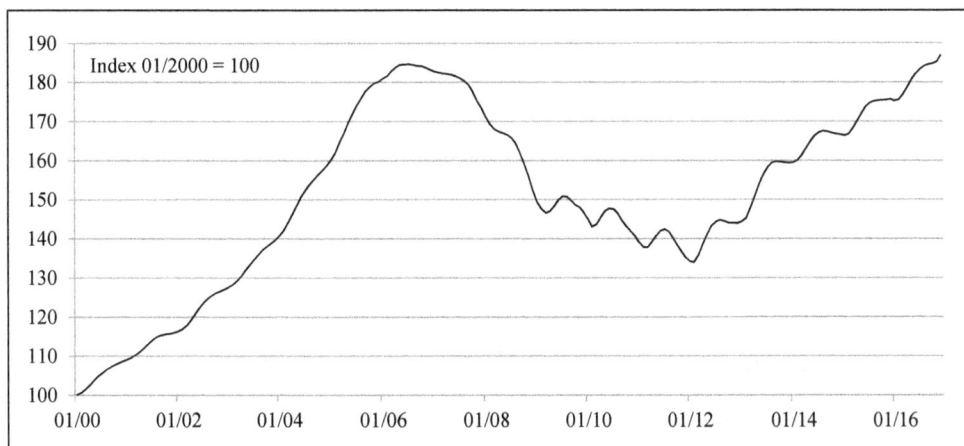

Abb. 3.13:   Entwicklung der Wohnimmobilienpreise in den USA nach dem S&P/Case-Shiller U.S. National Home
            Price Index; Quelle: S&P, Home Price, verfügbar unter: http://us.spindices.com/indices/real-estate/sp-
            corelogic-case-shiller-us-national-home-price-nsa-index, abgerufen am 01.02.2017, eigene Darstel-
            lung.

3.2.3   Entwicklung des Immobilien-Investmentmarktes in Deutschland

Immobilienbestand institutioneller Investoren

Der Immobilienbestand institutioneller Investoren in Deutschland wird von der bulwiengesa AG für das Jahr 2011 auf rund 420 Mrd. Euro geschätzt. Dabei entfallen die größten Anteile mit rund einem Drittel auf geschlossene Fonds und zu einem Viertel auf Immobilien-
Leasinggesellschaften. Gut ein Fünftel des Bestandes wird von ausländischen Investoren
gehalten. Abbildung 3.14 zeigt die weitere Aufteilung des Investmentbestandes auf die unterschiedlichen gewerblichen Investorengruppen.

Ausländische Investoren
ca. 116 Mrd. Euro

20%

27%

Immobilien-Leasing
ca. 84 Mrd. Euro

Immobilien-AGen
ca. 16 Mrd. Euro

4%

8%

31%

Versicherungen und
Pensionskassen
ca. 36 Mrd. Euro

4%

6%

Geschlossene Immobilien-
fonds; ca. 130 Mrd. Euro
(200 Mrd. Euro, davon ca.
40 Mrd. Euro im Ausland

Immobilien-Spezialfonds
ca. 17 Mrd. Euro
(+ 15 Mrd. Euro im Ausland)

Offene Immobilien-
Publikumsfonds
ca. 25 Mrd. Euro
(+ 70 Mrd. Euro im Ausland)

./. 20 % „weiche" Kosten)

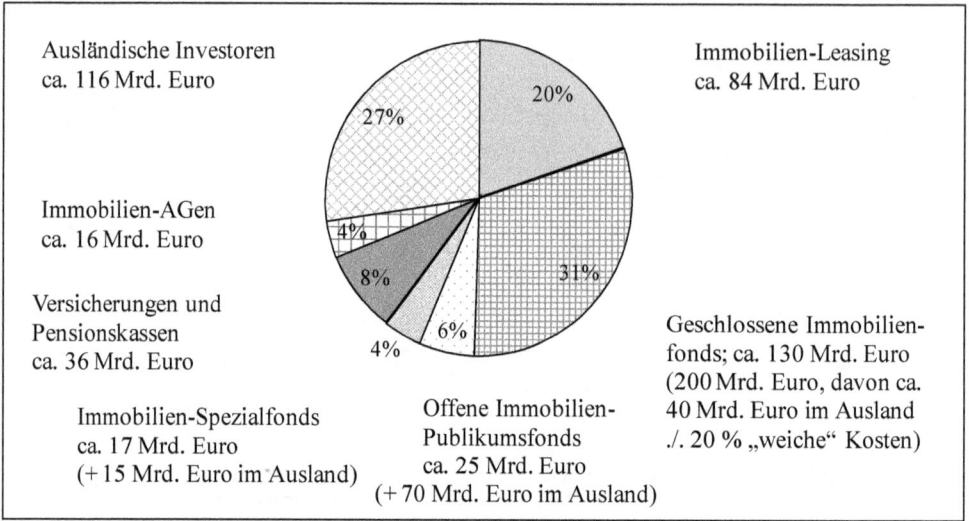

Abb. 3.14:   Immobilienbestand institutioneller Investoren; Quelle: bulwiengesa AG, 2014, RIWIS-Datenbank der
             bulwiengesa AG, abgerufen am 01.05.2016, eigene Darstellung.

Transaktionsvolumen

In Abbildung 3.15 sind die jährlichen Transaktionen auf dem gewerblichen Immobilien-
Investmentmarkt in Deutschland dargestellt. Es ist eine hohe Volatilität sowohl bei den
Transaktionen als auch bei den Engagements der einzelnen Investorengruppen festzustellen.

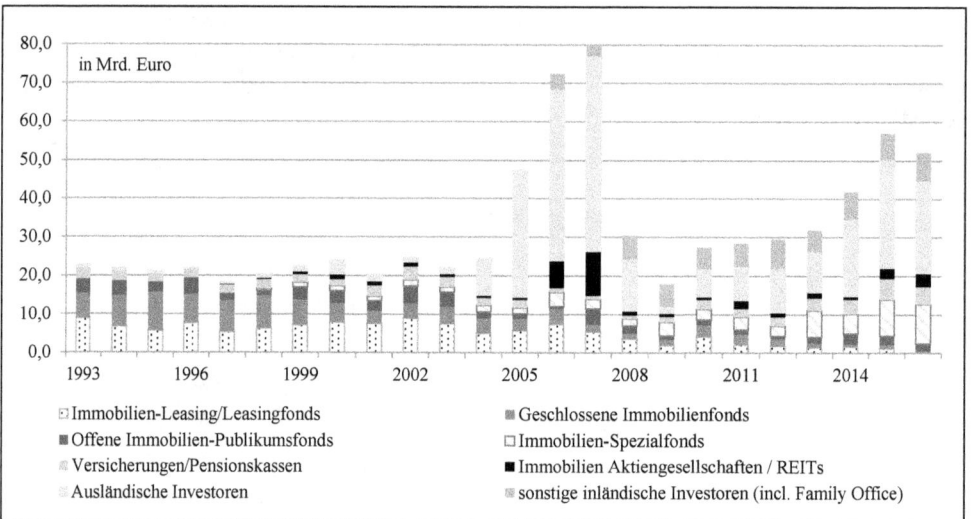

▣ Immobilien-Leasing/Leasingfonds	▨ Geschlossene Immobilienfonds
▪ Offene Immobilien-Publikumsfonds	▢ Immobilien-Spezialfonds
▨ Versicherungen/Pensionskassen	▪ Immobilien Aktiengesellschaften / REITs
▨ Ausländische Investoren	▨ sonstige inländische Investoren (incl. Family Office)

Abb. 3.15:   Jährliche Transaktionen auf dem Immobilien-Investmentmarkt in Deutschland;
             Quelle: RIWIS-Datenbank der bulwiengesa AG, abgerufen am 01.05.2017, eigene Darstellung.

Eine andere Aufstellung zeigt die Entwicklung des Transaktionsvolumens nach Investoren. Das Maklerhaus Savills zeigt darin sowohl die langfristige als auch die kurzfristige Entwicklung auf.

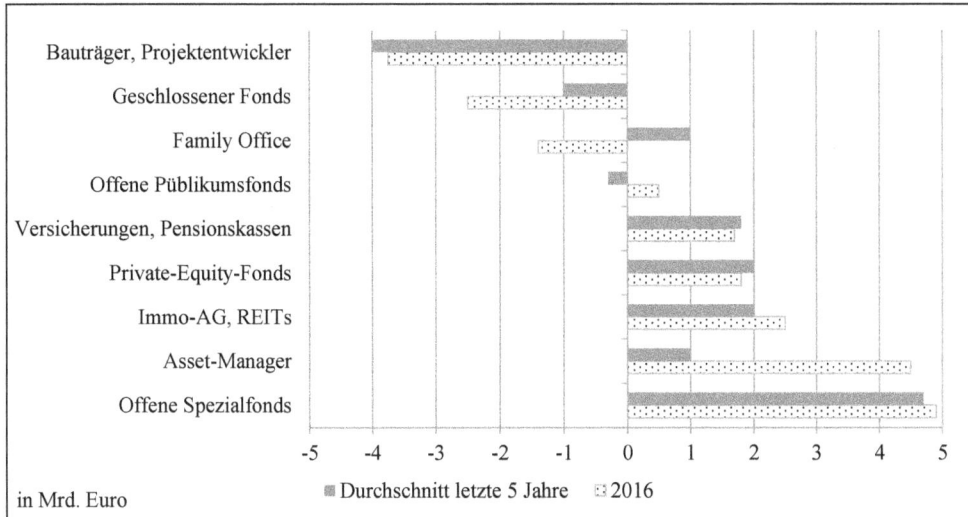

Abb. 3.16: Gewerbeinvestmentmarkt Deutschland – Transaktionsvolumen nach Investoren; Quelle: Savills, Gewerbeinvestmentmarkt Deutschland Q4 2016, verfügbar unter: http://pdf.euro.savills.co.uk/germany-research/ger-ger-2016/marktueberblick-gewerbeinvestment-q4-2016.pdf, abgerufen am 21.02.2017.

Die gewerblichen Transaktionen in Deutschland konzentrierten sich in den vergangenen Jahren vor allem auf die sieben großen A-Standorte; über die Hälfte der Investments entfällt aktuell auf diesen Standorttyp. Sowohl auf die nächstfolgenden B-Städte wie auch auf den Rest Deutschlands außerhalb der 125 in RIWIS erfassten Städte entfielen jeweils rund 10 % der Transaktionen. Nach Objektarten sind ebenfalls investmentzyklische Bewegungen zu verzeichnen. Bei den Gewerbeimmobilien nahmen die Investments in Büroimmobilien seit der Finanz- und Wirtschaftskrise absolut zu, ihr Anteil schwankt zwischen 35 und 40 %. In den Jahren nach der Finanzkrise waren Einzelhandelsinvestments im Fokus der Investoren, erst 2012 war der Anteil des Bürosektors wieder am größten. Bei Berücksichtigung der Wohninvestments kann festgestellt werden, dass üblicherweise rund 20 % der Investments auf diese Objektart entfallen.

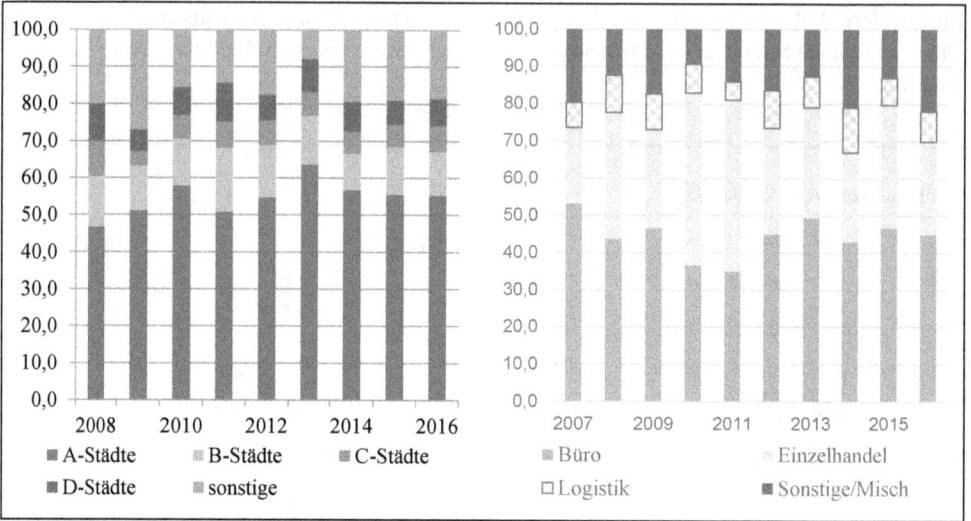

Abb. 3.17:   Transaktionen auf dem Immobilien-Investmentmarkt in Deutschland, jeweils in %;
             Quelle: RIWIS-Datenbank der bulwiengesa AG, abgerufen am 01.02.2017, eigene Darstellung.

Bei den Transaktionen in den vergangenen Jahren dominierte der Wunsch der Anleger nach
sicheren Investments, mehr als die Hälfte betrafen Core-Immobilien (siehe Abbildung 3.18).
Im längerfristigen Vergleich hatte die Finanz- und Wirtschaftskrise zu einem fundamentalen
Wandel geführt. Vor der Krise wurden die Investoren stetig risikofreudiger, sodass 2007
mehr als zwei Drittel der Investments in den drei risikoreichen Segmenten getätigt worden
waren. Nach 2007 waren die Investoren weitaus vorsichtiger, aber nur kurzfristig, denn
schon 2010 nahm der „Risikoappetit" wieder zu. Ein Anteil von rund 10 % entfällt, unabhängig von der konjunkturellen Lage, auf das opportunistische Segment, das gleichzeitig das
höchste Risiko, aber auch die höchsten Renditeaussichten verspricht.

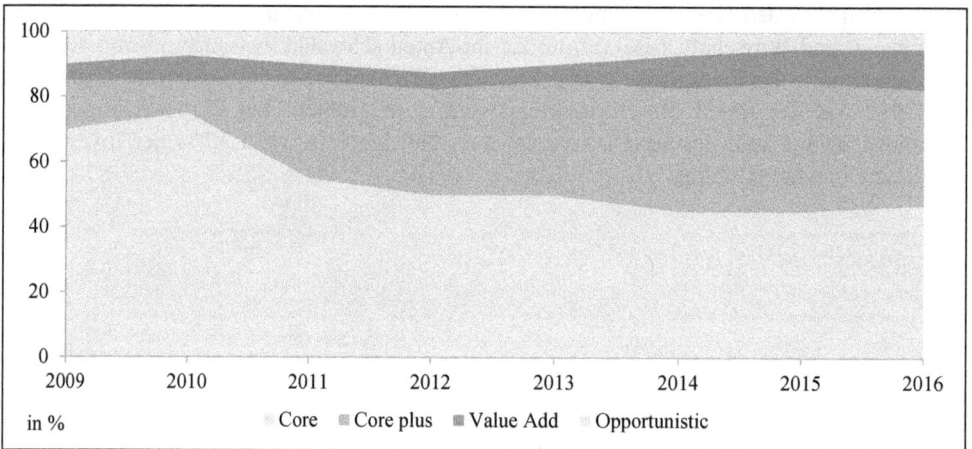

Abb. 3.18:   Risikostrategien institutioneller Investoren; Quelle: Jones Lang LaSalle, Investmentmarktüberblick
             Januar 2015, S. 3, eigene Darstellung.

Die **Statistiken über den deutschen Immobilien-Investmentmarkt** weisen erhebliche Unsicherheiten auf. Dies zeigt sich z. B. daran, dass in den einzelnen Marktberichten sehr unterschiedliche Transaktionsvolumina genannt werden, da nicht alle Transaktionen von jedem Marktberichterstatter erfasst werden. Es wird „üblicherweise auf die erhobenen Zahlen ein gewisser Prozentsatz nicht bekannt gewordener Transaktionen aufgeschlagen" (Jones Lang LaSalle, 2011, S. 31). Auch werden grundsätzlich nachträglich Korrekturen und Ergänzungen vorgenommen, sodass die verschiedenen Jahresberichte vom gleichen Researcher unterschiedliche Daten aufweisen können. Dies ist z. B. darauf zurückzuführen, dass im 4. Quartal über eine Transaktion berichtet wurde, diese aber erst im Folgenden 1. Quartal abgeschlossen wird.

Preisentwicklung

Die **Preise** für die Immobilien werden auf dem Investmentmarkt zwischen Anbietern und Nachfragern festgelegt. In den beiden folgenden Abbildungen und wird die Entwicklung bei den Kaufpreisen für Wohnimmobilien (Abbildung 3.19) und von Bürofläche (Abbildung 3.20) dargestellt.

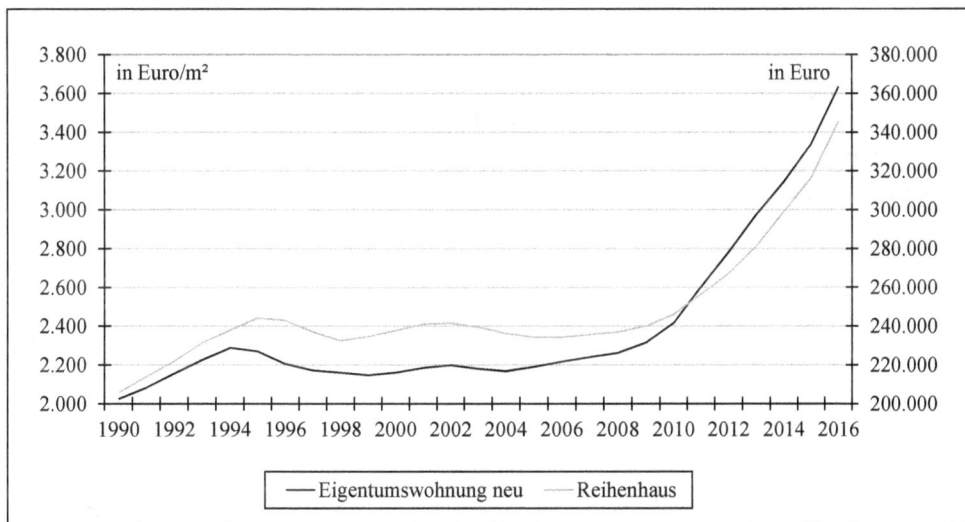

Abb. 3.19:   Preisentwicklung bei Wohnimmobilien in 125 Städten; Quelle: RIWIS-Datenbank der bulwienge-sa AG, abgerufen am 21.02.2017, eigene Darstellung.

Die Preise der Wohnimmobilien stiegen nach der Wiedervereinigung zunächst stark an, da u. a. aufgrund günstiger wirtschaftlicher Rahmenbedingungen und den Binnenwanderungen eine verstärkte Nachfrage nach Wohnimmobilien einsetzte. Erst mit einer Verzögerung konnte das Angebot auf die zunehmende Nachfrage reagieren, die dann in eine zehnjährige Phase der Marktstabilisierung mündete. Ein deutlicher Anstieg der Preise für Eigentumswohnungen und -häuser ist erst wieder in den letzten Jahren festzustellen, was auf nachlassende Fertigstellungen bei einer dynamischer werdenden Nachfrage zurückzuführen ist. Dabei steigen die Preise auch wesentlich stärker als die Mieten.

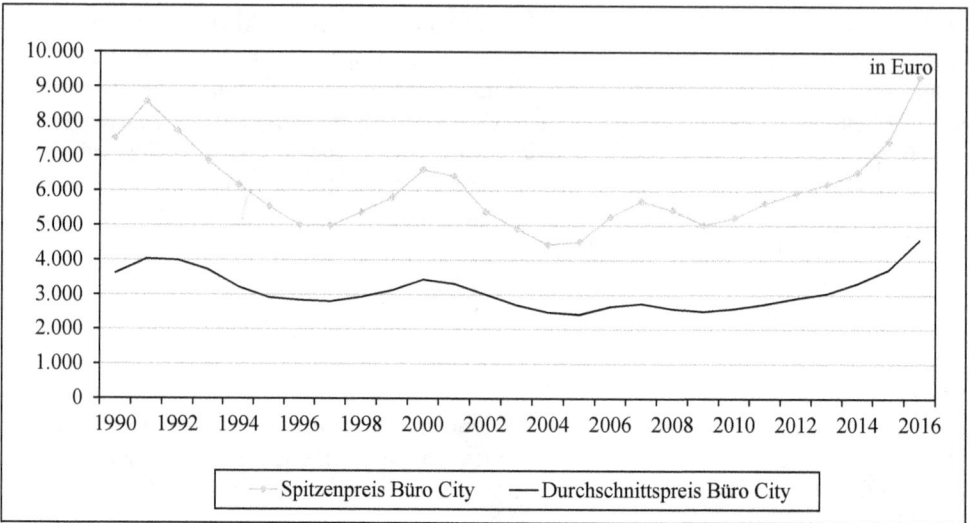

Abb. 3.20:   Preisentwicklung bei Büroflächen (gewichteter Durchschnitt der sieben A-Städte);
             Quelle: RIWIS-Datenbank der bulwiengesa AG, abgerufen am 21.07.2016, eigene Darstellung.

Eine ähnliche Entwicklung ist auch bei der Preisentwicklung der Büroflächen in den sieben
A-Städten in Deutschland festzustellen. Bei den hier dargestellten Preisen handelt es sich um
theoretische Werte (Kapitalwerte), die aus der Entwicklung von Mieten und Renditen abgeleitet werden. Bei den Spitzenpreisen ist dabei die Volatilität höher als bei den Durch-
schnittspreisen wie Abbildung 3.20 zeigt.

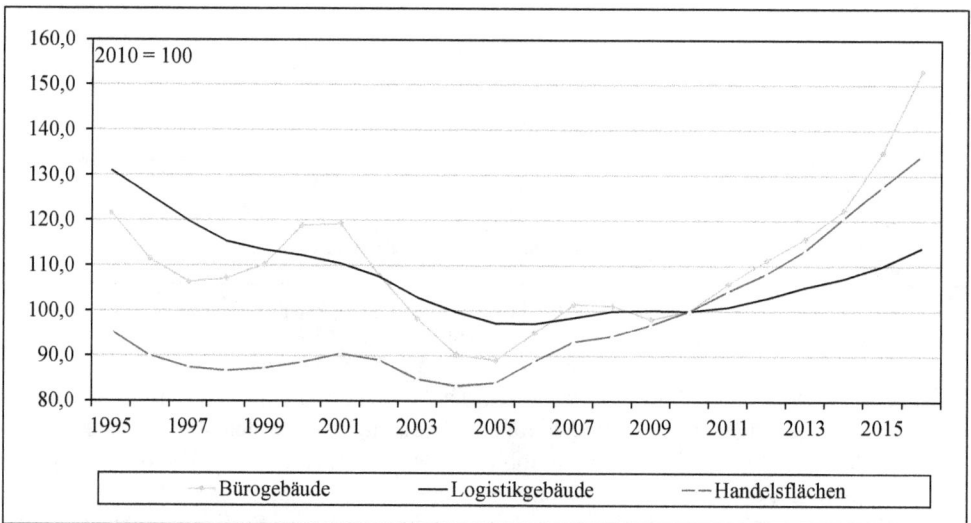

Abb. 3.21:   Preis für Gewerbeimmobilien; Quelle: Berechnungen der Deutschen Bundesbank, verfügbar unter:
             https://www.bundesbank.de/Navigation/DE/Statistiken/Suche_Statistik/Internetzeitreihen/statistiksuch
             e_its_node.html#resultTable, abgerufen am 12.03.2017, und nach Angaben der RIWIS-Datenbank der
             bulwiengesa AG, abgerufen am 12.02.2017, eigene Darstellung.

Die Indikatoren in Abbildung 3.21 messen die Entwicklungen von Gewerbeimmobilienprei-
sen. Diese basieren auf Angaben der bulwiengesa AG für 127 Städte. Es werden separate
Indizes für den gesamten Gewerbeimmobilienmarkt sowie für Büroimmobilien, Handelsflä-
chen und Logistikimmobilien bereitgestellt. Ausgehend von hohen Preisniveaus, die auf den
Folgen der Wiedervereinigung basieren, kam es tendenziell eher zu Preisrückgängen, die bei
Büros und Logistikimmobilien besonders stark ausfielen. Seit Mitte des letzten Jahrzehnts
sind bei allen Objektarten wieder Preisanstiege zu verzeichnen, die aufgrund der Flucht in
das Betongold teilweise auch kräftig ausfielen.

Kapitalwert

Als weiterer Indikator zur Beschreibung der Preisentwicklung auf den Investmentmärkten
wird schließlich der Kapitalwert von Jones Lang LaSalle (Capital-Value) verwendet. Die
Immobilienpreise werden abgeleitet als Barwert einer Immobilie. Der Kapitalwert repräsentiert den theoretischen Wert eines Quadratmeters bester Qualität in bester Lage.

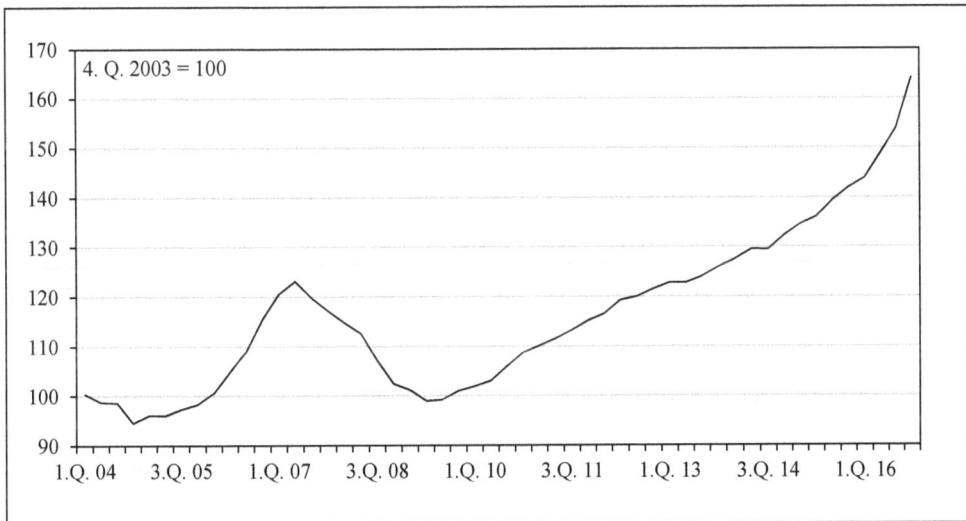

Abb. 3.22:   VICTOR; Quelle: Jones Lang LaSalle, Victor, verfügbar unter: http://www.jll.de/germany/de-
              de/research/victor, abgerufen am 21.02.2017, eigene Darstellung.

Die Wertentwicklung des VICTORs spiegelt entsprechend Abbildung 3.22 auch die Entwicklung der nationalen Investmentmärkte wider. Nach schwacher Dynamik zu Beginn erreichte
der Index 2007 einen ersten Höchststand, der auf den Immobilienboom zurückzuführen war.
Nach einem zyklischen Abschwung durch die Finanz- und Wirtschaftskrise steigt der Index
seit Mitte 2009 wieder kontinuierlich an und spiegelt das wieder gewachsene Interesse der
Investoren an Immobilien wider. Zuletzt wurden neue historische Höchststände erreicht.

Renditeentwicklung

Die Rendite ist ein Indikator, um den Ertrag einer Immobilieninvestition zu messen. Die
Anfangsrenditen werden von verschiedenen Faktoren bestimmt. Zentrale Variablen sind die
erwarteten Entwicklungen auf den Vermietungs- und insbesondere den Investmentmärkten.

Die Kreditverfügbarkeit und vor allem die Stimmung auf den Kapitalmärkten wirken sich auf die Renditen aus. Bei positiven Mietaussichten kann es zu (überproportional) steigenden Preisen kommen und so zu sinkenden Renditen. Weiterhin wirken sich die Zinsen aus, wobei sinkende Zinsen zum einen die Finanzierungskosten senken und zum anderen Anleihen oder andere Assets als Konkurrenzprodukte weniger attraktivmachen. Folglich wird es durch eine steigende Nachfrage zu höheren Preisen und geringeren Anfangsrenditen kommen. Zwischen den einzelnen Einflussfaktoren bestehen darüber hinaus Interdependenzen.

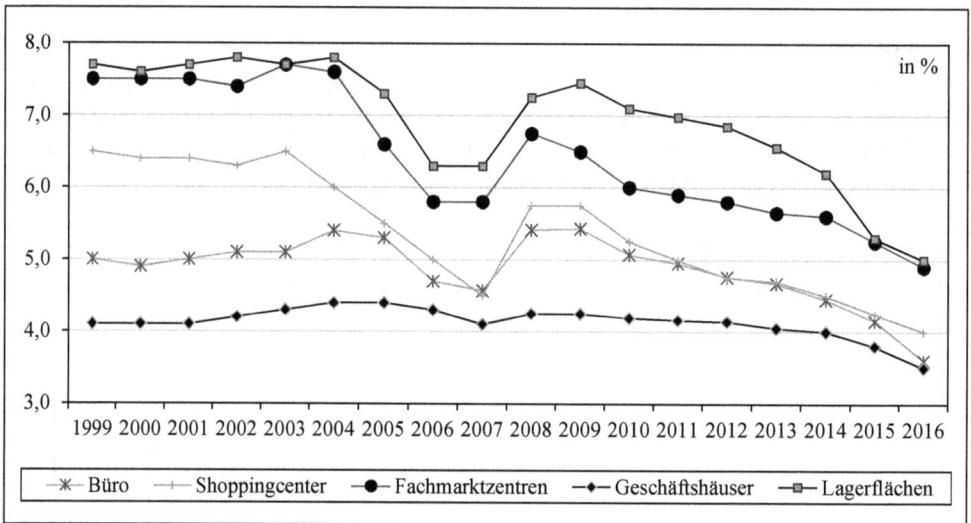

Abb. 3.23:   Nettoanfangsrenditen in Deutschland; Quelle: Jones Lang LaSalle, verfügbar unter:
            http://www.jll.de/germany/de-de/research, verschiedene Jahrgänge, eigene Darstellung.

In Deutschland gingen die Anfangsrenditen wie in Abbildung 3.23 dargestellt aufgrund des Immobilienbooms Mitte des letzten Jahrzehnts deutlich zurück, da eine hohe Nachfrage nach Immobilien bestand. Nach einer Erholung sind die Renditen angesichts steigender Preise in den vergangenen Jahren wieder deutlich unter Druck geraten.

Eine ausschließliche Betrachtung der Entwicklung der Rendite kann aber die Besonderheiten bei der Preisentwicklung verdecken. In Abbildung 3.23 ist dargestellt, dass die Renditen für Büroimmobilien zwischen 3,5 und 5,5 % schwankten. In dem gleichen Zeitraum ist aber der Preis für die Bürofläche in Deutschland im Durchschnitt zunächst bis zum Jahr 2005 um mehr als 15 % gesunken, um dann bis zum Jahr 2010 um mehr als 10 % zu steigen. Die Preise für Spitzenobjekte in den sieben A-Städten waren sogar noch volatiler. Von 1999 bis zum Jahr 2004 sind sie erst um 25 % gesunken und dann wieder um mehr als 25 % angestiegen.

In Deutschland können zwei Indizes als Benchmark für die Renditeentwicklung von Immobilien oder Immobilienportfolios dienen: der DIX und der GPI. Beide Indizes unterscheiden sich von den vorherigen dadurch, dass neben der Mietrendite auch die Wertänderungsrendite (relative Preisveränderung) aufgezeigt wird. Der Deutsche Immobilien Index (DIX) ist ein repräsentativer Index für deutsche Bestandsimmobilien, die sich vorwiegend im Bestand institutioneller Investoren befinden. Er ist als Performanceindex konstruiert, d. h., es werden sowohl die Nettoerträge aus Vermietung und Verpachtung als auch die Wertänderungen von Immobilien berücksichtigt. Der DIX basiert auf den Cash-Flow- sowie Wertdaten der datenliefernden institutionellen Investoren.

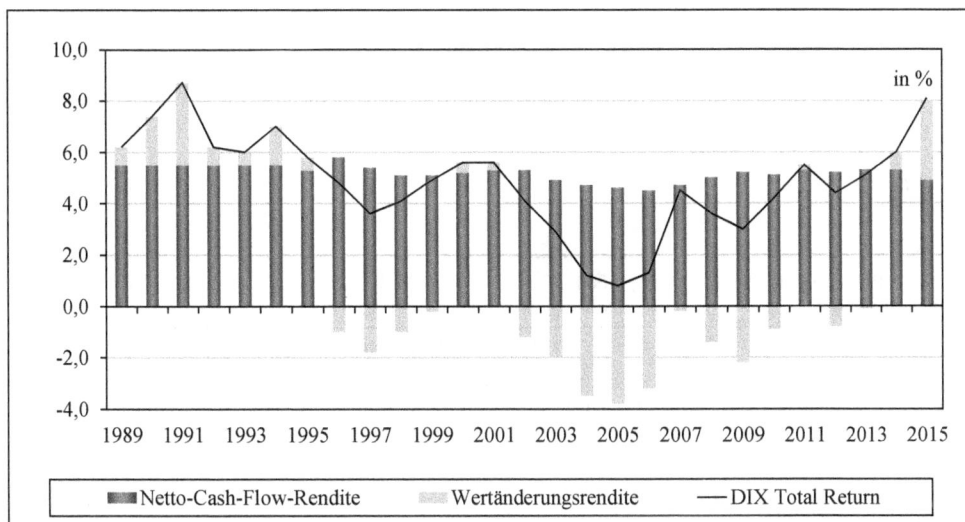

Abb. 3.24: Deutscher Immobilien Index (DIX); Quelle: IPD Investment Property Databank GmbH, verschiedene
            Jahrgänge, eigene Darstellung.

Bei der Darstellung der allgemeinen Renditeentwicklung in Deutschland kann auch der **German Property Index (GPI)** der bulwiengesa AG verwendet werden (siehe Abbildung 3.25). Der GPI wies im Vergleich zum DIX in der Mehrzahl der Jahre positive Wertzuwächse auf. Der Cash-Flow-Return war relativ gleichmäßig und machte ungefähr 5 % aus.

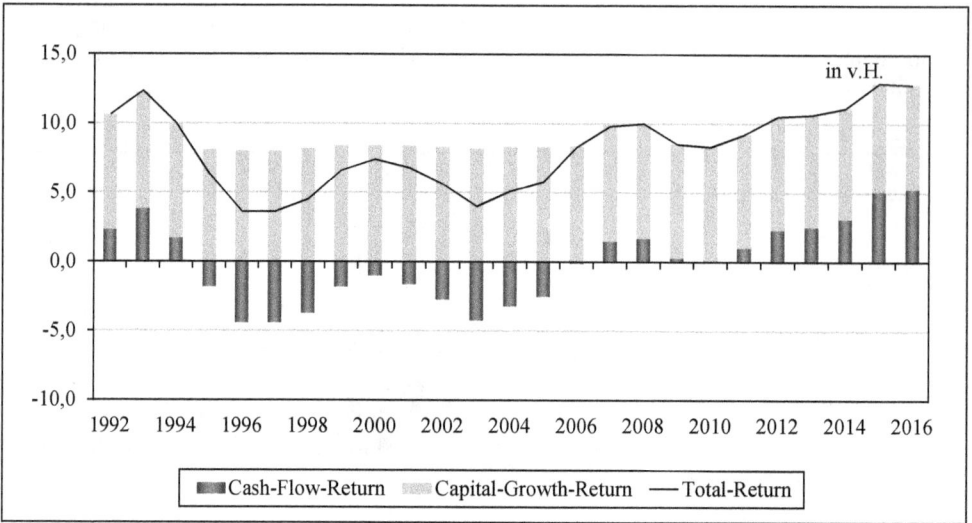

Abb. 3.25:   German Property Index (GPI); Quelle: RIWIS-Datenbank der bulwiengesa AG, abgerufen am
             21.08.2016, eigene Darstellung.

Faktor

Der **Faktor, Multiplikator oder Vervielfacher** ist ein Richtwert für viele Anleger. Damit
kann beurteilt werden, ob eine Immobilie zu einem akzeptablen Kaufpreis angeboten wird.
Jedoch hat in den letzten Jahren eine erhebliche Marktveränderung (u. a. Globalisierung)
stattgefunden, die zu einem deutlichen Anstieg der Faktoren geführt hat.

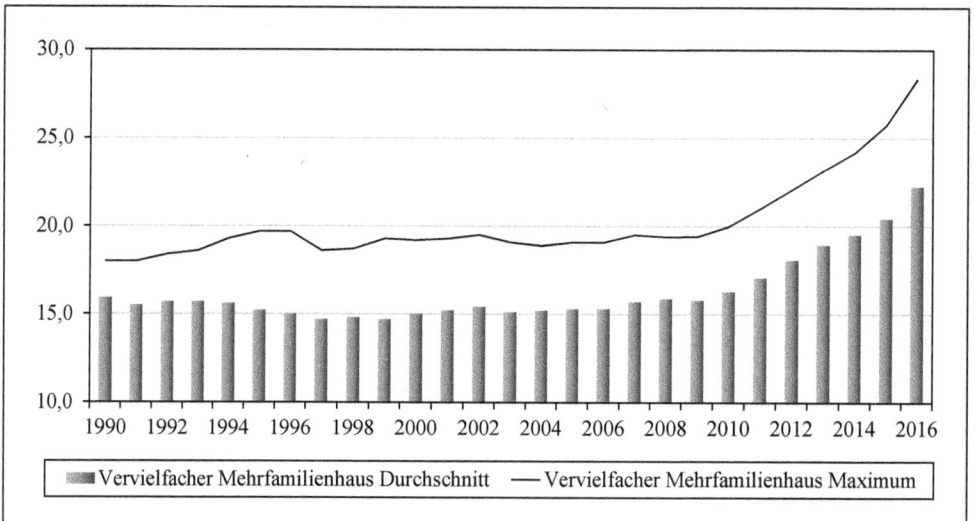

Abb. 3.26:   Vervielfacher / Faktor für Mehrfamilienhäuser in sieben A-Städten; Quelle: RIWIS-Datenbank der
             bulwiengesa AG, abgerufen am 21.02.2017, eigene Darstellung.

Der Faktor wies nach Abbildung 3.26 für die Mehrfamilienhäuser in den großen sieben Städten bis gegen Ende des vergangenen Jahrzehnts eine relativ gleichmäßige Entwicklung auf, so war es auch durch den Immobilienboom im vergangenen Jahrzehnt zu keinen nennenswerten Ausschlägen gekommen. Erst in den letzten Jahren stieg der Faktor aufgrund des gewachsenen Investoreninteresses sehr stark an. Der Faktor wird heute eher von der Entwicklung der Finanzmärkte als von der der Vermietungsmärkte bestimmt.

Internetquellen
bulwiengesa AG RIWIS-Datenbank, Daten zum Investmentmarkt Deutschland.
Cushman & Wakefield, Global Investment Atlas, verfügbar unter:
http://www.cushmanwakefield.de/de-de/research-and-insight/global-reports, verschiedene Jahrgänge 2001–2016, abgerufen am 06.06.2017.
Deutsche Bundesbank, Preise für Wohn- und Gewerbeimmobilien, verfügbar unter:
http://www.bundesbank.de/Navigation/DE/Statistiken/Zeitreihen_Datenbanken/Makrooek onomische_Zeitreihen/its_list_node.html?listId=www_s101_fsi_immobilien, abgerufen am 06.06.2017.

3.3 Büroimmobilienmarkt

Zentrales Merkmal einer Bürofläche ist die Möglichkeit, dort typische Schreibtischtätigkeiten durchzuführen. Die Flächen werden auf dem Büroflächenmarkt (Vermietungsmarkt) gehandelt. Büroimmobilien stellen die Flächen in Form abgeschlossener Räume dar, in denen spezielle Einrichtungen und geeignete Arbeitsmittel vorhanden sind, um allgemeine Verwaltungstätigkeiten oder die Tätigkeiten des Dienstleistungssektors erledigen zu können.

Wenig umfangreich fällt die Datenbasis für den gesamten Bürosektor aus. Statistische Daten werden amtlicherseits bis auf die Bautätigkeit von Büro- und Verwaltungsflächen nicht erfasst. Es gibt keine offiziellen Erhebungen zu Flächenbestand und -struktur, stattdessen geben Marktberichte z. B. großer Maklerunternehmen Aufschluss über die Marktentwicklungen. Da diese sich vorwiegend auf wenige Büromarktzentren konzentrieren, wird zum einen nur rund ein Viertel des gesamten deutschen Büromarktes erfasst und zum anderen gibt es keine flächendeckenden Informationen. Darüber hinaus sind die Daten der verschiedenen Marktbeobachter häufig nur schwer miteinander zu vergleichen. Auch für die einzelnen Berichte werden keine totalen Erhebungen durchgeführt, sondern die Ergebnisse eher durch Befragungen ermittelt. Bei der bulwiengesa AG werden hierzu beispielsweise zahlreiche Marktteilnehmer befragt und die verschiedensten Quellen ausgewertet. Da nicht alle Werte erhoben werden können, sind die veröffentlichten Werte häufig nur Schätzwerte, wenn auch „nach bestem Wissen und Gewissen".

Angaben in Marktberichten mit Bezug auf die Bürofläche, z. B. Büroflächenumsatz und Spitzenmiete, beziehen sich auf die Flächendefinition gemäß der „Richtlinie zur Berechnung der Mietfläche für gewerblichen Raum (MF-G)" der gif. Nicht immer liegen die erfassten Daten so vor, dass erkennbar ist, auf welcher Flächendefinition diese basieren.

Unabhängig von ihrer spezifischen Ausprägung werden die Immobilienmärkte nachfrageseitig vor allem von gesamtwirtschaftlichen und sozio-demografischen Faktoren und angebotsseitig vom Bausektor, der sich auf den Immobilienbestand auswirkt, bestimmt. Die auf den Märkten zustande gekommenen Preise und Mieten beeinflussen ihrerseits wiederum Angebot und Nachfrage. In diesem Kapitel wird zum einen noch auf die spezifischen Einflussfaktoren eingegangen und zum anderen die Entwicklung der Marktergebnisse, insbesondere die des Vermietungsmarktes, dargestellt.

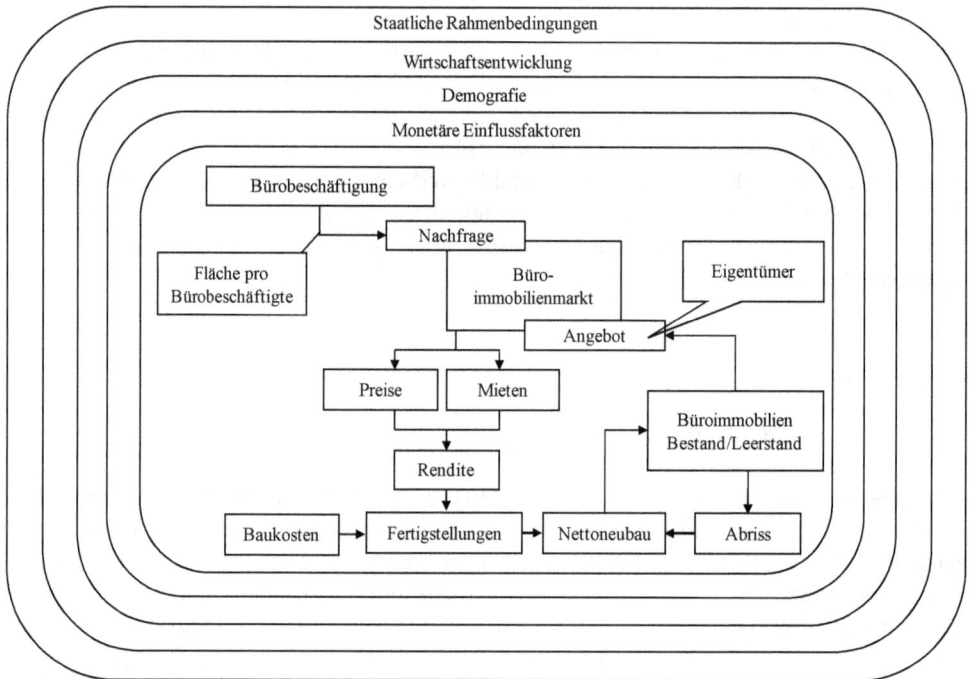

Abb. 3.27:   Büroimmobilienmarkt; Quelle: eigene Darstellung.

3.3.1   Angebot – Einflussfaktoren und Entwicklungen

Den *einen* Büroimmobilienmarkt in Deutschland gibt es nicht, vielmehr existieren mehrere Zentren („hot spots"), in denen sich die Marktaktivitäten konzentrieren. Hierzu gehören die sieben A-Städte Hamburg, Berlin, Düsseldorf, Köln, Frankfurt am Main, Stuttgart und München. In den verschiedenen Marktberichten sind die Büromarktgebiete teilweise unterschiedlich abgegrenzt, sodass sich hierdurch Unterschiede ergeben können. Jedes dieser Zentren weist unterschiedliche Rahmenbedingungen für die einzelnen Akteure auf, die das Marktergebnis und die -entwicklungen wesentlich beeinflussen können.

Büroflächenbestand

Der Büroflächenbestand setzt sich zusammen aus dem vorhandenen Bestand an Büroflächen und neuen Projekten, unabhängig davon, ob diese benutzt werden oder leer stehen. Nach den

Erhebungen der bulwiengesa AG gab es im Jahr 2006 einen geschätzten Flächenbestand von rund 175 Mio. m² Bürofläche (MF-G) in den damals erfassten 125 Städten, in Deutschland insgesamt 320,2 Mio. m². Für das Jahr 2015 wird in den nun betrachteten 127 Städten ein Bestand von knapp 183 Mio. m² angenommen. Der Wert der Büroimmobilien in Deutschland im Jahr 2011 wird von der Studie Wirtschaftsfaktor Immobilien 2013 (hier S. 44) auf 509 Mrd. Euro geschätzt, wovon etwa 386 Mrd. Euro auf die 127 größten Städte entfallen. In Abbildung 3.28 wird der Flächenbestand nach dem MF-G-Standard für die sieben A-Standorte dargestellt. Hiernach ist der Bestand kontinuierlich angestiegen.

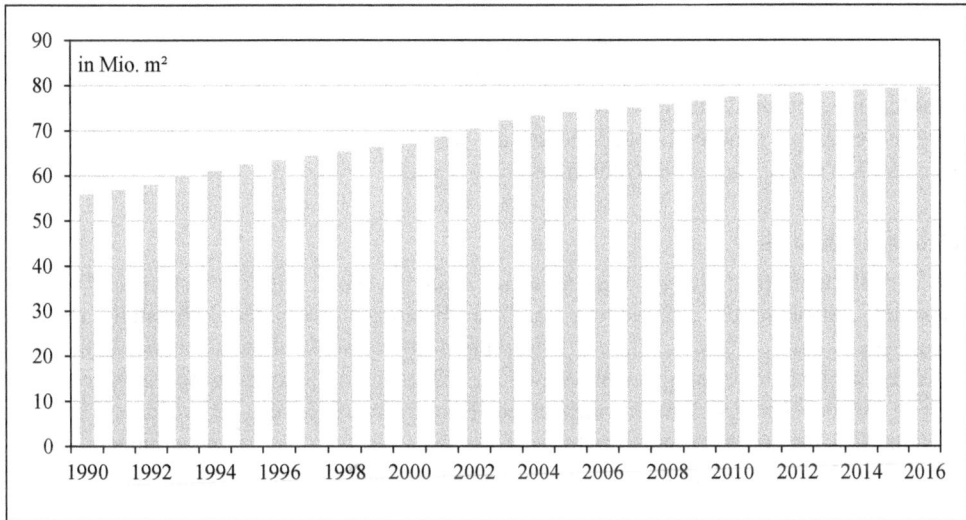

Abb. 3.28:   Büroflächenbestand (MF-G) (in Mio. m²) in den A-Städten, Quelle: RIWIS-Datenbank der bulwiengesa AG, abgerufen am 21.02.2017, eigene Darstellung.

In den sieben A-Städten ist in den vergangenen 20 Jahren der Büroflächenbestand um gut 20 Mio. m² auf knapp 80 Mio. m² 2016 angestiegen. Ein überproportionaler Zuwachs war dabei nach der Wiedervereinigung und aufgrund der Euphorie der „Dot-Com-Blase" nach der Jahrtausendwende zu verzeichnen. Die Zuwachsraten sind tendenziell rückläufig und lagen in der 1990er-Jahren bei knapp 2 % und in den letzten fünf Jahren durchschnittlich unter 1 %. Während der Zuwachs in den A-Städten durchschnittlich gut 1 Mio. m² jährlich betrug, war es in den restlichen von der bulwiengesa AG betrachteten 118 Städten ein mittlerer Anstieg von ca. 1,3 Mio. m² p. a. Die Entwicklung dort verlief ähnlich wie in den A-Städten, wies aber eine geringere Dynamik auf.

In der **Differenzierung nach der Ausstattungsqualität** besteht eine weitere Analysemöglichkeit. Danach kann zwischen erstklassigen A-Flächen sowie durchschnittlichen B-Flächen und eher veralteten C-Flächen unterschieden werden. Die A-Flächen sind hervorragend ausgestattet, befinden sich auf dem neuesten technischen Standard und weisen eine flexible Raumaufteilung auf. Demgegenüber ist der Ausstattungsstandard bei C-Flächen vergleichsweise schlecht, sodass diese auch kaum vermarktbar sind. Auch diese Informationen sind nur selten öffentlich verfügbar (vgl. Jones Lang LaSalle, 2011, S. 11).

Nach **Größenklassen** lässt sich für die sieben Bürozentren festhalten, dass Objekte mit einer Größe zwischen 5.000 und 20.000 m² die größte Gruppe ausmachen. Die nächste Gruppe sind die noch größeren Gebäude mit Flächen von über 20.000 m². Jeweils rund 20 % entfallen auf die Objekte mit Flächen unter 2.000 m² sowie zwischen 2.000 und 5.000 m². Dabei gibt es jedoch zwischen den Städten teilweise deutliche Unterschiede. In Frankfurt ist der Anteil der Objekte mit großen Büroflächen am höchsten. Insgesamt steigt mit zunehmender Bedeutung der Städte als Bürostandort der Anteil an großen Bürokomplexen.

Das **Gebäudealter des Bestandes** ist z. B. relevant für notwendige Ersatzinvestitionen. Da der Lebenszyklus der Bürogebäude sich tendenziell verkürzt, sind Ersatzinvestitionen in immer kürzeren Intervallen notwendig. Nur aufgrund von Primärerhebungen sind diese Daten verfügbar. Im Durchschnitt aller A-Städte ist rund ein Drittel des Bestandes nach 1990 entstanden. Es ergeben sich aber auch erhebliche Unterschiede zwischen den Bürozentren. In Frankfurt ist der Anteil der neueren Gebäude am höchsten, in Berlin am niedrigsten. Insgesamt ist der Anteil neuerer Gebäude höher als bei Wohnimmobilien, was sich auch auf die geringere Nutzungsdauer zurückführen lässt.

Büroflächenbestand

Die Büroflächenfertigstellungen bestimmen im Zusammenspiel mit der Flächennachfrage die Höhe der Leerstände, die sich weiterhin auf die Mieten auswirken. Die Fertigstellungen von Büroflächen sind in den wesentlichen Bürozentren in Deutschland stark von der konjunkturellen Entwicklung abhängig (siehe Abbildung 3.29). Es ist jedoch zu beachten, dass der Anstieg bei den Fertigstellungen nach einem Nachfrageaufschwung zeitverzögert beginnt. Das gilt auch für den Fall eines Nachfragerückgangs, bei dem die Fertigstellungen erst mit einem Time-Lag von ungefähr zwei Jahren reagieren. Dadurch kommt es zu einem Anstieg der Leerstände.

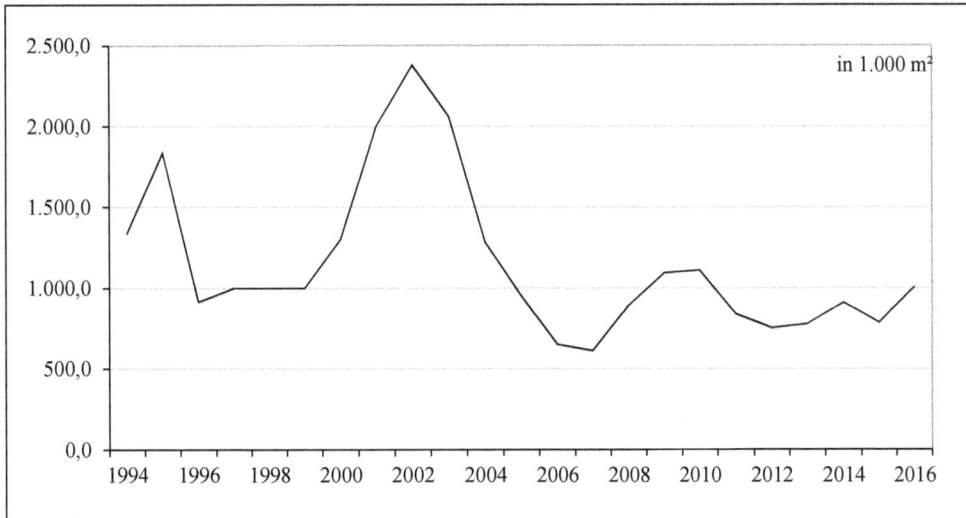

Abb. 3.29:   Fertigstellung von Büroflächen (in Mio. m²) in sieben A-Städten; Quelle: Jones Lang LaSalle, Büro-
marktberichte, verfügbar unter: http://www.jll.de/germany/de-de/research/buro, verschiedene Jahrgänge, eigene Darstellung.

Die Boomjahre bei den Fertigstellungen sind also die Jahre nach der Wiedervereinigung Anfang der 1990er-Jahre sowie während des „Dot-Com-Booms" und während der Wachstumsphase nach der Finanz- und Wirtschaftskrise. Im Zuge der Dot-Com-Euphorie wurden in erheblichem Umfang Büroflächenkapazitäten aufgebaut, die Anfang der 2000er Dekade in den meisten deutschen Metropolen zu hohen Leerständen führten. Diese Leerstände waren so hoch, dass sie nicht mehr in einem Zyklus abgebaut werden konnten. In früheren Zyklen folgte immer eine Knappheit auf ein vorheriges zyklisches Überangebot und die Marktsegmente entwickelten sich soweit parallel, dass auch schwächere Flächen in Hochphasen erneut vermietet werden konnten. Nach der Jahrtausendwende hingegen kam es zu einem anhaltenden Sockelleerstand, wobei die Flächen über längere Zeit nicht vermietet werden konnten.

Die Fertigstellungen sind tendenziell rückläufig und haben in den letzten Jahren nicht nur absolut abgenommen, sondern auch relativ. Noch zu Beginn des Jahrtausends wurde ca. 3 % des Bestandes in den Bürohochburgen neu fertiggestellt, was insbesondere eine Folge des „Dot-Com-Booms" und der damit verbundenen zusätzlichen Nachfrage nach Bürofläche war. In den letzten Jahren betrug die Fertigstellungsquote (als Anteil der Fertigstellungen am Bestand) nur zwischen 1 und 1,5 %. Die Projektentwicklungen sind in den letzten Jahren deutlich rückläufig. Dies ist darauf zurückzuführen, dass aufgrund der hohen Leerstände die Notwendigkeit und die Bereitschaft für diese Investitionen nicht vorhanden war.

3.3.2   Nachfrage – Einflussfaktoren und Entwicklungen

Bürobeschäftigte

Die Nachfrage nach Büroflächen profitierte in den letzten Jahren in Deutschland von der insgesamt positiven Wirtschaftsentwicklung, zusammen mit dem Strukturwandel zugunsten der Bürotätigkeiten. Als wesentlicher Bestimmungsfaktor für die Nachfrage nach Flächen auf dem Büroimmobilienmarkt gilt die Zahl der Bürobeschäftigten. Die Nachfrager von Büroflächen sind Unternehmen, die diese Flächen für Beschäftigte benötigen.

Von der amtlichen Statistik in Deutschland gibt es keine Daten über die Zahl und die Entwicklung der Bürobeschäftigung. Von muss die Bürobeschäftigtenzahl geschätzt werden. Mithilfe einer Prognose der Zahl der Erwerbstätigen und des Anteils von Bürobeschäftigten daran (Bürobeschäftigtenquote) lässt sich dann die voraussichtliche Zahl der Bürobeschäftigten ermitteln. Ergänzt werden diese um bürobeschäftigte Beamte, Selbstständige und mithelfende Familienangehörige mit jeweils spezifischen Quoten. Der Großteil der Bürobeschäftigten mit derzeit rund 15 Mio. (2015) ist sozialversicherungspflichtig, während es rund 1,5 Mio. Selbstständige sowie ungefähr 0,5 Mio. geringfügige Beschäftigte und rund 700.000 Beamte gibt. Zusammen mit dem durchschnittlichen Bedarf an Fläche je Büroarbeitsplatz kann dementsprechend der voraussichtliche Gesamtbedarf an Bürofläche bestimmt werden.

Für das Jahr 2015 schätzt die bulwiengesa AG die Zahl der Bürobeschäftigten auf 14,2 Mio. Menschen, was einen Anteil von rund einem Drittel an der Gesamtbeschäftigung bedeutet. Regional ist diese Bürobeschäftigtenquote sehr unterschiedlich ausgeprägt. Nach dem Gutachten des Rates der Immobilienweisen (2014) haben die sieben A-Städte zusammen einen Anteil von rund 20 % an allen Bürobeschäftigten. Während Frankfurt mit einer Bürobeschäftigtenquote knapp 50 % die Spitzenposition einnimmt, weist Magdeburg als erste ostdeutsche Stadt in diesem Ranking nur eine Quote von knapp 37 % auf. Nach Branchen differenziert sind die meisten Bürobeschäftigten im Produzierenden Gewerbe (1,9 Mio. Beschäftigte) beschäftigt, danach folgen die öffentliche Verwaltung (1,3 Mio.) und der Gesundheits- und Sozialbereich (1 Mio.). Das Kreditgewebe weist mit 95 % eine relativ hohe Bürobeschäftigtenquote auf und hat knapp 900.000 Beschäftigte in Büros.

Wirtschaftsentwicklung

Die Nachfrage nach Büroimmobilien wird durch zahlreiche makroökonomische Faktoren bestimmt. Die **konjunkturelle Entwicklung**, insbesondere des Bruttoinlandsproduktes (BIP) bzw. auch die erwartete wirtschaftliche Entwicklung, sind wesentliche Einflussfaktoren auf die Nachfrage nach Büroflächen. Die Entwicklung des BIP wirkt direkt auf die Nachfrage nach Büroimmobilien, da eine wachsende Wirtschaft c. p. auch einen höheren Bedarf an Beschäftigten und ebenso Bürobeschäftigten zur Folge hat. Nimmt die wirtschaftliche Aktivität (BIP) zu und werden neue Arbeitsplätze geschaffen, zieht mit einer Verzögerung auch die Nachfrage nach Büroimmobilien an. Umgekehrt führt ein Wirtschaftsabschwung zu einem Rückgang der Büroflächennachfrage.

Die wirtschaftliche Entwicklung und die Nachfrage nach Büroimmobilien weisen eine deutlich höhere Korrelation auf, als dies beispielsweise bei den Wohnimmobilien der Fall ist. Dies liegt darin begründet, dass der Büroimmobilienbedarf sich deutlich direkter an den Konjunkturverlauf anpasst. Neben diesen Faktoren hängt die kurzfristige Nachfrage der Marktteilnehmer nach Büroimmobilien auch von deren Erwartungen hinsichtlich der weiteren konjunkturellen Entwicklung der Gesamtwirtschaft ab. Optimistische Erwartungen beeinflussen die Nachfrage positiv, wohingegen pessimistische Erwartungen die Nachfrage dämpfen. Abbildung 3.30 zeigt den Zusammenhang zwischen der wirtschaftlichen Entwicklung und der Nachfrage nach neuen Büroflächen (Nettoabsorption) auf.

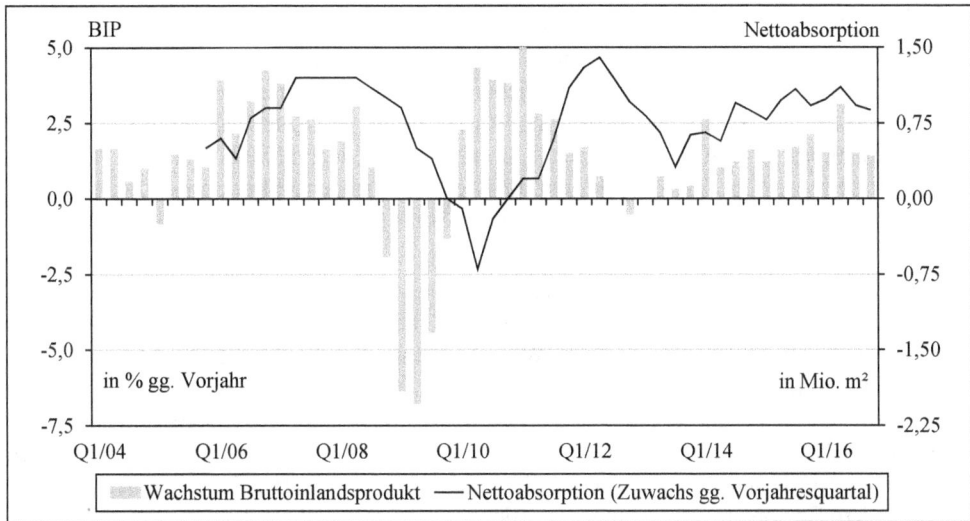

Abb. 3.30:   Wirtschaftsentwicklung in Deutschland und Nettoabsorption in den sechs Top-Standorte (d. h. ohne
              Düsseldorf); Quelle: Statistische Bundesamt, verfügbar unter: https://www.destatis.de/DE/ ZahlenFak-
              ten/Gesamtwirtschaft Umelt/VGR/VolkswirtschaftlicheGesamtrechnungen.html und Jones Lang La-
              Salle, Büromarktberichte verschiedene Jahrgänge, verfügbar unter: http://www.jll.de/germany/de-
              de/research/buro, eigene Darstellung.

Die Nettoabsorption, also der Zuwachs an belegter Bürofläche, reagiert auf die konjunkturelle Entwicklung mit einer Zeitverzögerung. Wie das obige Schaubild zeigt, beträgt der Time-
Lag ungefähr sechs Quartale. So führte die Finanz- und Wirtschaftskrise erst Mitte 2010 zu
einem Rückgang der belegten Fläche.

Die wirtschaftliche Entwicklung und die Nachfrage nach Büroimmobilien weisen eine deutlich höhere Korrelation auf als dies beispielsweise bei den Wohnimmobilien der Fall ist. Dies
liegt darin begründet, dass der Büroimmobilienbedarf sich deutlich direkter an den Konjunkturverlauf anpasst. Neben diesen Faktoren hängt die kurzfristige Nachfrage der Marktteilnehmer nach Büroimmobilien auch von deren Erwartungen hinsichtlich der weiteren konjunkturellen Entwicklung der Gesamtwirtschaft ab. Optimistische Erwartungen beeinflussen
die Nachfrage positiv, wohingegen pessimistische Erwartungen die Nachfrage dämpfen.

In der langfristigen Betrachtung ist der **wirtschaftliche Strukturwandel** zu berücksichtigen,
da sich mit der Veränderung der Wirtschaftsstruktur auch die Art der von den Unternehmen
benötigten Immobilien ändert. Der „Drei-Sektoren-Hypothese" folgend würde dies ein
Wachstum des Dienstleistungssektors (tertiärer Sektor) in der Zukunft bedeuten, wohingegen
Industrie und Landwirtschaft an Gewicht verlieren (siehe auch Kapitel 4.3). Da die Dienst-
leistungsunternehmen wie das Kredit- und Versicherungsgewerbe oder die unternehmensnahen Dienstleistungen wichtige Träger der Nachfrage nach Büroflächen sind, ist von deren
Entwicklung insgesamt ein positiver Effekt für die Büroflächennachfrage zu erwarten. Dies
ist auf den höheren Anteil der Bürobeschäftigten an den Gesamtbeschäftigten im Dienstleistungssektor als etwa in den industriellen Sektoren zurückzuführen.

Sonstige Faktoren

Darüber hinaus sind positive Effekte für die Büronachfrage von einer weiteren Strukturkomponente zu erwarten, die auf einer Verschiebung der Beschäftigungsanteile innerhalb einer Branche beruht. Die **sektorale Bürobeschäftigtenquote**, der Anteil der Bürobeschäftigten an der Gesamtbeschäftigung einer Branche, nimmt für die Mehrzahl der Branchen zu. Weitere gesamtwirtschaftliche Einflussfaktoren auf die Büroflächennachfrage sind zum einen die **Zinsentwicklung** und zum anderen die durch den **Staat** festgelegten Rahmenbedingungen.

Für die Nachfrage nach Büroimmobilien hat weiterhin die **demografische Entwicklung** eines Landes (bzw. einer Region) eine wichtige Rolle (vgl. Vornholz, 2009). Ein rückläufiges Arbeitsangebot an Bürobeschäftigten trifft auf die Nachfrage der Unternehmen nach Bürobeschäftigten, die sehr von der zukünftigen Wirtschaftsentwicklung abhängt. Es ist zu erwarten, dass somit die Anzahl der Bürobeschäftigten zunächst weiterhin ansteigen wird, allerdings mit niedrigeren Raten als in der Vergangenheit. Regional unterschiedliche Entwicklungen überlagern dabei aber den durchschnittlichen Trend. Wachstumszentren wie die wesentlichen Bürostandorte in Deutschland werden auch in der Zukunft weiteren Bedarf an Büroflächen haben, andere Regionen werden hingegen Rückgänge zu verzeichnen haben.

Die **Entwicklung der Bürofläche pro Beschäftigtem** stellt eine weitere Einflussgröße für die Nachfrage nach Büroflächen dar. In dieser Größe spiegeln sich insbesondere Veränderungen im Lebens- und Arbeitsraum „Büro" wider (siehe Kapitel 4). Bei der Prognose der zukünftigen Flächenausstattung je Büroarbeitsplatz ist zu berücksichtigen, dass diese sich durch die Veränderung der Arbeitsabläufe und der Arbeitsorganisation der Bürotätigkeit wandeln wird. Dies wird die Büroimmobilie keineswegs überflüssig machen, der Flächenbedarf und die Anforderungen der Unternehmen an die benötigte Bürofläche werden sich jedoch verändern. Flexible Bürostrukturen als Anlaufstelle für Kunden und Mitarbeiter werden langfristig an Bedeutung gewinnen.

Exkurs: Homeoffice

Beim Homeoffice (Synonym: Teleheimarbeit) verrichten Mitarbeiter zumindest einen Teil der Arbeit außerhalb der Gebäude des Arbeitgebers. Arbeit von zu Hause aus gilt als modern und familienfreundlich. Trotz technischer Neuerungen und flexibleren Arbeitszeiten in Unternehmen gibt es in Deutschland keinen Trend zu mehr Heimarbeit, wie die Daten des Statistischen Bundesamts (Mikrozensus) zeigen. Der Anteil der Arbeitnehmer, die zumindest gelegentlich im „Homeoffice" arbeiten, ist zuletzt sogar auf den niedrigsten Stand seit Mitte der 1990er-Jahre gefallen.

Der Anteil der abhängig Erwerbstätigen, die „manchmal" oder „hauptsächlich" in den eigenen vier Wänden arbeiten, lag 2012 bei nur 7,7 %. 1996, als die Werte erstmals ermittelt worden sind, waren es noch 8,8 %. Den bisherigen Höchststand erreichte das Arbeiten von zu Hause im Jahr 2008. Damals taten dies rund 9,7 % der Arbeitnehmer. Seither verzeichnet die Statistik einen markanten Rückgang der Heimarbeit – trotz des insgesamt boomenden Arbeitsmarktes. So ist die Zahl der Arbeitnehmer, die „hauptsächlich" zu Hause arbeiten, zwischen 2008 und 2012 um 144.000 gefallen. Die Zahl derer, die das zumindest „manchmal" tun, ist sogar um 402.000 gesunken.

Neben dem Neubaubedarf aufgrund höherer Nachfrage besteht ein **Ersatzbedarf**, wenn der bisherige Bestand an Büroimmobilien bzw. -flächen nicht mehr den Anforderungen moderner Nutzungskonzepte genügt. An das Büro der Zukunft werden andere Anforderungen als an die heutigen Büroimmobilien gestellt werden. Hier sei beispielhaft die Entwicklung neuer Bürokonzepte im Rahmen erhöhter Kommunikationsanforderungen oder der Einsatz moderner Informations- und Kommunikationstechnik erwähnt, die flexible Strukturen hinsichtlich Zentralität, Arbeitszeit und Arbeitsort ermöglichen (siehe Kapitel 4.6). Nur wenn Gebäude diesen Anforderungen entsprechen, werden sie auch langfristig am Markt erfolgreich angeboten werden können. Die Nutzungsdauer von Büroimmobilien ist durch die sich wandelnden Anforderungen der Nutzer in den letzten Jahrzehnten schon deutlich gesunken. Deshalb sind zudem regelmäßig Modernisierungsmaßnahmen erforderlich, um die Wettbewerbsfähigkeit der Objekte auf den Vermietungsmärkten zu erhalten.

3.3.3   Marktergebnis und -entwicklungen

Ein Merkmal dieses Marktes ist die extreme Ausprägung der Zyklen bei den einzelnen Indikatoren des Marktergebnisses. Alle zyklusverursachenden und -verstärkenden Faktoren wirken in besonderem Maße auf die Marktsituation bei Büroimmobilien. Durch lange Planungs- und Realisierungszeiten ist das Angebot im Verhältnis zur Nachfrage träger als die Nachfrage in Reaktion auf veränderte Rahmenbedingungen, sodass die Zyklen ausgeprägter sind. Bei den Angaben zu den Marktergebnissen (Umsatz, Nettoabsorption, Spitzen- und Durchschnittsmieten) ist es in der Praxis nicht möglich, bei sämtlichen Angaben in Erfahrung zu bringen, nach welchen Definitionen (BGF oder MF-G) diese genau ermittelt wurden. Nach Jones Lang LaSalle handelt es sich daher um „i. d. R. von Markt zu Markt abweichende Mischgrößen" (Jones Lang LaSalle, 2011, S. 11).

Umsatz

Der **Vermietungsumsatz oder Flächenumsatz** wird häufig als Jahressumme definiert, er beschreibt hauptsächlich durch Vermietung umgesetzte Büroflächen, beinhaltet jedoch auch für Eigennutzer erfolgte Projektneubauentwicklungen. Falls eigengenutzte Flächen frei werden, vergrößern diese das Potenzial für Vermietungen und werden daher beim Flächenumsatz berücksichtigt. Bei den Flächenumsätzen werden auch Untervermietungen innerhalb von Hauptmietverträgen erfasst. Nach verschiedenen Marktanalysen werden rund 60 % aller Vermietungen (Deals) und gut 15 % der gesamten Vermietungsflächen in den Top-Bürostandorten bei einem Vermietungsumsatz von unter 500 m² abgeschlossen. Der Büroflächenumsatz wird aber üblicherweise erst für Abschlüsse über 500 m² ermittelt, sodass eine systematische Unterschätzung der Marktaktivitäten erfolgt.

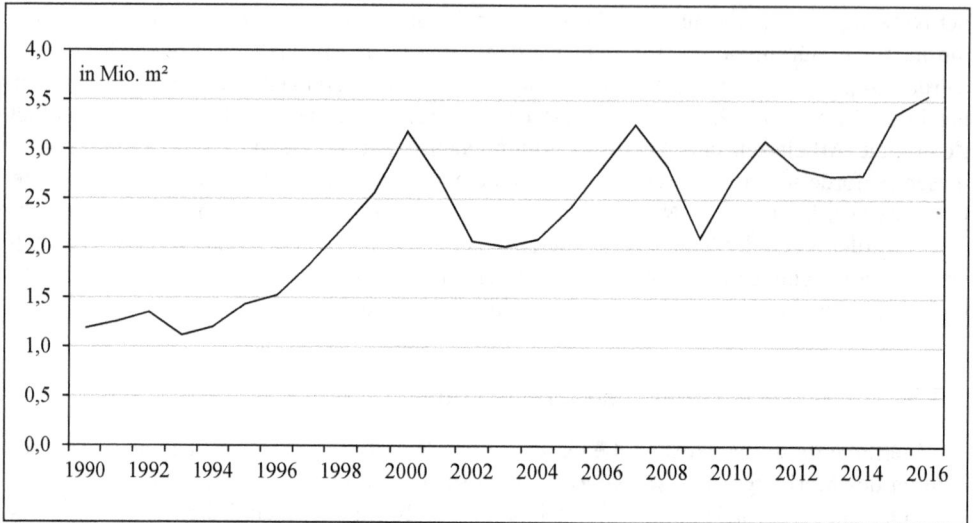

Abb. 3.31:   Büroflächenumsatz (in Mio. m²) in den sieben A-Städten; Quelle: RIWIS-Datenbank der bulwiengesa AG, abgerufen am 21.02.2017, eigene Darstellung.

Der Flächenumsatz auf dem Büromarkt bewegt sich sehr zyklisch, aber in den letzten zehn
Jahren auf einem höheren Niveau als während des vorherigen Jahrzehnts (siehe Abbildung 3.31). Boomphasen bestanden während des „Dot-Com-Booms" und des Immobilienbooms Mitte des letzten Jahrzehnts. Der Umsatz ist einer der am meisten veröffentlichten
Indikatoren.

Nettoabsorption

Der Umsatz ist zwar für Makler wichtig, für den Markt und die folgenden Indikatoren wie
Leerstand oder Miete ist diese Größe aber von geringerer Bedeutung. Bedeutender ist die
Größe „Nettoabsorption".

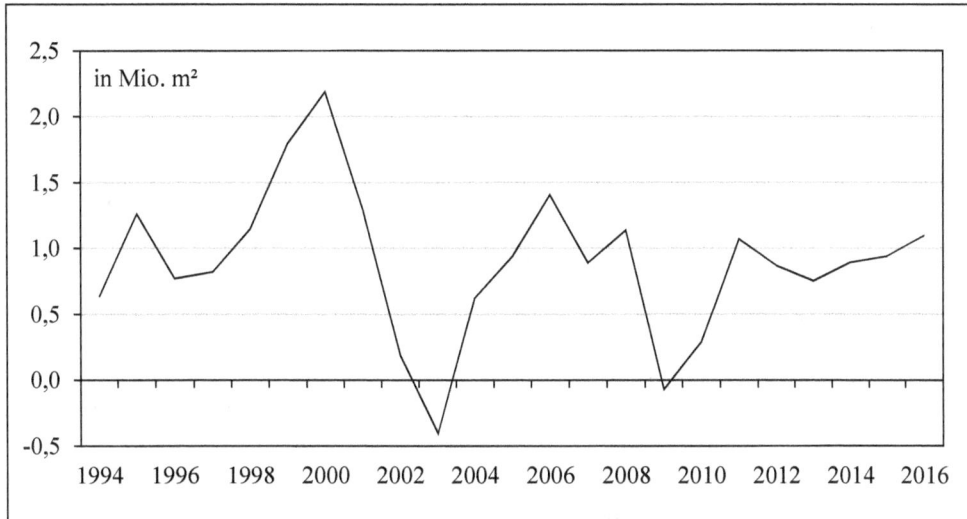

Abb. 3.32:   Nettoabsorption (in Mio. m²) in den sieben Top-Bürostädten; Quelle: gif-Büroflächenerhebung, ver-
             schiedene Jahrgänge, eigene Darstellung.

Die Nettoabsorption ist die Veränderung der belegten Büroflächen innerhalb eines Jahres und
damit die Differenz der aktuell belegten Fläche zu der im Vorjahr belegten Fläche. Die Net-
toabsorption hängt sehr viel stärker von der wirtschaftlichen Entwicklung ab als die Vermie-
tungsumsätze (siehe Abbildung 3.32). Aufgrund des Abschwungs nach dem „Dot-Com-
Boom" kam es sogar zu einem Rückgang der belegten Bürofläche an den Top-
Bürostandorten in Deutschland. Die Finanz- und Wirtschaftskrise hatte hingegen nur eine
Stagnation der Nettoabsorption zur Folge, seit dem Jahr 2013 ist aufgrund der verstärkten
Nachfrage wieder ein Anstieg zu verzeichnen.

Büroflächenleerstand

Eine der wesentlichen Kenngrößen für den Büromarkt ist der Büroflächenleerstand, dessen
Veränderung sich durch das Zusammenwirken von Angebot (Fertigstellungen) und Nachfrage (Nettoabsorption) ergibt. Die **Leerstandsquote** wird als das Verhältnis des Leerstandes
zum Flächenbestand angegeben.

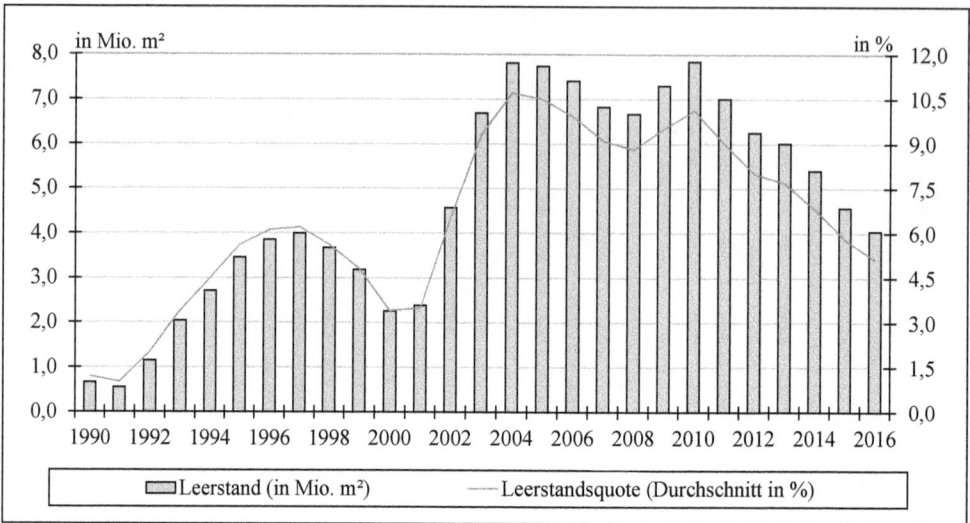

Abb. 3.33:   Leerstand in den sieben A-Städten; Quelle: RIWIS-Datenbank der bulwiengesa AG, abgerufen am
             21.02.2017, eigene Darstellung.

Der Anstieg der Leerstandsquoten nach Abbildung 3.33 vollzog sich in Treppenstufen und ähnelt der Entwicklung der Arbeitslosigkeit in Deutschland („Sockelleerstand"). Die Ursache für die gegenwärtigen Leerstände besteht in der zu geringen Dynamik der Nachfrage im Verhältnis zum Angebot. Wesentlich dafür ist der Zeitraum nach der Jahrtausendwende und steht in engem Zusammenhang mit dem Platzen der „Dot-Com-Blase". Im Zuge der Blasenbildung wurde die Bautätigkeit als Folge deutlicher Nachfrageanstiege massiv ausgeweitet. Die fertiggestellten Gebäude kamen aber auf den Markt, als die Beschäftigung und entsprechend die Nachfrage nach Büroflächen bereits wieder rückläufig war. In der Folge war somit ein viel zu großes Angebot an Büroflächen geschaffen worden. Für den Zeitraum von 2005 bis 2010 fiel der Zuwachs an Bürobeschäftigung in den Top-Standorten höher als der Zuwachs an Flächenbestand aus, sodass der Leerstand leicht zurückging. In den letzten Jahren setzte sich die positive Entwicklung beim Leerstand fort. Ein wesentlicher Beitrag kam auch durch die Umnutzung von Bürofläche u. a. in Wohnfläche oder durch Abriss zustande. Dies führte aber auch z. B. in Frankfurt zu einem verringerten Bestand.

Deutliche Unterschiede gibt es beim Büroflächenleerstand nach Ausstattungsqualität, wie es eine Analyse von Jones Lang LaSalle aus dem Jahr 2013 zeigt. Bei den fünf größten Immobilienhochburgen beträgt der Anteil der Leerstände mit A-Qualität (beste Qualität) gut ein Drittel. Am geringsten ist dieser flächenmäßig in Berlin und am höchsten in München, vom Anteil her am höchsten in Hamburg.

Mieten

Die Entwicklung der Mieten für Büroimmobilien zeigt den stark zyklischen, konjunkturabhängigen Charakter des Büromarktes, was in Abbildung 3.34 dargestellt ist. Der Boom direkt nach der Wiedervereinigung sorgte für einen starken Mietanstieg, dem dann ein Abschwung folgte. Die Spitze bei den Mieten in den Jahren 2000/1 markiert das Ende der wirtschaftlichen Boomphase der New Economy. Auch danach folgte jeweils ein langjähriger Ab- und dann wieder Aufschwung. Dieser endete mit dem Beginn der Finanz- und Wirtschaftskrise, die sich aber auf die Büromieten nicht so stark auswirkte. Das lag daran, dass trotz des deutlichen BIP-Rückgangs die Beschäftigung durch Kurzarbeitsmaßnahmen nicht so stark abgebaut wurde. Dementsprechend ging die Nachfrage nicht so stark zurück und im Zusammenspiel mit geringen Fertigstellungen fielen dann die Mietrückgänge auch nur verhalten aus.

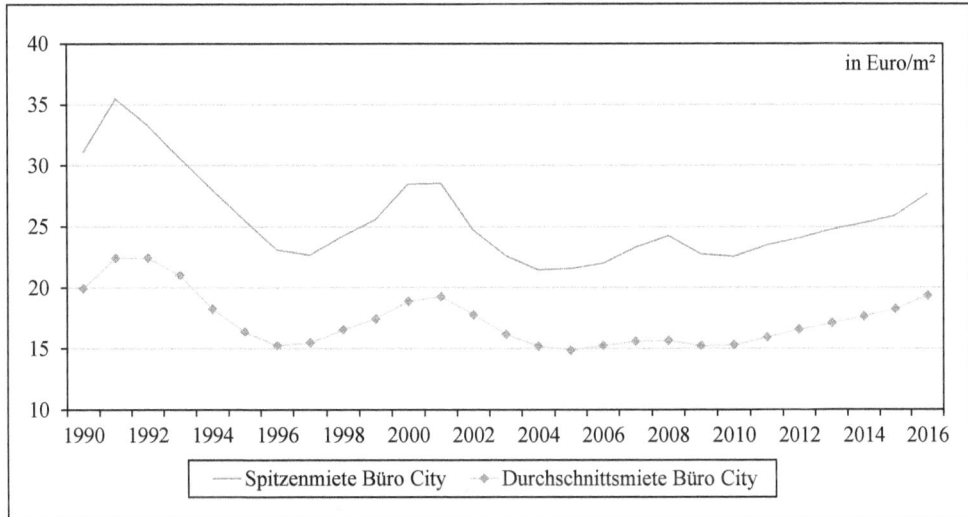

Abb. 3.34:   Büromieten in den sieben A-Städten; Quelle: RIWIS-Datenbank der bulwiengesa AG, abgerufen am 21.02.2017, eigene Darstellung.

Als Einflussfaktoren für die Entwicklung der Mieten werden die Leerstandsquoten und weniger die Umsatzentwicklung angesehen. Höhere Leerstandsquoten implizieren, dass die Vermieter eher bereit sind, eine niedrigere Miete zu akzeptieren und umgekehrt. Bei einer Abnahme des Leerstands wird es c. p. zu einem Anstieg der Mieten kommen. Insbesondere dann, wenn die Leerstände unter einem langfristigen Durchschnitt liegen, wird der Mietanstieg stärker ausfallen. Falls mehr Fläche als Nachfrage verfügbar ist, haben, selbst bei einer hohen Nachfrage, die Mieter mehr Optionen beim Mieten und somit mehr Marktmacht. Auch ist die Entwicklung der Mieten mit der Umsatzentwicklung korreliert, wenn auch nicht so stark. Die Umsätze mit Bürofläche lassen sich auch auf andere Ursachen (z. B. Kosteneinsparung) zurückführen, sodass auf dem Markt kein Mietwachstum festzustellen ist.

Die Entwicklung der Büromärkte der sieben deutschen A-Städte kann als Beispiel für einen Immobilienmarktzyklus herangezogen werden. Aufgrund von Angebot und Nachfrage ergeben sich die typischen Schwankungen bei den Leerständen und den Spitzenmieten. So führte die Wiedervereinigung zu den höchsten Mieten und niedrigsten Leerständen in den vergangenen 25 Jahren. Hierdurch ausgelöste Fertigstellungen von Büroflächen und eine sich abschwächende Nachfrage sorgten für eine umgekehrte Entwicklung. Der nächste Höhepunkt ergibt sich durch den New-Economy-Boom. Mit dem Platzen dieser Blase stiegen die Leerstände rasant an und die Mieten sanken. Der Immobilienboom und die anschließende Finanz- und Wirtschaftskrise fand im Wesentlichen auf den Investmentmärkten statt und hatten daher keine so starke Volatilität auf den Vermietungsmärkten zur Folge. Heute liegen die Mieten über dem Niveau des Jahres 2007, aber noch deutlich unter den Höchstständen der vergangenen Wirtschaftsbooms.

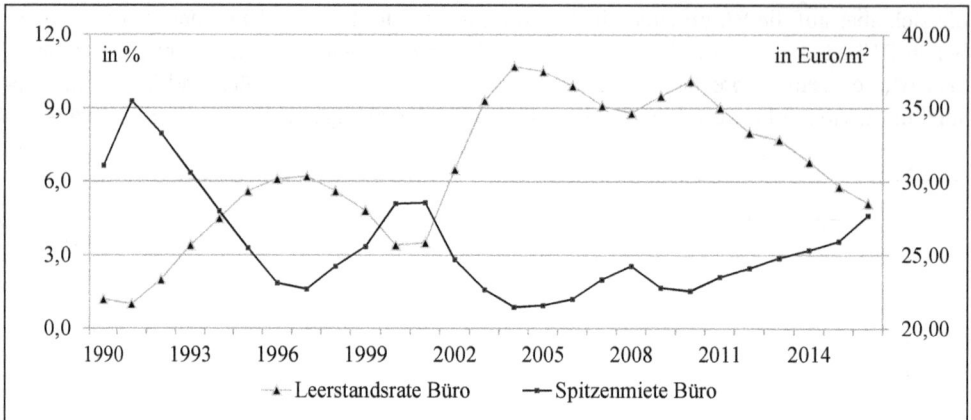

Abb. 3.35:   Immobilienzyklen in den sieben A-Städten; Quelle: RIWIS-Datenbank der bulwiengesa AG, abgerufen
am 21.02.2017, eigene Darstellung.

3.4   Einzelhandelsimmobilienmarkt

Unter Einzelhandelsimmobilien werden Gebäude verstanden, die Verkaufsflächen bereitstellen, um Waren an den Endverbraucher zu verkaufen. Das Spektrum reicht von klassischen
Innenstadtimmobilien der Fachgeschäfte über Fachmärkte bis hin zu multifunktionalen
Shoppingcentern. Der Markt für Einzelhandelsimmobilien wird durch unterschiedliche Einflussfaktoren sowohl auf der Angebots- als auch der Nachfrageseite bestimmt.

Für den Einzelhandelsbereich liefert die von den Statistischen Ämtern durchgeführte Han-
dels- und Gaststättenzählung wichtige Angaben zum Flächenbestand und Umsatzvolumen.
Die letzte Einzelhandelszählung stammt aber aus dem Jahr 1993. Weiterhin gibt es in der
amtlichen Statistik Informationen über die jährliche Bautätigkeit. Darüber hinaus existieren
nicht-amtliche Statistiken wie zum Beispiel die Kaufkraft- und Umsatzkennziffern der Gesellschaft für Konsumforschung (GfK). Weiterhin gibt es lokale oder regionale Erhebungen
über Einzelhandelsmärkte, die üblicherweise privatwirtschaftliche Veröffentlichungen sind.

Unabhängig von ihrer spezifischen Ausprägung werden die Einzelhandelsimmobilienmärkte
nachfrageseitig vor allem von gesamtwirtschaftlichen und sozio-demografischen Faktoren
und angebotsseitig vom Bausektor, der sich auf die Veränderung des Immobilienbestandes
auswirkt, bestimmt. Die auf den Märkten zustande gekommenen Preise (Kaufpreise und
Mieten) beeinflussen ihrerseits wiederum Angebot und Nachfrage. Diese Zusammenhänge
werden in Abbildung 3.36 dargestellt. In diesem Kapitel wird zum einen noch auf die spezifischen Einflussfaktoren eingegangen und zum anderen die Entwicklung des Marktergebnisses, insbesondere des Vermietungsmarktes, dargestellt.

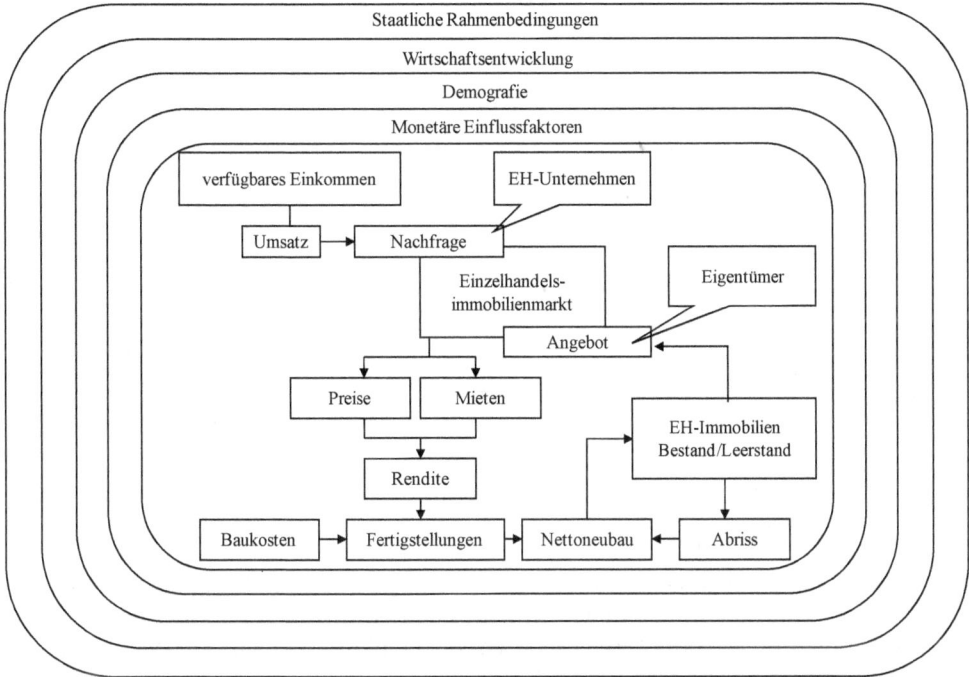

Abb. 3.36:   Einzelhandelsimmobilienmarkt; Quelle: eigene Darstellung.

Einzelhandelsunternehmen treten dabei als Nachfrager von derartigen Immobilien auf, wobei deren Nachfrage stark von den wirtschaftlichen Erfolgsaussichten der jeweiligen Objekte abhängt. Hierfür stellt eine günstige Entwicklung der Konsumnachfrage der Käufer am Standort eine notwendige Bedingung dar.

3.4.1   Angebot – Einflussfaktoren und Entwicklungen

Einzelhandelsflächenbestand

Die letzten amtlichen Daten zum **Angebot an Einzelhandelsimmobilien** kommen von der Handels- und Gaststättenzählung des Statistischen Bundesamtes aus dem Jahre 1993. In der Folgezeit wurden zunächst keine weiteren Daten kontinuierlich erfasst. Erst ab Ende der 1990er-Jahre hat sich die GfK GeoMarketing mit der Flächenentwicklung in Deutschland beschäftigt. Ab 2003 liegen detaillierte Statistiken über die Flächenentwicklung in Deutschland vor. Gleichzeitig gibt es aber auch andere, teilweise widersprüchliche Quellen über die Entwicklung der Verkaufsfläche. Unterschiedliche Daten stammen u. a. vom Einzelhandelsverband HDE, dem EHI Retail Institute oder von einzelnen Maklern.

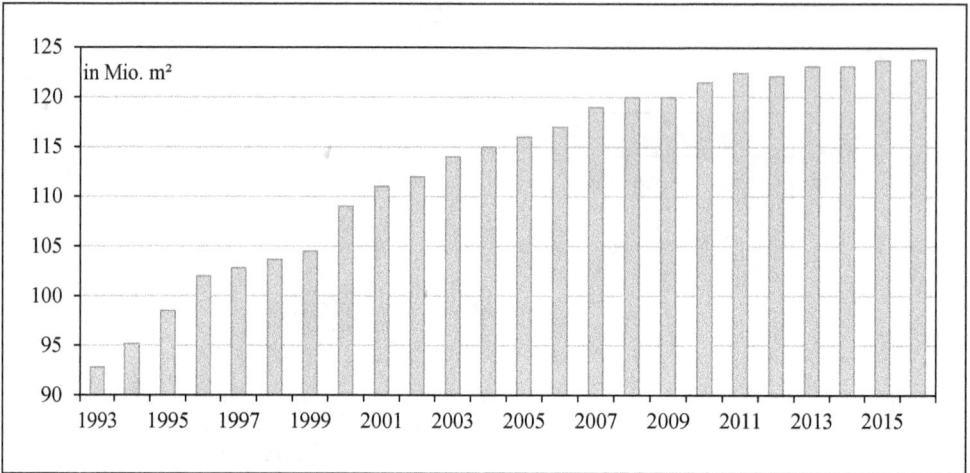

Abb. 3.37:   Einzelhandelsverkaufsflächenentwicklung (in Mio. m²); Quelle: HDE, Zahlenspiegel 2015, S. 28 und
             eigene Prognose, eigene Darstellung.

Die **Verkaufsfläche** ist in Deutschland in den vergangenen Jahren kontinuierlich angestiegen, wobei nur die benutzte / vermietete Fläche (keine Leerstände) berücksichtigt wird. Im
Jahr 1950 waren es in Westdeutschland noch knapp 10 Mio. m², die bis 1980 auf knapp
60 Mio. m² anwuchsen. Im Jahr 1990 gab es in Deutschland insgesamt laut HDE-Angaben
77 Mio. m² Einzelhandelsfläche. Seit der Wiedervereinigung ist ein weiterer kontinuierlicher
Anstieg festzustellen, wie es die Daten des HDE in Abbildung 3.37 zeigen. Dabei kam es in
den ersten Jahren zu Wachstumsraten, die bei über 3 % lagen. In den Jahren danach lag der
Zuwachs zwischen 0,5 % und 1 % gegenüber dem jeweiligen Vorjahr. Erstmals im Jahr 2012
kam es zu einem Rückgang der benutzten Verkaufsfläche, was vor allem auf die Insolvenz
der Drogeriekette Schlecker zurückzuführen war. Im Jahr 2013 war dagegen schon wieder
ein leichter Zuwachs zu verzeichnen, seit dem aber stagniert die Fläche in Deutschland. Der
HDE geht davon aus, dass es in Deutschland einen Bestand von gut 123 Mio. m² Einzelhandelsfläche gibt. Für die gesamte Fläche wird nach der bulwiengesa AG bei einer angenommenen Durchschnittsmiete von 7 Euro und einer Rendite von 7 % ein Gesamtwert von rund
410 Mrd. Euro errechnet. Zwischen West- und Ostdeutschland teilt sich die Verkaufsfläche
ungefähr wie deren Bevölkerungsanteile auf, sodass ca. 83 % der Gesamtfläche auf die alten
Bundesländer entfallen.

Strukturwandel

Der Handel ist von einem ständigen Wandel betroffen, da sich das Einkaufsverhalten stetig
ändert und auch die Handelsformen sich in immer kürzer werdenden Zeitabständen wandeln.
Veränderte Konsumentenwünsche und neue Unternehmensstrategien finden ihren Nieder-
schlag in den sich wandelnden Marktanteilen für die einzelnen Betriebsformen. Bezüglich
der Struktur des Einzelhandels haben sich in den letzten Jahren Verschiebungen ergeben, die
sich voraussichtlich auch in den kommenden Jahren fortsetzen werden.

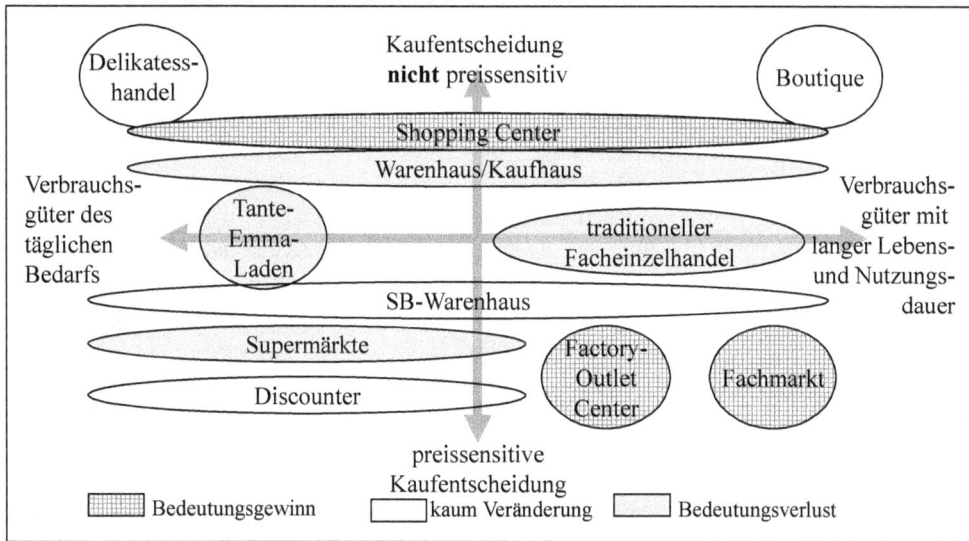

Abb. 3.38: Einzelhandelsimmobilienmarkt; Quelle: eigene Bewertung.

Abbildung 3.38 dokumentiert anschaulich den Wandel der Betriebsformen. Am stärksten zulegen konnten in den vergangenen gut zehn Jahren die Lebensmittel-Discounter, die ihren Anteil um mehr als 3 Prozentpunkte steigern konnten. Zu den Gewinnern gehörten auch die Fachmärkte. Allein der traditionelle Versandhandel hatte Einbußen bei den Umsatzanteilen hinzunehmen. Zu den Verlierern zählen vor allem die traditionellen Fachgeschäfte, die zumeist in den Innenstädten und in den integrierten Stadtteillagen liegen.

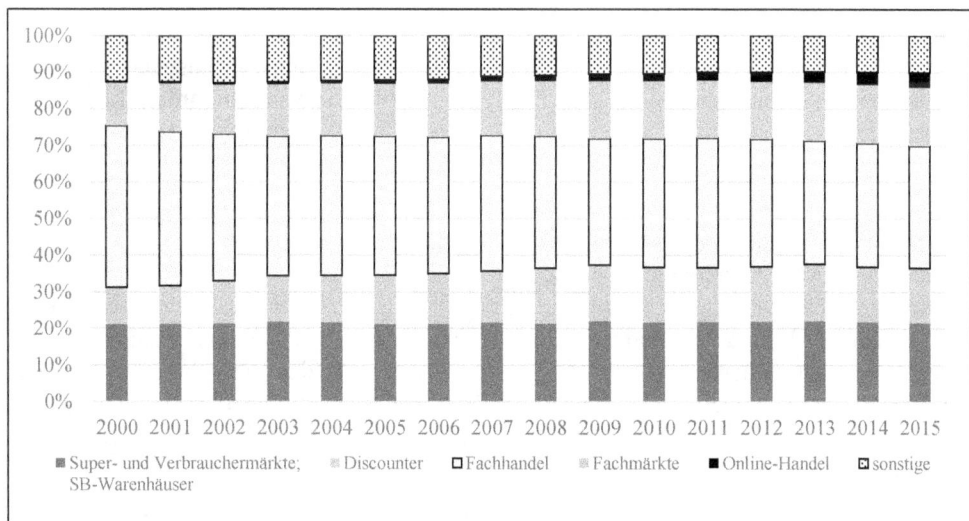

Abb. 3.39: Marktanteile der Betriebsformen; Quelle: Handelsverband Deutschland – HDE, Der deutsche Einzelhandel, Februar 2017, verfügbar unter: http://einzelhandel.de/images/presse/Graphiken/DerEinzelhandelJan2014.pdf, abgerufen am 14.02.2017, eigene Darstellung.

Eine der bedeutendsten Herausforderungen für den stationären Einzelhandel ist das Wachstum des Onlinehandels (elektronischer Handel, **E-Commerce**). Unter Onlinehandel ist dabei ein Vertriebskanal zu verstehen, mit dessen Hilfe Waren über das Internet verkauft werden. Er weist damit zunächst eine deutliche Nähe zum traditionellen Versandhandel auf, weshalb die Umsätze in den Statistiken auch gemeinsam ausgewiesen werden. Die zu beobachtende Zunahme der Umsätze im Versandhandel insgesamt liegt ausschließlich an den deutlich wachsenden Umsätzen des Onlinehandels. Diese betrugen noch zum Jahrtausendwechsel rund 2 Mrd. Euro, sind bis 2005 auf knapp 15 Mrd. angestiegen und werden 2017 gut 49 Mrd. Euro (HDE) erreichen. Der Onlinehandel wächst zwar unbestritten sehr dynamisch, ist aber dennoch weit von der Bedeutung des Vertriebswegs „Ladenlokal" entfernt. Auch in diesem Bereich wächst der Umsatz bislang weiter, wenn auch nur schwach.

Eine Folge der Entwicklung des Onlinehandels für flächengebundene Handelsformate besteht darin, dass der Onlinehandel den ohnehin je nach Branche intensiven Preiswettbewerb weiter verstärkt. Die Konsumenten werden über das Internet mit Marktinformationen über neue Produkte und vor allem auch Produktpreise versorgt. Innerhalb des Einzelhandels verschmelzen die Vertriebswege stetig. Zum einen nutzen immer mehr Unternehmen des klassischen stationären Einzelhandels das Internet als zusätzlichen Vertriebsweg, um so von modernen Multi-Channel-Konzepten profitieren zu können. Zum anderen eröffnen immer mehr ehemals reine Onlinehändler repräsentative Ladenlokale, um z. B. die Präsentation neuer Produkte auch „vor Ort" durchzuführen (siehe Kapitel 4.6).

3.4.2   Nachfrage – Einflussfaktoren und Entwicklungen

Die **Nachfrage** nach Einzelhandelsimmobilien kommt von den Einzelhandelsunternehmen. Von grundsätzlicher Bedeutung für die Entwicklung des Einzelhandels und damit für die davon abhängige Nachfrage des Einzelhandels nach Verkaufsflächen ist die Umsatzentwicklung. Der Einzelhandelsumsatz hängt selbst wieder entscheidend von der Entwicklung der Wirtschaft, der verfügbaren Einkommen und den daraus bestrittenen Konsumausgaben der privaten Haushalte ab. Mit gut 80 Mio. Einwohnern ist Deutschland der größte Konsumgütermarkt in Europa.

Wirtschaftswachstum

Die Nachfrage im Einzelhandel (siehe Abbildung 3.40) wird wesentlich von der **wirtschaftlichen Entwicklung** beeinflusst. Von besonderer Relevanz ist hierbei die Entwicklung der Konsumausgaben der privaten Haushalte. Im Vergleich zum BIP wachsen die privaten Konsumausgaben in Deutschland nur unterdurchschnittlich, sodass deren Anteil am BIP in den vergangenen Jahren abgenommen hat. Lag der Anteil zu Beginn des Jahrzehnts noch bei rund 59 %, ist er im Jahr 2015 bis auf rund 55 % gesunken. Wesentliche Ursache für die schwache Konsumentwicklung ist der relativ geringe Anstieg der Einkommen der privaten Haushalte.

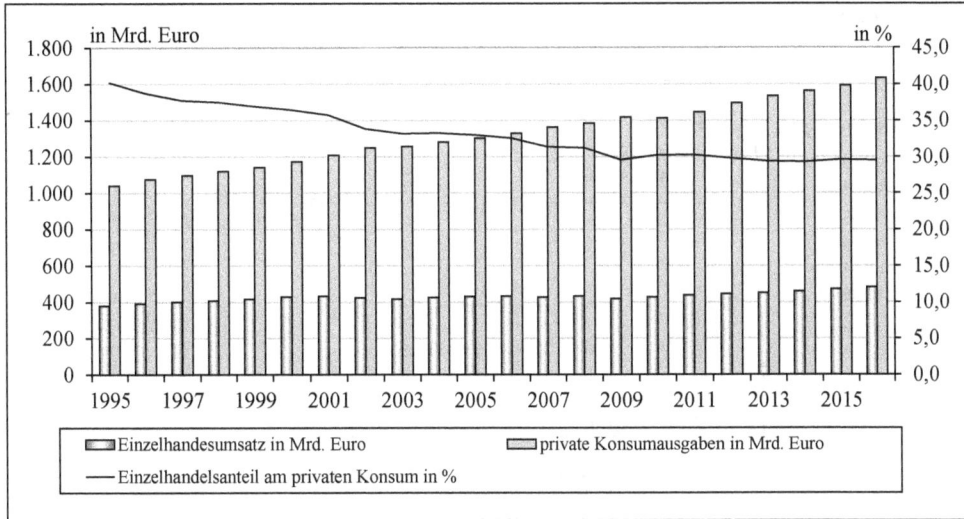

Abb. 3.40:   Entwicklung des Einzelhandels und des privaten Konsums; Quelle: HDE, Zahlenspiegel 2016, eigene
             Darstellung.

Weiterhin ist zu beobachten, dass der **Anteil des Einzelhandels an den gesamten Konsumausgaben** der privaten Haushalte von 40 % im Jahr 1995 auf nur noch knapp 30 % im Jahr
2016 gesunken ist. Gründe für diese Entkopplung der Einzelhandelsumsätze von den privaten Konsumausgaben liegen zum einen in einer spürbaren Reduktion der für Konsumzwecke
frei verfügbaren Einkommenssumme und zum anderen in einer gestiegenen Präferenz für
z. B. freizeitorientierte Dienstleistungen, die traditionell nicht über den Einzelhandel bezogen
werden. Auch die Aufwendungen für Wohnen sind weitaus stärker gestiegen. Zusätzlich
werden vermehrt Güter über alternative Vertriebswege wie beispielsweise E-Commerce im
Internet verkauft, die keine Verkaufsfläche benötigen. Nach der GfK Einzelhandelskaufkraft
wurden 2015 in Deutschland rund 5.500 Euro pro Kopf im Einzelhandel ausgegeben. Dabei
reichen die regionalen Unterschiede von knapp 7.300 Euro im Hochtaunuskreis bis zum
4.600 Euro im Landkreis Görlitz.

Demografie

Die **demografischen Veränderungen** wirken sich langfristig auf die Nachfrage im Einzelhandel aus. Hier ist zwischen den Effekten einer sinkenden absoluten Bevölkerungszahl, der
sich verändernden Altersstruktur und der regionalen Verteilung der Effekte zu differenzieren.
Die Bevölkerungszahl wird in Deutschland bis 2060 deutlich zurückgehen. Eine sinkende
Bevölkerungszahl hat c. p. aufgrund der geringeren Nachfrage einen negativen Effekt für den
Einzelhandel. Die veränderte Bevölkerungsstruktur mit einer zunehmend älteren Bevölke-
rung wirkt sich auf unterschiedliche Weise auf den einzelhandelsrelevanten Konsum aus.
Negative Effekte sind zum einen aufgrund des niedrigeren Einkommensniveaus der älteren
Bevölkerungsgruppe zu erwarten. Zum anderen sind Effekte durch strukturelle Verschiebun-
gen beim Konsum zu erwarten – allerdings nur geringe. Die sich verändernde Altersstruktur
der Bevölkerung in Deutschland erfordert zudem altengerechte Handelsformate mit auf diese
Zielgruppe zugeschnittenem Sortiment. Diese Effekte werden regional sehr unterschiedlich
ausfallen.

Einflussfaktoren

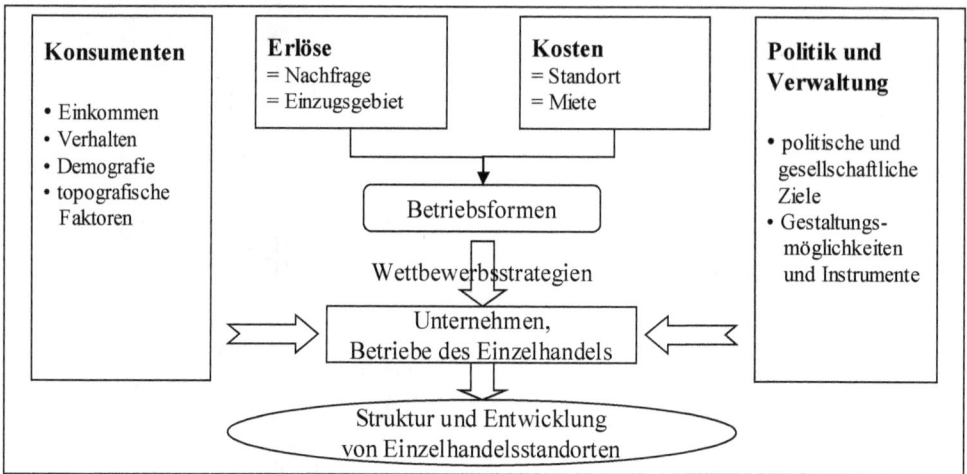

Konsumenten	Erlöse	Kosten	Politik und Verwaltung
• Einkommen • Verhalten • Demografie • topografische Faktoren	= Nachfrage = Einzugsgebiet	= Standort = Miete	• politische und gesellschaftliche Ziele • Gestaltungs- möglichkeiten und Instrumente

Betriebsformen

Wettbewerbsstrategien

Unternehmen, Betriebe des Einzelhandels

Struktur und Entwicklung von Einzelhandelsstandorten

Abb. 3.41:   Einflussfaktoren auf Einzelhandelsstandorte; Quelle: eigene Darstellung.

Die Struktur ebenso wie die Entwicklung von Einzelhandelsstandorten ist das Ergebnis eines Zusammenwirkens der Entscheidungen von Konsumenten, Einzelhandelsunternehmen sowie von Politik und Verwaltung (siehe Abbildung 3.41). Die **Konsumenten** bestimmen die Struktur und Entwicklung von Einzelhandelsstandorten mittels ihres Kaufverhaltens und ihrer Nachfrage. Die Ansprüche der Konsumenten an den Einzelhandel sind in den letzten Jahren deutlich gewachsen und gleichzeitig vielfältiger geworden, auch wenn der Umsatz (= Nachfrage) nur im begrenzten Umfang gestiegen ist.

Entscheidungen und Vorgaben von **Politik und Verwaltung** bestimmen darüber hinaus den Handlungsrahmen der Unternehmen. Hierzu zählen Vorgaben stadtplanerischer Art (z. B. Ansiedlungsverbote für bestimmte Betriebsformen und Sortimente an einzelnen Standorten) wie auch der generelle gesetzliche Rahmen. Einen Beitrag zur Flächenexpansion haben die Kommunen und die Verwaltung geleistet, indem sie zur Verbesserung der Attraktivität ihres Einzelhandelsstandortes und um Kaufkraft in ihrem Gebiet zu halten neue Betriebe ansiedelten. Die grundsätzlichen Rahmenbedingungen der Standortgegebenheiten (Flächenverfügbarkeit, Standorterschließung oder teilweise Preise für Grundstücke) werden ebenso von den Kommunen beeinflusst.

Die **Unternehmen** im Einzelhandel reagieren auf diese beiden Einflussgrößen durch die Wahl der für den Standort optimalen Betriebsform und die Auswahl einer geeigneten Wettbewerbsstrategie. Die Einzelhandelsunternehmen haben mit einer entsprechenden Ausdifferenzierung des Angebotes und Flächenexpansion reagiert und auch die Betriebsformen haben entsprechend ihre Marktanteile verändert. Die Unternehmen wollen einerseits über Umsatzsteigerungen ihre Marktstellung verbessern, was aber häufig nur über Flächenwachstum erreicht werden kann. Als Beispiele hierfür sei das Wachstum der Discounter und Drogerieketten genannt. Zum Flächenwachstum trägt andererseits die weitere Expansion erfolgreicher Unternehmen bei. Gleichzeitig gibt es natürlich das Beharrungsvermögen der bestehenden Einzelhandelsunternehmen, die trotz wirtschaftlicher Schwierigkeiten nicht sofort ihre Geschäfte aufgeben. Letztlich haben die Unternehmen die Sortimente in ihren Handelsgeschäften durch neue Konzepte ausgeweitet, sodass die durchschnittliche Fläche je Ladeneinheit seit der Vereinigung um rund 30 % auf nunmehr rund 300 m² angestiegen ist.

Vor dem Hintergrund dieser Wirkungszusammenhänge ist es in den vergangenen Dekaden zu einem erheblichen Strukturwandel im Einzelhandel gekommen. Das Angebot an Einzelhandelsimmobilien wird auch weiterhin den sich verändernden Rahmenbedingungen Rechnung tragen müssen.

3.4.3   Marktergebnis und -entwicklungen

Umsatz- und Flächenentwicklung

Der erzielbare **Umsatz im stationären Einzelhandel** hängt ab von der Einwohnerzahl am Standort, dem verfügbaren Einkommen der privaten Haushalte sowie den Konsumquoten und Konsumpräferenzen der Verbraucher. Zusätzliche Nachfrage für den Einzelhandel vor Ort entsteht durch Berufspendler und Touristen. Die konjunkturelle Entwicklung sowie die Verschiebung der Ausgaben für unterschiedliche Waren haben sich auf den Einzelhandelsumsatz in Deutschland ausgewirkt.

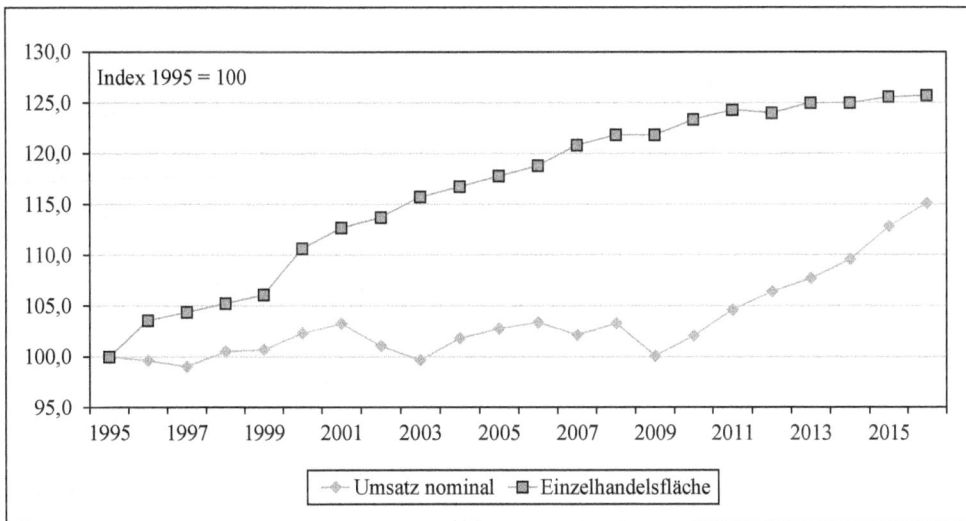

Abb. 3.42: Einzelhandelsflächen- und -umsatzentwicklung; Quelle: HDE-Zahlenspiegel 2016, S. 28, eigene Darstellung.

Das bereits seit Bestehen der Bundesrepublik Deutschland zu beobachtende **Flächenwachstum** hat sich auch im vergangenen Jahrzehnt weiter leicht fortgesetzt (siehe Abbildung 3.42). Im Zeitraum bis 1996 ist ein deutlicher Anstieg der Verkaufsflächen zu beobachten, der in den Folgejahren zwar schwächer wird und sich stabilisiert hat. Während seit der Vereinigung die Flächenexpansion deutlich stärker als der Umsatzanstieg war, stiegen seit Anfang dieses Jahrzehnts die Umsätze wieder deutlicher an.

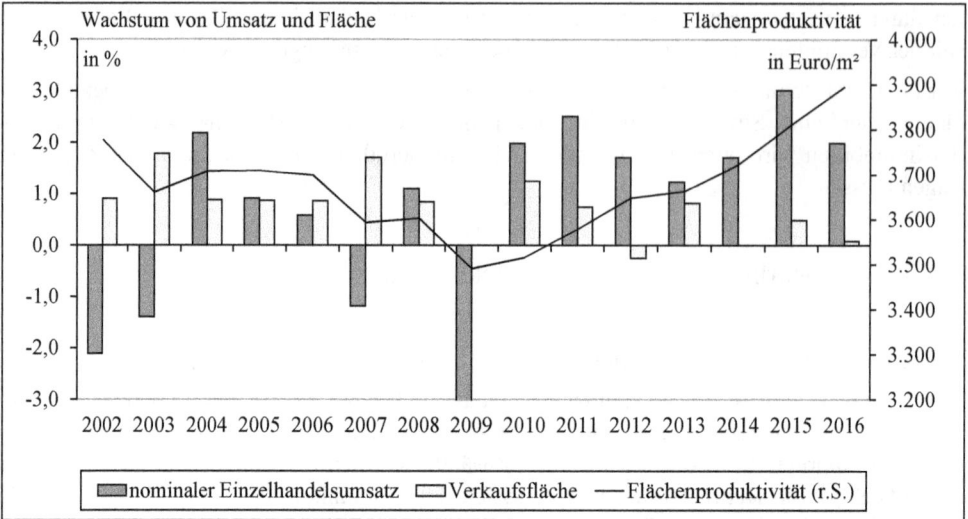

Abb. 3.43:   Flächen- und Umsatzentwicklung, Flächenproduktivität; Quelle: HDE-Zahlenspiegel 2016, eigene
             Darstellung.

In den Jahren zwischen 1970 und 1993 hat sich die Flächenproduktivität in Deutschland noch mehr als verdoppelt. In der Folge führte ein schwaches Wachstum der Einzelhandelsumsätze in Kombination mit einer deutlichen Ausweitung der Verkaufsflächen zu einer langfristigen Abnahme der Flächenleistung bzw. **Flächenproduktivität** (siehe Abbildung 3.43). In den Jahren nach 2009 wuchsen die Umsätze deutlich stärker als die Verkaufsflächen, sodass die Flächenproduktivität seit dem wieder um gut 10 % angestiegen ist. Hinter dem allgemeinen Rückgang stehen allerdings teilweise gegenläufige Entwicklungen verschiedener Branchen und Betriebsformen.

Über die **Leerstände bei den Einzelhandelsflächen** liegen keine bundesweiten Informationen vor, wenn überhaupt, gibt es in den lokalen bzw. regionalen Einzelhandelsgutachten entsprechende Hinweise. Aber auch hier werden häufig nur die Hauptgeschäftslagen erfasst.

Einzelhandelsmieten

Auf die **Mieten** im Einzelhandel hat die kleinräumige Lage innerhalb der innerstädtischen Zentrenstruktur einen wesentlichen Einfluss. Je nachdem, ob das Ladengeschäft innerhalb eines Geschäftskerns oder in einem Stadtteilzentrum liegt, weichen die Mieten i. d. R. erheblich voneinander ab. Die Spitzenmiete stellt in erster Linie die Entwicklung des Marktes dar, basiert aber auf Auswertungen aktueller Transaktionen (keine Bestandsmieten), soweit diese registriert werden konnten. Die Spitzenmiete entspricht der Nettomiete ohne Nebenkosten, Incentives und Steuern. Das Mietniveau wird zum einen für verschiedene Lagen (1a- und 1b-Lagen sowie Nebenlagen) und zum anderen für die Top-Lagen mit ihren Spitzenmieten, wie sie von Maklern (z. B. Comfort oder Brockhoff) angegeben wird.

Einzig in den Spitzenlagen der Metropolen konnten bislang wesentliche Mietsteigerungen erreicht werden, auch wenn die Mieten in den letzten beiden Jahren teilweise stagnierten. Positiv wirken die zunehmend in diese Lagen drängenden Filialisten (siehe Abbildung 3.44).

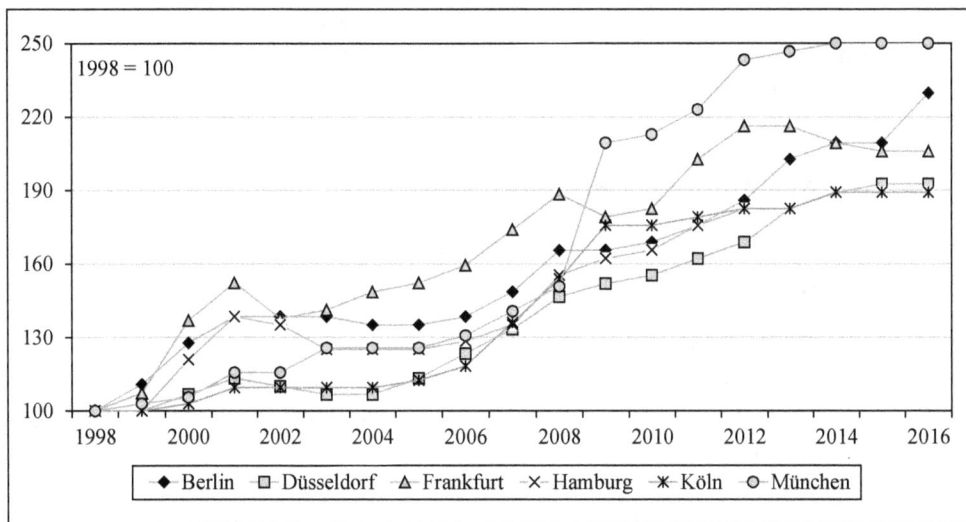

Abb. 3.44:   Mietentwicklung in Top-Lagen; Quelle: BNP Paribas, Einzelhandelsstudie, verschiedene Jahrgänge,
              eigene Darstellung.

Die Mieten für die unterschiedlichen Lagen in Deutschland entwickelten sich nach Abbildung 3.45 jedoch zunehmend auseinander: In den 1a-Lagen insgesamt waren die Mieten eher
leicht steigend, während sie in den schwächeren Lagen rückläufig waren. Sinkende Flächenproduktivitäten und eine schwache Umsatzentwicklung haben zu Vermietungsproblemen in
den weniger gefragten Lagen geführt.

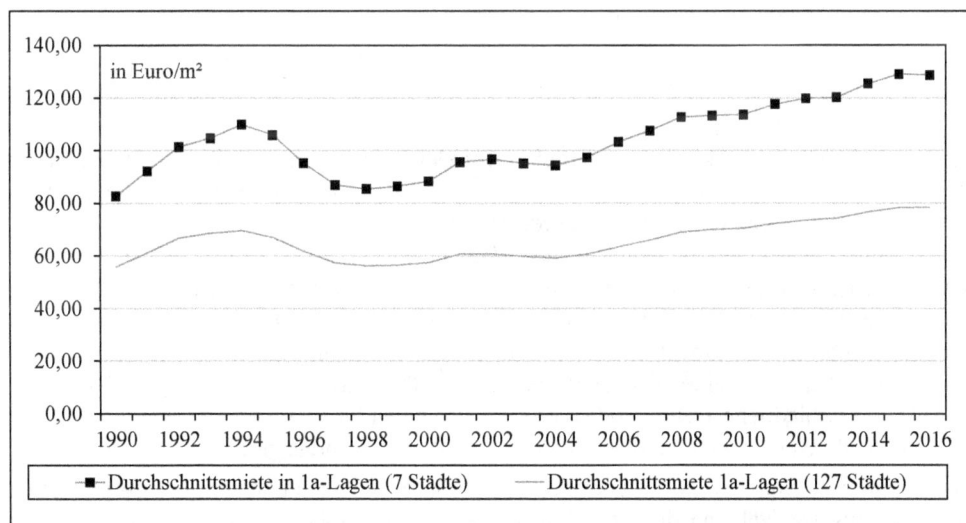

Abb. 3.45:   Mietentwicklung in Euro/m²; Quelle: RIWIS-Datenbank der bulwiengesa AG, abgerufen am
              21.05.2017, eigene Darstellung.

Besonders stark sind die Mieten in den Metropolen angestiegen und hier vor allem in den 1a-Lagen. Schwächer und sogar teilweise negativ entwickelten sich die Mieten in den Randlagen dieser Städte und in den kleineren Städten.

3.5   Wohnimmobilienmarkt

Auf dem Wohnimmobilienmarkt (auch Wohnungsmarkt genannt) treffen sich das Angebot und die Nachfrage nach Wohnungen oder Häusern. Wohnungen sind nach außen abgeschlossene, zu Wohnzwecke bestimmte, in der Regel zusammenliegende Räume, die die Führung eines eigenen Haushaltes ermöglichen. Häuser hingegen sind definiert als Gebäude, in denen Menschen wohnen, Unterkunft haben und teilweise auch einer Beschäftigung nachgehen.

Es wird das Gut „Wohnung" gehandelt und von unterschiedlichen natürlichen oder juristischen Personen, aber auch von Gemeinden oder kirchlichen Teilnehmern angeboten beziehungsweise nachgefragt, es treffen somit Angebot und Nachfrage nach Wohnraum zusammen. Die Marktteilnehmer treten in unterschiedlichen Formen und Funktionen als Anbieter beziehungsweise Nachfrager auf, so kann ein Mieter in Form einer privaten Person, die für sich selbst eine Wohnung sucht, auf dem Markt erscheinen, aber auch in der Form einer juristischen Person (z. B. einer Wohnungsgesellschaft), die für einen ihrer Mitarbeiter nach einer Wohnung sucht. Dieses Beispiel lässt sich sinngemäß ebenfalls auf den Vermieter übertragen.

Grundsätzlich kann zwischen dem Vermietungsmarkt (Wohnungsnutzungen) und dem Investmentmarkt (Kauf) unterschieden werden. Bei den Wohnungsvermietungen stellen Vermieter den Mietern Wohnungen zur Verfügung, ohne dass Eigentumsrechte übertragen werden. Die Miete stellt dabei den Preis für das Gut Wohnung dar, auf die sich Vermieter und Mieter geeinigt haben. Auf dem Wohnimmobilien-Investmentmarkt werden dagegen Eigentumsrechte gehandelt und durch einen Kauf diese Rechte übertragen. Der Preis wird hierbei, ohne staatliche Eingriffe, von den Marktteilnehmern bestimmt und ist zahlbar in Form des vereinbarten Kaufpreises.

In Deutschland gibt es **keine einheitliche Entwicklung**, sondern differenziert u. a. nach Regionen sehr unterschiedliche. Aufgrund der Heterogenität (z. B. unterschiedliche Wohnungen (sachliche) und unterschiedliche rechtliche Rahmenbedingungen (staatliche Interventionen)) und der Standortgebundenheit der Wohnungen gibt es eine Vielzahl von Teilmärkten, die differenzierte Entwicklungen aufweisen. Der deutsche Wohnungsmarkt muss stets nach regionalen Besonderheiten getrennt betrachtet werden. Nicht an allen Standorten in Deutschland besteht ein Überangebot an verfügbarem Wohnraum und nicht in allen Gebieten herrscht gleichermaßen eine Wohnungsknappheit. Selbst innerhalb der einzelnen Städte gibt es ganz unterschiedliche Trends, sodass es nicht den einen lokalen Wohnungsmarkt und nicht die eine lokale Wohnungsmiete oder einen lokalen Wohnungspreis gibt.

In der amtlichen Statistik gibt es über den Markt für Wohnungen nur wenige Informationen. Die letzte als Totalzählung durchgeführte Gebäude- und Wohnungszählung (Zensus 2011) erfolgte im Jahre 2011 für Deutschland, davor für Westdeutschland 1987 und für Ostdeutschland im Jahr 1995. Im Rahmen des Mikrozensus wird aufgrund repräsentativer Stichproben auch über den Wohnungsmarkt berichtet.

Zensus und Mikrozensus
Im Mikrozensus („kleine Volkszählung") werden mehr und detailliertere Fragen gestellt, jedoch können die Ergebnisse nur für größere Agglomerationen ausgewiesen werden. Im Zensus hingegen werden alle Gebäude- und Wohnungseigentümer und 10 % der Bevölkerung befragt, sodass auch Daten für kleinere Städte und Gemeinden verfügbar sind.

Da die amtliche Statistik nur wenige Informationen aufweist, sind häufiger privatwirtschaftlich erstellte Daten und Informationen notwendig, um den Markt beschreiben zu können. Grundsätzlich bleibt aber das Problem bestehen, dass es aufgrund der Heterogenität des Wohnungsmarktes immer nur eine eingeschränkte Markttransparenz geben kann.

Unabhängig von ihrer spezifischen Ausprägung werden die Immobilienmärkte nachfrageseitig vor allem von gesamtwirtschaftlichen und sozio-demografischen Faktoren und angebotsseitig durch die Fertigstellungen, die sich auf die Veränderung des Immobilienbestandes auswirken, vom Bausektor bestimmt. Die auf den Märkten zustande gekommenen Preise (Kaufpreise und Mieten) beeinflussen ihrerseits wiederum Angebot und Nachfrage (siehe Abbildung 3.46). In diesem Kapitel wird zum einen noch auf die spezifischen Einflussfaktoren eingegangen und zum anderen die Entwicklung des Marktergebnisses, insbesondere des Vermietungsmarktes, dargestellt.

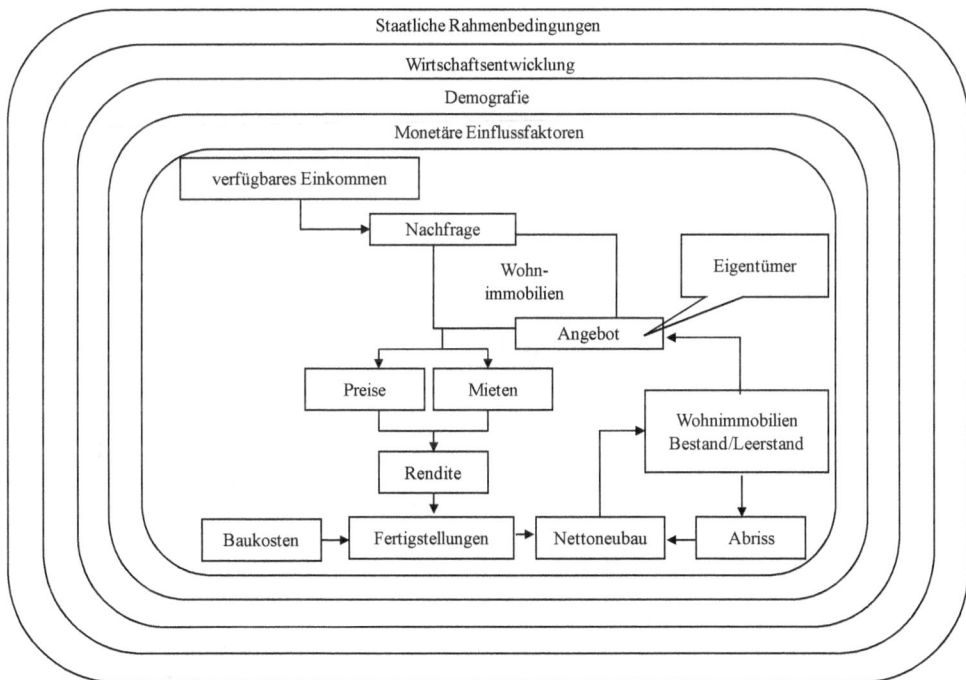

Abb. 3.46:   Wohnimmobilienmarkt; Quelle: eigene Darstellung

Die kritischen **Erfolgsfaktoren** für Geschäfte mit Wohnimmobilien sind die Lage und deren zukünftige Entwicklung, die demografische Entwicklung sowie die Höhe und die Entwicklung des verfügbaren Einkommens in der Region bzw. der Stadt. Darüber hinaus haben die

Zinsen für Immobilienkredite, die steuerlichen Rahmenbedingungen sowie die Gesetzgebung bzw. Rechtsprechung zum Mieter-Vermieter-Verhältnis Einfluss. Als Werttreiber, die sich positiv für Wohnimmobiliengeschäfte auswirken können, gelten u. a. die Baukosten und die Kosten für z. B. Verwaltung, Modernisierung oder Finanzierung sowie die Nettomieten.

3.5.1   Angebot – Einflussfaktoren und Entwicklungen

Wohnungsbestand

Der größte Teil des Angebots an Wohnungen und Häusern stammt aus dem bereits vorhandenen Bestand. Aufgrund der langen Nutzungsdauer der Wohnimmobilien sind sowohl die Zugänge bzw. Fertigstellungen als auch die Vermietungen sowie die Abgänge pro Jahr gering im Vergleich zum Bestand. Der Bestand wird von den statistischen Ämtern (Mikrozensus) ausgehend von einem Basisjahr jährlich auf der Grundlage der Wohnungsfertigstellungsstatistik und der genehmigten Wohnungsabgänge fortgeschrieben. In Abbildung 3.41 sind die Daten bis 2015 von daher Fortschreibungen (Mikrozensus), einzig für 2011 werden auch zusätzlich die Daten aus dem Zensus dargestellt.

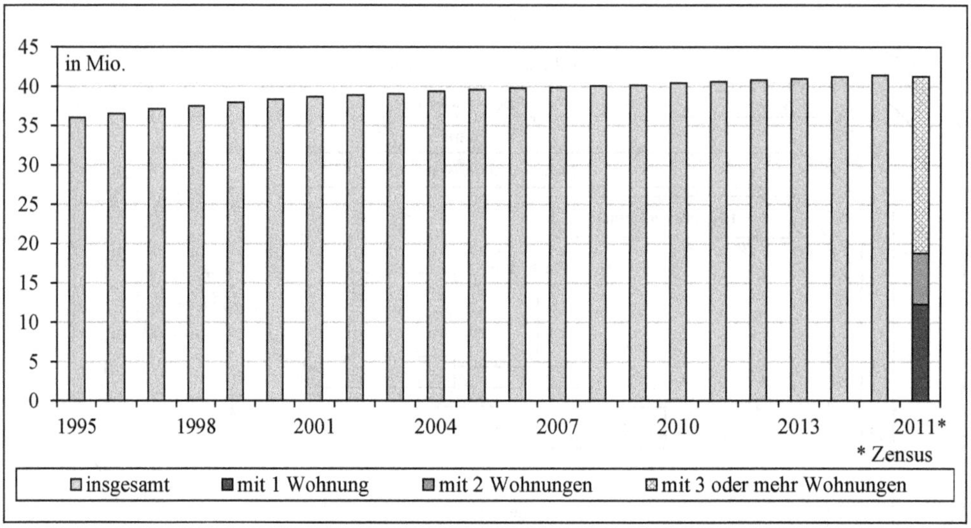

Abb. 3.47:   Bestandsentwicklung, Wohnungen in Wohn- und Nichtwohngebäuden (letzte Säule: 2011 Zensus); Quelle: Statistisches Bundesamt, Gebäude und Wohnungen, Bestand an Wohnungen und Wohngebäuden, Bauabgang von Wohnungen und Wohngebäuden, Lange Reihen ab 1969-2015, Tabelle 1.1.3, 2015.

Sowohl die quantitative als auch die qualitative Wohnungsversorgung (Wohnungsbestand) hat sich in den vergangenen Jahren insgesamt weiter verbessert. Zentraler Indikator für die Darstellung der quantitativen Wohnungsversorgung ist die Anzahl der Wohnungen. Im Jahr 2015 gab es laut **Mikrozensus** in Deutschland ca. 41,4 Mio. Wohnungen, das waren knapp 2,6 Mio. Wohnungen oder 6,8 % mehr als im Jahr 2000. Die Wachstumsrate des Bestandes hat seit der Wiedervereinigung kontinuierlich abgenommen, lag sie Mitte der 1990er-Jahre noch bei rund 1,5 % sank sie bis zum Jahr 2009 auf nur noch 0,3 %. Seit diesem Tiefpunkt ist aber wieder ein leichter Anstieg zu verzeichnen. Nach den **Zensusdaten** gab es 2011 rund 41,3 Mio. Wohnungen, ein Vergleich mit den Vorjahren ist hier nicht möglich. In Abbildung 5.48 sind die Daten für 2011 differenzierter dargestellt.

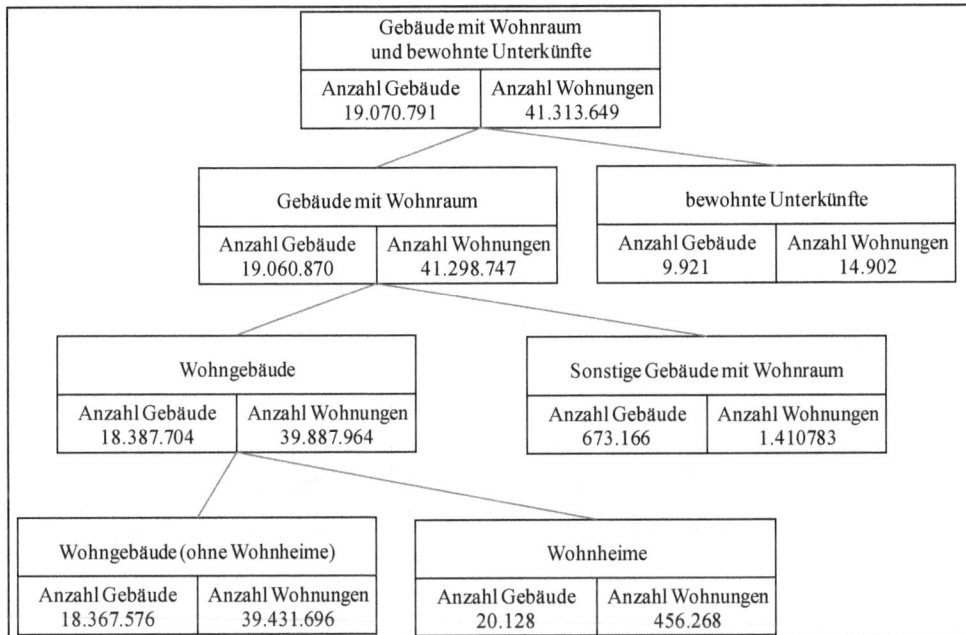

Gebäude mit Wohnraum und bewohnte Unterkünfte

Anzahl Gebäude	Anzahl Wohnungen
19.070.791	41.313.649

Gebäude mit Wohnraum

Anzahl Gebäude	Anzahl Wohnungen
19.060.870	41.298.747

bewohnte Unterkünfte

Anzahl Gebäude	Anzahl Wohnungen
9.921	14.902

Wohngebäude

Anzahl Gebäude	Anzahl Wohnungen
18.387.704	39.887.964

Sonstige Gebäude mit Wohnraum

Anzahl Gebäude	Anzahl Wohnungen
673.166	1.410783

Wohngebäude (ohne Wohnheime)

Anzahl Gebäude	Anzahl Wohnungen
18.367.576	39.431.696

Wohnheime

Anzahl Gebäude	Anzahl Wohnungen
20.128	456.268

Abb. 3.48:   Systematik von Gebäuden und Wohnungen, Quelle: Statistisches Bundesamt, Zensus 2011

In rd. 18,4 Mio. Wohngebäuden ohne Wohnheime (d. h. Gebäude mit Wohnen als überwiegende Nutzungsart) befinden sich 39,4 Mio. Wohnungen. Hinzu kommen 1,4 Mio. Wohnungen (sonstige Gebäude mit Wohnraum), bei denen weniger als die Hälfte der Gesamtnutzfläche für Wohnzwecke genutzt wird. Das macht 40,8 Mio. Wohnungen (ohne solche in Wohnheimen und behelfsmäßige Bauten wie Baracken). Insgesamt sind dies rund 500.000 Wohnungen mehr als vor dem Zensus angenommen wurde.

Wohnungsfertigstellungen

Die Wohnungsfertigstellungen erhöhen c. p. den Wohnungsbestand und basieren auf Daten des Statistischen Bundesamtes. Bei den Fertigstellungen neuer Wohn- und Nichtwohngebäude ergaben sich die kräftigsten Zuwächse an neuen Wohnungen zum einen als Folge der Beseitigung des Wohnungsmangels nach dem II. Weltkrieg. Zum anderen folgten sie jeweils zeitverzögert den Bevölkerungszuwächsen (Haushalten) in den 1960er- und 1970er-Jahren sowie den Zuwächsen Anfang der 1990er-Jahre als Folge der starken Zuwanderungen durch die Wiedervereinigung. Unterstützt wurde die rege Bautätigkeit oft durch staatliche Förderungen, so auch nach der Wiedervereinigung in Ostdeutschland (siehe Abbildung 3.49). Seit dem Wiedervereinigungsboom waren die Fertigstellungen stetig gesunken und erreichten 2009 ihren Tiefpunkt. In den darauf folgenden Jahren kam es zu einem kontinuierlichen Anstieg.

Von den knapp 250.000 fertiggestellten Wohnungen 2015 bestehen 103.000 Wohnungen in
Ein- und Zweifamilienhäusern und gut 145.000 Wohnungen in Mehrfamilienhäusern. Es ist
zu erwarten, dass die Fertigstellungen im Jahr 2017 mit rund 300.000 Wohnungen fast doppelt so viele sind wie zum Tiefpunkt 2009. Bezogen auf die Bevölkerung sind die Baufertigstellungen seit 2009 von einem Tiefstand von ca. 19 Fertigstellungen auf gut
30 Fertigstellungen je 10.000 Einwohner in 2015 gestiegen.

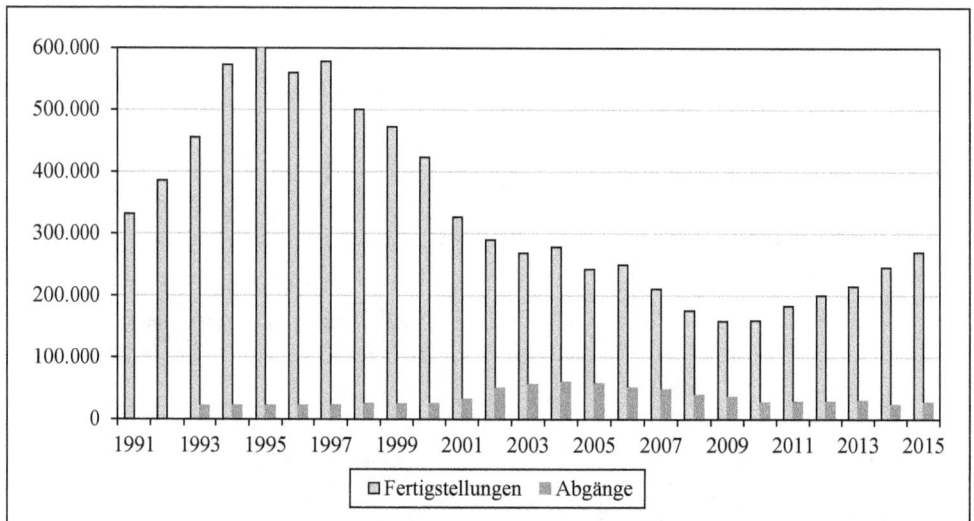

Abb. 3.49: Fertigstellungen und Abgänge von Wohnungen; Quelle: Statistisches Bundesamt, Gebäude und Wohnungen, Bestand an Wohnungen und Wohngebäuden, Bauabgang von Wohnungen und Wohngebäuden, Lange Reihen ab 1969-2015, Wiesbaden 2016.

Insgesamt ist die Bedeutung des Wohnungsneubaus seit Mitte der 1990er-Jahre kontinuierlich gesunken, wenn auch in den letzten Jahren wieder ein deutlicher Anstieg zu verzeichnen
war. In den 1990er-Jahren lag der Anteil des Neubaus am Bestand noch bei 1 %, seit einigen
Jahren hat sich diese Quote aber auf gut 0,5 % reduziert. In Westdeutschland gab es den
Höhepunkt im Jahr 1994/95 und in Ostdeutschland zwei Jahre später. Im Jahr 2010 endete
eine langjährige Talfahrt im deutschen Wohnungsbau, so sanken bis 2009 die Wohnungsbau-
investitionen preisbereinigt um knapp ein Viertel unter das Volumen des Jahres 1999. Noch
dramatischer stellte sich die Entwicklung bei den Wohnungsfertigstellungen dar. Die fertiggestellten Wohnungen in neu errichteten Wohngebäuden erreichten 2009 gerade einmal ein
Drittel des Wertes von 1999 bzw. nur noch ein Viertel des Wertes von 1995. Bei den Baugenehmigungen konnte 2009 der Abwärtstrend gestoppt werden. Im Verlauf der folgenden
Jahre legten die Genehmigungszahlen für die Wohngebäude – vor allem für Mehrfamilienge-
bäude – weiter zu. Da vor allem der Neubau von der deutlich verbesserten Nachfragesituati-
on profitiert, werden die Fertigstellungen zukünftig noch mehr ansteigen.

Während es bis 1997 Zuwächse im Wohnungsbestand vor allem im Geschosswohnungsbau
gegeben hat, überwogen danach die Fertigstellungen von Ein- und Zweifamilienhäusern. Seit
2012 fallen die Fertigstellungen von Wohnungen in Geschosswohnungen wieder höher aus.
Im Jahr 2015 sind die Fertigstellungen von Wohnungen in Ein- und Zweifamilienhäusern
sogar leicht rückläufig, während der Geschosswohnungsbau um gut 4 % zulegen konnte.

Hier stellen v.a. die großen Städte die Schwerpunkte der Fertigstellungen dar, teilweise ergänzt durch die Umlandgemeinden.

Während die Fertigstellungen neuer Wohnungen tendenziell sanken, stiegen die Maßnahmen im Bestand. Eine Analyse des Wohnungsbauvolumens zeigt, dass seit Ende der 1990er-Jahre die Investitionen in den Wohnungsbestand (Modernisierung, Sanierung, Reparatur) größer sind als die Neubauinvestitionen. Seit Mitte des letzten Jahrzehnts hatten die Bestandsinvestitionen noch einmal deutlich Anteile hinzugewonnen und stiegen von knapp zwei Drittel auf ungefähr 80 % des gesamten Wohnungsbauvolumens. Zur Jahrtausendwende war der Anteil noch doppelt so hoch. Bei etwa jeder fünften Wohnung werden jährlich Instandsetzungs- oder Modernisierungsmaßnahmen durchgeführt. In Ostdeutschland fielen diese Maßnahmen zuletzt geringer aus, da bereits in den 1990er-Jahren umfangreiche Erneuerungsmaßnahmen an Gebäuden und Wohnungen stattgefunden haben. Aufgrund der veränderten Bedürfnisse einer alternden Gesellschaft und der Notwendigkeit energetischer Sanierungen werden diese Maßnahmen auch in Zukunft weiter an Bedeutung gewinnen.

Die amtlich registrierten **Abgänge von Wohnungen** in Wohn- und Nichtwohngebäuden betrugen in den 1990er-Jahren auf ganz Deutschland bezogen unter 25.000 Einheiten pro Jahr. Da viele Wohnungsabgänge nicht anzeigepflichtig sind (z. B. Wohnungszusammenlegungen), kann davon ausgegangen werden, dass die tatsächlichen Werte deutlich höher sind. Nach der Jahrtausendwende stiegen die Abgänge kurzfristig auf knapp 60.000 Einheiten pro Jahr an, was vor allem auf das Umbauprogramm Ost zurückzuführen war. In Westdeutschland liegen die Abgänge seit Mitte der 1980er-Jahre relativ konstant bei 15.000 Wohnungen p. a. Da in Ostdeutschland die Abgänge seit 2005 wieder stark rückläufig waren, lag die Anzahl der Abgänge im Jahr 2012 deutschlandweit wieder unter 30.000 Wohnungen. Die Wohnungsunternehmen sind die Hauptinitiatoren von Abrissmaßnahmen, was im Wesentlichen weiter im Rahmen des Stadtumbaus Ost erfolgt.

Wohnungsstruktur

Wohnfläche
Die Wohnfläche ist die Summe der anrechenbaren Grundfläche der Räume, die ausschließlich zu einer Wohneinheit gehören.

Die durchschnittliche **Wohnungsgröße** ist nach den Auswertungen des **Mikrozensus** in den letzten Jahren kontinuierlich angestiegen. Sie lag 2000 bei rund 85 m² und stieg bis 2014 auf knapp 91 m², wobei die Zuwächse in Ostdeutschland besonders stark ausfielen. Der allgemeine Zuwachs liegt daran, dass erstens immer mehr Menschen allein leben und in Relation zu Mehr-Personen-Haushalten mehr Quadratmeter beanspruchen (teilweise Remanenzeffekt) und zweitens der Lebensstandard gestiegen ist (Kohorteneffekt). Aber nach wie vor sind lt. dem Mikrozensus die Wohnungen in Westdeutschland mit gut 96 m² wesentlich größer als in Ostdeutschland (rund 80 m²). Der Trend zu größeren Wohnungen ist zum einen auf die tendenziell größeren Neubauwohnungen und zum anderen auf Zusammenlegungen im Bestand zurückzuführen. Die durchschnittliche Wohnung ist in Berlin nur 70 m² groß, dagegen im Saarland über 106 m². Jeweils ein Viertel der Wohnungen hat eine Wohnfläche in einer Größenklasse von unter 60 m², zwischen 60 bis 80 m², von 80 bis 120 m² oder mehr als 120 m²

(Zensus 2011). Langfristig hat sich der Anteil der neugebauten Wohnungen mit einer Wohnfläche von mehr als 120 m² deutlich erhöht.

Durchschnittlich verfügt eine Person in Deutschland über eine Fläche von rund 45 m² (Mikrozensus). Waren es nach der Wiedervereinigung erst 35 m² pro Kopf, so betrug die Fläche vor knapp zehn Jahren fast 40 m². Gegenüber 2010 ist die durchschnittliche Wohnfläche pro Kopf leicht gesunken. Dabei steht in Sachsen einer Person die geringste und im Saarland die größte Fläche zur Verfügung. Weiterhin sind die Flächen in Eigentumswohnungen im Schnitt eindeutig größer als die in Mietwohnungen. Eine Eigentumswohnung verfügt durchschnittlich über knapp 120 m² Wohnfläche (Mietwohnung: 70 m²), sodass einer in einer Eigentumswohnung lebenden Person eine Fläche von über 50 m² (Mietwohnung: knapp 40 m²) zur Verfügung steht.

Nach dem **Zensus** beträgt 2011 die durchschnittliche Wohnungsgröße rund 91 m² verteilt auf 4,4 Zimmer. Gut 40 % der Wohnungen verfügen über eine Fläche von 40 bis unter 80 m² und immerhin noch über 1 Mio. Wohnungen hat eine Fläche von über 200 m². Aber es zeigen sich größere regionale Unterschiede: Während in den Ballungszentren Berlin und Hamburg nicht zuletzt aufgrund höherer Mieten und Preise fast 40 % der Wohnungen kleiner als 60 m² sind, beträgt die durchschnittliche Wohnfläche in Rheinland-Pfalz über 100 m².

Bezüglich der **Wohnungsstruktur** befindet sich laut der BBSR-Wohnungsmarktbeobachtung rund 41,2 Mio. Wohnungen in Wohn- und Nichtwohngebäuden. Davon entfallen ca. 18,6 Mio. Wohnungen auf Ein- und Zweifamilienhäuser, was einem Anteil von gut 45 % an allen Wohnungen entspricht. Dem stehen 3,1 Mio. Mehrfamilienhäuser mit 20,9 Mio. Wohnungen gegenüber. Nur etwa 6 % der Wohngebäude in Deutschland sind große Mehrfamilienhäuser mit sieben und mehr Wohnungen, wobei hierauf allein fast ein Drittel der Wohnungen entfallen. Hinzu kommen noch etwa 1,4 Mio. Wohnungen in Heimen, sonstigen Gebäuden und Unterkünften. In den ländlichen Kreisen überwiegen in Ostdeutschland die Mehrfamilienhäuser und in Westdeutschland die typischen Ein- und Zweifamilienhaussiedlungen. Der Anteil der Mieter in Einfamilienhäusern liegt nur bei gut 10 %, während sich in Mehrfamilienhäusern weit überwiegend Mieter befinden.

Das mittlere **Alter der Wohnungen** beträgt laut Mikrozensus in Deutschland 55 Jahre, wobei die Eigentumswohnungen bundesweit im Schnitt leicht jünger und die Mietwohnungen ein wenig älter sind. Nach Bundesländern befinden sich in Bayern die jüngsten (45 Jahre) und in Sachsen mit rund 65 Jahren die ältesten Wohnungen. Von den bewohnten Wohnungen in Deutschland sind gut 45 % in den 30 Jahren nach dem II. Weltkrieg gebaut worden und nur 5 % im vergangenen Jahrzehnt. Dabei gibt es erhebliche Unterschiede zwischen West- und Ostdeutschland. In Westdeutschland dominieren mit einem Anteil von rund 50 % die Bauten, die in den Jahren nach dem II. Weltkrieg bis 1978 erstellt wurden, was vor allem aus der Förderung des sozialen Wohnungsbaus resultiert. In Ostdeutschland dagegen gibt es noch einen hohen Anteil von fast 45 % aus der Vorkriegszeit bis zum Jahr 1948. Dies ist darauf zurückzuführen, dass im Krieg beschädigte Wohnungen in der DDR häufiger repariert und wiederhergestellt wurden. Der Anteil der Wohnungen, die nach 1978 gebaut wurden, ist aber in West- und Ostdeutschland mit gut 25 % ungefähr gleich hoch.

Die **Eigentümerquote** oder **Eigentumsquote** (Anteil der von Eigentümerinnen und Eigentümern selbst bewohnten Wohnungen an allen bewohnten Wohnungen in Wohngebäuden) betrug nach dem Zensus 2011 in Deutschland 46 % und reichte von Berlin mit ungefähr 15 % bis zum Saarland mit fast 60 %. Die Eigentümerquote ist insgesamt in den vergangenen

Jahren kontinuierlich angestiegen (auch wenn es keine Vergleichszahlen zum Zensus 2011 gibt), nach der Einkommens- und Verbrauchsstichprobe betrug die Quote zum Jahresanfang 2008 rund 43 % und 15 Jahre zuvor nur rund 39 %.

Nach dem Mikrozensus fällt die Eigentumsquote in Deutschland unterschiedlich hoch aus, wenn das Alter des Haupteinkommensbeziehers (gleichgesetzt mit dem der Eigentümer) betrachtet wird. Je jünger der Haushaltsvorstand ist, desto geringer ist die Eigentumsquote. Der Anteil liegt bei den Personen über 60 Jahre bei ca. 55 % und damit deutlich über dem Durchschnitt. Jüngere Wohnungsnutzer unter 30 Jahre weisen dagegen höchstens eine Quote von gut 10 % auf. Am ehesten wird Wohneigentum in Ein- und Zweifamilienhäuser gebildet. Je mehr Wohnungen zu einem Haus gehören, desto niedriger ist die Eigentumsquote. Zukünftig ist mit einer weiter steigenden Eigentümerquote zu rechnen. So nimmt diese Quote aufgrund des Anstiegs des Durchschnittsalters der Bevölkerung zu, da ältere Menschen häufiger Wohneigentum als jüngere haben. Darüber hinaus wird in den nächsten Jahren erhebliches Vermögen vererbt, sodass vielen Haushalte erst die Wohneigentumsbildung ermöglicht wird.

Im internationalen Vergleich ist die Eigentümerquote in Deutschland weiterhin sehr niedrig. Der Anteil in Spanien liegt bei über 85 %, in Italien oder Belgien bei fast 80 % und in Großbritannien bei 70 % sowie in Österreich und Frankreich bei gut 55 %. Während im Ausland überwiegend einkommensschwache Haushalte Mieter sind, wohnen in Deutschland auch einkommensstarke Haushalte zur Miete. Die insgesamt niedrige Eigentumsquote kann auch historisch erklärt werden. Nach dem II. Weltkrieg wurde in Westdeutschland zunächst vorwiegend Wohnraum zur Grundversorgung der Bevölkerung geschaffen. Hierzu wurden in großem Umfang Mietwohnungen gebaut. Zudem sind in Deutschland die Ausstattungsansprüche und die Baulandpreise relativ hoch, sodass viele Haushalte nicht die Möglichkeit haben, Eigentum an der selbst genutzten Wohnung bzw. dem Eigenheim zu erwerben. Jedoch gewinnt das Eigentum an dem selbst bewohnten Wohnraum im Rahmen der Altersvorsorge und der individuellen Vermögensbildung eine wachsende Bedeutung.

Eigentümerstruktur bei Wohnungen

Eine sehr heterogene Eigentümerstruktur kennzeichnet den deutschen Wohnungsmarkt: die Selbstnutzer, die privaten Kleinanbieter und die professionell-gewerblichen Anbieter. Die privaten und institutionellen Anbieter von Wohnungen weisen unterschiedliche Merkmale und Ziele auf.

Selbstnutzer

Die Selbstnutzer, die eine Wohnung zu eigenen Wohnzwecken nutzen und daher keine Miete zahlen, stellen mit ca. 17,5 Mio. Wohnungen den größten Anteil am Wohnungsbestand dar. Die selbstnutzenden Wohnungseigentümer spielen auf der Angebotsseite (als Verkäufer) auf dem Markt für Wohnimmobilien kaum eine Rolle, da sie ihr Eigentum nur selten veräußern.

Private Kleineigentümer

Die privaten Kleineigentümer, die einen Anteil von 37 % am gesamten Wohnungsbestand (ca. 15,4 Mio. Wohnungen) haben, treten als Vermieter und auch Verkäufer der Wohnungen auf. Damit wird der weitaus größte Teil des Mietwohnungsbestandes von privaten Einzeleigentümern bewirtschaftet, die überwiegend jeweils nur über ein oder wenige Gebäude verfügen. Sie stellen eine äußerst heterogene Anbietergruppe dar. Da nach dem Sozio-ökonomischen Panel des Deutschen Instituts für Wirtschaftsforschung knapp 4 Mio. Haushalte Einkommen aus Vermietung oder Verpachtung erzielen, wird davon ausgegangen, dass die privaten Kleineigentümer im Schnitt etwas mehr als 3,5 Wohnungen vermieten (Wirtschaftsfaktor Immobilien 2013, S. 18).

In Ostdeutschland konzentriert sich der Bestand der Kleineigentümer auf Altbauten, die häufig vor 1918 gebaut wurden. Durch die Restitutionsverfahren in den 1990er-Jahren kam es zu umfangreichen Eigentumsveränderungen. Es wurden viele Häuser von Investoren erworben, die u. a. von den Steuererleichterungen des Fördergebietsgesetzes profitieren wollten. In Westdeutschland gibt es über dieses Marktsegment nur wenige Informationen, auch wenn es einen deutlich höheren Marktanteil als in Ostdeutschland hat. Die Attraktivität des Wohnimmobilienmarktes für private Kapitalanleger richtet sich u. a. nach den zu erwartenden Renditen.

Gewerbliche Anbieter

Die gewerblichen Anbieter, die auch als professionelle oder institutionelle Anbieter bezeichnet werden, verwalten gut 8,4 Mio. Wohnungen. Zu den gewerbliche Anbietern gehören im Wesentlichen die privatwirtschaftlichen Eigentümer und öffentlichen Wohnungsunternehmen sowie die Genossenschaften.

- Die privatwirtschaftlichen Eigentümer haben mit knapp 40 % den höchsten Anteil bei den professionellen Anbietern, wobei es sich aber um keine homogene Gruppe handelt. Diese reichen vom traditionellen Bestandshaltern (u. a. Werkswohnungen) bis hin zu Eigentümern, die erst durch Investments in den letzten Jahren Wohnungsbestände erworben haben.
- Die öffentlichen Wohnungsunternehmen (gut ein Drittel Marktanteil) haben eine besondere Stellung, da sie traditionell auf die Wohnungsversorgung bestimmter Zielgruppen ausgerichtet sind. Die größten Veränderungen ergaben sich in den letzten Jahren durch die Privatisierung und den Verkauf großer Wohnungsportfolios an private Wohnungsunternehmen. Dadurch hat sich der Bestand des Bundes und der Länder mehr als halbiert.
- Eine weitere wichtige Anbietergruppe stellen die Genossenschaften dar, die über 2 Mio. Wohnungen (gut 25 %) verfügen. In Ostdeutschland ist die Bedeutung der Genossenschaften wesentlich höher als im Westen. Der Bestand der Wohnungsgenossenschaften hat in den vergangenen Jahren deutlich abgenommen, da sie überdurchschnittlich am Stadtumbau Ost teilgenommen haben.

Es kam in den letzten Jahren zu deutlichen Änderungen in den Eigentümerstrukturen, da vorwiegend Wohnungen aus öffentlichem Eigentum und Werkswohnungen an private Unternehmen verkauft wurden. Bei den öffentlichen Verkäufern waren vor allem finanzielle Aspekte ausschlaggebend, da durch den Verkauf die Haushaltslage verbessert werden sollte. Die privaten Unternehmen verkauften ihre Bestände, um sich vor allem auf ihr eigentliches Kerngeschäft zu konzentrieren. Bei den Käufern hatten auch ausländische Investoren die deutschen Mietwohnungen als Investitionsziel entdeckt, da sie den Markt als unterbewertet ansahen. Neben einem stabilen Cash-Flow durch die Mieteinnahmen erwarteten die Investoren hohe Potenziale auf der Einnahmen- und Ausgabenseite, um die Rentabilität der Wohnungsinvestments zu steigern. In den letzten Jahren waren vor allem private Unternehmen als Käufer und Verkäufer aktiv, andere gewerbliche Anbieter nur in geringem Ausmaß.

3.5.2   Nachfrage – Einflussfaktoren und Entwicklungen

Wesentlicher Einflussfaktor auf die Nachfrage nach Wohnungen ist die demografische Entwicklung. Weitere wichtige Faktoren sind die Einkommenshöhe der Haushalte und deren Entwicklung, sonstige Faktoren sowie der staatliche Einfluss.

Demografische Entwicklung

Die demografische Entwicklung in einer Volkswirtschaft bzw. Region ist für die Nachfrage nach Wohnfläche die wesentliche Determinante, wobei die Entwicklung der Haushaltszahlen, deren regionale Verteilung und spezifische demografische Effekte zu unterscheiden sind. Dabei spielt die Zahl der Haushalte die entscheidende Rolle, denn diese stellen die eigentlichen Nachfrager dar und müssen mit Wohnraum versorgt werden. Die Haushaltsentwicklung wird durch die Entwicklung der Bevölkerungszahlen, aber auch durch Veränderungen der Wohngewohnheiten (u. a. Haushaltsgröße) bestimmt. Nach den Haushaltsvorausberechnungen des Statistischen Bundesamtes wird wegen des Trends zu kleineren Haushalten die Anzahl der Haushalte insgesamt bis zum Jahr 2030 sogar noch zunehmen. Angesichts der steigenden Lebenserwartung dürfte der Anteil der Seniorenhaushalte zunehmen, während der Anteil der Haushalte der 35- bis 45-Jährigen tendenziell abnehmen wird. Gerade die letztere Gruppe ist aber bestimmend für die Nachfrage nach Neubaumaßnahmen privater Wohnimmobilien.

Darüber hinaus wirken sich die **Wanderungsbewegungen** innerhalb Deutschlands auf die lokale Nachfrage nach Wohnraum aus. Während die Bevölkerung im bundesdeutschen Durchschnitt schrumpft, zieht es immer mehr junge und gut ausgebildete Menschen in die Ballungszentren. Alleine in Berlin und München hat die Einwohnerzahl innerhalb der vergangenen fünf Jahre um jeweils 100.000 zugenommen. Bei der regionalen demografischen Entwicklung kann aufgrund unterschiedlicher Binnenwanderungen zwischen Zuwanderungs- und Abwanderungskreisen differenziert werden, in den letzten Jahren hat sich aufgrund der Zuwanderung vor allem aus dem Ausland die Zahl der Kreise mit negativer Einwohnerentwicklung deutlich reduziert. Dadurch ergibt sich ein anderes Bild als wenn nur die bundesdeutsche Situation insgesamt betrachtet wird. Bundesweit ist die Einwohnerzahl gesunken, die Haushaltszahl gestiegen und das Angebot an neuen Wohnungen war größer als der Zuwachs an Haushalten. In den Zuzugsregionen stieg die Zahl der Haushalte aber wesentlich stärker als das Angebot neuer Wohnungen. Hingegen war in den Abwanderungsregionen die Zahl der Haushalte rückläufig und dennoch wurden neue Wohnungen errichtet.

Bei der Bestimmung der zukünftigen Wohnflächennachfrage sind verschiedene demografische Effekte zu berücksichtigen. Gemäß dem Lebenszykluseffekt bzw. Alterseffekt passt ein Haushalt über seine Lebenszeit die Nachfrage nach Wohnungen an die jeweilige Familien- und Einkommenssituation an. Hinzu kommt der Remanenzeffekt, der dazu führt, dass auch im höheren Lebensalter die Wohnflächennachfrage gleich gehalten wird. Weiterhin kommt der Kohorteneffekt hinzu, da die Wohnungsgröße in Abhängigkeit von der Generationszugehörigkeit (Kohorte) steigt. In Verbindung mit der zunächst noch zunehmenden Zahl der Haushalte wird die Nachfrage nach Wohnfläche in den nächsten Jahren steigen, was sich auch in einer moderaten Zunahme der Zahl der nachgefragten Wohnungen niederschlagen wird.

Demografische Veränderungen führen insgesamt zu einer steigenden Wohnungsnachfrage. Ein langsamer, allmählicher Anstieg resultiert aus einer zunehmenden Lebenserwartung, sinkenden Haushaltsgrößen oder zeitverzögert aus einer steigenden Geburtenrate. Dagegen kann eine erhöhte Zuwanderung zu einem raschen regionalen Anstieg führen. Das Angebot folgt mit dem Neubau wegen langer Planungs- und Herstellzeiten immer nur zeitverzögert auf einen Anstieg der Nachfrage. Als Folge der zunehmenden Knappheiten sinken dann zunächst die Leerstände und steigen die Mieten (und Preise). Erst wenn die Neubauten auf den Markt kommen, können die Mieten stagnieren oder sogar fallen.

Exkurs: Migration und Wohnungsmarkt
Flüchtlinge und Wohnungsnot, das war schon vor 70 Jahren die große Herausforderung fürs ganze Land. Nach Zerstörung, Flucht und Vertreibung suchten nach dem Ende des II. Weltkriegs 21 Millionen Menschen eine neue Bleibe in Deutschland. Die Luftangriffe hatten viele Städte in Schutt und Asche gelegt. An die neun Millionen Obdachlose mussten verteilt werden, vor allem auf ländliche Gebiete. Dann kam ein weiteres Problem auf die deutschen Kommunen zu – die Unterbringung der Vertriebenen, die aus ihren Siedlungsgebieten im Osten nach Westdeutschland kamen. Und der nächste Flüchtlingsstrom kam dann aus der Sowjetischen Besatzungszone nach Westdeutschland.
In den drei Westzonen gab es 1946 an die 13,7 Millionen Haushalte und nur 8,2 Millionen Wohnungen. Ein gigantisches Wohnungsbauprogramm sorgte zunächst für Entspannung. Schon gleich nach dem Kriegsende beschlossen die Besatzungsmächte der drei Westzonen Maßnahmen zur Bekämpfung der Wohnungsnot. Die neue Bundesregierung führte im Jahr 1949 die Wohnungszwangsbewirtschaftung ein. Dazu gehörten ein Kündigungsverbot von Bestandsmietern, festgelegte Mietniveaus und die staatliche Vergabe von Privathäusern an Bedürftige. Örtliche Mietobergrenzen und die Mietpreisbremse, wie sie heute wieder in Ballungsgebieten mit Wohnungsmangel gelten, sind also keine Neuerfindungen.
Damit stoppte die Bundesregierung damals zwar den befürchteten schnellen Anstieg der Mieten, doch das Problem der 5,5 Millionen fehlenden Wohnungen war immer noch ungelöst. Deshalb entschloss sich der Bund im Jahr 1950, den Wohnungsbau per Gesetz zu forcieren.
Quelle: Schwaldt, Norbert, Ewige Baustellen, in: Die Welt vom 02.04.2016, S. IM 1, in: http://www.welt.de/print/die_welt/finanzen/article153916620/Ewige-Baustellen.html, abgerufen am 06.06.2017 (Auszüge)

Einkommensentwicklung

Die **Höhe der Einkommen der Haushalte** und daraus abgeleitet das Budget für Wohnen ist eine weitere wesentliche Größe für die Nachfrage nach Wohnraum. Wohnen ist für die privaten Haushalte das wichtigste Konsumgut. Die Ausgaben für das Wohnen beliefen sich im Jahr 2014 auf 36 % ihres Einkommens. Haushalte mit einem Einkommen, das unterhalb der Schwelle von 60 % des Median-Einkommens liegt, geben sogar die Hälfte ihres monatlichen Einkommens für Wohnkosten aus. Die Nachfrage steigt durch eine Zunahme der verfügbaren Einkommen: Je mehr Einkommen ein Haushalt zur Verfügung hat, desto größer ist die Bereitschaft in ansprechenden Wohnraum zu investieren. Nach Angaben des Statistischen Bundesamtes betrugen die Haushaltsbruttoeinkommen in Deutschland im Jahr 2015 durchschnittlich fast 4.200 Euro.

Haushaltseinkommen
Alle Einnahmen der Haushalte aus selbstständiger und unselbstständiger Erwerbstätigkeit, aus Vermögen, aus öffentlichen und nichtöffentlichen Transferzahlungen sowie aus Untervermietungen bilden das Haushaltsbruttoeinkommen.
Das Haushaltsnettoeinkommen berechnet sich, wenn Einkommenssteuer, Kirchensteuer und Solidaritätszuschlag sowie die Pflichtbeiträge zur Sozialversicherung vom Bruttoeinkommen abgezogen werden.

Für die Beziehung zwischen Einkommenshöhe und Wohnungsnachfrage kann auf die Daten über die **Verteilung der monatlichen Nettoeinkommen** der Haushalte in Deutschland zurückgegriffen werden. Insgesamt ist eine breite Streuung der Einkommen in Deutschland festzustellen. Von den gut 40 Mio. Haushalten erhielten 2014 gut 12 % oder knapp 5 Mio. Haushalte nur ein monatliches Nettoeinkommen von unter 900 Euro. Nur rund 7 % der Haushalte in Deutschland weisen ein monatliches Nettoeinkommen von über 4.500 Euro auf. Da es sich um nominales und nicht inflationsbereinigtes Einkommen handelt, kommt es allein aufgrund von Einkommenssteigerungen zu einer langsamen Verschiebung der Verteilung nach oben und entsprechend einer Reduzierung der unteren Einkommensklassen. In den vergangenen 15 Jahren ist der Anteil der untersten Einkommensklasse um fast sieben Prozentpunkte gesunken, auch in der folgenden Klasse bis 2.000 Euro Haushaltsnettoeinkommen ist ein ähnlich hoher Rückgang festzustellen.

Statistiken über die Verteilung der Einkommen in einzelne Einkommensklassen basieren auf Stichproben oder sozio-ökonomische Datenerhebungen und weisen im Vergleich zu anderen Statistiken erhebliche Unsicherheiten auf. Trotz dieser Unsicherheiten kann mithilfe der Einkommensschichtung gezeigt werden, dass es aufgrund der Einkommensverteilung natürlich auch eine sehr unterschiedliche Nachfrage nach Wohnungen und somit auch sehr differenzierte Wohnungssegmente geben wird.

Die **Entwicklung der Einkommen** als Einflussgröße ist von den gesamtwirtschaftlichen Rahmenbedingungen abhängig. Bei günstigen gesamtwirtschaftlichen Bedingungen steigen üblicherweise auch die Einkommen und daher wird insgesamt mehr Wohnfläche nachgefragt. Die günstigen Einflussfaktoren bestehen in ausreichendem Wirtschaftswachstum, hoher und zunehmender Beschäftigung und einem Zuwachs bei Löhnen und Gehältern sowie entsprechenden Erwartungen für die Zukunft.

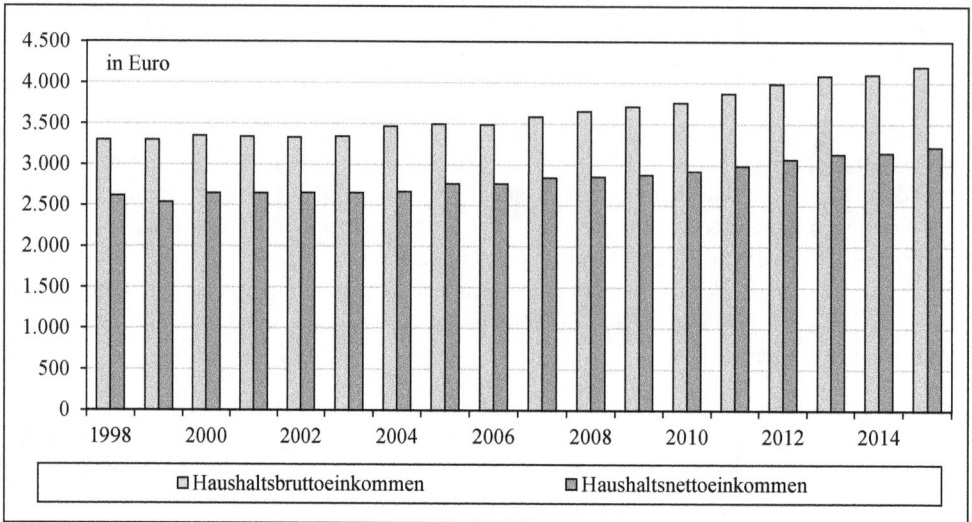

Abb. 3.50: Entwicklung des Haushaltsbrutto- und -nettoeinkommens; Quelle: Statistisches Bundesamt, Genesis-
            Datenbank, abgerufen am 18.01.2017, eigene Darstellung.

Wie in Abbildung 3.50 dargestellt, stagnierten in Deutschland lange Zeit die realen Haushaltsnettoeinkommen, erst in den letzten Jahren ist ein infolge des Wirtschaftsaufschwungs
leichter Anstieg zu verzeichnen. Im Zeitraum von 2000 bis 2005 wuchs das Bruttohaushalts-
einkommen nur um knapp 6 %. Gegenüber 2000 ist das Brutto- und Nettoeinkommen der
Haushalte 2014 um gut 25 % angestiegen. Positive Effekte für den Wohnimmobilienmarkt
dürften sich schließlich dadurch ergeben, dass sich die Beschäftigungs- und Einkommens-
perspektiven der privaten Haushalte für die kommenden Jahre verbessert haben.

Die Steigerung der Einkommen wirkt sich aber erst mit einer Zeitverzögerung aus, da der
Transmissionsmechanismus vom Wirtschaftswachstum über Beschäftigungs- und Einkommenseffekte bis zur Wohnungsnachfrage nur langsam wirkt. Time-Lags ergeben sich schon
dadurch, dass die Einkommen der Arbeitnehmer nicht gleichzeitig mit dem BIP ansteigen.
Dies lässt sich durch die Starrheiten (u. a. Neueinstellungen) am Arbeitsmarkt erklären. Auch
steigende Einkommen bedeuten nicht sofort eine steigende Wohnungsnachfrage, da üblicherweise die Haushalte erst nach einer nachhaltigen Steigerung und entsprechend positiven
Zukunftserwartungen ihre Nachfrage nach quantitativ und qualitativ besseren Wohnungen
erhöhen.

Weitere Nachfragefaktoren

Die positive **Beschäftigungsentwicklung** der letzten Jahre weist ebenfalls auf eine steigende
Zahlungsbereitschaft und somit auf eine höhere Nachfrage nach Wohnraum hin. Seit Mitte
des letzten Jahrzehnts ist die Zahl der Erwerbstätigen stetig angestiegen. Gleichzeitig sank
auch die Arbeitslosenquote in den letzten Jahren nahezu kontinuierlich. Eine günstige Beschäftigungsentwicklung führt c. p. auch zu einem höheren Einkommen.

Die zukünftige Nachfrage nach Wohnungen ist neben den beschriebenen demografischen
und wirtschaftlichen Entwicklungen von weiteren Faktoren abhängig. Dies sind zusätzliche

ökonomische Einflussgrößen wie z. B. die **Finanzierungsbedingungen** und die **Zinsentwicklung**.

Aus mikroökonomischer Sicht ist dies außerdem die Nachfrage nach Wohnfläche in Abhängigkeit von der Entwicklung von Preisen und Mieten von Wohnungen. Weiterhin ist das die Entwicklung der relativen Preise. Durch veränderte Preisrelationen kann zum einen die Nachfrage nach Wohnfläche sich absolut verändern und zum anderen auch mehr oder weniger Wohneigentum statt Mietwohnungen nachgefragt werden, wenn sich die Preis-Mieten-Relation verändert. Zudem sind es die Präferenzen der Haushalte, die z. B. über eine größere Wohnung verfügen wollen. Die sich wandelnden Wohnwünsche ergeben teilweise neue Zielgruppen und ein verändertes Nachfrageverhalten. Nach Gebäudetypen wird die Nachfrage nach Wohnungen in Eigenheimen bzw. in Einfamilienhaus-ähnlichen, eher höherwertigen Gebäuden eher steigen. Hingegen werden Geschosswohnungen, insbesondere in schlechteren Lagen und Qualitäten oder anonymen Großsiedlungen, deutlichere Nachfrageeinbußen erfahren. In einigen Regionen, die von den Zuwanderungen profitieren, wird sich jedoch die Nachfrage nach Geschosswohnungen günstiger entwickeln. Die Bedürfnisse werden sich auch durch Veränderungen der wichtigsten Nachfragegruppen verschieben. Die mengenmäßig bedeutende Gruppe der Senioren wird zukünftig mobiler sein. Die kleinere Gruppe der Familien hat sehr spezielle Wohnwünsche. Sie entscheiden mit ihrer Standortwahl darüber, ob es eine Umlandwanderung (Suburbanisierung) gibt oder es „zurück" in die Stadt geht. Insgesamt kann zukünftig von einer, wenn auch langsamer steigenden Wohnflächennachfrage ausgegangen werden.

Neben den bislang beschriebenen Gründen besteht ein Ersatzbedarf, da alte Häuser abgerissen werden oder weil der Bestand nicht mehr den (u. a. räumlichen) Präferenzen der Nachfrager entspricht. Die Prognosen über den Neubaubedarf gehen quantitativ weit auseinander, da sie auf unterschiedlichen Annahmen basieren. Bei den Prognosen mit hohem Bedarf wird von der Notwendigkeit von vielen Wohnungssanierungen und des Baus neuer altengerechter Wohnungen ausgegangen. Bei der Nachfrage nach altengerechten Wohnungen ist aber zu berücksichtigen, dass die Menschen in ihren Wohnungen altern und nur bedingt in eine andere, z. B. altengerechte Wohnung umziehen wollen. Der altengerechte Umbau des Wohnungsbestandes wird daher häufig von den Bewohnern selbst vorgenommen, dies gilt besonders für Einfamilienhäuser. Häufig wird deshalb nur ein moderater Neubaubedarf prognostiziert.

Das Bundesinstitut für Bau-, Stadt- und Raumforschung (BBSR) geht in seiner Wohnungsmarktprognose von einer insgesamt weiter steigenden Wohnflächennachfrage aus. Es prognostiziert einen Anstieg der Wohnflächennachfrage und einen jährlichen Neubaubedarf von durchschnittlich 230.000 Wohnungen in Deutschland bis 2030. In Fünf-Jahres-Schritten gesehen rechnet das BBSR für die Jahre bis 2020 mit einem Neubedarf von gut 270.000 Wohnungen aus. In den Folgejahren sinkt der Bedarf kontinuierlich, bis dieser in den letzten Jahren des Prognosezeitraums bei unter 180.000 Wohnungen p. a. liegt. Regional ergeben sich große Unterschiede, was im Wesentlichen von Wanderungsbewegungen beeinflusst wird. Der zukünftige Wohnungsbedarf wird sich vor allem in den urbanen Regionen konzentrieren, auf die zehn Kreise in Ballungsregionen entfällt rund ein Viertel des Neubaubedarfs. In vielen Kreisen besteht dagegen kein Bedarf mehr.

Staatlicher Einfluss

Der **Staat** hat in Deutschland ein großes Interesse an der Entwicklung des Wohnimmobilienmarktes auf der **Angebotsseite**. Eine der Aufgaben des Staates ist die direkte und indirekte Sicherstellung der Versorgung der Bevölkerung mit lebensnotwendigen Gütern. Normalerweise wird diese Aufgabe durch ein funktionierendes Marktsystem abgedeckt. Überall dort, wo der Markt jedoch ein z. B. aus sozialen Aspekten nicht akzeptables Angebot produziert, kann der Staat in die Bereitstellung eingreifen. Dies trifft auf das Angebot von Wohnimmobilien insoweit zu, als eine Mindestversorgung mit Wohnraum zu günstigen Preisen gerade für Geringverdienende sichergestellt werden soll. Nach dem II. Weltkrieg förderte der Staat die Schaffung von Mietwohnungen äußerst erfolgreich, wie der aktuelle Bestand an Wohnungen zeigt. Heute unterstützt der Staat die Bereitstellung von günstigen Wohnungen mit Subventionen und kann daneben Höchstmieten bzw. Grenzen für Mietsteigerungen (z. B. Kappungsgrenze) festlegen. Ein weiteres Instrument des Staates, das auf die Höhe des Wohnungsangebots wirkt, besteht beispielsweise in der kommunalen Bereitstellung von Bauland. Mithilfe der Steuerpolitik kann der Staat darüber hinaus das Angebot an Wohnraum fördern. Will der Staat das Wohnraumangebot ausdehnen, kann er beispielsweise entsprechende Steuervergünstigungen gewähren oder Sonderabschreibungsmöglichkeiten einräumen. Letzteres wurde in Ostdeutschland nach der Wiedervereinigung eingesetzt, um die Versorgung mit Wohnraum zu verbessern.

Insbesondere in Zeiten deutlich steigender Mieten und Preise kann der Staat mit einer Ausweitung seiner Subventionspolitik reagieren. Dabei wird meist die steuerliche Absetzbarkeit von Baukosten (Abschreibungsmöglichkeit wie degressive oder Sonder-Abschreibung) erhöht. Die Entspannung auf den Wohnungsmärkten zwischen der Mitte der 1990er-Jahre und Mitte der 2000er-Jahre hat dazu geführt, dass Subventionen für den Neubau von Wohnungen nahezu vollständig abgeschafft wurden. Ende 2005 liefen die steuerliche Förderung im Mietwohnungsbau wie auch die Eigenheimzulage aus, 2006 wurde zudem die Wohnungsbauförderung (sozialer Wohnungsbau) auf die Bundesländer übertragen und damit faktisch weitgehend eingestellt.

Der Staat wirkt auf die private **Wohnungsnachfrage** auf vielfältige Weise ein. Staatliche Interventionsmöglichkeiten auf die Nachfrage können Gesetze und Verordnungen sein, z. B. Wohneigentumsförderung. Nicht zu vernachlässigen ist in diesem Zusammenhang auch das Motiv der Altersvorsorge. Je unsicherer die Erwartungen bezüglich der zukünftigen Alterseinkommen sind, desto wichtiger kann die staatlich geförderte private Altersvorsorge insbesondere durch den Erwerb von Wohneigentum werden. Dies senkt im Falle der Selbstnutzung die Lebenshaltungskosten im Alter, oder erhöht im Falle der Vermietung die Einkommen.

Die staatliche Förderung der Nachfrage erfolgt 2012 durch direkte Wohnkostensubventionen für die privaten Haushalte. Dabei wird einkommensschwachen Mieter- und Eigentümerhaushalten Wohngeld als Miet- oder Lastenzuschuss gewährt. Wohngeldzahlungen erfolgen z. B. im Rahmen des Arbeitslosengeldes II („Hartz IV"). Weiterhin werden Zahlungen für die Kosten der Unterkunft vom Staat geleistet, die im Rahmen des Arbeitslosengeldes II oder als Grundsicherung im Alter und bei Erwerbsunfähigkeit gewährt werden.

3.5.3 Marktergebnisse

Umsatz

Die **Käufe von Wohnimmobilien** (Umsatz) dominieren nach den Daten des Immobilienverbands Deutschland IVD bzw. der Gutachterausschüsse die Transaktionen mit Immobilien, da Wohnimmobilien sowohl hinsichtlich der Umsätze als auch noch deutlicher bei den Kauffällen mit Abstand den größten Anteil haben. Rund zwei Drittel der Umsätze fallen auf Wohnimmobilien. Innerhalb des Sektors werden hauptsächlich Ein- und Zweifamilienhäuser gehandelt und sind somit i. d. R. Einzelkäufe von privaten Haushalten. In den Jahren von 2007 bis 2012 stieg die Anzahl der Kauffälle von Eigenheimen um mehr als 20 % auf 233.000 Einheiten an, wobei rund 43 Mrd. Euro in den Erwerb von Eigenheimen investiert wurden. Der Zuwachs fiel beim Wohnungseigentumskauf sogar noch stärker aus, hier stieg die Anzahl von 172.000 im Jahr 2007 auf 284.000 in 2012 mit einer Investitionssumme von ca. 41,5 Mrd. Euro.

Der Handel mit größeren Wohnungsbeständen war stark von der Finanz- und Wirtschaftskrise gekennzeichnet. Während des vorangegangenen Booms wechselten nach Angaben des BBSR zwischen 2004 und 2007 zahlreiche große und mittelgroße Wohnungsportfolios ihre Besitzer. Als Folge der Finanz- und Wirtschaftskrise hielten sich Verkäufer und Investoren in den Jahren 2008 bis 2010 mit Wohnungstransaktionen zurück. Seit 2011 lässt sich eine Belebung des Transaktionsgeschehens erkennen, die sich in den folgenden Jahren fortsetzte. In erster Linie werden dabei bereits gehandelte Portfolios gehandelt (Wiederverkäufe). Dabei wurden die Wohnungen von privaten Eigentümern veräußert, vorwiegend durch ausländische Investoren. Auch auf der Käuferseite dominierten private Investoren.

Wohnungsleerstand

Die Höhe und die Entwicklung des Wohnungsleerstandes haben für den Wohnungsmarkt wichtige Funktionen. Ein hohes Leerstandsniveau weist auf eine erhebliche Störung der Funktionsfähigkeit des Wohnungsmarktes hin. Die Entwicklung dieses Indikators zeigt die Tendenzen der allgemeinen Wohnungsmarktlage und die Entwicklung in den verschiedenen Teilmärkten und Regionen auf. Die absolute Höhe der Leerstände hat eine hohe wirtschaftliche und finanzielle Bedeutung für die Eigentümer, da dadurch zum einen Einnahmen fehlen und zum anderen bei einem eventuellen Rück- bzw. Umbau weitere Kosten anfallen. Um das Ausmaß des Leerstandes interregional vergleichbar zu machen, wird die Leerstandsquote als Verhältnis des festgestellten Leerstandes zum Gesamtbestand berechnet.

Der Wohnungsleerstand wird in Deutschland nicht nach einer einheitlichen Methode erhoben. Unterschiede ergeben sich vor allem hinsichtlich des Leerstandsbegriffs (total oder nur marktaktiv) und der Beobachtungsmenge (Vollerhebung, Stichprobe). Es ist allen Quellen gemein, dass die Leerstandsquoten von Geschosswohnungen in Ostdeutschland höher liegen als in Westdeutschland, aber in den letzten Jahren schon deutlich gesunken sind und sich damit immer mehr an das niedrigere westdeutsche Niveau annähern. Die (nur im Mikrozensus erhobene) Leerstandsquote von Einfamilienhäusern ist hingegen sowohl in Ost- wie auch in Westdeutschland gestiegen, liegt aber noch deutlich unter der Leerstandsquote von Geschosswohnungen. Auch kleinräumige Vergleiche (z. B. auf Ebene von Raumordnungsregionen) führen in verschiedenen Quellen tendenziell zu den gleichen Aussagen. Die drei flächendeckend vorliegenden Leerstandsquellen sind:

- GdW-Statistik (Vollerhebung bei Mitgliedern, totaler Leerstand)
- CBRE-Empirica-Leerstandsindex (Stichprobe, marktaktiver Leerstand, nur Mehrfamilienhäuser)
- Zensus 2011 (Vollerhebung, totaler Leerstand) bzw. Mikrozensus (Stichprobe, totaler Leerstand)

Erstens werden die Leerstände auf der Basis der Daten des GdW Bundesverband deutscher Wohnungs- und Immobilienunternehmen e.V. ermittelt. Die Bestände der Mitgliedsunternehmen machen rund 30 % aller Mietwohnungen in Deutschland aus. Damit wird zwar ein wichtiges Marktteilsegment betrachtet, aber die Ergebnisse sind nicht repräsentativ für den Gesamtmarkt. Insbesondere für die Bestände der privaten Kleineigentümer sowie für Ein- und Zweifamilienhäuser liegen damit keine Informationen über den Leerstand vor.

Eine **zweite** Möglichkeit ist der CBRE-Empirica-Leerstandsindex, bei dem verschiedene Leerstandsquoten ermittelt werden. Grundlage zur Berechnung des Leerstandsindex für den marktaktiven Leerstand sind die Bewirtschaftungsdaten von Geschosswohnungen, die aber nur einen kleinen Teil des gesamten deutschen Wohnungsmarktes ausmachen. Aufgrund der nur durchschnittlichen bis unterdurchschnittlichen Qualität der Wohnungen weisen diese insgesamt auch eine höhere Leerstandsquote auf. Somit werden diese Daten durch Regressionsschätzungen und Experteneinschätzungen für Deutschland insgesamt hochgerechnet. Angegeben wird zum einen der marktaktive Leerstand für Geschosswohnungen, der kurzfristig leer steht oder mittelfristig wieder dem Markt zur Verfügung steht.

Demnach standen Ende 2015 rund 622.000 Wohnungen oder ungefähr 3,0 % (2011: 3,4 %; 2007: 4,1 %) der Geschosswohnungen leer, wobei seit 2006 ein leichter Rückgang zu verzeichnen ist. Zuvor gab es einen leichten Anstieg. Während in Ostdeutschland der Leerstand stetig von 8,5 % (2002) über 6,5 % (2011) bis auf 6,0 % im Jahr 2015 zurückging, war im Westen zunächst ein leichter Anstieg bis 2006 und danach eine Stagnation (unter 3 %) zu verzeichnen. Im Jahr 2014 betrug der Leerstand in Westdeutschland 2,4 %. Bei der Differenzierung nach Regionen stagnierte der Leerstand in den Schrumpfungsregionen (rückläufige Bevölkerung) zunächst, stieg aber in den letzten Jahren wieder leicht an und beträgt derzeit 6,9 % In den Regionen mit wachsender Bevölkerung liegt der Leerstand bei unterdurchschnittlichen 2,1 % und ist seit neun Jahren rückläufig (2002: 2,8 %). Ein ebenso differenziertes Bild gibt es in einzelnen Städten. Die niedrigsten Quoten lagen in Hamburg und Darmstadt bei 0,6 %, wohingegen die höchsten Anteile in Pirmasens mit 9,3 % und in Salzgitter bei 9,8 % liegen.

Beim „totalen Leerstand" des CBRE-Empirica-Leerstandsindex sind die Basis die Ergebnisse des Mikrozensus, die dann auf den Gesamtbestand hochgerechnet werden. Dazu zählt der gesamte marktaktive Leerstand, hinzu kommen aber auch Ruinen und dysfunktionaler Leerstand (nicht kurzfristig aktivierbar; > 6 Monate). Deswegen fallen die als marktaktiver Leerstand ermittelten Leerstandsquoten geringer aus als der totale Leerstand. Im Jahr 2011 standen 5,3 % der Geschosswohnungen leer und 3,4 % der Eigenheime.

Eine **dritte** Quelle für Daten über den Wohnungsleerstand sind die offiziellen Daten des Statistischen Bundesamtes. Eine Methode hierbei ist der Zensus, der im Gegensatz zum CBRE-Empirica-Leerstandsindex auch den nicht-marktaktiven Leerstand berücksichtigt, also z. B. Wohnungen und dysfunktionale Leerstände, die nicht kurzfristig (innerhalb von sechs Monaten) aktivierbar sind. Weiterhin werden für den Zensus die Ergebnisse für alle Wohnungen (inkl. Eigenheime) ausgewiesen.

Nach den Ergebnissen des Zensus standen im Mai 2011 1,8 Mio. Wohnungen oder ein Anteil von 4,4 % leer. Doch die Unterschiede zwischen den einzelnen Standorten sind mitunter deutlich. Während die höchste Leerstandsquote mit 9,8 % in Sachsen zu finden ist, stehen in Hamburg gerade einmal 1,5 % der Wohnungen leer. Bei den Großstädten ab 100.000 Einwohnern weisen die vier ostdeutschen Städte Chemnitz (13,7 %), Leipzig, Halle und Magdeburg die höchsten Leerstände beim Zensus auf. Danach folgen aus dem Westen die Städte Hagen und Gelsenkirchen mit jeweils fast 7 %. Von den insgesamt untersuchten 76 Städten haben nur vier eine Leerstandsquote, die unterhalb von 2 % liegt. Dazu zählt die ostdeutsche Stadt Jena sowie aus dem Westen Münster, Hamburg und mit dem geringsten Leerstand Oldenburg.

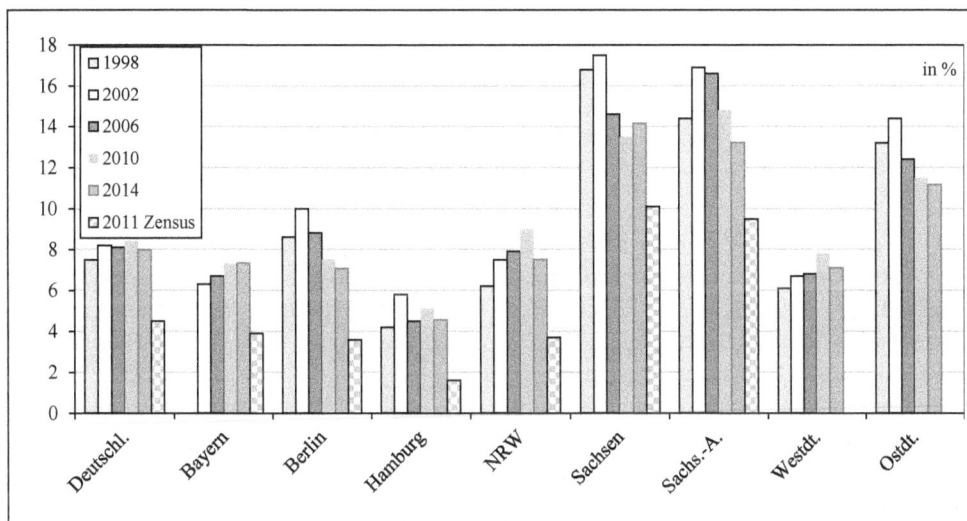

Abb. 3.51:   Leerstandsentwicklung; Quelle: Mikrozensus verschiedener Jahre; Zensus 2011, verfügbar unter:
            https://ergebnisse.zensus2011.de/, abgerufen am 16.02.2017, eigene Darstellung.

Weiterhin wird vom Statistischen Bundesamt der Wohnungsleerstand regelmäßig durch den Mikrozensus ermittelt (siehe Abbildung 3.51). Beim Mikrozensus gilt eine Wohnung als unbewohnt oder leerstehend, wenn sie zum Zeitpunkt der Erhebung vom Interviewer als unbewohnt bzw. leerstehend identifiziert wurde. Ob sie zu diesem Zeitpunkt jedoch noch vermietet ist, vom Eigentümer selbst genutzt wird oder eine Ferien- oder Freizeitwohnung ist, ist für den Interviewer nicht erkennbar. Dies erklärt weitgehend die unterschiedliche Höhe der Leerstände im Vergleich zum Zensus.

Hiernach waren im Jahr 2014 37,8 Mio. aller Wohnungen in Deutschland bewohnt und 3,3 Mio. unbewohnt. Wohngebäude mit einer Wohnung haben den höchsten Anteil an den gesamten Leerständen. In den neuen Ländern (einschließlich Berlin) ist diese Quote u. a. wegen der Rückbaumaßnahmen deutlich gesunken. Die Höchststände waren im Jahr 2002 zu verzeichnen. Die Leerstände dort sind sowohl auf den Bauboom in den 1990er-Jahren als auch auf Abwanderungen zurückzuführen. Seit 2002 ist die Zahl der leer stehenden Wohnungen wieder deutlich zurückgegangen. Ohne staatliche Maßnahmen u. a. im Rahmen des Umbau Ost jedoch würden die Leerstände wohl höher ausfallen. Die Quoten lagen aber weiterhin über dem Durchschnitt des früheren Bundesgebietes. Generell zeigt sich der Zusammen-

hang zwischen demografischen und ökonomischen Rahmenbedingungen sowie den Wohnungsmärkten. So ist in den stark schrumpfenden Regionen üblicherweise ein höherer Leerstand zu verzeichnen als in den wachsenden Regionen.

Weitere wichtige Marktergebnisse des Wohnungsmarktes sind die **Preise** und **Mieten**. Diese
sind Indikatoren für die relativen Knappheiten auf den jeweiligen Wohnungsteilmärkten. Die
Entwicklungen der Indikatoren zeigen an, ob ein Teilmarkt ausgeglichen bezüglich Angebot
und Nachfrage ist oder ob es einen Angebots- oder Nachfrageüberschuss gibt. Während die
Preisentwicklungen auf den Immobilienmärkten üblicherweise durch starke Preiszyklen
charakterisiert sind, weist der deutsche Wohnimmobilienmarkt eine relativ hohe Preisstabili-
tät auf.

Kaufpreisentwicklung

Kaufpreis
Der Kaufpreis ist der in Geldeinheiten ausgedrückte Wert für ein Haus oder eine Wohnung,
der zwischen Verkäufer und Käufer bei einem tatsächlichen Verkauf ausgehandelt wird.

In Deutschland fehlt es an einer aussagekräftigen Preisstatistik, weder die amtliche Statistik
noch die privaten Marktakteure bieten eine bundesweite und hinreichend differenzierte Da-
tengrundlage an. Verbände und kommerzielle Unternehmen decken zwar Teilsegmente, insbesondere städtische Märkte, ab, für den Einfamilienhausmarkt in ländlichen Räumen, auf
denen die meisten Transaktionen stattfinden, gibt es hingegen nur wenige Aussagen. Von den
einzelnen Marktbeobachtern werden weiterhin unterschiedliche Methoden angewendet.

Eine **erste Methode** für die Bestimmung der Preisentwicklung ist die Auswertung von Preis-
datenbanken wie die der IDN Immodaten GmbH für die Empirica AG. In dieser Datenbank
werden regelmäßig und deutschlandweit Angebotspreise aus den Inseraten erfasst. Die Angebotspreise werden dann als sogenannte hedonische Preise berechnet. Bei diesem Verfahren
werden Qualitätsunterschiede (Baualter, Wohnfläche, Ausstattung oder Bauzustand) berücksichtigt und herausgerechnet, da die Objekte sich sehr stark unterscheiden können.

Bei einer **zweiten Methode** wird üblicherweise der Kaufpreis für ein Standardobjekt ermittelt. Dieser wird nicht nach einem speziellen statistischen Verfahren ermittelt, sondern es
werden typische bzw. übliche Werte aufgezeigt. Dabei werden wie bei der bulwiengesa AG
oftmals die gesamten öffentlich zugänglichen Informationen (u. a. Mietspiegel, Befragungen,
Artikel) ausgewertet, auf Plausibilität geprüft und zu den jeweiligen Werten verdichtet.

Vom Verband der Pfandbriefbanken (vdp) wird eine **dritte Methode** genutzt, wobei die Wertentwicklung auf tatsächliche Transaktionsdaten von den finanzierenden vdp-
Mitgliedsinstituten zurückgeführt wird. Auch hier wird ein hedonisches Verfahren angewandt, um die Preise um Qualitätsunterschiede zu bereinigen und damit qualitätsangepasste
Preise zu bilden.

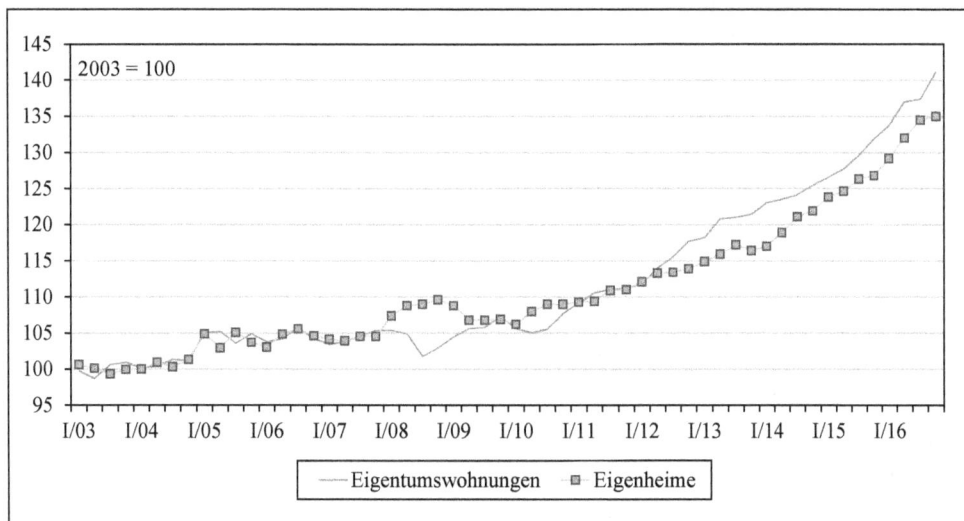

Abb. 3.52: Hauspreisindex; Quelle: vdp, vdp-Immobilienpreisindex, verfügbar unter:
            http://pfandbrief.de/cms/_internet.nsf/tindex/de_86.htm, abgerufen am 16.02.2017, eigene Darstellung.

Nach der vdp-Preisstatistik kam es durch den Bauboom in den 1990er-Jahren nach der Wiedervereinigung zu einer Preisstagnation. Seit dem Jahr 2003 ist über den gesamten Zeitraum
bis 2015 ein Anstieg der Preise um gut 35 % für Einfamilienhäuser und gut 40 % für Eigentumswohnungen festzustellen (siehe Abbildung 3.52). Ab der Jahresmitte 2010 zeigen beide
Indizes wieder eine deutlichere Aufwärtsentwicklung. Die überproportionalen Preisanstiege
in den Ballungsgebieten sind u. a. Ausdruck eines wanderungsbedingten Nachfrageüber-
hangs. Bei der Preisentwicklung gibt es dabei ein typisches Muster: Zunächst steigen die
Preise in den Städten an und danach erst in den peripheren Gebieten. Bei einem Vergleich der
regionalen Preisentwicklung zeigte sich, dass langfristig nur für wenige Kreise die Entwicklung der Preise über dem Anstieg der Verbraucherpreise lag. Im restlichen Deutschland sind
die Hauspreise hingegen real gesunken.

Mietentwicklung

Die Entwicklung der Mieten wird zum einen von amtlicher Seite vom Statistischen Bundesamt erfasst und ist Bestandteil des deutschen Verbraucherpreisindex. Zum anderen gibt es
verschiedene private Quellen.

Mit dem Warenkorb wertet das **Statistische Bundesamt** die Kosten der Lebenshaltung aller
privaten Haushalte aus. Dieser wird auf Basis von Umfrageergebnissen zu der Verbraucher-
preisentwicklung erstellt (siehe Abbildung 3.46). Nach der amtlichen Preisstatistik war der
Anstieg der Nettokaltmieten in den letzten Jahren nicht höher als 1,5 % im Jahresvergleich.

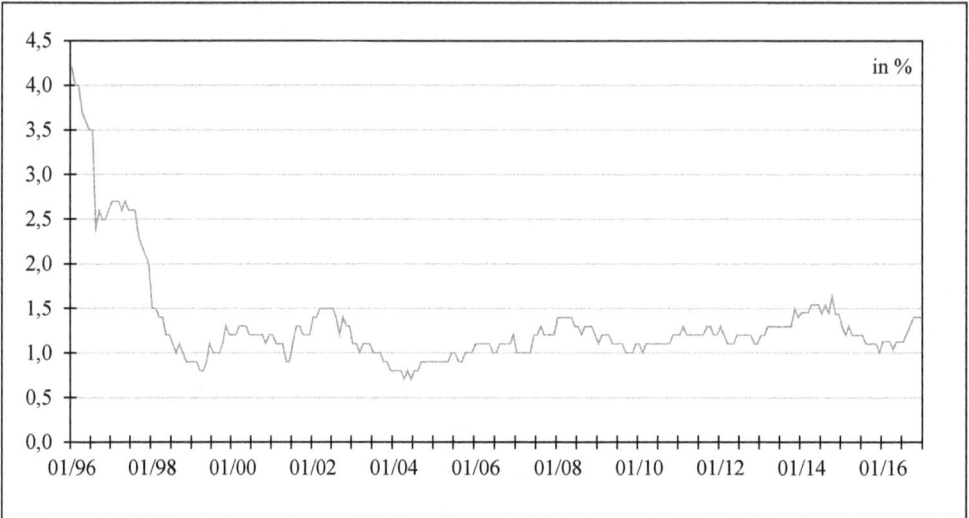

Abb. 3.53:   Mietentwicklung in Deutschland im Vergleich zum Vorjahr (Wohnungsmieten netto); Quelle: Statisti-
             sches Bundesamt, Verbraucherpreise, verfügbar unter: https://www-genesis.destatis.de/ gene-
             sis/online/data;jesessionid=7BA9A8D30054490E66F42F0ECAD10945.tomcat_GO_2_3?operation=st
             atistikAbruftabellen&levelindex=0&levelid=1497786956983&index=3, abgerufen am 16.06.2017, ei-
             gene Darstellung

Weitere Daten über die Mietentwicklung stammen von dem Mikrozensus 2015. Die Bruttokaltmiete betrug in diesem Jahr im Durchschnitt 6,72 Euro/m², sodass sich eine durchschnittliche Nettokaltmiete pro Wohnung von 473 Euro ergab. Dabei ist auch festzustellen, dass die
Nettokaltmiete umso niedriger war, je älter die Wohnung war: so war für eine Wohnung aus
der Zeit vor den Weltkriegen nur 6,10 Euro/m² zu zahlen. Die Warmmiete betrug in Deutschland im Schnitt 557 Euro, sodass sich eine durchschnittliche Warmmiete pro Quadratmeter
von ca. 7,91 Euro ergab.

Die **durchschnittliche Mietbelastung (Wohnkostenbelastung)**, d. h. der Anteil der Bruttokaltmieten am verfügbaren Haushaltsnettoeinkommen, betrug laut dem Statistischen Bundesamt im Jahr 2010 (Zensus) durchschnittlich 27,9 % und lag in der Spanne von 25,4 % bis
30,9 %.. Während die Single-Haushalte eine Belastung von deutlich über 31 % hatten, lag
der Anteil bei Paaren mit Kindern unter 18 Jahren nur bei gut 24 %. Einige Haushalte wiesen
zum Teil deutlich höhere Belastungen auf, z. B. gab jeder dritte Rentnerhaushalt 35 % oder
mehr für die Miete aus. Bei Alleinerziehenden stieg die Belastung mit der Zahl der Kinder:
während bei Alleinerziehenden mit einem Kind unter 18 Jahren die Mietbelastung im Schnitt
bei 28,5 % lag, betrug sie bei Familien mit drei oder mehr Kindern über 31 % des Haushalts-
nettoeinkommens. Extrem stark differierte die Belastung für die Haushalte bei unterschiedlichen Einkommenshöhen. Bei den niedrigen Einkommen (unter 1.300 Euro) lag der Anteil
bei über 30 % Im Extremfall mussten die Haushalte mit weniger als 700 Euro Einnahmen
mehr als 50 % für die Miete ausgeben. Bei Einkommen über 2.000 Euro lag die Mietbelastung bei unter 20 %. Nach dem Zensus 2010 war die Mietbelastung auch unterschiedlich
hoch, wenn das Einzugsjahr der Mieter betrachtet wird. Am höchsten war die Belastung für
die Haushalte, die erst nach 2009 eingezogen waren. Je länger das Einzugsdatum zurücklag,
desto niedriger fiel üblicherweise die Mietbelastung aus.

Nach dem **Zensus** zahlten Mieterhaushalte in Deutschland eine Bruttokaltmiete von durchschnittlich 440 Euro. Die Bruttokaltmiete setzt sich aus der Nettokaltmiete (Grundmiete) und
den sogenannten kalten Nebenkosten (zum Beispiel Abwasser, Müllabfuhr oder Ähnliches)
zusammen. Die warmen Nebenkosten (Kosten für Heizung und Warmwasser) bleiben bei der
Bruttokaltmiete unberücksichtigt. In den ostdeutschen Flächenländern waren die durchschnittlichen Mieten mit 345 Euro am niedrigsten. Stadtstaaten (460 Euro) und westdeutsche
Flächenländer (463 Euro) unterschieden sich kaum. Mieterhaushalte in Deutschland wende-
ten im Durchschnitt zwischen 25 und 31 % ihres verfügbaren Nettoeinkommens für die Bruttokaltmiete auf. Am höchsten waren die Mietbelastungsquoten in den Stadtstaaten: Hier
waren die Bruttokaltmieten hoch und gleichzeitig lag das verfügbare Nettoeinkommen mo-
natlich um 300 Euro unter dem Durchschnitt des früheren Bundesgebiets. Die Belastungs-
quoten lagen in der untersten Einkommensklasse (unter 700 Euro) bei 49 % und sanken mit
steigendem Einkommen kontinuierlich bis auf 10 % (Einkommensklasse ab 7.500 Euro).

In einer anderen Abgrenzung vergleicht der Immobilienverband IVD die Wohnkostenbelastung als Anteil der warmen Wohnkosten an den Nettohaushaltseinkommen. Hiernach ist der
Anteil in den vergangenen zwanzig Jahren leicht zurückgegangen. Während 1994 die Mieter
noch 19 % ihres Nettohaushaltseinkommens für ihre Wohnung ausgegeben haben, waren es
2014 nur noch rund 15 %. Von 1993 bis zur Mitte des letzten Jahrzehnts ging der Anteil
zurück, seit 2000 ist diese Relation recht konstant. In den größten Städten Deutschlands liegt
der Wohnkostenanteil generell über dem Bundesdurchschnitt. Wie im Bundestrend hat er
aber auch hier signifikant abgenommen – am stärksten in Berlin und Leipzig. Zwischen 1994
und 2014 hat er sich um sieben beziehungsweise um mehr als zehn Prozentpunkte reduziert.

Eine weitere amtliche Quelle stellen die **Mietspiegel** dar, die gewissen gesetzlichen Vorgaben genügen müssen. Diese existieren für größere und kleinere deutsche Städte und werden
normalerweise jährlich veröffentlicht. Außerdem erstellt die Bundesbank einen Index für den
Wohnungs- und Häusermarkt, der auf den Daten der bulwiengesa AG basiert.

Eine **differenzierte Statistik** gibt es von der bulwiengesa AG. Mieten werden grundsätzlich
für den Erstbezug (Neubau oder Sanierung) und für die Wiedervermietung ermittelt (siehe
Abbildung 3.54). Durch die Betrachtung der Mieten aktueller Neu- und Wiedervermietungen
lassen sich Rückschlüsse auf die aktuelle Situation am Mietwohnungsmarkt gewinnen.
Durch die Fokussierung auf 127 Städte sind ländliche Gebiete hier allerdings unterrepräsentiert. Bezugsgröße ist eine standardisierte Wohnung mit drei Zimmern und eine Wohnfläche
von ca. 65 bis 80 m² mit einer Standardausstattung. Aufgrund der Standardisierung ist somit
die Mietentwicklung vor allem von der Lage bzw. dem Mikrostandort abhängig. Es werden
die Nettokaltmieten als Minimal-, Maximal- und Durchschnittswerte ausgewiesen, wobei die
angegebenen Werte typische bzw. übliche Werte sind. Die Daten stammen aus einer Vielzahl
von Aussagen der Marktteilnehmer (z. B. Maklern, Banken, Gutachterausschüsse) und von
Quellen wie Zeitungsartikeln oder Preisspiegeln. Daraus wird nach Prüfung von Plausibilität
und Aggregation ein Mittelwert gebildet, der aber nicht einem statistischen Durchschnitt wie
Median oder arithmetischem Mittel entspricht. Letztlich handelt es sich bei den Daten zur
Mietentwicklung um Schätzungen von Marktteilnehmern, die ökonomisch plausibel erklärt
werden.

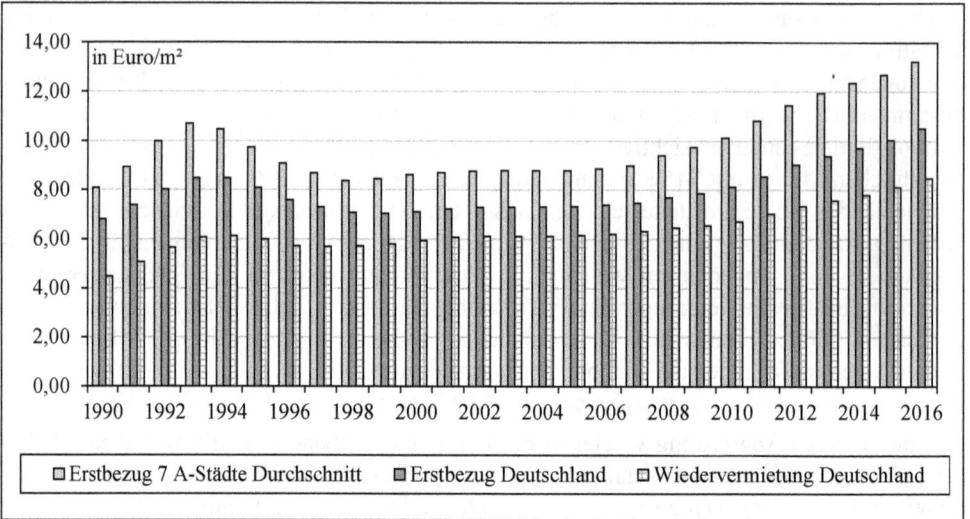

Abb. 3.54:   Mietentwicklung; Quelle: RIWIS-Datenbank der bulwiengesa AG, abgerufen am 21.02.2017, eigene
             Darstellung.

Die Mieten entwickelten sich im langfristigen Schnitt eher verhalten, was auch im Vergleich
zur Inflationsentwicklung in Deutschland dargestellt werden kann (siehe Abbildung 3.55).
Dabei lassen sich in den letzten 30 Jahren für die sechs großen westdeutschen Standorte
sowohl bei den Neubaumieten als auch bei den Mieten für die Wiedervermietung im Bestand
drei Entwicklungsphasen unterscheiden. Insbesondere in Phase zwei und drei sind dabei
signifikante Unterschiede zwischen dem Neubau und der Wiedervermietung im Bestand
festzustellen.

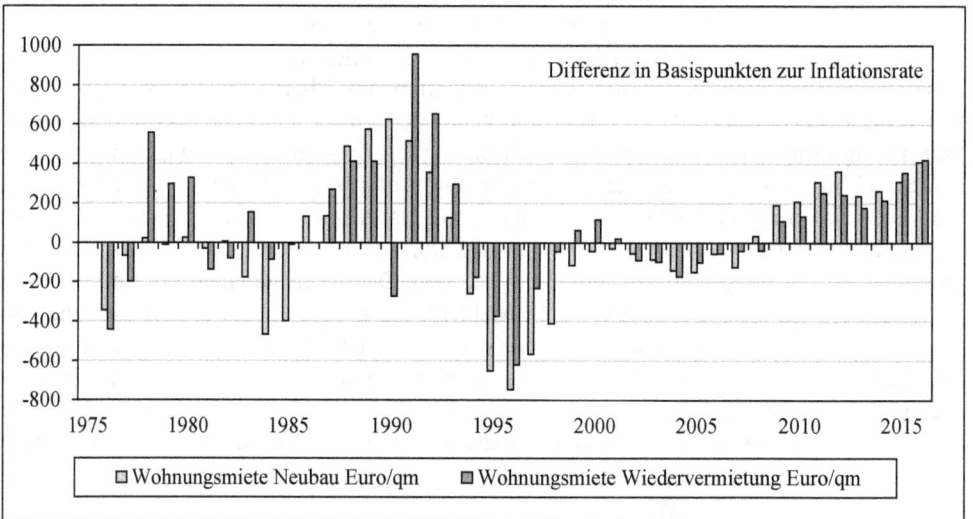

Abb. 3.55:   Mietentwicklung in Deutschland im Vergleich zur Inflation; Quelle: RIWIS-Datenbank der bulwienge-
             sa AG, abgerufen am 21.02.2017, eigene Darstellung.

In der **ersten** Phase von Anfang der 1980er-Jahre bis 1993 war mehr oder weniger eine Verdopplung der Mieten festzustellen. Da in dieser Marktphase die Verbraucherpreise nur um rund 50 % gestiegen waren, erfolgte bei den Wohnungsmieten eine reale Steigerung.

In der **zweiten** Phase von 1993 bis 2006/7 war eine Konsolidierung im Mietbereich festzustellen. Nach anfänglichen, deutlichen Mietrückgängen, kam es nur zu geringen Mietsteigerungen, so dass am Ende dieser Phase die Mieten im Wesentlichen auf dem gleichen Niveau lagen wie Mitte der 1990er-Jahre. Da im gleichen Zeitraum die Verbraucherpreise um rund 20 % anstiegen, kam es zu realen Mietrückgängen.

In der **aktuell dritten** Phase ist seit 2008 sowohl bei den Neubaumieten als auch bei der Wiedervermietung im Bestand ein signifikanter Mietanstieg in den sieben Topstandorten zu beobachten. Dieser liegt deutlich über der Inflationsrate, jedoch hinter den Mietsteigerungen der 1980er-Jahre. Die aktuellen Mietsteigerungen der Phase drei mögen zwar, insbesondere im Vergleich zur Inflation und zur Mietentwicklung in Phase 2, durchaus hoch sein, im Vergleich zur Phase 1 sind diese Mietsteigerungen jedoch nicht als außergewöhnlich hoch zu bezeichnen. Erst in den letzten Jahren war ein stärkerer Anstieg festzustellen, der aber zunächst nur ausgewählte Teilmärkte in den Metropolen betraf. Darüber hinaus hatte die Spreizung der Mieten zugenommen, da diese Mieten in den demografisch schrumpfenden Regionen unter Druck gerieten.

Nach der „**Laufenden Wirtschaftsrechnung**" des Statistischen Bundesamtes, bei der die Einnahmen und Ausgaben der Haushalte erfasst werden, wurde 2015 in Deutschland von einem Haushalt jeden Monat 859 Euro für Wohnen, Energie und Wohnungsinstandsetzung ausgegeben. Der Anteil der gesamten Mietausgaben an den gesamten privaten Konsumausgaben ist von 33 % (2009) auf 36 % im Jahr 2015 angestiegen.

Prognosen über die **zukünftige Entwicklung der Mieten** sind sowohl von der Nachfrage- als auch der Angebotsentwicklung abhängig. Relativ schwierig sind daher Prognosen, die allein von einer positiven demografischen Entwicklung einer Region auf steigende Mieten schließen. Es ist jedoch sehr wahrscheinlich, dass in demografisch schwachen Regionen ein Mietrückgang zu erwarten ist. Dies ist dadurch zu erklären, dass das Wohnungsangebot nicht sofort auf die durch die abnehmende Haushaltszahl geringere Nachfrage reagiert.

Exkurs: Preisblase am deutschen Wohnungsmarkt?

Nachdem die realen Wohnimmobilienpreise in Deutschland zwischen den Jahren 1994 und 2008 fielen, steigen sie seitdem wieder an, in einigen Ballungsräumen und Zuzugsgebieten sogar recht kräftig. Vor dem Hintergrund der Entwicklungen in den USA, Spanien oder Irland löste dies Bedenken bezüglich eines Hauspreisbooms (Preisblase) in Deutschland aus.

In der ökonomischen Literatur gibt es eine Reihe unterschiedlicher Definitionen des Begriffs „Preisblase". Es sind differenzierte Meinungen darüber verfügbar, welche Merkmale eine Preisblase beschreiben. Eine reine Preisbewegung ist allein nicht ausreichend, hierfür bedarf es eines Vergleichsmaßstabes.

Anhand des **Verhaltens der Marktteilnehmer** kann eine Preisblase erklärt werden. Dabei werden sowohl das Verhalten als auch die Erwartungen über die zukünftige Entwicklung berücksichtigt. Spekulationen sind übersteigerte Erwartungen, die hierbei das Verhalten auszeichnen.

Eine Preisblase kann auch durch **statistische Betrachtungen** erklärt werden. Diese ist offensichtlich, wenn es einen Abstand zwischen dem Marktpreis und dem fundamental gerechtfertigten Wert einer Immobilie gibt. Ökonometrische Modelle scheitern aber oft daran, dass keine ausreichenden statistischen Grundlagen vorhanden sind. Da es keine einheitliche Definition gibt, werden in der ökonomischen Literatur mehrere statistische Indikatoren verwendet, um eine Preisblase zu identifizieren.

a)   Langfristige Entwicklung in Deutschland

Bei einer langfristigen Betrachtung liegt eine Preisblase dann vor, wenn einem rasanten Preisanstieg ein Zusammenbruch folgt. Es wird somit von einer charakteristischen Entwicklung einer Blase ausgegangen.

In Deutschland gab es seit den 1970er-Jahren vier Perioden mit starken Wohnimmobilienpreisanstiegen. Allerdings entwickelten sich diese immer in Situationen, in denen sich die Einkommens-, die Inflationserwartungen oder die Finanzierungsbedingungen deutlich veränderten. Die Phasen waren erstens Anfang der 1970er-Jahre, in denen die deutsche Wirtschaft stark wuchs und Vollbeschäftigung herrschte. Danach kamen die Boomphase Ende der 1970er-Jahre – 1976 bis 1981 – und drittens die Jahre nach der Wiedervereinigung zwischen 1989 und 1993, bei denen attraktive Abschreibungsbedingungen zu massiven Investitionen in ostdeutsche Wohnimmobilien führten. Die vierte Wachstumsphase begann parallel mit der globalen Wirtschaftskrise im Jahr 2008, wobei der reale Preisanstieg sich seit dem Beginn der europäischen Schuldenkrise beschleunigte.

b)   Internationaler Vergleich

Bei einem Vergleich der realen Preisanstiege in Deutschland mit den Phasen der Immobilienpreisanstiege anderer OECD-Länder liegt die aktuelle Entwicklung am unteren Ende und ist eher als eine Normalisierung des Preisniveaus zu sehen. Im Vergleich mit historischen Boomphasen der realen Wohnimmobilienpreise in OECD-Ländern zwischen 1970 und 2015 zeigt sich, dass die realen Preisanstiege in Deutschland in der Spanne von rund 2 % bis 3 % pro Jahr am unteren Ende lagen. Weiterhin machen die Quadratmeterpreise für Wohnungen in deutschen Großstädten nur einen geringen Teil des Preisniveaus in anderen europäischen Großstädten aus. Die OECD-Historie belegt, dass niedrige reale Zinsen und stark steigende Einkommen die Ursachen für Immobilienpreisanstiege sind.

c)   Preis-Miet-Relation: Faktor/Vervielfacher

Diese Relation spiegelt die jährlichen Erträge aus der Vermietung einer Immobilie im Verhältnis zu den Anschaffungskosten wider. Steigen die Immobilienpreise stärker als die Mieten, steigen die Faktoren, und damit kann dies ein Anzeichen für eine Überbewertung der Immobilien sein. Bei der Bestimmung eines fundamental gerechtfertigten Preises wird entsprechend vorgegangen und davon ausgegangen, dass dieser um einen konstanten Mittelwert schwanken soll, da Wohnungspreise und -mieten langfristig denselben Trend aufweisen sollen. In den Jahren 2005 bis 2009 sanken die Faktoren aufgrund stagnierender Immobilienpreise und leicht anziehender Mieten. Seit dem Jahr 2010 stiegen jedoch die Immobilienpreise stärker an als die Mieten, sodass die Mietrenditen sanken und die Faktoren stiegen.

d)   Preis-Einkommens-Relation

Verglichen wird bei dieser einfachsten Form eines Erschwinglichkeitsindikators das Verhältnis des Wertes eines Eigenheims mit dem Durchschnittsnettoeinkommen eines Haushalts. Dieser Index geht über die ausschließliche Darstellung des Preises hinaus und ermöglicht den Vergleich mit dem Einkommen, da dieses in den jeweiligen Städten auch sehr unterschiedlich hoch sein kann. Dieser Indikator drückt die Erschwinglichkeit einer Immobilie für einen Haushalt aus: Wie viele durchschnittliche Jahresnettoeinkommen in deutschen Städten müssen aufgebracht werden, um ein Eigenheim zu erwerben? Dabei lassen sich deutliche Unterschiede zwischen den deutschen Großstädten erkennen.

e) Kreditwachstum

Ein weiterer Indikator für mögliche Preisübertreibungen kann ein starkes Kreditwachstum darstellen. Das Platzen einer Immobilienblase zieht umso größere volkswirtschaftliche Schäden nach sich, je stärker die Immobilien auf Kredit gekauft wurden.

Die konjunkturelle Entwicklung der Immobilienmärkte kann mit dem Kreditvergabeverhalten des monetären Sektors korreliert sein. So ist eine spekulative Blase auf dem Immobilienmarkt häufig das Ergebnis einer expansiven Kreditvergabe. Niedrige oder variable Zinsen begünstigen dabei eine expansive Kreditvergabe. Weiterhin wird dies gefördert, wenn Immobilienschulden nicht getilgt werden müssen oder die Schuldzinsen steuerlich abzugsfähig sind. Problematisch wird es insbesondere dann, wenn ein selbstverstärkender Prozess einsetzt, bei dem sich steigende Preise und wachsende Verschuldung gegenseitig bedingen. Dieser entsteht, wenn Immobilienkäufer weiter steigende Preise erwarten und dadurch ihre Bereitschaft zur Verschuldung steigt. Gleichzeitig führten in der Vergangenheit aber auch Einbrüche am Immobilienmarkt oftmals zu einer Finanzkrise.

Internetquellen
bulwiengesa AG RIWIS-Datenbank, Daten zum Büroimmobilienmarkt und Einzelhandelsimmobilienmarkt Deutschland.
Deutsche Bundesbank, Kredite für gewerbliche Immobilien, verfügbar unter:
http://www.bundesbank.de/Navigation/DE/Statistiken/Zeitreihen_Datenbanken/Makrooek onomische_Zeitreihen/its_details_value_node.html?tsId=BBK01.TQ7165, abgerufen am 19.06.2017.
Deutsche Bundesbank, Wohnungsbaukredite, verfügbar unter:
http://www.bundesbank.de/Navigation/DE/Statistiken/Zeitreihen_Datenbanken/Makrooek onomische_Zeitreihen/its_details_value_node.html?tsId=BBK01.TQ7163&listId= www_s101_fsi_immobilien, abgerufen am 19.06.2017.
Deutsche Bundesbank, Preise für Wohn- und Gewerbeimmobilien, verfügbar unter:
http://www.bundesbank.de/Navigation/DE/Statistiken/IWF_bezogenen_Daten/FSI/ fsi.html, abgerufen am 19.06.2017.
Statistisches Bundesamt, Statistiken zum Wohnungsmarkt, https://www.destatis.de/ DE/ZahlenFakten/GesellschaftStaat/EinkommenKonsumLebensbedingungen/Wohnen/Wo hnen.html

Marktberichte von Maklern:
- www.brockhoff.de
- www.bulwiengesa.de
- www.cbre.de
- www.joneslanglasalle.de

Marktberichte (außer Maklern):
- www.pfandbrief.de
- www.immo-report.com/
- www.immobilien-kompass.de/
- www.mietspiegeltabellen.de/

Übungsfragen und Fallstudien

1. Definieren Sie „Investment" und grenzen Sie den Immobilien-Investmentmarkt von anderen Immobilienmärkten ab.

2. Welche fünf wesentlichen Einflussfaktoren wirken auf die Investoren auf den Immobilien-Investmentmärkten? Wie wichtig – hoch oder niedrig – sind diese Einflussfaktoren beim Immobilienmarkt im Vergleich zu anderen Investmentmärkten bzw. Assets wie Aktien, Gold oder Wertpapieren?

3. Für ein Interview Ihres Vorstands mit einer Zeitung sollen Sie eine Argumentationshilfe erstellen. Das Thema des Interviews lautet: Sollen Kapitalanleger in Immobilien investieren? Beschreiben Sie sowohl für die Privatanleger als auch für institutionelle Anleger jeweils drei Pro- und Contra-Argumente.

4. Der Staat greift auf vielfältige Weise auf dem Wohnungsmarkt ein. Beschreiben Sie jeweils zwei Beispiele, wie der Staat das Angebot an Wohnungen einschränkt oder fördert.

5. In Deutschland soll teilweise eine Preisblase an den Wohnungsmärkten drohen. Beschreiben Sie mögliche Maßnahmen des Staates, um eine Preisblase zu verhindern.

6. Ihr Vorgesetzter bittet Sie für das morgige Jour fixe einen Kurzvortrag über die Perspektiven eines Immobilienmarktes vorzubereiten. Berichten Sie in einem 5-Minuten-Vortrag über die Entwicklung im laufenden Jahr und Ihre Erwartungen für das kommende Jahr für den folgenden Markt:
   a) Büromarkt Berlin,
   b) Büromarkt Frankfurt,
   c) Einzelhandelsimmobilienmarkt Deutschland und
   d) Wohnimmobilienmarkt Deutschland.

7. Es gibt unzählige Analysen zu den verschiedensten Immobilienmärkten. Recherchieren Sie drei unterschiedliche Analysen für einen Immobilienmarkt Ihrer Wahl und stellen Sie einen Vergleich zwischen den Analysen an. Dabei soll herausgearbeitet werden, welche Institutionen oder Personen Immobilienmarktanalysen zu welchem Zweck durchführen. Wer ist Adressat dieser Analysen? Auf welcher Datenbasis beruhen die Analysen? Wie umfangreich und genau sind diese Analysen? Was gibt es für sonstige Anmerkungen?

8. „Wohnungsnot" oder „Wohnungsleerstand" auf den deutschen Wohnungsmärkten – wo stehen die Märkte heute und welche mittelfristigen Perspektiven weisen sie auf?

Fallstudie

Herr Libuda ist Mitarbeiter einer Projektentwicklungsfirma, die sich mit der Projektierung von großen Einkaufszentren in den Innenstädten der großen deutschen Städte beschäftigt. Das Unternehmen möchte neue Standorte entwickeln und benötigt hierfür Informationen, die von Herrn Libuda recherchiert werden.

Die aktuelle Planung sieht vor, dass ein Shoppingcenter in der Innenstadt von Bochum erstellt werden soll. Das Einkaufszentrum soll eine Verkaufsfläche von 20.000 m² aufweisen und über den üblichen Branchenbesatz mit Geschäften verfügen.

Für das von der Stadt Bochum beabsichtigte Ausschreibungsverfahren soll Herr Libuda eine Standort- und Marktanalyse durchführen. Weitere Informationen über den Einzelhandelsstandort Bochum sowie die Marktsituation bei Angebot bzw. Wettbewerb und dem Nachfragepotenzial sind im Internet zu recherchieren.

Ihre Aufgabe: Unterstützen Sie Herrn Libuda bei seiner Researchtätigkeit und erstellen Sie für die Projektgesellschaft eine Standort- und Marktanalyse für den Shoppingcenter-Standort Bochum.

4 Zukunft der Immobilienwirtschaft und -märkte – Megatrends

Bei Megatrends, die langfristige Trends darstellen, handelt es sich um sich abzeichnende Veränderungsprozesse, welche Veränderungen und Dynamiken beschreiben. Der Begriff Megatrend wurde durch den amerikanischen Zukunftsforscher John Naisbitt geprägt und beschreibt einen langfristigen, tiefgreifenden Trend, welcher deutliche gesellschaftliche, politische, technische und/oder wirtschaftliche Veränderungen mit sich bringt. Es werden auf der Grundlage von historischen Gegebenheiten oder Daten Aussagen über zukünftig wahrscheinliche Entwicklungen getroffen.

In diesem Lehrbuch wird von sechs verschiedenen Megatrends ausgegangen, die sich wesentlich auf die langfristige Entwicklung von Immobilienmärkten auswirken können: Globalisierung, Wirtschaftsentwicklung, demografische Entwicklung, Finanzmärkte, Digitalisierung und Nachhaltigkeit. Die Effekte dieser Megatrends werden jeweils zunächst allgemein im Hinblick auf die Immobilienmärkte analysiert, bevor auf die differenzierten Auswirkungen für den Immobilien-Investmentmarkt sowie die drei Objektmärkte Büro-, Einzelhandels- und Wohnimmobilienmärkte eingegangen wird.

Lernziele zu Kapitel 4
Nach der Bearbeitung dieses Kapitels können Sie
- die wesentlichen langfristigen Werttreiber in Form der Megatrends für Immobilien auf den verschiedenen Märkten bewerten,
- Globalisierung und deren Auswirkungen auf Immobilienmärkte aufzeigen,
- die Megatrends in der Ökonomie sowie deren Effekte auf den Immobilienbereich analysieren,
- den demografischen Wandel, der sich langfristig auf die Entwicklungen der Immobilienmärkte auswirkt, analysieren,
- die langfristigen Entwicklungen auf den Finanzmärkten und ihre Folgen für die Immobilienmärkte beurteilen,
- die verschiedenen Aspekte der Digitalisierung mit ihren Effekten für die Immobilienwirtschaft bewerten,
- Nachhaltigkeit in ihrer ökonomischen, sozialen und ökologischen Dimension beschreiben und ihre wesentlichen Herausforderungen für die Immobilienwirtschaft und die Immobilien selbst kritisch darstellen.

https://doi.org/9783110550535-155

4.1   Megatrends

In der Trend- oder Zukunftsforschung wird zwischen verschiedenen Ausprägungen von Ver-
änderungsprozessen unterschieden, die sich nach der Fristigkeit ergeben. Kurzfristig zeigen
sich Produkt- oder Modetrends, danach kommen Konsum- und Zeitgeisttrends, die auch
mittelfristige Auswirkungen haben. Ebenso lang wirken soziokulturelle Trends, die die Le-
bensgefühle von Menschen ausdrücken und schließlich die Megatrends.

Die langfristigen Entwicklungen oder Entwicklungsmuster einer Gesellschaft werden als
„Megatrends" bezeichnet. Der Begriff selbst wurde Anfang der 1980er-Jahre vom US-
Futurologen John Naisbitt geprägt. Megatrends beschreiben allgemein die langfristige Richtung einer Entwicklung, auf deren Basis dann eine Prognose erstellt werden kann. Danach
sind Megatrends große soziale, ökonomische, politische und technische Veränderungen, die
langfristig Einfluss nehmen. Ein Megatrend beeinflusst das gesellschaftliche Weltbild, er
beeinflusst die Werte und das Denken. Ein Megatrend wird somit auch fundamental und
grundlegend das Angebot und die Nachfrage nach Immobilien beeinflussen. Megatrends sind
demnach fundamentale Werttreiber für die Immobilien.

Megatrends weisen drei zentrale Merkmale auf. Megatrends sind **erstens** langjährige Veränderungen. Im Unterschied zu kurzfristigen Mode- und Konsumtrends zeichnen sich Megatrends durch die charakteristische Eigenschaft der Langfristigkeit aus. Megatrends entfal-
ten ihre Wirkung über mehrere Jahrzehnte hinweg. In der heutigen Trendforschung wird
zumeist davon ausgegangen, dass ein Megatrend 30 Jahre oder länger anhält. Es wird weiterhin davon ausgegangen, dass sich diese Trends relativ gut abschätzen lassen. Kurzfristige
Abweichungen von diesem Pfad beeinflussen die grundsätzliche Richtung dabei nicht. Aber
es kann gleichzeitig jederzeit gegenläufige Trends geben, die aber üblicherweise nur kurzfristig oder für Teilbereiche gelten.

Megatrends sind nicht nur gekennzeichnet durch ihre langfristigen Wirkungen, sondern **zweitens** durch das breite Spektrum an Bereichen, die sie beeinflussen. Dies reicht vom Konsum
über Politik, Wirtschaft, Kultur bis hin zur ganzen Gesellschaft. Diese umfassen langfristige
soziale, ökonomische, politische und technologische Veränderungen, welche die Entwicklung einer Gesellschaft grundlegend prägen.

Ein Megatrend vereint **drittens** dabei eine Vielzahl verschiedener Einzeltrends. Oft können
die Megatrends nicht scharf voneinander abgegrenzt werden, sondern vermischen sich miteinander. Megatrends sind in einer vernetzten Welt zunehmend global auftretende Phänomene,
wobei sie gleichzeitig synchron und asymmetrisch verlaufen. Megatrends sind nicht konstant, sondern sie entwickeln sich dynamisch. Dennoch können durchweg übereinstimmende
Tendenzen festgestellt werden, deren Intensität aber nach Regionen abweichen kann. Es zeigt
sich, dass sich unterschiedliche, teils sogar widersprüchliche Megatrends überlagern und
dass sie in verschiedenen Regionen der Welt und in verschiedenen sozialen Milieus unterschiedlich wirken können. Manche Trends sind erst in der Anbahnungsphase und ihr Einfluss
nimmt noch zu, andere haben ihren Zenit schon überschritten und werden zukünftig an Bedeutung verlieren. In der Literatur gibt es unterschiedliche Auffassungen darüber, welche
Megatrends es gibt und wie ihre Bedeutung ist.

Megatrends eignen sich daher **insgesamt** hervorragend, um denkbare Veränderungen in der
Immobilienwirtschaft und auf den Immobilienmärkten von morgen zu erläutern und mögliche Entwicklungen quantitativer und qualitativer Art abzuschätzen. Sie wirken umfassend

und tiefgreifend auf die Akteure wie Regierungen oder Individuen und ihr Konsumverhalten, aber auch auf Unternehmen und ihre Strategien. An dieser Stelle werden jedoch nur Megatrends aufgegriffen, welche eher unmittelbare Auswirkungen auf die quantitative wie qualitative Veränderungen in der Immobilienwirtschaft und bei den Immobilienmärkten haben.

4.2 Globalisierung

Die Globalisierung prägt wesentlich die internationale Entwicklung der vergangenen 25 Jahre. Der Megatrend Globalisierung beschreibt eine weltweit zunehmende Verflechtung verschiedenster Lebensbereiche. Dies umfasst Ökonomie, Kultur, Wissen und Technologie sowie die internationale Politik. Auf der gesellschaftlichen Ebene bedeutet dies eine verstärkte kulturelle Durchdringung früher eher national geprägter Gesellschaften. Kunst und Kultur werden global wahrgenommen und orientieren sich entsprechend weniger an nationalen Besonderheiten. Moderne Informationstechnologie ermöglicht den Menschen einen Gedankenaustausch über die klassischen Grenzen hinweg.

Globalisierung bezeichnet einen **historischen Prozess**, der Grenzen überschreitet. Es ist ein Prozess der weiträumigen Ausdehnung und Verknüpfung von Aktivitäten, der u. a. in einer wachsenden, regionale und nationale Grenzen überschreitenden Bewegung von Gütern, Kapital und Menschen zum Ausdruck kommt. Ausgangspunkt der Globalisierung sind lokale Märkte, die im Zeitablauf von der Internationalisierung und Globalisierung betroffen sind. Unter Internationalisierung werden im Allgemeinen die wirtschaftliche Verflechtung und die sich daraus ergebenden Interdependenzen zwischen (lat.: *inter*) verschiedenen Ländern und ihrer Wirtschaftssubjekte in unterschiedlichen Bereichen und Ausmaßen verstanden. Internationalisierung beschreibt den Prozess der zunehmenden Quantität und Qualität solcher Verflechtungen.

Globalisierung ist aus einer steigenden Quantität und Qualität internationaler Verflechtungen erst entstanden. Der Begriff der Globalisierung geht üblicherweise über das Verständnis von Internationalisierung hinaus und präsentiert sich als mehrdimensionales Phänomen. Die neue Dimension besteht sowohl quantitativ (ein „Mehr" an Beziehung) als auch qualitativ (eine andere Art von Beziehung). Zur Globalisierung wird Internationalisierung erst ab einer bestimmten Reichweite und Intensität der Beziehungen. In einer „globalisierten" Welt haben die Kooperationsbeziehungen eine neue Qualität erreicht, vor deren Hintergrund nationalstaatliche Politik unzureichend erscheint. Die Globalisierung kann somit als eine weltweite Verflechtung von unterschiedlichen Wirtschafts- und Lebensbereichen bezeichnet werden. Die Unternehmen sind überall auf der Welt tätig, der Konsument richtet sich auch nicht mehr nach nationalen Besonderheiten, sondern nach globalen Trends. Weiterhin orientiert sich staatliches Handeln nicht mehr ausschließlich an nationalen Interessen, sondern auch an globalen Belangen. In der Globalisierung entsteht ein immanenter Gegentrend, der auch Regionalisierung oder Glokalisierung genannt wird.

Die Entwicklung der Globalisierung ist ein **offener Prozess**, für den gegensätzliche Tendenzen, ein Nebeneinander von Veränderungen und bestehenden Strukturen charakteristisch sind. Die Globalisierung hat sich durch eine Weiterentwicklung der Internationalisierung aus dieser entwickelt, wobei sich das „Neue" sowohl quantitativ als auch qualitativ ergibt. Die Globalisierung verläuft nicht flächendeckend und homogen. Unterschiedliche Phasen markieren jedoch weder einen Endpunkt eines linearen Prozesses, noch folgen die Entwicklungen vorher bekannten Mustern. Vielmehr wird die Globalisierung als eher zufälliger, offener und gestaltbarer Prozess begriffen. Die Globalisierung der Wirtschaft ist das Resultat einer Vielzahl von ökonomischen Entscheidungen und nicht z. B. staatlich geplant. Standen sich in den Globalisierungsdebatten „global" und „lokal" zunächst als Extreme gegenüber, wird heute die Entwicklung der Globalisierung im Kern als die Intensivierung der Interdependenzen zwischen globalen und lokalen Prozessen verstanden.

Aus **ökonomischer Sicht** bezieht sich Globalisierung auf einen dynamischen und multidimensionalen Prozess der wirtschaftlichen Integration. Globalisierung ist die Entstehung globaler Kapital-, Dienstleistung- und Gütermärkte, welche zu einer zunehmenden weltweiten Verflechtung und einer zunehmenden Integration der Volkswirtschaften führen. Wertschöpfungsketten werden immer stärker global organisiert und erfordern komplexe Steuerungsmechanismen. Die internationalen Finanzmärkte werden weiter an Bedeutung für die Entwicklung des realen Sektors einer Volkswirtschaft gewinnen (siehe Kapitel 4.5). Damit wandeln sich nationale zu globalen Märkten, die nicht mehr von einzelnen Staaten gesteuert werden können, wodurch aber auch Abhängigkeiten zunehmen.

Die **Ursachen** der zunehmenden ökonomischen Verflechtung von Volkswirtschaften und ihren Wirtschaftssubjekten lassen sich auf eine Vielzahl von Faktoren zurückführen. Wesentliche Rahmenbedingungen für die Globalisierung ergeben sich erstens durch politische bzw. polit-ökonomische oder gesellschaftliche Veränderungen in Form der Liberalisierung und Deregulierung. Grundlegende Voraussetzung für die Globalisierung der Wirtschaft sind politische Faktoren und Reformprozesse, die auf den neoliberalen Wirtschaftsgedanken der Liberalisierung und Deregulierung beruhen. Essentielle Ursachen für die globale Integration waren die Liberalisierungen des Welthandels und der Finanzmärkte sowie die Deregulierungen der Wirtschaft. Die Globalisierung erfordert von den Staaten eine liberale Gestaltung ihres grenzüberschreitenden Handels- und Finanzverkehrs sowie den Abbau von wettbewerbsbeeinträchtigenden Regularien.

4.2.1   Globalisierung der Immobilienwirtschaft

Die Globalisierung mit ihren zusammenwachsenden Märkten und einer zunehmend integrierten Weltwirtschaft zeigt auch Auswirkungen auf die einzelnen nationalen Immobilienmärkte. Dabei stellt die Globalisierung für die Immobilienwirtschaft eine besondere Herausforderung dar, da Immobilien standortgebunden sind. Die Immobilienmärkte sind von der Globalisierung auf vielfältige Weise betroffen.

Globale Immobilienmärkte sind ein relativ **junges Phänomen**. Die lokalen Immobilienmärkte erfuhren durch die steigende Intensität und geografische Ausdehnung der ökonomischen Verflechtungen in den letzten Jahren einen signifikanten Zuwachs an ausländischen Aktivitäten. Während bis in die 1990er-Jahre mit Ausnahme internationaler Mieter und weniger risikobereiter Investoren das Marktgeschehen hauptsächlich über komplexe lokale Netzwerke gesteuert wurde, kommt es erst seit ungefähr der Jahrtausendwende durch den Marktzutritt globaler Akteure zu neuen Konkurrenzsituationen und stärkeren internationalen Verflechtungen. Dadurch vollzieht sich ein sukzessiver Wandel von vormals stark lokal bestimmten zu eher global orientierten Märkten. Das zeigt sich in vielfältigen Formen auf den Immobilienmärkten, wobei es gleichzeitig eine komplexe Verflechtung traditioneller und moderner Elemente gibt. Mit zunehmender Tätigkeit ausländischer Akteure verbreiten sich internationale Standards, die zu einer erhöhten Professionalisierung und Markttransparenz beitragen.

Die Globalisierung mit ihren zusammenwachsenden Märkten und einer zunehmend integrierten Weltwirtschaft zeigt ihre Auswirkungen auf die einzelnen nationalen Immobilienmärkte. Die Globalisierung der Immobilienmärkte wird als **langfristige diskontinuierliche Entwicklung** und nicht nur als zeitweiliges Phänomen eingeordnet. Es ist dies kein stetiger Prozess, sondern es gibt auch immer wieder Rückgänge und Unterbrechungen. Die Globalisierung der Immobilienwirtschaft ist keine eindimensionale Ausdehnung ökonomischer Aktivitäten und Beziehungen von der lokalen über die regionale bzw. nationale bis hin zur globalen Ebene. Die Globalisierung der Immobilienwirtschaft zeigt sich weiterhin als offener, qualitativer, heterogener und vielschichtiger Prozess, wobei Globalisierung kein übergeordneter Sachzwang ist, der die lokalen Unterschiede einebnet und untergeordnete Ebenen bedeutungslos macht.

Die Immobilienmärkte selbst sind **unterschiedlich stark** von der Globalisierung betroffen. Immobilienmärkte weisen eine hohe Vielfalt lokaler, regionaler, nationaler und globaler Einflüsse auf, ohne vollständig mit einer einzelnen geografischen Ebene verbunden zu sein. Die Triebkräfte der Globalisierung im Immobiliensektor liegen auf unterschiedlichen Ebenen. Globale, nationale und lokale Dimensionen überlappen sich in einer komplexen Art und Weise und konstituieren so eine Vielzahl von heterogenen Immobilienmärkten. Dies gilt sowohl hinsichtlich der regionalen Märkte als auch der Unterscheidung zwischen Investment- sowie Vermietungsmärkten und weiteren Märkten in der Wertschöpfungskette der Immobilie. Das Ausmaß der Globalisierung sowie die Ausdehnung der Immobilienwirtschaft lassen sich nur schwerlich quantitativ und qualitativ erfassen. Dies und damit auch die Relevanz der Globalisierung kann aufgrund komplexer Strukturen und teilweise fehlender statistischer Transparenz nur in Teilen statistisch erfasst werden.

Die Globalisierung der Immobilienwirtschaft findet auf allen **Wertschöpfungsstufen** bzw. im Lebenszyklus von Immobilien statt: auf den Märkten der Nutzer, jenen der Investoren sowie der Finanzierer. Durch die Globalisierung von einerseits Produktion und andererseits Investments entsteht ein zunehmender globaler Bedarf an Dienstleistungen rund um die Immobilie. Von Projektentwicklungen bis hin zum Abriss werden die einzelnen Bereiche der Wertschöpfungskette der Immobilie stetig grenzüberschreitender bzw. globaler angeboten und ausgeführt.

Die Globalisierung der **Immobiliendienstleistungsunternehmen** kann als ein spezieller Fall der allgemeinen Globalisierung der Dienstleitungen angesehen werden. Die Immobiliendienstleister folgen u. a. ihren Auftraggebern bei deren Expansion ins Ausland. Dabei diversifizieren sie sowohl ihre Angebotspalette als auch ihren geografischen Wirkungsbereich. Die lokalen Marktakteure wie Projektentwickler, Makler, Berater und Dienstleistungsfirmen, Immobilienfinanzierer sowie Investoren haben in diesem Prozess ihre Arbeitsgebiete zunehmend ausgedehnt. So hat z. B. die Öffnung vorher geschlossener Volkswirtschaften (wie in Osteuropa und in den Entwicklungsländern) signifikante neue Geschäftspotenziale und Expansionsmöglichkeiten für Immobilienfirmen eröffnet.

Die Immobiliendienstleister haben in vielen Ländern Niederlassungen eröffnet. Kennzeichnend für die einsetzende Globalisierung sind auch vielfältige global-lokale Arrangements, die von losen Kooperationen über Projektnetzwerke und Joint Ventures bis hin zu Kapitalbeteiligungen und Fusionen reichen. Mittels Aufbaus eigener Niederlassungen im

Ausland sowie weiterer Aktivitäten entwickelten sich so aus klassischen Maklern multinationale Dienstleister mit einer umfassenden Palette an Angeboten. Sie sind damit auf der einen Seite in lokale Netzwerkstrukturen und auf der anderen Seite in globale Netzwerke eingebunden.

Zwischen lokalen und global-orientierten Unternehmen kann es zu einer Win-Win-Situation kommen. Die lokalen Akteure haben ein tiefes Verständnis des lokalen Markts. Sie verfügen zudem über die praktische Markterfahrung, haben einen privilegierten Zugang zu den Informationen und die Kontakte, die notwendig sind, um u. a. den politischen Prozess zu beeinflussen oder die erforderlichen Genehmigungen zu erhalten. Die Dienstleister nehmen eine zentrale Stellung im Globalisierungsprozess der Immobilienwirtschaft ein. Sie erleichtern als Ansprechpartner vor Ort internationalen Akteuren den Zutritt zu fremden und intransparenten Märkte, indem sie Marktinformationen anbieten, lokale Besonderheiten vermitteln und erste Kontakte zu lokalen Entscheidungsträgern arrangieren. Mittels eigener Erhebungen und Veröffentlichungen tragen sie zur Entwicklung transparenterer Marktstrukturen bei. Aus Sicht international tätiger Unternehmen und Investoren reduzieren sich mit dem Eintritt dieser Marktspezialisten die Unsicherheiten und Informationskosten. Die global aufgestellten Immobiliendienstleister bieten weltweit in allen wichtigen Wirtschaftszentren lokale und globale Expertise an. So können sie ihr spezifisches Wissen, Best-Practice-Beispiele und Erfahrungen aus unterschiedlichen Märkten nutzen und auf einzelne lokale Märkte anwenden. Sie benötigen aber oftmals lokale Partner, um Zugang zu örtlich verankertem Wissen, lokalen Netzwerken, Akteuren und Entscheidungsträgern zu erhalten und somit die Intransparenzen zu reduzieren.

Die Globalisierung erfordert von den Unternehmen und Arbeitnehmern letztlich mehr Flexibilität und erhöhte Anpassungsfähigkeit an sich stetig verändernde Rahmenbedingungen. Dadurch werden auch zunehmend räumliche Veränderungen notwendig, was zu mehr Vermietungen, Verkäufen und Umzügen führen wird. Davon wird insgesamt auch die Immobilienwirtschaft profitieren.

4.2.2   Globalisierung und Immobilien-Investmentmarkt

Die Globalisierung zeigt sich besonders stark auf den Immobilien-Investmentmärkten. Ausländische Investoren kaufen und verkaufen stetig mehr Immobilien, Immobilienportfolios und Immobilienunternehmen (Share Deal) in Deutschland. Auf dem Investmentmarkt zeigt sich das internationale Geschäft primär in zwei Ausprägungen. Ausländische Kunden fragen im Bereich der Wohnimmobilien verstärkt Zweitwohnsitze nach. Bei Gewerbeimmobilien sind es die ausländischen institutionellen Anleger, die aufgrund ihrer zunehmenden internationalen Ausrichtung nach deutschen Immobilien als Kapitalanlage suchen. Ebenso sind deutsche Investoren im Ausland aktiv.

Die Immobilie etabliert sich weltweit zunehmend als **globale und fungible Assetklasse**. Hierzu trugen sowohl neue Formen der indirekten Immobilienanlage bei, wie Aktien bzw. REITs oder die Verbriefung von gewerblichen Immobilienkrediten (Mortgage-Backed Securities, MBS), als auch die Entwicklung neuer Kapitalmarktprodukte mit dem Bezugsobjekt Immobilie (z. B. Zertifikate, Derivate). Immobilien wurden zu einer Anlagekategorie, die heute mit anderen Assets um das weltweit zur Verfügung stehende Kapital im Wettbewerb steht. Als Folge der Dominanz der Finanzmärkte beeinflussen schließlich die Finanzmarktentwicklungen nun wesentlich stärker die Immobilien-Investmentmärkte. Es gibt eine veränderte Sichtweise von Immobilien als Anlagevehikel. Die modernen Anlagestrategien der Immobilieninvestoren orientieren sich bei ihren Investitionsentscheidungen zunehmend an den Erfordernissen der Finanzmärkte. Immobilien werden nicht mehr bloß als Liegenschaften angesehen, die lange gehalten werden, sondern entwickeln sich vielmehr zu prinzipiell mobilen Assets, die in kürzeren Zeiträumen gekauft und verkauft werden können. Die Wertentwicklung einer Immobilie hängt nicht mehr so stark von den Vermietungsergebnissen (Miete) ab, sondern wird weitaus stärker von den Finanzmärkten (Liquidität, Spreads) beeinflusst. Somit steht nicht mehr die direkte Anlage in Immobilien, sondern das Investment in indirekte Anlageprodukte im Vordergrund. Da durch neue Finanzierungsinstrumente Immobilien eine fungible Anlagealternative insbesondere für international tätige Investoren geworden sind, kann die Immobiliennachfrage steigen, wenn z. B. andere Anlagealternativen gerade eine Schwächephase durchlaufen und für die Anleger weniger attraktiv sind. Für institutionelle Investoren weisen Immobilien große Vorteile auf und sie sind daher daran interessiert, in ihrem Portfolio diese Assets zu berücksichtigen. Die klassischen Eigenschaften der Immobilie mit dem Ruf als wertstabiles Investment mit guten Ertragsaussichten machten sie zu einem für die international tätigen Investoren interessanten Asset.

Im Zuge der Globalisierung ist auf Seiten der Investoren mit ihren vielfältigen Strategien ein größerer **Bedarf an Finanzierungen** mit unterschiedlichen Volumina und Strukturen festzustellen. Zusammen mit den Globalisierungsprozessen wirkte sich auch hier die zunehmende Bedeutung der Assetklasse Immobilien für internationale Anleger aus. Mit den globalen Investments einher geht der Einsatz immer differenzierterer Finanzierungsinstrumente. Früher erfolgten Immobilieninvestitionen vor allem mit dem Ziel, die erworbenen Objekte langfristig zu halten; die typische Form der Finanzierung waren Hypothekendarlehen. Diese wurden durch andere Finanzierungsformen ergänzt bzw. abgelöst, die aus dem Kapitalmarkt stammen. Im Rahmen des Real Estate Investment Bankings erfolgte die Verbindung von Immobilien- und Kapitalmarkt mit dem Erscheinen immer neuer Produkte. Beispiele hierfür waren die MBS (Verbriefungen) oder Versicherungsprodukte wie Kreditderivate (Credit Default Swap; CDS), die es erlauben, Ausfallrisiken von Krediten zu handeln. Zusätzlich wurden mehr Möglichkeiten für Investitionen z. B. mithilfe von REITs geschaffen. War früher die Bonität des Kreditnehmers maßgeblich, steht heute vielfach nur die Ertragskraft der Immobilie im Mittelpunkt, da Immobilienfinanzierungen „Non-Recourse" (d. h. mit geringeren oder keinen Absicherungen) vergeben werden. Zur Besicherung dienen die Immobilie und die aus ihrer Bewirtschaftung erzielbaren Cash-Flows.

in Mrd. Euro   in %

90,0 80,0 70,0 60,0 50,0 40,0 30,0 20,0 10,0 0,0

1981   1984   1998   2001   2004   2007   2010   2013   2016

inländische Investoren   ausländische Investoren   —Anteil ausländische Investoren

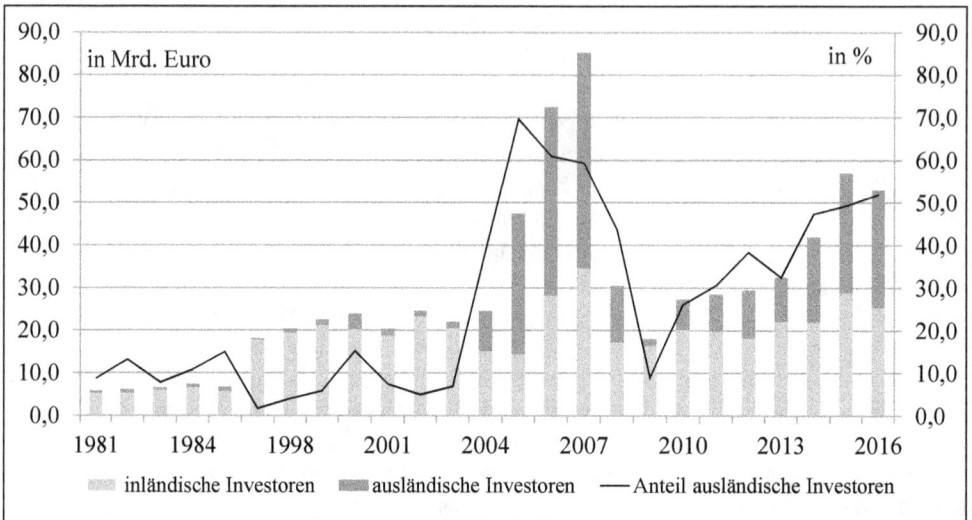

Abb. 4.1:   Ausländische Investoren in Deutschland; Quelle: RIWIS-Datenbank der bulwiengesa AG, abgerufen
am 01.03.2017, eigene Darstellung.

Das zunehmende, aber auch zyklische Engagement ausländischer Unternehmen in Deutschland kann anhand des deutschen Investmentmarktes und seiner typischen Zyklen dargestellt werden. Abbildung 4.1 verdeutlicht, dass bis Mitte des letzten Jahrhunderts nur bis maximal 20 % des Investmentvolumens von ausländischen Anlegern kam. Zwischen 2004 und 2008 erlebte das Engagement der Ausländer auf dem deutschen Investmentmarkt einen Höhenflug. Nach der Finanz- und Wirtschaftskrise kamen die ausländischen Akteure erst zögerlich, dann aber wieder sehr dynamisch auf den deutschen Markt zurück.

Das Schaubild verdeutlicht auch die qualitative Bedeutung der ausländischen Akteure für die dynamische Entwicklung und Volatilität der Immobilien-Investmentmärkte. Bis auf wenige Ausnahmejahre investierten seit Anfang der 1990er-Jahre deutsche Investoren in Deutschland rund 20 Mrd. Euro in Immobilien. Die starken Schwankungen wurden hingegen von den ausländischen Anlegern verursacht. Im letzten Jahrzehnt wurde der Immobilienboom wesentlich durch den Kauf von zunächst Wohnungsportfolios ausgelöst. Eine Ursache hierfür lag in dem niedrigen Preisniveau der deutschen Immobilien im internationalen Vergleich mit den damit verbundenen Hoffnungen auf Wertsteigerungen. Auch der Aufschwung seit 2009 ist zunächst und wesentlich von den ausländischen Investoren getragen worden. Zukünftig ist unter zyklischen Schwankungen langfristig mit einem anhaltend hohen Engagement ausländischer Investoren auf dem deutschen Markt zu rechnen.

4.2.3   Globalisierung und Büroimmobilienmarkt

Die Entwicklung der internationalen Büroimmobilienmärkte ist eng mit der internationalen Wirtschaftsentwicklung sowie der Globalisierung der allgemeinen Wirtschaftsaktivitäten verbunden. Der Einfluss des Megatrends Globalisierung zeigt sich bei den Märkten für Büroimmobilien sowohl auf der Angebots- als auch auf der Nachfrageseite.

Auf der **Angebotsseite** treten vermehrt internationale Projektentwickler auf, die mit Architekten weltweit zusammenarbeiten und moderne Büroimmobilien errichten. Die Bauausführung wird dabei teilweise von internationalen Baukonzernen übernommen, da es sich hierbei häufig um Megaprojekte handelt, deren Realisierung kleinere, national orientierte Unternehmen überfordern.

Auf der **Nachfrageseite** profitieren die Märkte von der Globalisierung. Büroimmobilien im Speziellen stellen einen wichtigen Inputfaktor bei der Produktion von Gütern und Dienstleistungen dar. Die Nachfrage auf den Büroimmobilienmärkten einerseits wird durch den **internationalen Handel** indirekt beeinflusst. Die Globalisierung der Produktion führt aufgrund des internationalen Handels mit Gütern und Dienstleistungen indirekt zu einer Nachfrage nach Immobilien. Mit dem internationalen Handel ist auch die Entscheidung verbunden, in welchem Land bzw. an welchem Standort die Produktion der gehandelten Güter und Dienstleistungen erfolgen soll. Eine höhere Nachfrage nach Gütern durch den Export wird zu einer steigenden heimischen Produktion führen. Im Rahmen der Globalisierung ist mit einer weiteren Zunahme des internationalen Handels zu rechnen. Dementsprechend sind hierzu auch Immobilien und ebenso Büroimmobilien notwendig. Diese Nachfrage kann sich sowohl auf dem Projektentwicklungs- und dem Vermietungsmarkt als auch auf dem Investmentmarkt bemerkbar machen. Durch die langfristig zunehmende Globalisierung der Produktion wird die Nachfrage nach Immobilienflächen mittelbar auf unterschiedliche Arten angeregt. Für die Produktion und den Handel der zu exportierenden Güter werden weitere Vorprodukte und ebenfalls Handel benötigt. Auch hierdurch ergibt sich eine Nachfrage nach Büroimmobilien. Die Nachfrage nach Immobilien kann sich c. p. für das exportierende Land durch höhere Preise und Mieten sowie niedrigen Leerstand positiv auf das Marktergebnis auswirken.

Die Globalisierung der Produktion und des Handels erhielten ihre Impulse andererseits durch die **Multinationalen Unternehmen** (MNU), die auch heute noch als wesentliche Treiber der Globalisierung angesehen werden. Die Aktivitäten dieser Unternehmen beeinflussen direkt die wirtschaftliche Entwicklung und indirekt die der Immobilienmärkte. Die Multinationalen Unternehmen benötigen für ihre internationale Expansion und damit für ihre Standorte im Ausland Immobilien, die sie entweder selbst entwickeln, mieten oder kaufen. Eine erhöhte Nachfrage dieser Unternehmen erfolgt insbesondere nach Büroflächen in den weltweiten Finanz- und Dienstleistungszentren.

Die **Metropolen** werden im Globalisierungsprozess zum bevorzugten Standort für Büroimmobilien. Dies führt auch zu einer höheren Intensität des Standortwettbewerbs, da nicht mehr nur lokale oder nationale Standorte um die Ansiedlung der Unternehmen konkurrieren. Die sieben Top-Bürostandorte in Deutschland werden langfristig auch weiterhin attraktive Standorte sein, was unter sonst gleichen Bedingungen zu steigenden Mieten und Preisen für erstklassige Objekte führen wird. Eine Ausdehnung des Angebotes an modernen Büroimmobilien kann diese Entwicklung allerdings dämpfen.

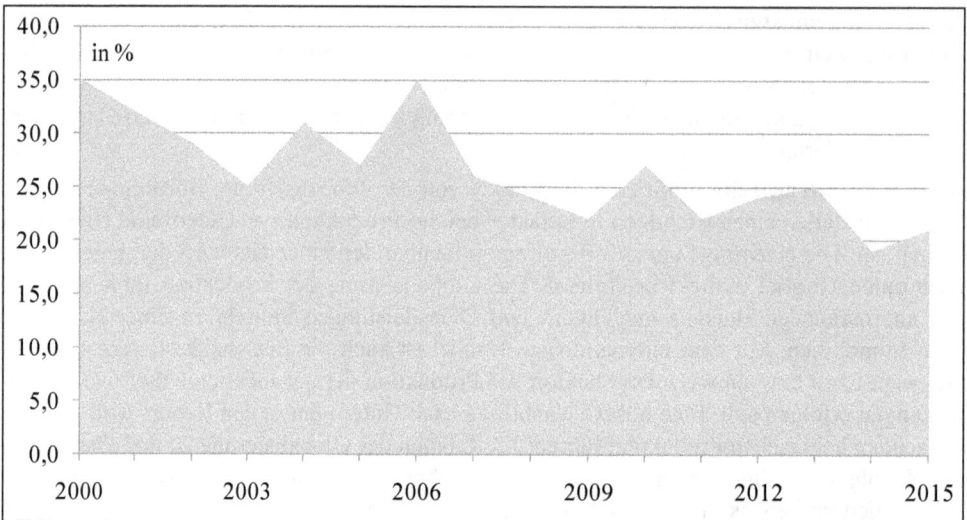

Abb. 4.2: Anteil der ausländischen Mieter; Quelle: Jones Lang LaSalle, Wie international sind die deutschen
Büromärkte?, Febr. 2016, verfügbar unter: http://www.jll.de/germany/de-de/Research/Internationale-
Bueronutzer-Germany-JLL.pdf?b750b31c-2391-49f2-b80b-f1fd14fc82fa, abgerufen am 28.06.2016,
eigene Darstellung.

Internationale Mieter sind Unternehmen, die ihren Hauptsitz im Ausland haben und von
dort aus kontrolliert werden. Deutschland bietet internationalen Unternehmen einen wichtigen Standort für ihre Geschäfte und diese agieren damit als internationale Mieter auf dem
deutschen Bürovermietungsmarkt. Auf den Bürovermietungsmärkten der sieben A-Standorte
entfällt über ein Fünftel des gesamten Flächenumsatzes seit 2000 auf internationale Mieter.
Jeder zweite internationale Mietvertrag wird dabei mit einem europäischen Nutzer verhan-
delt. Das spiegelt die intensiven räumlichen und wirtschaftlichen Verflechtungen innerhalb
Europas wider.

Aufgrund einer höheren Flächeneffizienz dieser Nutzer sowie eines engeren Flächenangebots
im Topsegment sank die Bedeutung internationaler Mieter hinsichtlich des Büroflächenum-
satzes. Auf Frankfurt und München sowie Düsseldorf entfällt das höchste Umsatzvolumen
von internationalen Mietern mit einen Anteil am Gesamtumsatz von jeweils 30 % und mehr.
Der internationalste Büromarkt ist dabei Frankfurt, in dem internationale Banken und Dienstleister dominieren. Innerhalb der großen Städte bevorzugen internationale Mieter bestimmte
Teilmärkte. Im Vergleich zu deutschen Nutzern mieten internationale mit höheren Anteilen in
den jeweiligen Toplagen. Da in den präferierten Toplagen die höchsten Mieten des Marktes
bezahlt werden, zahlen internationale Mieter häufig überdurchschnittliche Mieten und prägen
somit bestimmte Teilsegmente des Büroimmobilienmarktes. Aufgrund des wachsenden internationalen Handels und weiter zunehmender Aktivitäten der internationalen Unternehmen
ist mit einer anhaltenden Nachfrage auf den Büroimmobilienmärkten zu rechnen. Sie werden
langfristig insbesondere in den Toplagen die Impulse geben.

Exkurs: Besondere Eigenschaften internationaler Corporates als Mieter

- Internationale Mieter weisen eine höhere Branchenkonzentration als deutsche Mieter auf. Die Hälfte des Umsatzes internationaler Mieter wird von drei (unternehmensbezogene Dienstleister, Industrie, EDV), bei deutschen von fünf Branchen generiert.
- Die großen Corporates verfügen über eigenständige Real-Estate-Abteilungen, die weltweit oder auf bestimmte Regionen bezogen die Immobilienentscheidungen treffen beziehungsweise vorbereiten.
- Internationale Corporates benötigen einen hohen Grad an Flexibilität in den Mietverträgen. Wachsen und Schrumpfen der Belegschaft muss über flexible Anmiet- und Kündigungsrechte, Sonderkündigungsrechte und Ausstiegsklauseln realisierbar sein.
- Internationale Unternehmen bringen ihre eigenen Raumkonzepte mit (z. B. Corporate Design, Flächenverbrauch pro Person, Desk-Sharing, Klimatisierung, Haustechnik oder Sicherheit). Solche umfangreichen Vorgaben können es schwierig machen, geeignete Immobilien zu finden.
- Internationale Corporates sind i. d. R. professioneller und prozessorientierter als deutsche. In diesem Entscheidungsprozess hat Compliance ein hohes Gewicht. Die Dienstleister werden normalerweise über Ausschreibungen gesucht, und Makler werden exklusiv als Suchmakler beauftragt, damit diese direkt bezahlt werden und konfliktfrei und unabhängig suchen können.
- Da wichtige Entscheidungen nicht in Deutschland getroffen werden, ziehen sich die Prozesse häufig in die Länge. Wenn es zudem Änderungen im Mutterkonzern hinsichtlich der Strategie oder bei Erfolgsindikatoren gibt, können Standortentscheidungen oder -pläne schnell revidiert werden.

Quelle: Jones Lang LaSalle, Wie international sind die deutschen Büromärkte?, Febr. 2016, verfügbar unter: http://www.jll.de/germany/de-de/Research/Internationale-Bueronutzer-Germany-JLL.pdf?b750b31c-2391-49f2-b80b-f1fd14fc82fa, abgerufen am 28.06.2016.

4.2.4 Globalisierung und Einzelhandelsimmobilienmarkt

In Bezug auf den Einzelhandel führt die Globalisierung zu einer allmählichen Vereinheitlichung der **Konsumtrends** und der **Retail-Landschaft**. Dies zeigt sich z. B. an dem Filialisierungsgrad in den meisten 1a-Innenstadtlagen der großen deutschen und europäischen Einzelhandelsmetropolen, der inzwischen bei weit über 70 % liegt. Vor allem die Global Player des Einzelhandels, also weltweit operierende Handelskonzerne, drängen zunehmend in die 1a-Lagen der dominierenden Handelszentren und sorgen dort für eine Verknappung verfügbarer Flächen sowie steigende Mieten. Dabei konzentrieren sie sich vorwiegend auf die Abschnitte mit der höchsten Passantenfrequenz, während der Leerstand in den B-Einkaufslagen und Nebenlagen durchaus ansteigen kann. Nur in wenigen Städten mit weit überregionaler Zentralität bzw. mit dynamisch wachsender Bedeutung für den Tourismus wie Berlin kommt es bisweilen zu einer Ausweitung der 1a-Lagen.

Die Kehrseite dieser Entwicklung ist die Verdrängung lokaler alteingesessener Einzelhändler, sodass das Innenstadtsortiment oftmals an Vielfalt verliert. Abseits der Einzelhandelszentren werden Geschäfte mit dezentraler Versorgungsfunktion an Bedeutung gewinnen. Sie übernehmen die Versorgung der Wohnbevölkerung im Nahbereich und bieten als Folge der „Glo-kalisierung" vermehrt Produkte aus dem Umland an.

Die hohe Anziehungskraft und die Strahlkraft von internationalen Marken entscheiden so häufig über den Erfolg einer Geschäftslage. Neben internationalen Flagship-Stores können darüber hinaus auch einzelne Geschäfte mit hoher Frequenzgenerierung eine bestehende Lage aufwerten und so neue Passantenströme schaffen, von der umliegende Einzelhändler ebenfalls profitieren. So führt die Globalisierung also vor allem zu einer stärkeren Fokussie-rung der Nachfrage nach Einzelhandelsflächen auf wenige Standorte, an denen der Flächen-bedarf tendenziell weiter ansteigen wird.

Ein weiterer Aspekt der Globalisierung ist der Zusammenhang zwischen **Tourismus und Einzelhandel**. Die Kunden des Einzelhandels stammen zunehmend nicht mehr aus den je-weiligen Metropolregionen. Hohe bzw. steigende Touristenzahlen ziehen vermehrt internati-onale Labels an, wodurch sich der Ruf der Stadt als Einkaufsmetropole verstärkt. Dieser Zusammenhang lässt sich auch für die Top 40 Einzelhandelsstandorte in Deutschland fest-stellen. Ab einer kritischen Größe von ca. 2 Mio. Touristen im Jahr steigt die Präsenz der internationalen Top-Marken sprunghaft an. Ab einem Touristenaufkommen von ca. 3 Mio. Menschen findet sich ein Großteil der internationalen Marken in diesen Städten. Eine höhere Präsenz bekannter internationaler Einzelhandelskonzepte zieht wiederum mehr Touristen in die Stadt, da besonders ausländische Touristen gerne bei bekannten Marken einkaufen.

Hohe Umsatzanteile durch Touristen werden v. a. in Luxuslagen und konsumorientierten Einkaufsstraßen erzielt. Bedeutsam sind in diesem Zusammenhang auch große Flagship-Stores in repräsentativer Lage, die die Bekanntheit der Marke international exponentiell erhöhen. Diese dienen dabei nicht nur als reine Verkaufsfläche, sondern ebenfalls als Showroom für die Präsentation der Waren, die von vielen Kunden anschließend auch online bestellt wird. Das führt in einzelnen Lagen zu einem Anstieg der nachgefragten Verkaufsflä-chen durch große Filialisten, was auch Auswirkungen auf die Flächennachfrage insgesamt hat.

Neben Touristen aus Nachbarländern wie den Niederlanden oder der Schweiz kommen in die deutschen Einkaufsstraßen besonders im gehobenen Preissegment Besucher aus den arabi-schen Ländern, Asien und Russland. Die wichtigsten Shopping-Destinationen für ausländi-sche Gäste in Deutschland sind dabei München, Frankfurt und Berlin. Während chinesische Touristen vor allem in Frankfurt einkaufen gehen, zieht es Bürger aus Russland besonders nach München oder Berlin, wenn auch im Nachgang der Ukraine-Krise und dem schwachen Rubel zuletzt etwas weniger. Arabische Gäste bevorzugen ebenfalls die bayrische Landes-hauptstadt als Einkaufsort, fast die Hälfte des Einzelhandelsumsatzes von Touristen aus ara-bischen Ländern wird hier erzielt. Der Shopping-Tourismus hat dabei große Auswirkungen auf den Münchner Einzelhandel: Von den ca. 4 Mrd. Euro Jahresumsatz, die im Münchener Innenstadtbereich innerhalb des Altstadtrings erzielt werden, entfällt ein Viertel auf Touris-ten. Die Einzelhandelsunternehmen stellen sich verstärkt auf die Gäste ein: mit fremdspra-chigen Mitarbeitern, Anzeigen in Reiseführern oder „Shopping guides" in den Hotels. Auf-grund des langfristig weiter expandierenden Tourismus, insbesondere im Bereich des Städte-tourismus wird der Einzelhandel profitieren, wobei sich eine Zentralisierung deutlich ab-zeichnet.

4.2.5   Globalisierung und Wohnungsmarkt

Die Wohnungsmärkte werden durch die Globalisierung der Wirtschafts- und Finanzmärkte nachhaltig beeinflusst. Besonders stark fielen dabei die Reaktionen auf den **Wohnimmobilien-Investmentmärkten** aus. Strukturen und Handlungsstrategien der Akteure verändern sich. Auf den Wohnimmobilienmärkten kam es verstärkt zu grenzüberschreitenden Investitionen. Investments (Portfolio oder Einzelkäufe) von Ausländern führen zu einer höheren Nachfrage und c. p. zu höheren Preisen. Seit etwa Mitte des letzten Jahrzehnts ist die zunehmende Globalisierung der Wohnungswirtschaft offensichtlich geworden: ausländische Investoren kauften vermehrt Wohnungsbestände öffentlicher Eigentümer, aber auch Werkswohnungen großer Industrieunternehmen. Allein von 2004 bis Mitte 2008 wurden mehr als 1,9 Mio. Wohnungen gehandelt; von 2013 bis 2015 (zweite Hochphase des Transaktionsgeschehens) wurden 1,2 Mio. Wohnungen gekauft. Bis 2004 waren Investitionen und Transaktionen zum größten Teil eher lokal oder regional organisiert, nun sind zunehmend internationale Akteure tätig. Seit einigen Jahren werden vornehmlich Portfolios und Wohnungsunternehmen veräußert, die bereits zu einem früheren Zeitpunkt gehandelt wurden. Seit 2010 liegt der Anteil der Wiederverkäufe bei jeweils über 70 %. Insbesondere seit 2013, als mehrere Finanzinvestoren schrittweise über die Börse aus ihren Wohnungsinvestments ausgestiegen sind, dominieren Wiederverkäufe die Marktdynamik. Mit der fortschreitenden Globalisierung geht eine zunehmende Kapitalmarktorientierung der Immobilienmärkte einher. Immobilienmärkte sind zunehmend Aktionsfelder für Finanzanlagestrategien, die im Renditewettbewerb mit anderen Formen von Finanzanlagen stehen. Investoren stellen sich heute internationale Portfolios entsprechend ihres Chancen-Risiken-Profils zusammen. Unter diesem Blickwinkel zeichnet sich der deutsche Wohnungsmarkt als Anlageobjekt mit hoher Stabilität und geringem Risiko aus und wird so für ausländische Investoren nachhaltig interessant.

Die Internationalisierung der Wohnungsmärkte ging mit einer neuen Form der **Wohnungspolitik** einher. Diese beruht auf einem veränderten Verständnis der Wohnungsversorgung und Wohnungspolitik. Vor dem Hintergrund eines Rückgangs staatlicher Sicherungssysteme wuchs das Interesse von Privatpersonen am Erwerb von Wohneigentum. Private Haushalte treten so verstärkt als Nachfrager auf dem Eigentumsmarkt auf. Für Deutschland wird erwartet, dass die Eigentumsquote langfristig ansteigen wird.

Die globalisierten Märkte beeinflussen zunehmend die **lokalen Wohnungsmärkte**. Die Globalisierung wirkt vor allem über den Megatrend Urbanisierung auf die Nachfrage der Haushalte nach Wohnungen ein. Hier geht es weniger um die Gesamtzahl der nachgefragten Wohnungen, vielmehr steht deren regionale Verteilung im Vordergrund. Es zeigt sich, dass seit Jahren überdurchschnittliches Wachstum vor allem in Großstädten oder Agglomerationen mit zentraler Lage zu beobachten ist. Der ländlich geprägte, wenig zentrale Raum verliert demgegenüber deutlich an Bevölkerung und auch Haushalten.

Die Effekte der Globalisierung betreffen die Standards des Wohnens (**variable Wohnkonzepte**) für die direkt von der Globalisierung betroffenen Bevölkerungsgruppen (international tätige Beschäftigte). Dies gilt für Beschäftigte, von denen Flexibilität und Mobilität gefordert wird, sowie das Wohnen von Zuwandern und das „Ausbildungswohnen". Bei diesen tendenziell „globalisierten Wohnformen" handelt es sich zunehmend auch um verschiedene Formen eines „temporären Wohnens", mit sehr unterschiedlichen Raum-Zeit-Mustern, Fristigkeiten und Eigengesetzlichkeiten. Bedingt durch die zunehmende Mobilität der Lebensplanungen werden vermehrt variable Wohnkonzepte nachgefragt werden. Der Schwerpunkt liegt dabei auf Wohnungen für Ein- bis Zweipersonenhaushalte. Diese werden von jungen Bildungsmigranten an den Studienorten nachgefragt und auch von älteren Bewohnern gewünscht. Die traditionelle Idee einer nahezu lebenslangen Wohnung entspricht schon heute vielfach nicht mehr der Realität. Neu ist, dass auch ältere Menschen (v. a. Best Ager) vermehrt bereit sind, ihre Wohnungen im Alter gegen kleinere Wohnungen zu tauschen, wodurch der Remanenzeffekt an Bedeutung verlieren wird.

Aufgrund der nur begrenzt zur Verfügung stehenden Flächen in zentraler Lage und der zunehmenden Flächenkonkurrenz mit anderen Nutzungen wie Büros oder Einzelhandel ist unter sonst gleichen Bedingungen mit steigenden Mieten zu rechnen. Dies wiederum drängt gerade die sozial schwachen Haushalte an den Rand der Städte, sodass sich hier soziale Problemzonen bilden können. Eine Möglichkeit, diese Entwicklung zu verhindern, stellen variable Quartierskonzepte dar, die unterschiedliche Wohnalternativen beinhalten. In ihnen kann die Wohnung bedarfsgerecht gewechselt werden, ohne das Quartier und die damit vertraute Umgebung verlassen zu müssen.

Industrialisierung und Urbanisierung, die auch Teilaspekte der Globalisierung sind, prägen die Wohnungsmärkte von heute und auch die Nutzung der Wohnungen. Globalisierung lässt sich gleichsetzen bzw. erfordert von den Menschen Flexibilität und Mobilität. Die Strukturen von Arbeit dynamisieren sich, sodass beispielsweise räumliche Flexibilität immer notwendiger wird. Damit verändern sich auch die Anforderungen an das Wohnen und die Lage, Größe und Ausstattung der Wohnungen. Schon 2020 wird nur noch die Hälfte der Angestellten in Deutschland vorwiegend im Büro sitzen. Eine hohe Flexibilität bei der Wahl des täglichen Arbeitsortes (im Büro, zu Hause o. ä.) wird zur Regel werden.

Globalisierung bringt weiterhin neue Arbeits- und Lebensformen mit sich, die dann auch das Wohnen beeinflussen. Damit sind auch **soziale Umbrüche** verbunden. Die althergebrachten Familienstrukturen der Großfamilien verringern sich und anderen Lebensformen wie Single-Leben nehmen zu. Gleichzeitig verstärkt sich der Wunsch nach der eigenen Wohnung. Es entstehen neue Lebensleitbilder mit anderen Lebensformen mit höherer Flexibilität. Es entwickelt sich seit einigen Jahren eine Vielzahl neuer gemeinschaftsorientierter Wohnprojekte. Die neuen Wohnformen nutzen dabei globale Muster und Modelle anderer Kulturen, um sie auf hiesige Wohn- und Lebensformen anzupassen. Neue internationale Architektur- und wohnungswirtschaftliche Gestaltungskonzepte von hoher sozialer Relevanz, insbesondere hinsichtlich generationenübergreifender Aspekte, führen zu neuen Wohn- und Lebensformen einer sich wandelnden, diversifizierten Gesellschaft.

4.3   Wirtschaftsentwicklung: Wachstum und Wandel

Grundlegende Veränderungen für die Immobilienwirtschaft werden sich durch das wirtschaftliche Wachstum ergeben. Das ökonomische Leistungsniveau und die wirtschaftliche Entwicklung einer Volkswirtschaft sind der realwirtschaftliche Rahmen, innerhalb dessen sich das Marktgeschehen auf den Immobilienmärkten vollzieht. Sie beeinflussen langfristig direkt und indirekt sowohl die Nachfrage- als auch die Angebotsbedingungen und somit die Mieten sowie Preise bzw. Werte von Immobilien.

Bruttoinlandsprodukt

Die Wirtschaftsleistung sowie die wirtschaftliche Entwicklung der Volkswirtschaft werden anhand des zentralen ökonomischen Indikators Bruttoinlandsprodukt (BIP) gemessen, der im Rahmen der Volkswirtschaftlichen Gesamtrechnung (VGR) ermittelt wird. Das Bruttoinlandsprodukt ist der Gesamtwert aller in einem bestimmten Zeitraum in den geografischen Grenzen einer Volkswirtschaft erstellten Waren und Dienstleistungen, bewertet mit ihren jeweiligen Preisen und preisbereinigt.

Das BIP ist der Gradmesser für die Leistungsfähigkeit der Wirtschaft und auch der Wohlstandsmaßstab einer Volkswirtschaft (wenn dieser auch sehr kritisch beurteilt wird). Je höher dieser Wert ist, desto größer ist die Anzahl der verfügbaren Güter und Dienstleistungen. Das BIP ist auch gleich dem volkswirtschaftlichen Einkommen (= Wertschöpfung), das aus der Produktion entsteht. Das in einer Periode erstellte Angebot an Gütern und Dienstleistungen führt stets in voller Höhe zu Einkommen. Das BIP kann auf unterschiedliche Art berechnet und ausgewiesen werden.

Wirtschaftswachstum

Das **langfristige BIP-Wachstum** wird von den verfügbaren Produktionsfaktoren, d. h. Arbeitskräfte, Kapitalausstattung und Infrastruktur sowie vom technologischen Fortschritt (Produktivität) bestimmt. Für die kommenden Jahre ist – unabhängig von konjunkturellen Entwicklungen – insgesamt mit einem weiteren Wachstum der Weltwirtschaft zu rechnen. Dabei wird wie bisher die Entwicklung in den Schwellenländern dynamischer als in den Industrieländern ausfallen. Deutschland wird aufgrund des erreichten hohen BIP-Niveaus ein eher unterdurchschnittliches Wachstum aufweisen, das je nach Annahmen jährlich zwischen 1 und 2 % liegen wird. Dabei ist im Zeitablauf zunächst von höheren Wachstumsraten auszugehen, die dann langsam zurückgehen.

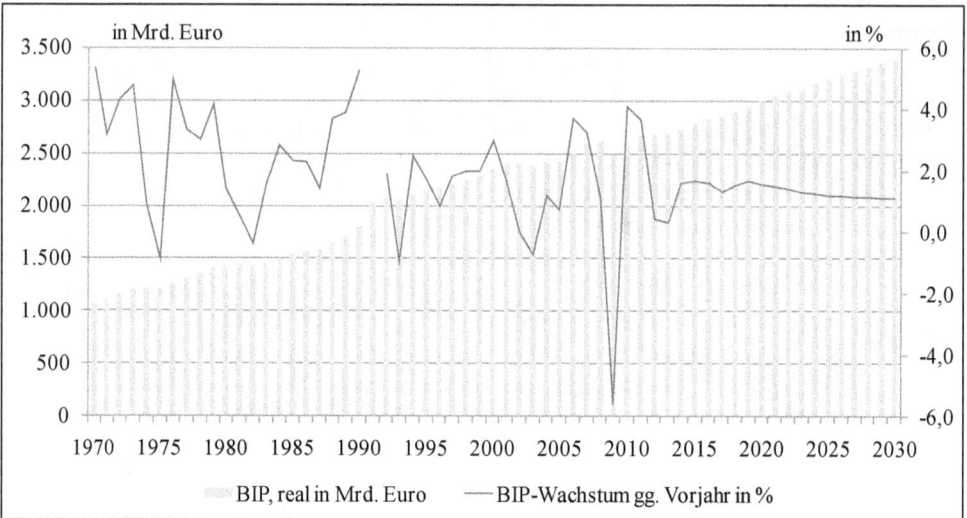

Abb. 4.3:   Bruttoinlandsprodukt in Deutschland; Quelle: Statistische Bundesamt Bruttoinlandsprodukt (ab 2015
            Prognosewerte), verfügbar unter: https://www.destatis.de/DE/ZahlenFakten/ GesamtwirtschaftUm-
            welt/VGR/VolkswirtschaftlicheGesamtrechnungen.html, FERI-Datenbank, Abruf am 01.06.2017.

Während von der Kapitalseite und der technischen Entwicklung im Hochindustrieland
Deutschland eher positive Impulse ausgehen werden, wird der Produktionsfaktor Arbeit
(d. h. die potenziell Erwerbsfähigen) zu einer langfristigen Restriktion für die wirtschaftliche
Expansion. Der Anstieg der Zahl der Arbeitskräfte wird durch die Entwicklung der Bevölkerung („weniger, älter") begrenzt. Langfristig zeigen sich die größten Auswirkungen, da immer mehr Arbeitnehmer aus den besonders geburtenstarken Jahrgängen der 1960er-Jahre aus
dem Erwerbsleben ausscheiden. Die Produktivität der Erwerbstätigen durch den technischen
Fortschritt als weiterer wichtiger Einflussfaktor wird sich voraussichtlich wie bisher entwickeln, dabei ist diese u. a. abhängig von dem institutionellen und rechtlichem Umfeld sowie
dem Zugang zum Kapital.

Wirtschaftlicher Strukturwandel – Wissensgesellschaft

Die Volkswirtschaft wird weiter durch einen gesamtwirtschaftlichen Strukturwandel geprägt
sein, der in der volkswirtschaftlichen Theorie als **Drei-Sektoren-Hypothese** beschrieben
wird. Danach geht im langfristigen Wandel der Schwerpunkt der Gesamtwirtschaft stetig
vom primären (Landwirtschaft) über den sekundären (Industrie) zum tertiären Sektor
(Dienstleistungen) über.

Die deutsche Volkswirtschaft wird innerhalb des Strukturwandels ihren Weg in die **Dienst-
leistungsgesellschaft** weiter fortsetzen. In der langfristigen Sicht wird die Arbeitsnachfrage
vom sektoralen Wandel bestimmt. Die Bedeutung der Dienstleistungssektoren, insbesondere
der unternehmensbezogenen, nimmt sowohl beim Wirtschaftswachstum als auch bei der
Beschäftigung insgesamt weiter zu. Innerhalb der Wirtschaftszweige geht der Trend hin zu
anspruchsvolleren Berufen. Dem stehen Arbeitsplatzverluste vor allem im Verarbeitenden
Gewerbe, Handel und öffentlichen Dienst gegenüber. Die Informationstechnologie wird ihre
Rationalisierungswirkungen verstärken. Der komparative Vorteil Deutschlands liegt vor
allem in den wissensbasierten Diensten, wo das Humankapital die Ressource der Zukunft ist.

Innerhalb des Strukturwandels erfolgt somit langfristig ein Trend zur **Wissensgesellschaft und -ökonomie**. Diese wird der Industriegesellschaft des 19. und 20. Jahrhunderts folgen. Die Wissensgesellschaft bildet sich in hochentwickelten Ländern, in denen individuelles und kollektives Wissen zur Grundlage des sozialen, ökonomischen und medialen Miteinanders wird. Die Verfügbarkeit und das Entwicklungspotenzial von Humankapital werden für Unternehmen zu einem immer wichtigeren Produktions- und Standortfaktor, da sie die Grundlage für weitere Innovationen darstellen.

Die Wissensgesellschaft bzw. Wissensökonomie unterscheidet sich signifikant von vorherigen Ökonomien, in denen die Produktion materieller Güter im Mittelpunkt stand. Zukünftig nimmt Wissen sektor- und branchenübergreifend als Produktionsfaktor die zentrale Rolle ein. Die Wissensökonomie zeigt sich sektor- und branchenübergreifend, wenngleich sich einige Wirtschaftsbereiche durch eine besonders hohe Dynamik auszeichnen. Die rasante Entwicklung des Wissens – technologisches Wissen und Handlungskompetenz – wird anhalten, sodass Wissen zur wichtigsten Ressource der post-industriellen Gesellschaft wird. Diese sind vor allem mit Forschung und Entwicklung und den Informations- und Telekommunikationstechnologien verbunden.

Wissens- und innovationsorientierte Branchen, die nicht ausschließlich dem Dienstleistungssektor zuzuordnen sind, versprechen hohe Wachstumspotenziale. In Industrie und Dienstleistungen werden dabei zunehmend anspruchsvollere Technologien eingesetzt. Die spezielle Diversifizierung der deutschen Wirtschaft mit einem signifikanten sekundären Anteil an der Wertschöpfung durch industrielle Hoch- und Spitzentechnologie bildet einen speziellen Treiber dieser neuen gesellschaftlichen Basis. Dies fördert das Wachstum der unternehmensnahen Dienstleistungen, wobei die Industrie die Basis bleibt.

New Work

Ein weiterer Wirtschaft- und Gesellschaftstrend ist New Work, das in Zeiten von Work-Life-Balance und neuen Arbeitswelten zum zentralen Leitwort wird. Der Wandel von einer Industrie- zur Wissensgesellschaft erfordert Innovationen in der Arbeitswelt. New Work bietet hierzu Freiräume für Kreativität und Entfaltung der eigenen Persönlichkeit. Die Beschäftigten der Wissensgesellschaft ersetzen immer mehr die Waren produzierenden Industriearbeiter und brauchen im Vergleich zu diesen ein vollkommen anderes Arbeitsumfeld.

Das klassische Bild von Arbeit ist durch die industrielle Arbeit geprägt. Diese ist gekennzeichnet von hochgradiger Arbeitsteilung, hierarchischer Kommandostruktur und Zeit-Disziplin. Durch den immer höheren Anteil an Wissens- und Schöpfungsarbeit ändert sich jedoch die Arbeitswelt. Durch den Strukturwandel und den Trend zur Wissensgesellschaft rücken Service-, Informations- und Kreativarbeiter ins Zentrum des weltweiten Wirtschaftens. Die Leistungserstellung ist nicht zeit- und ortsgebunden, Arbeitsprozesse können damit mit höherer Flexibilität gestaltet werden.

Die Gestaltung bzw. Organisation der Arbeit übernehmen zunehmend die Beschäftigten selbst, womit streng hierarchische Strukturen an Bedeutung verlieren. Sie werden ersetzt durch flache Hierarchien und projektbezogene Teams, die je nach Problemstellung zusammengestellt werden. Auch die Arbeitsorganisation verändert sich, z. B. in Form von Arbeitszeitkonten und individuellen Zeitverträgen. Selbstverwirklichung, Lebensgenuss und ein ausgewogenes Verhältnis zwischen Arbeit und Freizeit („Work-Life-Balance") stehen beim New Work im Vordergrund. Vor allem flexible, interaktive Arbeitsstrukturen sind daher gefragt. Für die Arbeitnehmer verändert sich die Erwerbsbiografie, da es zu unterschiedlichen zeitlichen Abschnitten im Verlauf des Arbeitslebens kommt. Für die Beschäftigten der Zukunft wird die „Work-Life-Balance" zu einem wichtigen Faktor, sodass Arbeits- und Privatleben nicht mehr getrennt voneinander, sondern als Ganzes betrachtet werden können.

4.3.1   Wirtschaftsentwicklung und Immobilienwirtschaft

Die Immobilienwirtschaft, definiert als die Entwicklung, Produktion, Nutzung und Vermarktung von Immobilien, profitiert vom wirtschaftlichen und insbesondere vom Strukturwandel hin zur Dienstleistungs- und Wissensgesellschaft. Die Höhe des Bruttoinlandsprodukts dokumentiert den Entwicklungsstand eines Landes und hat Auswirkungen auf die Immobilienmärkte. Voraussetzung für die Erstellung von Gütern und Dienstleistungen ist ein entsprechender **Immobilienbestand**. Immobilien sind zudem wichtiger Bestandteil des Kapitalstocks einer Volkswirtschaft und somit Indikator für deren Entwicklungsstand. Je größer das Ergebnis der wirtschaftlichen Entwicklung ist, desto höher sind der Immobilienbestand bzw. die Immobilienwerte. In entwickelten Staaten ist daher ein Immobilienmarkt mit einem beachtlichen Marktvolumen zu beobachten. In Entwicklungs- oder Schwellenländern ist hingegen der Immobilienmarkt nicht in gleicher Weise entwickelt. Darüber hinaus ergibt sich bei Immobilienmärkten in entwickelten Staaten ein hinreichend großer Ersatzbedarf, der Folge des hohen Bestandes ist und dem realen Sektor weitere Impulse gibt.

Analysen vergleichen den Immobilienwert und die Höhe des Bruttoinlandsproduktes einer Stadt bzw. Region miteinander. Diese Berechnungen für Deutschland stammen von der bulwiengesa AG (siehe Abbildung 4.4). Die Städte sind aus Übersichtlichkeitsgründen jeweils mit ihrem Autokennzeichen abgekürzt worden.

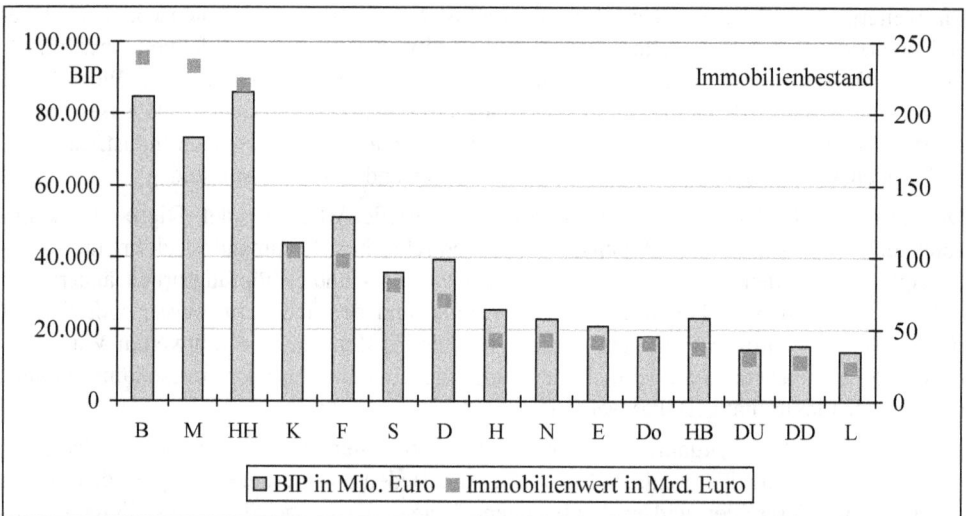

Abb. 4.4:   Bruttoinlandsprodukt und Immobilienbestand in Deutschland; Quelle: Bulwien 2011, Folie 8

Eine **wachsende Wirtschaft** benötigt Immobilien zur Produktion von mehr Gütern und Dienstleistungen. Darüber hinaus führen wachsende Einkommen zu einer erhöhten Konsumnachfrage und stärkeren Wohnungsnachfrage. Daher wird auch in den kommenden Jahren der Bestand an Immobilien wachsen. Der Trend zur Tertiärisierung und zur Wissensgesellschaft wird außerdem auch zu einer Zunahme von Immobiliendienstleistungen führen. Mit einem steigenden Immobilienbestand und einem zunehmenden Strukturwandel wird die Nachfrage nach entsprechenden Dienstleistungen wachsen. Der Trend New Work wird nicht zwangsläufig zu einer höheren Nachfrage nach Immobilien sowie entsprechenden Dienstleistungen führen. Es ist eher zu erwarten, dass in diesem Strukturwandel die Ansprüche an Immobilien steigen werden.

4.3.2   Wirtschaftsentwicklung und Immobilien-Investmentmarkt

Der Immobilien-Investmentmarkt wird eher indirekt von der Wirtschaftsentwicklung beeinflusst, andere Faktoren wie die Finanzmärkte haben einen wesentlich größeren Einfluss. Gleichwohl wird in der Wirtschaft die Grundlage für die Investments gelegt. In der Ökonomie werden die Einkommen bzw. die Vermögen erwirtschaftet, die u. a. gespart und dann in die verschiedenen Assets investiert werden können. Eines der potenziellen Investmentziele sind Immobilien, dabei entscheiden Investoren über die Anlage in verschiedene Assets aufgrund der zukünftigen Potenziale. Bei einem starken Wachstum der Wirtschaft steigt auch die Nachfrage nach Immobilien. Dies führt c. p. zu höheren Mieten und voraussichtlich zu höheren Preisen, was wiederum die Attraktivität von Immobilien als potenzielles Investment erhöht.

Wie im vorangegangenen Kapitel beschrieben, werden Immobilien weiterhin für die Wirtschaft und deren Wachstum benötigt. Für eine höhere Produktion von Gütern und Dienstleistungen sind sowohl Produktionsimmobilien als auch Logistik- und Büroimmobilien notwendig. Aufgrund des höheren Einkommens werden ebenso mehr Einzelhandels- und Wohnimmobilien benötigt. Aus diesem Grund werden Unternehmen und private Haushalte c. p. mehr Immobilien kaufen, was zu steigenden Immobilienumsätzen führen wird.

Der Investmentmarkt kann schließlich von dem steigenden Einkommen profitieren. Die Nachfrage nach Immobilien sowohl zur Eigennutzung als auch als Kapitalanlage wird mit wachsendem Einkommen der Haushalte steigen. Zudem nimmt das potenzielle Kreditvolumen für die Immobilienfinanzierung zu, da mit höheren Einkommen die Kreditrestriktionen für die Haushalte seitens der Banken gelockert werden. Durch eine leichtere Immobilienfinanzierung wird die Nachfrage der Haushalte nach Immobilien steigen und c. p. zu höheren Preisen führen. Sind diese Entwicklungen nachhaltig, wird die insgesamt höhere Nachfrage auf dem Investmentmarkt zu vermehrten Anreizen für Investoren und Projektentwicklern führen, neue Immobilien zu bauen.

4.3.3   Wirtschaftsentwicklung und Büroimmobilienmarkt

Bei den Büroimmobilien beeinflusst die gesamtwirtschaftliche Entwicklung die Flächennachfrage. Wenn die Wirtschaft wächst, dann steigen die Produktion von Gütern und Dienstleistungen sowie die Umsätze. Dies wiederum führt zu einem steigenden Bedarf an gewerblichen Flächen. Die Nachfrage nach Büroflächen wird primär durch die Anzahl der Bürobeschäftigten bestimmt, die wiederum von der gesamtwirtschaftlichen Entwicklung abhängt.

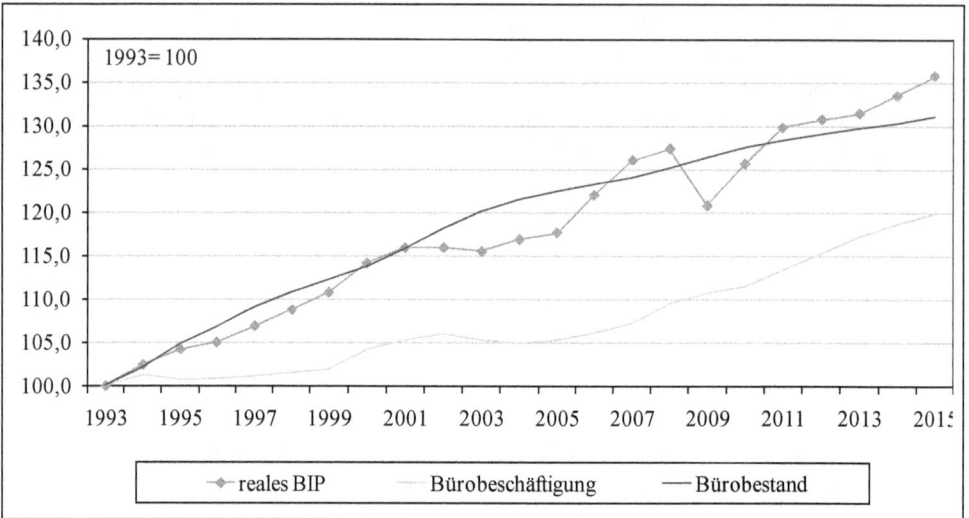

Abb. 4.5:   Bruttoinlandsprodukt und Büroflächen in Deutschland; Quelle: Statistisches Bundesamt, RIWIS-
             Datenbank der bulwiengesa AG, abgerufen am 01.09.2016, eigene Darstellung.

Abbildung 4.5 zeigt den gleichlaufenden Verlauf von Bruttoinlandsprodukt, Beschäftigung und Büroflächen. Die Entwicklung des Bürobestandes bezieht sich dabei auf die sieben A-Städte. Eine ähnliche Entwicklung zeigt auch der Büroflächenbestand in den insgesamt 125 Städten, die von der bulwiengesa AG untersucht werden. Für Deutschland insgesamt gibt es keine Daten über das Wachstum der Büroflächen, sondern nur Schätzungen für einzelne Jahre aufgrund des Verlaufs der Bürobeschäftigtenzahl unter Berücksichtigung der Fläche pro Bürobeschäftigten und des Leerstands.

Eine wachsende Wirtschaft ist verbunden mit einer steigenden Produktion von Gütern und Dienstleistungen durch die Unternehmen. Über längere Zeiträume betrachtet geht Wirtschaftswachstum mit einer deutlichen Erhöhung der Beschäftigung einher. So wird eine wachsende gesamtwirtschaftliche Nachfrage die Unternehmen veranlassen, mehr zu produzieren, wozu sie wiederum mehr Arbeitskräfte benötigen. Die Beschäftigung verändert sich somit schon allein mit der Wirtschaftsentwicklung, wobei ebenfalls eine positive Korrelation zwischen Beschäftigung und Bürobeschäftigung besteht.

Mit dem Übergang zur **wissensbasierten Ökonomie** verlagert sich die Wirtschaftsstruktur zu gunsten von Wirtschaftszweigen mit einem überdurchschnittlich hohen Anteil an Bürobeschäftigten, wie z. B. unternehmensnahe Dienstleistungen. Insbesondere das Wachstum der Dienstleistungsbranchen und die Zahl der in diesen Sektoren Beschäftigten führen zu mehr Nachfrage nach Büroflächen. Der Anteil der Bürobeschäftigung an der gesamten Beschäftigung wird sich in den nächsten Jahren insgesamt weiter erhöhen, weil in den wachstumsstärkeren Wirtschaftsbranchen üblicherweise überproportional viele Bürobeschäftigte sind (z. B. Informationstechnik mit höherem Wachstum und mehr Bürobeschäftigten als die Bauindustrie).

Auch in Zukunft sind Wachstumsimpulse vor allem aus dem Bereich wissensintensiver Tätigkeiten zu erwarten, welche die Nachfrage nach hochwertigen Büroflächen weiter stimulieren werden. Da sich gerade wissensbasierte Dienstleistungen und forschungsintensive Industrieaktivitäten nicht gleichmäßig im Raum verteilen, sondern eine klare Affinität zu Großstädten zeigen, sind vor allem die Perspektiven von Bürostandorten in Wachstumsregionen deutlich positiver zu beurteilen.

Im Kontext der Wissensökonomie gewinnen ebenfalls industriebezogene Büroarbeitsplätze zunehmend an Bedeutung. Der Trend einer steigenden Bürobeschäftigtenquote in einer Branche trifft auf eine Vielzahl von Sektoren zu. So nimmt in den Branchen z. B. die Verwaltungstätigkeit im Vergleich zur Fertigung immer mehr zu. In der Industrie werden auch zunehmend Bürotätigkeiten durchgeführt, die zum sekundären Sektor zählen, so z. B. wissensbasierte Tätigkeiten mit Innovationscharakter im Maschinenbau. Neben der Geschäftsführung müssen u. a. Verwaltung, Marketing oder Vertrieb und weitere zentrale Funktionen vom Büro aus gesteuert werden. Hinzu kommt, dass auch viele Mitarbeiter aus der Produktion zusätzlich über einen Büroarbeitsplatz verfügen. Einerseits wird der Anteil an Routinetätigkeiten tendenziell sinken und immer öfter von intelligenten Maschinen übernommen. Andererseits erhöht die Verzahnung der Produktion mit digitalen Informations- und Kommunikationstechnologien die technologische und die organisatorische Komplexität. Gerade diese Tätigkeiten auf dem Gebiet der Forschung und Entwicklung werden auch zukünftig in Deutschland eine hohe Bedeutung haben und so die Nachfrage nach Büroflächen erhöhen.

In einer Wissenschaftsgesellschaft verstärken sich immer die differenzierten Entwicklungen für die Arbeitswelt. Zum einen gibt es Routinearbeiten, die unter dem Druck der laufenden Prozessoptimierung von Standardisierung und Rationalisierung betroffen sind. Die Arbeit verdichtet sich fortwährend und muss immer schneller ausgeführt werden. Diese Arbeiten werden i. d. R. in klassischen Büroräumen ausgeführt. Zum anderen nehmen Arbeiten zu, in welchen Wissen und Kompetenzen die Schlüsselfaktoren bilden und in denen es wichtig ist, diese Faktoren in Kombination mit Flexibilität, Schnelligkeit und Dynamik einsetzen zu können. Für die hierfür benötigten Büroräume sind flexible Konzepte notwendig, die bis hin zu Homeoffice-Arbeitsplätzen (Mitarbeiter verrichtet einen Teil seiner Arbeit von seinem Zuhause aus) reichen.

Angesichts eines steigenden Anteils forschungsintensiver Güter und wissensintensiver Dienstleistungen an der gesamten Wertschöpfung in der Industrie verschwimmen immer mehr auch die Grenzen zwischen den spezifischen Flächenarten. Reine Produktion mit einfachen Arbeitsschritten wird es immer weniger geben. Moderne Produktionsimmobilien vereinen eine Mischung aus Büro-, Lager-, Fertigungs-, Forschungs- und Serviceflächen, die fast übergangslos ineinander fließen. Alternative Flächenkonzepte gewinnen an Bedeutung, die stärker auf offene Strukturen setzen und Raum für individuelle Lösungen bieten. Anstelle klar definierter Konzepte treten zunehmend offene Raumlandschaften mit verschiedenen Bereichen, die für betriebliche Tätigkeiten wie Forschung, Vertrieb, Service und emissionslose Fertigung jeweils das optimale Arbeitsumfeld bieten. Die Gebäudehülle sollte daher flexibel und multifunktional ausgelegt sein. Eine möglichst reversible Grundfläche, d. h. dass möglichst viele verschiedene Flächenkonzepte innerhalb eines Gebäudes untergebracht und individuell ausgestaltet werden können, ist hierbei wettbewerbsprägend.

Als Folge des Trends **New Work** löst sich die strikte Trennung zwischen Arbeitswelt und Privatsphäre zunehmend auf. Damit rücken auch Bürogebäude in den Fokus. Sie werden zunehmend multifunktional ausgerichtet sein und beinhalten beispielsweise auch Flächen für Gastronomie, Einzelhändler oder Fitness-Center. Dies steigert das Wohlbefinden der Mitarbeiter und damit deren Produktivität. Voraussetzung sind aber entsprechend geeignete Immobilien und Multi-Tenant-Strukturen über die klassische monodimensionale Nutzung hinaus, die diese verschiedenen Nutzungsarten auch ermöglichen.

Insgesamt führen das Wachstum des Bruttoinlandsprodukts und der Strukturwandel nicht nur zu einer steigenden Nachfrage nach Büroflächen, sondern wirkt sich auch auf den Leerstand und die Mieten aus. Bevor es zu Impulsen für den Bau von Büroflächen kommt, wird eine steigende Nachfrage zu einer Reduktion der bestehenden Leerstände führen. Erst mittel- bis langfristig wird durch Projektentwicklungen das Angebot an Büroflächen durch Neubauten erhöht. Ist die BIP-Steigerung nachhaltig, dann ist zu erwarten, dass es aufgrund der höheren Nachfrage mit einem Time-Lag ebenfalls zu einer Mietsteigerung kommen wird. Weiterhin sind diese multifunktional genutzten Objekte nur für Standorte geeignet, die über ein entsprechendes Nachfragepotenzial für diese übrigen Nutzungsarten verfügen. Allein der Wunsch der Mitarbeiter nach diesen Angeboten ist nicht ausreichend, wenn nicht gleichzeitig diese Randnutzungen wirtschaftlich betrieben werden können.

4.3.4   Wirtschaftsentwicklung und Einzelhandelsimmobilienmarkt

Die **Einzelhandelsflächennachfrage** ist indirekt abhängig von der wirtschaftlichen Entwicklung, wenn auch zusätzliche Abhängigkeiten bestehen. Die Nachfrage nach Einzelhandelsflächen hängt im Wesentlichen von der Entwicklung der Einkommen der Nachfrager ab. Der Strukturwandel begünstigt zudem diese Entwicklung.

Eine wachsende Wirtschaft ist nicht nur gleichbedeutend mit einer steigenden Produktion von Gütern und Dienstleistungen, sondern auch mit höherer Wertschöpfung und somit höheren Einkommen für die Wirtschaftssubjekte. Für den durchschnittlichen Haushalt bedeutet dies, dass generell bei wachsender Produktion auch deren Bruttoeinkommen steigen werden. Das c. p. wachsende Nettoeinkommen, das sich nach Abzug von Steuern und Sozialversicherungsbeiträgen ergibt, kann gespart oder ausgegeben werden. Ein größerer Teil der zusätzlichen Ausgaben wird auch im Einzelhandel ausgegeben, sodass es dort zu wachsenden Umsätzen kommt.

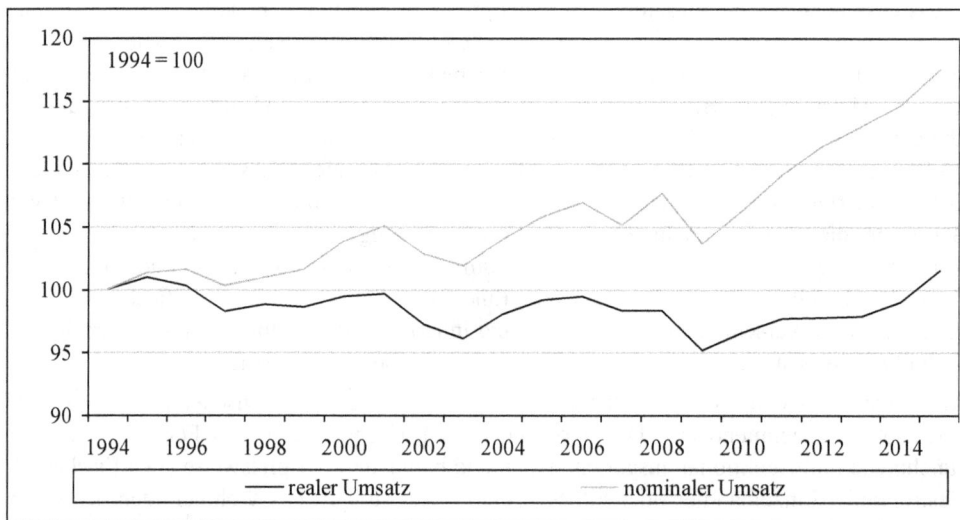

Abb. 4.6:   Entwicklung der Umsätze im Einzelhandel; Quelle: Statistisches Bundesamt, Umsatz im Einzelhandel (real/nominal), Genesis-Datenbank, Abruf am 18.01.2017, eigene Darstellung.

Abbildung 4.6 zeigt die Entwicklung der Einzelhandelsumsätze in Deutschland, wobei zwischen realen (inflationsbereinigten) und nominalen Umsätzen unterschieden wird. Im Zeitablauf können ebenfalls zwei Zeitabschnitte gesehen werden. Zum einen gab es bis zur Mitte des vergangenen Jahrzehnts nur eine sehr schwache Entwicklung. Zum anderen ergab sich danach eine weitaus dynamischere Entwicklung mit deutlicherem Anstieg der sowohl realen als auch nominalen Umsätze.

Da im Einzelhandel vielfach umsatzabhängige Mieten vereinbart sind, werden sich die Mieteinnahmen entsprechend mit den Umsätzen ausweiten. Weiterhin sind auch positive Effekte bei den Leerständen zu erwarten. Die daraus resultierenden steigenden Mieten und vermutlich auch Preise (Ergebnis des Investmentmarktes) für Einzelhandelsobjekte stellen letztlich für Investoren und Projektentwickler einen Anreiz dar, neue Einzelhandelsflächen zu errichten.

Die Auswirkungen des Trends **New Work** auf den Handel sind vielschichtig. Der Anteil berufstätiger Frauen an der Gesamtbeschäftigung wird in den kommenden Jahren ansteigen. Dies hat zur Folge, dass trotz schrumpfender Gesamteinwohnerzahlen in Deutschland – aufgrund des Anstiegs der Erwerbstätigenquote an der Gesamtbevölkerung – mittel- bis langfristig nicht mit einem radikalen Umsatzeinbruch im Einzelhandel zu rechnen ist, sondern vielmehr steigende Umsätze erwartet werden können, was sich c. p. stabilisierend auf die Verkaufsflächennachfrage bzw. den -bedarf auswirken wird. Der New-Work-Ansatz hat weiterhin Auswirkungen auf den Ort und die Qualität von Einzelhandelslagen. Der Wettbewerb um qualifizierte Arbeitskräfte wird zunehmend durch das Arbeitsumfeld entschieden. Gewinner dieses Trends sind Standorte mit einem multifunktionalen Nutzungsmix. Monofunktionale Büroparks, ebenso wie Einkaufslagen ohne ergänzende Gastronomie- und Freizeitangebote, werden es zukünftig schwerer haben. Die sich wandelnden Arbeitswelten spielen daher in puncto qualitativer Flächennachfrage, Standort und Lage eine wesentliche Rolle. Integrierte Einzelhandelsstandorte werden sich daher künftig gegenüber Solitärstandorten tendenziell eher besser behaupten können.

4.3.5 Wirtschaftsentwicklung und Wohnungsmarkt

Die Nachfrage nach **Wohnimmobilien** wird ebenfalls von der ökonomischen Entwicklung beeinflusst. Die Wohnflächennachfrage hängt dabei stark von der Einkommenshöhe und -entwicklung der Haushalte ab. Die Höhe der Haushaltseinkommen und daraus abgeleitet das Budget für Wohnen ist eine wesentliche Größe für die Nachfrage nach Wohnraum. Wohnen ist für die privaten Haushalte das wichtigste Konsumgut. Die Ausgaben für das Wohnen beliefen sich in den vergangenen Jahren auf rund ein Viertel des verfügbaren Haushaltseinkommens und waren leicht rückläufig.

Eine wachsende Wirtschaft ist identisch mit einer höheren **Beschäftigung** und steigenden **Einkommen** für die Haushalte, die auch die Nachfrager nach Wohnungen sind. Bei einem Anstieg der verfügbaren Einkommen kommt es zu einer steigenden Nachfrage. Auch durch eine sinkende Arbeitslosigkeit (langfristig), die die wirtschaftlichen Perspektiven der Haushalte verbessert, erhöht sich die Nachfrage. Unsicherheiten über die zukünftige Entwicklung der Einkommen beeinflussen die Nachfrage hingegen negativ. Die Nachfrage steigt durch eine Zunahme der verfügbaren Einkommen: Je mehr Einkommen ein Haushalt zur Verfügung hat, desto größer ist die Bereitschaft, in ansprechenden Wohnraum zu investieren.

Falls der Einkommensanstieg nachhaltig sein sollte, werden die Haushalte als Folge wachsender Einkommen mehr Wohnfläche nachfragen und auch bereit sein, dafür höhere Mieten bzw. Preise zu zahlen. Die höhere Nachfrage nach Wohnraum kann sich sowohl quantitativ (Wohnungsgröße) als auch qualitativ (z. B. Lage, Ausstattung) auswirken. Hindernisse für eine schnelle Reaktion der Nachfrage sind zum einen die Transaktionskosten wie beispielsweise Umzugskosten und zum anderen auch die Verfügbarkeit von Wohnraum.

Die Nachfrage nach Immobilien sowohl zur Eigennutzung als auch als Kapitalanlage wird somit mit wachsenden Einkommen steigen. Zudem nimmt das potenzielle Kreditvolumen für die **Immobilienfinanzierung** zu, da mit höheren Einkommen c. p. die Kreditrestriktionen für die Haushalte seitens der Banken gelockert werden. Durch eine leichtere Immobilienfinanzierung wird die Nachfrage der Haushalte nach Immobilien steigen und c. p. zu höheren Preisen führen. Sind diese Entwicklungen nachhaltig, wird die insgesamt höhere Nachfrage zu Anreizen für Investoren und Projektentwickler führen, neue Wohnungen zu bauen.

Kurzfristig ist aber nur mit einer geringen Änderung des Wohnverhaltens zu rechnen. Die Steigerung der Einkommen wirkt sich erst mit einer Zeitverzögerung aus, da der Transmissionsmechanismus vom Wirtschaftswachstum über Beschäftigungs- und Einkommenseffekte bis zur Wohnungsnachfrage langsam geht. Time-Lags ergeben sich schon dadurch, dass die Einkommen der Arbeitnehmer nicht gleichzeitig mit dem BIP ansteigen. Dies lässt sich durch die Starrheiten (u. a. Neueinstellungen) am Arbeitsmarkt erklären. Auch steigende Einkommen bedeuten nicht sofort eine steigende Wohnungsnachfrage, da üblicherweise die Haushalte erst nach einer nachhaltigen Steigerung und entsprechend positiven Zukunftserwartungen ihre Nachfrage nach quantitativ und qualitativ besserem Wohnraum erhöhen. Eine positive Beschäftigungsentwicklung wird ebenfalls auf eine steigende Zahlungsbereitschaft und somit eine höhere Nachfrage nach Wohnraum zur Folge haben.

Der langfristige wirtschaftliche Strukturwandel zur **Dienstleistungs- und Wissensgesellschaft** hat auch zu einer starken Veränderung des Wohnungsmarktes geführt. In früheren, vormodernen Lebens- und Altersweisen wurden Arbeiten und Wohnen nicht voneinander getrennt. Erst mit der Herauslösung besonderer Tätigkeiten, die zudem noch an besonderen Orten organisiert wurden, bildete sich die Erwerbsarbeit heraus. Die Funktion Arbeiten wurde aus der Wohnung ausgelagert; die Wohnung selbst für persönliche Aktivitäten und Selbstverwirklichung und für private Gastlichkeit ausgelegt. Sichtbar wird dies insbesondere durch die Anordnung und Größe des Wohnzimmers sowie die Gestaltung des Eingangsbereichs.

Zugleich mit dem Trend **New Work** kommt es wieder zu einer Umorientierung. Arbeitszeiten sind immer weniger an Tages- und Nachtzeiten gebunden, wie beispielsweise bei der Schichtarbeit. Diese zeitliche Entgrenzung wird flankiert durch die räumliche: Flexible Arbeitsmodelle wie das Arbeiten am heimischen Schreibtisch oder außerhalb des Büros nehmen immer mehr zu. Durch die zunehmende Auflösung der Bindung bestimmter Tätigkeiten an dafür vorgesehene Orte wird auch die Wohnung zu einem integrierten Bestandteil der Arbeitswelt der Wissensgesellschaft. Entsprechend muss eine für diese neue Form geeignete Wohnung Arbeitsbereiche ermöglichen. Daraus folgt ein erhöhter Flächenbedarf je Wohnung. Zudem könnte das Teleworking zu einer Verschiebung der Lagepräferenz bei Wohnimmobilien führen, da auch periphere Standorte mit niedrigeren Miet- oder Grundstückspreisen an Attraktivität gewinnen.

4.4   Demografische Entwicklung

Der demografische Wandel ist für die zukünftige Entwicklung der Immobilienmärkte von großer Bedeutung, da diese eine der wichtigsten Bestimmungsgrößen für deren langfristige Entwicklung ist. Hier sind sowohl zahlenmäßige Veränderungen als auch Strukturverschiebungen relevant. Deutschland befindet sich in einem tiefgreifenden demografischen Veränderungsprozess, was die Daten für die demografische Entwicklung der 13. koordinierten Bevölkerungsvorausberechnung des Statistischen Bundesamtes zeigen. Die grundlegenden Trends haben sich im Vergleich zu den vorherigen Prognosen – zum Teil sogar verstärkt – fortgesetzt. Die beiden wesentlichen Trends sind zum einen die Abnahme der Bevölkerungszahl und zum anderen die Veränderung der Altersstruktur mit der Zunahme der Anzahl und des Anteils älterer Menschen.

Grundlage für die Berechnungen des Statistischen Bundesamtes sind Annahmen bezüglich der drei maßgebenden Einflussgrößen auf die zukünftige Bevölkerungsentwicklung:

1.   die Geburtenhäufigkeit, die als annähernd konstant angenommen werden kann und keinen sprunghaften Veränderungen unterliegt
2.   die Lebenserwartung, die weiter leicht steigen wird
3.   die Migration, d. h. Wanderungsbewegungen von und nach Deutschland

Die demografischen Prozesse vollziehen sich relativ langsam und lassen sich mit Ausnahme der Migration kurzfristig kaum verändern. Von daher sind auch langfristige Prognosen über die zukünftige Entwicklung und Struktur der Bevölkerung recht valide. Natürliche Veränderungen wie die Geburtenhäufigkeit und die Sterbewahrscheinlichkeit sind für die nächsten Jahrzehnte sehr gut einzuschätzen. Zusätzlich ist für die Prognosen von Vorteil, dass die meisten Menschen, die längerfristig in Deutschland leben werden, schon heute hier sind. Kommt es zu keinem starken Strukturbruch, wird die Einwohnerzahl sinken und die Bevölkerung in den nächsten Jahren deutlich altern. Dabei wird der demografische Wandel regional sehr unterschiedlich ausfallen und sich damit auch sehr differenziert auf die Immobilienmärkte auswirken.

Absolute Bevölkerungsentwicklung

Die Bevölkerungszahl in Deutschland wird, wie Abbildung 4.7 zeigt, langfristig abnehmen. Dieser langfristige Trend wird sich ergeben, auch wenn von 2011 bis zum Jahr 2015 die Bevölkerungszahl um fast 2 Mio. Menschen zugenommen hat. Das ist auf den starken Anstieg der Zuwanderungen zurückzuführen. Aber schon im Vergleich zum Jahr 2000 ist ein leichter Rückgang zu verzeichnen.

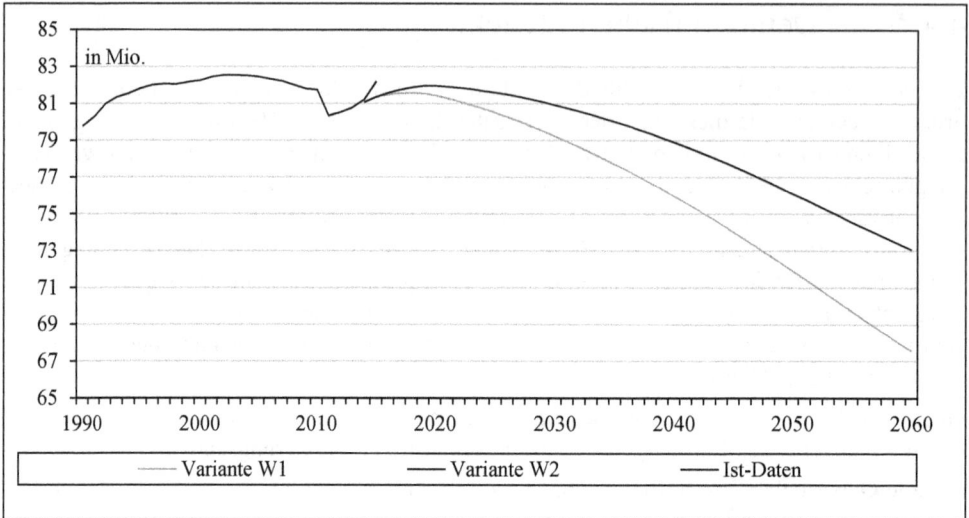

Abb. 4.7:   Bevölkerungsentwicklung in Deutschland; Quelle: Statistisches Bundesamt, Bevölkerung, verfügbar
             unter: https://www.destatis.de/DE/ZahlenFakten/GesellschaftStaat/Bevoelkerung/Bevoelkerung.html,
             Abruf am 22.06.2017

Der langfristige negative Trend wird aber nach allen Varianten der o. g. Prognosen des Stati-
schen Bundesamtes in den kommenden Jahren einsetzen. Der Rückgang der Bevölkerungszahl erklärt sich einerseits durch die zu niedrige Geburtenhäufigkeit bei einer im Vergleich
dazu zu hohen Zahl von Sterbefällen. Bei den Prognosen wird z. B. angenommen, dass die
Geburtenrate von 1,4 Kindern je Frau konstant bleibt. Weiterhin wird eine jährlich Nettozu-
wanderung von 100.000 Personen (Variante W1) oder von 200.000 Personen (Variante W2)
angenommen. Dieses ist aber weit geringer als die Zahl, die nötig wäre, um eine konstante
Einwohnerzahl zu erreichen. Die Bevölkerung in Deutschland wird demnach bis zum Jahr
2060 je nach Prognose um zwischen 11 und 17 Mio. Menschen schrumpfen. Für diesen
Prognosezeitraum bedeutet dies je nach Variante einen Rückgang zwischen 14 % und 21 %.

Regionale Effekte

Der Bevölkerungszuwachs in Deutschland verteilt sich nicht gleichmäßig auf alle Regionen.
Binnenumzüge und Außenwanderung haben die Bevölkerung vor allem in Großstädten zu-
nehmend seit 2000 und besonders stark seit 2010 anwachsen lassen. Auch die verstädterten
Kreise im Umland der großen Städte wachsen seit 2012 wieder, wenn auch mit geringerer
Dynamik als die Großstädte. Der ländliche Raum verzeichnet dagegen seit 2000 rückläufige
Bevölkerungszahlen. Zuletzt hat sich dieser Einwohnerverlust allerdings auch hier abge-
schwächt.

Bevölkerungsverluste waren 2015 in gut einem Fünftel aller Kreise in Deutschland Realität.
Knapp 80 % aller Kreise wiesen eine wachsende Bevölkerungszahl auf, wobei noch im Jahr
2011 nur in der Hälfte ein Zuwachs zu verzeichnen war. Ursächlich hierfür war zum einen,
dass sich die Zuzüge aus dem Ausland nicht gleichmäßig in der Fläche verteilen, sondern
bestimmte Teilräume Deutschlands begünstigen. Neue Zuwanderer knüpfen häufig an bestehende soziale Netze früherer Migranten an: So konzentrieren sich die Zuzüge auf die großen
Agglomerationen und deren Kernstädte. Zum anderen begünstigt auch die Binnenwanderung

die Ballungszentren in Deutschland. Junge Leute im Alter von 18 bis unter 30 Jahren (Bildungs- und Berufsstarter) gehören zu den mobilsten Altersgruppen und ziehen häufiger um als andere Altersgruppen.

Nach Untersuchungen des BBSR nimmt die Zahl der Kreise, die bis 2025 eine schrumpfende Bevölkerungszahl zu verzeichnen haben, weiter zu. Das früher gängige Bild von Ostdeutschland als der alleinigen „Fortzugs-" und Westdeutschland als der „Zuzugsregion" ist jedoch nicht mehr eindeutig. Von 1990 bis zum Jahr 2005 waren vor allem die ostdeutschen Länder mit Ausnahme einiger Wachstumsinseln von einer starken Bevölkerungsabnahme betroffen. In der Zukunft werden sich die Schrumpfungsregionen weiter ausdehnen. Nach wie vor ist die zahlenmäßige Abnahme der Bevölkerung in Ostdeutschland stärker ausgeprägt als in Westdeutschland. Allerdings werden bis 2020 auch Regionen in Westdeutschland von einem Rückgang der Bevölkerungszahl betroffen sein (z. B. das Saarland und das Ruhrgebiet) sowie ländliche Gebiete. In Ostdeutschland wird es weiterhin Regionen mit einer wachsenden Bevölkerungszahl geben, wie etwa in dem so genannten Speckgürtel um Berlin oder anderen größeren Städten. Es deutet sich eine zunehmende Konzentration auf wirtschaftsstarke Räume an, während die anderen Regionen teilweise erhebliche Bevölkerungsverluste hinnehmen müssen.

Urbanisierung

Beim Megatrend Demografische Entwicklung geht vom Trend der Urbanisierung eine starke Wirkung aus. Der Lebensraum „Stadt" wird in Zukunft im Zuge des Megatrends Urbanisierung weiter an Bedeutung gewinnen, auch wenn es teilweise zu Gegenbewegungen kommt. Migration bedeutet die räumliche Verlagerung des sozialen Lebensmittelpunktes von Menschen auf Zeit oder auf Dauer. Dies kann innerhalb von Staatsgrenzen erfolgen (Binnenmigration) oder aber grenzüberschreitend (Außenmigration). Dabei variieren die Formen der Migration je nach Motiv oder auslösendem Ereignis.

Auf der lokalen Ebene Deutschlands veröffentlichte das Statistische Bundesamt Daten zur Migration in die Städte, die von der bisherigen Entwicklung abweichen. In den sieben A-Städten ist festzustellen, dass die Bevölkerungszahl auch 2014 um 100.000 Personen zugenommen hat. Wie zu erwarten war, hat insbesondere die Zahl der Bildungswanderer (18–30-Jährigen) zu dieser Zunahme beigetragen. Aus den Städten ins Umland bzw. in den ländlichen Raum zogen früher die Familienwanderer (30–50-Jährigen), aber im Jahr 2014 wechselten in dieser Altersklasse netto mehr Menschen in die Städte. Das ist vor allem auf die Zuwanderer in dieser Altersklasse zurückzuführen, die für mehr als einen Ausgleich sorgten. Bei den Best Agern (50–65-Jährige) und den älteren Menschen ab 65 Jahre sind entgegen landläufiger Meinung mehr Fortzüge als Zuzüge in die sieben A-Städte zu verzeichnen. Diese Entwicklung gab es auch schon in den Vorjahren. Die Vorteile der Stadt mit mehr Kultur und Versorgungsangeboten führen nicht zu einer Nettowanderung in diese Städte.

Bei den Wanderungen über Stadtgrenzen nach Nationalitäten ist eine neue Situation eingetreten. Erstmals in diesem Jahrtausend sind mehr Inländer aus den Städten gezogen als in diese. Zwar waren die Wanderungssalden seit Mitte des letzten Jahrzehnts rückläufig, aber 2014 erstmalig negativ: gut 5.000 Inländer mehr zogen aus den Städten fort als hinein. Ursache hierfür waren sicherlich die starken Miet- und Preissteigerungen, die sich viele Haushalte nicht mehr leisten können oder wollen. Die starken Zuzüge der Ausländer konnten die inländischen Fortzüge aber mehr als kompensieren, sodass insgesamt mehr als 100.000 Zuzüge (netto) zu verzeichnen waren. Trotzdem sind dadurch vor allem gravierende Auswirkungen auf die Wohnungsmärkte zu erwarten.

Strukturelle Effekte

Die zu niedrige Geburtenzahl im Verhältnis zu den Sterbefällen führt in Verbindung mit der steigenden Lebenserwartung zu deutlichen **Veränderungen in der Altersstruktur** der Bevölkerung. Durch die relativ wenigen Geburten sinkt die Anzahl der jungen Menschen, die den Sockel der Bevölkerungspyramide bildet. Die steigende Lebenserwartung verbreitert die Spitze. Dies trifft auf Deutschland in besonderem Maße zu: der demografische Wandel ist gekennzeichnet durch eine deutliche Alterung der Bevölkerung.

Das zeigt auch eine Gegenüberstellung der zahlenmäßigen Veränderung der Personen in unterschiedlichen Altersgruppen (bei der Annahme einer Zuwanderung von 200.000 Personen jährlich). Die Zahl der Personen unter 20 Jahren wird von einem Anteil an der Gesamtbevölkerung von 13 % auf 12 % kontinuierlich abnehmen. Besonders betroffen werden auch die Menschen im Ausbildungsalter sein, also die 15- bis 29-Jährigen. Nach der amtlichen Vorausberechnung wird deren Anzahl bis 2030 von 13,7 auf 11,8 Mio. und bis 2050 auf 10,2 Mio. Menschen sinken. Die Personen zwischen 20 und 65 Jahren machten 2014 noch einen Anteil von gut 60 % an der Bevölkerung aus. Dieser wird bis 2060 auf knapp 52 % zurückgehen. Einzig der Anteil der über 65-jährigen Personen wird von gut einem Fünftel auf 32 % steigen.

Altenquotient
Der Altenquotient ist definiert als das zahlenmäßige Verhältnis der Personen im Alter von 65 Jahren und älter zu 100 Personen im Alter von 20 bis 64 Jahren.

Der Altenquotient liegt in Deutschland heute bei ungefähr 34. Das heißt auf 100 Bundesbürger im potenziellen Erwerbsalter kommen 34 Rentner. Diese Zahl wird im Jahre 2030 auf 45 gestiegen sein und sich bis 2050 mit etwa 61 nahezu verdoppelt haben.

Darüber hinaus wird die Gesellschaft in Deutschland „**bunter**", d. h., die Zahl und der Anteil der Menschen mit Migrationshintergrund werden weiter wachsen. Nach dem Mikrozensus 2014 lebten in Deutschland 16,5 Mio. Menschen mit Migrationshintergrund, weil sie entweder selbst eingewandert oder weil sie in Migrationsfamilien in Deutschland aufgewachsen sind. Die Mehrheit (9,1 Mio.) sind Deutsche mit Migrationshintergrund und einem deutschen Pass: Spätaussiedler oder eingebürgerte Ausländer. Bis 2060 wird sich insgesamt der Anteil der Menschen mit Migrationshintergrund an der Gesamtbevölkerung weiter erhöhen. Je nach Annahmen über die Höhe der Zuwanderungen kann dieser Anteil auf knapp ein Drittel der Gesamtbevölkerung anwachsen. Aufgrund des relativ jungen Alters und der etwas höheren Geburtenrate der Migrationsbevölkerung wird vor allem der Anteil der Jungen mit Migrationshintergrund in den kommenden Jahren deutlich steigen.

4.4.1   Demografische Entwicklung und Immobilienwirtschaft

Die demografische Entwicklung in Deutschland führt dazu, dass die Bevölkerung weniger und älter wird. Für den Arbeitsmarkt bedeutet dies eine doppelte Belastung, da die potenziell

Erwerbstätigen deutlich stärker abnehmen als die Gesamtbevölkerungszahl. Bis zum Jahr 2060 nimmt nach der eher pessimistischen Variante die Bevölkerungszahl um gut 15 % ab, während das Erwerbspersonenpotenzial um ungefähr das Doppelte abnehmen wird. Es scheiden mehr Personen aus dem Erwerbsleben in die Rente aus als aus der Jugend nachkommen. So wird nach der 13. Bevölkerungsprognose des Statistischen Bundesamtes erwartet, dass die Zahl der potenziell Erwerbstätigen (Alter von 15 bis 65 Jahre) bis zum Jahr 2030 um rund 4 Mio. Menschen oder gut 10 % abnehmen wird. Langfristig ist sogar mit einer Abnahme um ungefähr 30 % zu rechnen.

Diese Abnahme der potenziell Erwerbstätigen wird sich auf den Arbeitsmarkt dermaßen auswirken, dass das Arbeitsangebot abnehmen wird. Da davon ausgegangen werden kann, dass aufgrund des künftigen Wirtschaftswachstums die Nachfrage der Unternehmen nach Arbeitskräften anhalten wird, kommt es zu einer Angebotsknappheit. Dies wird in der Literatur als „War for Talents" bezeichnet, in dem eine bedeutende Anzahl von Arbeitsplätzen nicht besetzt werden kann, weil auf dem Arbeitsmarkt keine entsprechend qualifizierten Mitarbeiter zur Verfügung stehen. Unternehmen, auch in der Immobilienwirtschaft, stehen unter einem stärkeren Wettbewerbsdruck um Arbeitnehmer.

Der demografische Wandel wird den Arbeitsmarkt schneller und grundlegender verändern als vielfach angenommen. Die Alterung der Bevölkerung hat neben der absoluten Abnahme auch einen strukturellen Aspekt, die auch Auswirkungen auf die Zusammensetzung des Erwerbspersonenpotenzials hat. Die Analysen der demografischen Daten zeigen insgesamt eine massive Veränderung des gesamten Erwerbspersonenpotenzials. Dies betrifft besonders die Entwicklungen in den unterschiedlichen Altersgruppen: Während die Zahl der 45- bis 64-Jährigen von 2006 bis 2025 um 1,4 Mio. zunimmt, wird sich die Zahl der jüngeren Erwerbstätigen von 25 bis 44 Jahren in diesem Zeitraum um 3,7 Mio. verringern.

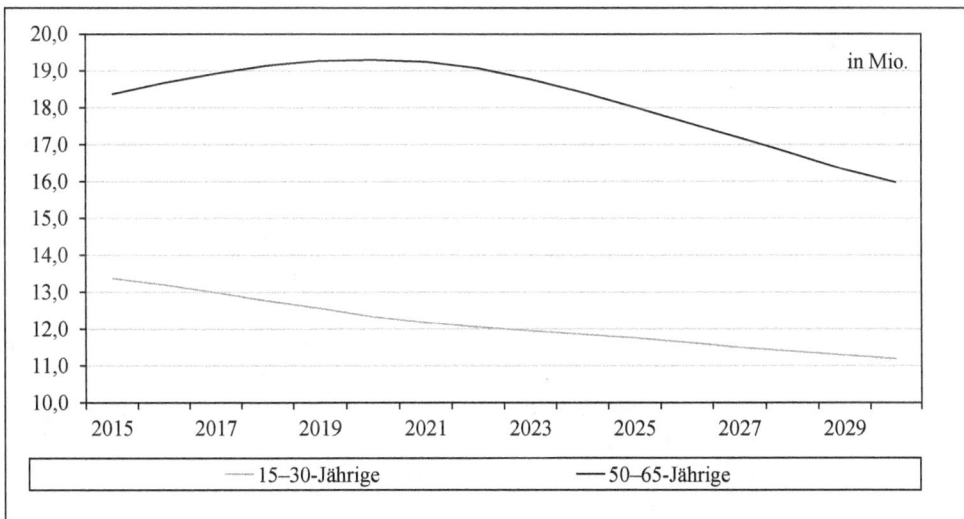

Abb. 4.8:   Entwicklung der potenziell Erwerbstätigen; Quelle: Statistisches Bundesamt, Bevölkerungsvorausberechnung, verfügbar unter: https://www.destatis.de/DE/ZahlenFakten/GesellschaftStaat/Bevoelkerung/Bevoelkerungsvorausberechnung/Bevoelkerungsvorausberechnung.html, Abruf am 22.09.2016

Die Anzahl der 15- bis 29-Jährigen, die Nachrücker ins Erwerbsleben, schrumpft ab ungefähr dem Jahr 2035. Dieser Rückgang gefährdet das Innovationspotenzial in Deutschland. Die aus dem Bildungs- und Ausbildungssystem Nachrückenden kommen mit dem für die Innovationsfähigkeit der Wirtschaft elementar wichtigen neuen Know-how in die Beschäftigung. So fehlt den Betrieben das nötige Innovationspotenzial in den künftigen Belegschaften. Demgegenüber steigt die Anzahl der 50- bis 65-Jährigen in den nächsten Jahren zunächst an, um danach wieder deutlich zurückzugehen. Dieser Altersgruppe werden eine geminderte Leistungs- und eine geringere Innovationsfähigkeit unterstellt. Aufgrund der Einstellung älterer Menschen zu neuen Technologien kann dieses eine Innovationsbremse darstellen und somit den Trend zur Wissensgesellschaft behindern.

4.4.2 Demografische Entwicklung und Immobilien-Investmentmarkt

Die demografische Entwicklung in Deutschland ist dadurch gekennzeichnet, dass die Menschen von der Anzahl weniger und gleichzeitig auch älter werden. Dadurch steigt der Altenquotient, das Verhältnis zwischen den alten Menschen und denen im erwerbsfähigen Alter. Für die Rentenversicherung, die in Deutschland im Umlageverfahren organisiert ist, bedeutet dies eine enorme Belastung. Für immer mehr alte Menschen muss die Rente von immer weniger Menschen in Beschäftigung erwirtschaftet werden. Generell kann dieses Problem dadurch gelöst werden, dass die Rente gesenkt wird oder die Beitragszahlungen erhöht.

Vor diesem Hintergrund wird die private Altersvorsorge immer wichtiger. Eine Möglichkeit für die private Vorsorge ist die direkte oder indirekte Anlage in Immobilien. Dabei können Immobilien sowohl zur Selbstnutzung als auch als Kapitalanlage verwendet werden. Die privaten Anleger sehen Immobilien aus verschiedenen Gründen als eine bevorzugte Anlage an. Immobilien versprechen eine attraktive Anlage, die jährliche Einnahmen in Form von Mieten erwarten lässt. Derartige Anlagen in Wohnungen werden auch als Zinshäuser bezeichnet. Zum anderen erwarten sie eine langfristige Wertsteigerung, daher werden Immobilien auch als Betongold angesehen. Durch Immobilieninvestments als Altersvorsorge entsteht eine erhöhte Nachfrage nach Immobilien, die c. p. zu höheren Preisen führen wird. Um diese Vorteile realisieren zu können, stehen vor allem Core-Immobilien im Vordergrund. Dadurch besteht die Chance, dass die Erwartungen bezüglich der Mietentwicklung und der Wertsteigerungen mit höherer Wahrscheinlichkeit erreicht werden. Core-Investoren, also risikoarme Investoren mit einem langen Investitionshorizont, setzen im Wesentlichen auf Bestandsmanagement und nicht auf raschem An- und Verkauf von Immobilien, um kurzfristige Wertänderungsbewegungen auszunutzen.

Die im Zusammenhang mit der Demografie stehende Migration von Menschen hat weitere Auswirkungen auf die Investmentmärkte. Zum einen ist die Wanderungsbewegung nicht gleichgerichtet, sondern die Regionen sind unterschiedlich stark von Zu- oder Abwanderungen betroffen. In den Abwanderungsregionen sind vermehrt Anstrengungen für Verkäufe festzustellen, was den Druck auf die Preise erhöht. Von den Zuwanderungsregionen wurden in den vergangenen Jahren insbesondere die Städte begünstigt, jedoch ist zwischen den verschiedenen Altersgruppen und den Wanderungsbewegungen zu unterscheiden. Die Bildungswanderer, die zur Ausbildung und zum Berufseinstieg in die Städte ziehen, sowie Flüchtlinge und Migranten sind eher der Gruppe der Mieter von Wohnungen und Häusern zuzuordnen. Dieser Gruppe fehlt vielfach das notwendige Kapital für Immobilienkäufe. Jedoch sind diese Wohnungen für Kapitalanleger (institutionelle und private) geeignet. Die

Familienwanderer in den Altersgruppen von ungefähr 30 bis 45 Jahren ziehen vorwiegend aus den Städten weg und sind daher auf der Verkaufsseite zu finden. Die Zahl der Wanderer in den älteren Bevölkerungsgruppen ist zahlenmäßig eher klein, sodass die Effekte auf die Investmentmärkte aufgrund der Wanderungen hier eher gering sind.

Die Wanderungsbewegungen sind aber nicht starr, sondern passen sich den Rahmenbedingungen an. So waren bis Mitte des letzten Jahrzehnts eher Fortzüge aus den Städten festzustellen und seitdem eher Zuzüge. In den letzten Jahren war schon kurzfristig wieder ein Nettofortzug von inländischen Einwohnern aus den größeren Städten festzustellen, was sicherlich auf die hohen Miet- und Preissteigerungen der vergangenen Jahre zurückzuführen ist. Über die zukünftige Entwicklung sind quantitativ und langfristig nur Schätzungen möglich.

4.4.3   Demografische Entwicklung und Büroimmobilienmarkt

Die Entwicklung der Anzahl der Bürobeschäftigten, also der Nutzer von Büroflächen, ist der Einflussfaktor für die Büroflächennachfrage. Aus volkswirtschaftlicher Sicht sind die Bürobeschäftigten das Arbeitskräfteangebot einer Volkswirtschaft. Gleichzeitig wird die Arbeitskräftenachfrage und die Büroflächennachfrage von der Nachfrage der Unternehmen bestimmt.

Der demografische Wandel wird zunächst über das **Arbeitsangebot** wirksam. Während die Gesamtbevölkerung vergleichsweise langsam abnehmen wird, sinkt die Bevölkerung im erwerbsfähigen Alter (Erwerbspersonenzahl) und damit das vorhandene Arbeitskräftepotenzial wesentlich stärker. Die Bevölkerungszahl geht nach den Prognosen des Statistischen Bundesamtes bis 2060 um bis zu 20 % zurück. In der für das Arbeitsangebot relevanten Gruppe der 20- bis unter 65-jährigen Personen beträgt die Abnahme im selben Zeitraum gut ein Drittel. Wird der Prognosehorizont bis 2030 verkürzt, beträgt der Rückgang noch rund 15 %. Der starke Rückgang der Erwerbspersonenzahl gilt allerdings nur unter der Annahme sonst gleicher Bedingungen, wobei jedoch Anpassungsreaktionen zu erwarten sind. Schon heute ist festzustellen, dass ein früherer Einstieg in das Erwerbsleben und ein späterer Übergang in den Ruhestand erfolgen. Dies spiegelt sich in einer höheren Erwerbsbeteiligung und damit einer steigenden Erwerbsquote wider. Weiterhin besteht mit den Erwerbslosen derzeit ein Potenzial, welches nicht im Arbeits- bzw. Produktionsprozess genutzt wird. Außerdem wird ein Rückgang des Erwerbspersonenpotenzials für den Bürobereich durch weitere Mechanismen gemildert. Aufgrund des gesamtwirtschaftlichen Strukturwandels erhöht sich die Bürobeschäftigtenquote und damit die Anzahl der Bürobeschäftigten. Unter Berücksichtigung dieser Anpassungsmechanismen relativiert sich zwar die starke Abnahme des Erwerbspersonenpotenzials, aber die demografische Entwicklung bleibt eine wesentliche, langfristige Restriktion für das Angebot an Bürobeschäftigten.

Die **Arbeitsnachfrage** hängt hingegen vor allem vom Produktionsniveau der Gesamtwirtschaft ab; steigt dies, nimmt auch die Arbeitsnachfrage der Unternehmen zu. Damit wird die Entwicklung des realen Bruttoinlandsproduktes zur bestimmenden Größe für die Nachfrage nach Arbeitskräften und letztlich auch nach Bürobeschäftigten. Eine Erhöhung der Arbeitsnachfrage seitens der Unternehmen führt auch zu einem höheren Bedarf an Büroflächen. Ein kontraktiver Effekt ist hingegen zu erwarten, da die gesamtwirtschaftliche Nachfrage nach Gütern und Dienstleistungen auch durch die demografische Entwicklung beeinflusst wird. Die in Deutschland langfristig zurückgehende Bevölkerungszahl führt c. p. zu einer Abnahme der gesamtwirtschaftlichen Binnennachfrage. Gerade für die deutsche Wirtschaft ist aber vor allem die Exportnachfrage von Bedeutung, da das Wirtschaftswachstum in Deutschland sehr stark durch die Exporte getragen wird. Die langfristig steigende Weltbevölkerung bedeutet damit c. p. für die deutschen Unternehmen ein hohes Nachfragepotenzial. In der Summe ist es durchaus wahrscheinlich, dass bedingt durch eine deutlich steigende Auslandsnachfrage die Wirtschaft weiter wachsen wird. Von daher ist wahrscheinlich, dass als Folge die Nachfrage nach Büroflächen in Deutschland sogar zunehmen wird.

Zusammenfassend gibt es ein rückläufiges Arbeitsangebot und eine vermutlich steigende Nachfrage der Unternehmen nach Bürobeschäftigten. Demnach ist der Effekt auf die letztlich beschäftigten Büroarbeitskräfte unbestimmt. Es wird erwartet, dass insgesamt die Anzahl der Bürobeschäftigten zunächst weiterhin ansteigen wird, allerdings mit niedrigeren Raten als in der Vergangenheit. Regional unterschiedliche Entwicklungen überlagern dabei die durchschnittliche Entwicklung. Aus der Entwicklung der Anzahl der Bürobeschäftigten und dem erwarteten Büroflächenbedarf pro Beschäftigtem leitet sich schlussendlich die Nachfrage der Unternehmen nach Bürofläche ab. Die Nachfrage wird somit vermutlich weiter leicht ansteigen, wenn auch regional sehr stark differenziert.

Neben diesen rein quantitativen Effekten einer abnehmenden Bevölkerung ist auch der struktureller Effekt zu beachten. Aufgrund der veränderten **Altersstruktur** wird der Anteil der Generation Y (geboren ca. nach 1980) in den nächsten Jahrzehnten deutlich zunehmen. Diese Generation hat im Vergleich zu den vorherigen Generationen eine viel stärkere Computererfahrung und wird demnach voraussichtlich eine flexiblere Arbeitsumgebung und mehr Wahlmöglichkeiten nachfragen, wann, wo und wie sie ihre Arbeit erledigen wollen. Die höhere Mobilität und die geänderten Anforderungen führen zu veränderten Arbeitsorten sowie zu einem sinkenden Platzbedarf pro Arbeitsplatz. Dieses trifft zusammen auf die oben beschriebenen Effekte einer geringeren Bevölkerungsentwicklung.

Weiterhin hat die Urbanisierung Wechselwirkungen mit dem Büromarkt. Die zukünftige Arbeitswelt findet sich vor allem in einem urbanen Umfeld wieder. Dies hängt einerseits mit der Standortwahl von Büromietern und andererseits mit der Verfügbarkeit von Arbeitskräften zusammen – wobei beide Faktoren voneinander abhängen. Die Reurbanisierung ist ein Trend, der in vielerlei Hinsicht zeigt, wie Arbeitswelten in Zukunft gestaltet werden. Die Viertel und Quartiere in denen die Büroarbeiter leben, vermitteln Lebensstile, Atmosphären und Angebote, die diese Menschen auch in ihrer Arbeitswelt wiederfinden wollen. Dies schlägt sich schließlich auch auf die Bürostandorte und Büroarbeitsplätze nieder.

4.4.4   Demografische Entwicklung und Einzelhandelsimmobilienmarkt

Die demografischen Veränderungen wirken sich langfristig auf die Nachfrage im Einzelhandel (Umsatz) und damit indirekt auf die Einzelhandelsimmobilien aus. Auch hier ist zwischen den Effekten einer sinkenden absoluten Bevölkerungszahl, der regionalen Verteilung der Effekte und der sich verändernden Altersstruktur zu differenzieren.

Für den Einzelhandel ist entscheidend, wie sich der Umsatz entwickelt, der sich aus der Anzahl der Konsumenten multipliziert mit dem durchschnittlichen Umsatz ergibt. Unter c. p-Bedingungen würde somit die **sinkende Bevölkerungszahl** in Deutschland einen negativen Effekt für den Einzelhandel haben, da weniger Personen zu weniger Nachfrage führen. Eine geringere Nachfrage führt zu Umsatzrückgängen im Einzelhandel, dies führt zunächst zu geringeren Umsätzen pro Fläche und somit zu einer geringeren Flächenproduktivität. Aufgrund der vielfach vorhandenen umsatzabhängigen Mieten kommt es somit zu geringeren Mieteinnahmen für die Eigentümer der Einzelhandelsimmobilien. Ob es aufgrund der gesunkenen Flächenproduktivität auch dazu kommt, dass Geschäfte geschlossen werden, hängt vom Ausmaß des Umsatzrückgangs und der jeweiligen betriebswirtschaftlichen Kalkulation ab. Es verringern sich aber die Anreize für Investoren, neue Projektentwicklungen in diesen Regionen vorzunehmen. Ob damit insgesamt die Einzelhandelsfläche in Deutschland sinkt, ist nicht abzusehen, da auch gegenläufige makroökonomische und einzelhandelsrelevante Trends bestehen. Die demografischen Effekte werden auch erst langfristig im vollen Ausmaß eintreten, da zunächst der Bevölkerungsrückgang noch moderat ausfallen wird.

Veränderungen werden aber auf der **regionalen Ebene** zu erwarten sein, da hier der demografische Effekt erheblich stärker und differenzierter ausfallen wird. Der regionale Einzelhandel wird stark durch die demografischen Effekte beeinflusst. Der Einzelhandel in den Zuzugsgebieten wird profitieren, während in den Fortzugsgebieten teilweise dramatische Rückgänge zu erwarten sind. Orte und Regionen mit hoher Zuwanderung verfügen auch häufig über eine entsprechend hohe Kaufkraft, sodass hier mit einer insgesamt höheren Nachfrage für den Einzelhandel gerechnet werden kann. In den Zuzugsgebieten kommt es dagegen zum doppelt positiven Effekt (Zahl und Einkommen) der regionalen Migration.

Hingegen besteht in einigen Gebieten schon heute eine Landflucht, die sich in Zukunft noch verstärken wird. Dies wird deutlich negative Auswirkungen für den Einzelhandel haben, da die Umsätze erheblich zurückgehen werden. Da in den Fortzugsgebieten eher die ältere Bevölkerung verbleibt, nimmt nicht nur die Bevölkerungszahl ab, sondern der verbliebene Rest weist auch noch das niedrigere Einkommen auf. Letztlich bedeutet dies eine zunehmende Verdichtung des Flächenbestandes und Konzentration der Nachfrage an den überörtlich bedeutenden Einzelhandelsstandorten, während der Einzelhandel in den ländlichen Regionen sich zukünftig wieder stärker auf seine Nahversorgungsfunktion beschränkt und die Versorgung mit Gütern des mittel- und langfristigen Bedarfs verstärkt über den Online-Handel erfolgt. Es ist daher damit zu rechnen, dass in vielen ländlichen Regionen und selbst in kleineren Städten langfristig der Leerstand zunehmen wird.

Weiterhin ergibt sich der **strukturelle Effekt** aufgrund einer zunehmend älteren Bevölkerung. Die veränderte Bevölkerungsstruktur wirkt sich auf unterschiedliche Weise auf den einzelhandelsrelevanten Konsum aus. Negative Effekte sind aufgrund des niedrigeren Einkommensniveaus der älteren Bevölkerungsgruppe zu erwarten. Das Einkommen der über 65-Jährigen liegt deutlich unter dem einer Person in der erwerbsfähigen Altersgruppe, was darauf zurückzuführen ist, dass vor allem die Renten niedriger als die Erwerbseinkommen sind. Gleichzeitig verfügen die älteren Menschen heute jedoch über ein höheres Einkommen als vorangegangene Generationen. Bei der Vermögensverteilung variiert das Nettovermögen ebenfalls stark mit dem Lebensalter. Das höchste Vermögen gibt es in den Haushalten, in denen sich der Haushaltsvorstand vor und kurz nach dem Übergang in den Ruhestand befindet. Dies wirkt sich eher positiv auf den Konsum aus, da zusätzlich zur Rente auch Teile des angesparten Vermögens ausgegeben werden.

Aufgrund der strukturellen demografischen Veränderungen sind weiterhin Effekte durch strukturelle Verschiebungen beim Konsum zu erwarten – allerdings nur geringe. Trotz beispielsweise höherer Ausgaben der älteren Menschen für Gesundheit bleiben die Anteile der Ausgaben im Einzelhandel an den Konsumausgaben relativ konstant, sodass der Einzelhandel durch diese altersbedingte Veränderung der Nachfragestruktur nur gering betroffen sein wird.

Die sich verändernde Altersstruktur der Bevölkerung in Deutschland erhöht außerdem die **Anforderungen älterer Menschen an die Einzelhandelsimmobilien.** Aufgrund der häufig eingeschränkten Mobilität sind ältere Menschen auf den Einkauf in der Nähe ihres Wohnortes angewiesen oder durch gute Erreichbarkeit mit dem ÖPNV oder dem Auto. Eine gute Erreichbarkeit des Standortes soll den in ihrer Mobilität eingeschränkten Kunden weiterhin ein Einkaufserlebnis ermöglichen. Bei der Ladengestaltung (u. a. breitere Gänge und kurze Wege) und auch bei der Ladenkonzeption (z. B. geringere Sortimentsangebotsbreite) sind die Anforderungen einer älter werdenden Gesellschaft zu berücksichtigen. Altengerechte Handelsformate mit einem entsprechenden, auf diese Zielgruppe zugeschnittenen Sortiment werden an Bedeutung gewinnen. Weiterhin ist die Anordnung der Waren ebenso ein wesentlicher Bestandteil der barrierefreien Immobilie. Vermehrter Service (u. a. gut lesbare Preise) und mehr Online-Angebote werden ebenfalls aus demografischen Gründen für den Einzelhandel bedeutender. Um dem Bedürfnis nach dem Einkaufserlebnis und gesellschaftlichen Kontakten gerecht zu werden, wird beim Einkauf der soziale Aspekt weiter in den Vordergrund gerückt (u. a. Sitzgelegenheiten).

Letztlich kommt es auch durch einen höheren Anteil an **Menschen mit Migrationshintergrund** in Deutschland zu Folgen für den Einzelhandel. Menschen aus anderen Ländern haben teilweise andere Konsumgewohnheiten, was sich sowohl beim Einkaufsort (Betriebsform des Einzelhandels) als auch beim Sortiment zeigt. Es ist aber auch im Zeitablauf mit einer Anpassung der Einkaufsgewohnheiten zu rechnen.

4.4.5   Demografische Entwicklung und Wohnungsmarkt

Aus Sicht der Wohnungswirtschaft ist die **Zahl der Haushalte** der wichtigste demografische Einflussfaktor für die Nachfrage nach Wohnungen. Diese stellen die eigentlichen Nachfrager dar und müssen mit Wohnraum bzw. Wohneinheiten versorgt werden. Die Entwicklung der Zahl der Haushalte steht somit auch im Vordergrund der Analyse und nicht die Bevölkerungsentwicklung, auch wenn diese in bestimmten Zusammenhängen mit der Haushaltsentwicklung steht. Die Auswirkungen auf die Wohnungsmärkte in Deutschland werden nicht so stark ausfallen wie aus dem Rückgang der Einwohnerzahlen zu schließen ist. Die Zahl der Haushalte wird nämlich deutlich später und dann auch langsamer sinken als die Zahl der Einwohner. Die Zahl der Haushalte hängt von den Lebensgewohnheiten der Bevölkerung ab und ist eine sich im Zeitablauf verändernde Größe. Der stetige Rückgang der durchschnittlichen Haushaltsgröße führt zu diesem Effekt.

Die Zahl der Haushalte hat seit der Wiedervereinigung um 10 % zugenommen, wohingegen die Bevölkerung in Deutschland nur um 3 % gestiegen ist. Im letzten Jahrzehnt stieg die Zahl der Haushalte um gut 2 Mio. bzw. knapp 6 % an. Eine Ursache ist die abnehmende Zahl der Personen je Haushalt. Die Zahl der Personen, die durchschnittlich in einem Haushalt leben, wird sich dabei weiter auf etwa 1,98 Personen verringern – 1991 lebten im Durchschnitt noch 2,27 Personen in einem Haushalt. Insbesondere der Anteil der Ein- und Zweipersonenhaushalte wird aufgrund der fortschreitenden Singularisierung und des sinkenden Kinderanteils weiter zunehmen. Die Zahl der Haushalte wird somit in den kommenden Jahren steigen, wenn auch mit einer abnehmenden Dynamik. Erst langfristig ist damit zu rechnen, dass die sinkende Bevölkerungszahl sich auch in einer Abnahme der Zahl der Haushalte zeigt.

Der Prozess der Haushaltsverkleinerung wird sich in der Zukunft zwar etwas abschwächen, aber doch kontinuierlich fortschreiten. Die aktuelle Raumordnungsprognose des Bundesamtes für Bauwesen und Raumordnung geht davon aus, dass sich die Haushaltsgröße bis 2035 auf einen Wert von durchschnittlich 1,91 Personen verringern wird. Die Bevölkerung in privaten Haushalten wird bis dahin nach Prognose des Bundesamtes rund 3 % abnehmen, während die Zahl der Haushalte dagegen noch um 2 % zunimmt. Auf Dauer kann der Haushaltsverkleinerungsprozess in vielen Regionen die abnehmende Bevölkerungsentwicklung nicht länger kompensieren. Im Jahr 2015 weisen drei Viertel aller Kreise in Deutschland noch eine wachsende Haushaltszahl auf. Im weiteren Prognoseverlauf verändert sich das Verhältnis von wachsenden zu schrumpfenden Haushaltszahlen kontinuierlich in Richtung Schrumpfung. Im Jahr 2030 wird für noch knapp 39 % der Kreise eine wachsende Haushaltszahl prognostiziert. Die überwiegende Mehrheit verzeichnet dann bereits einen Rückgang der Wohnungsnachfrage.

Die Haushaltsentwicklung wird in Deutschland eine **regional** sehr unterschiedliche Dynamik aufweisen, was vor allem auf die Binnenwanderungen zurückzuführen ist. In den letzten Jahren wirkten sich auch die Außenwanderungen stark aus, da die Migranten sich regional konzentrieren: vor allem auf die großen Städte.

Bei den Binnenwanderungen verändern sich die Trends. Ende der 1990er-Jahre verließen die Menschen die Kernstädte sowohl in den Wachstums- als auch Schrumpfungsregionen in das Umland und die überregionalen Gebiete. Die einzige Ausnahme stellten die Wachstumsregionen dar, in denen es einen geringen Zuzug aus den überregionalen Gebieten gab. Mitte des letzten Jahrzehnts kam es hingegen dann zu einer Differenzierung. In den Wachstumsregionen gab es einen starken Zuzug aus den überregionalen Gebieten und eine leichte Abwanderung in das Umland, sodass es insgesamt Zuwächse gab. In den Zuzugsgebieten steigt die Nachfrage in den Umlandgebieten und noch stärker in den Kernstädten wie z. B. Hamburg oder Berlin. Dabei konzentrieren sich die 20- bis 35-Jährigen heute weit stärker räumlich auf bestimmte Städte als in den früheren Jahren. In den Schrumpfungsregionen waren eine leichte Migration aus dem Umland und eine leichte in die überregionalen Gebiete festzustellen.

Bei der Bestimmung der **zukünftigen Wohnflächennachfrage** sind neben der Entwicklung der Haushaltszahlen weitere Effekte zu berücksichtigen. Zunächst ist der **Lebenszykluseffekt** bzw. Alterseffekt zu beachten. Ein Haushalt passt über seine Lebenszeit die Nachfrage nach Wohnungen an die jeweilige Familien-, Vermögens- und Einkommenssituation an. Der **Remanenzeffekt** (Beharrungstendenz) sagt aus, dass im höheren Lebensalter die Wohnflächennachfrage gehalten wird, auch wenn sich die Lebensumstände ändern. Neben diesen Wirkungen innerhalb des Lebenszyklus einer Generation unterscheiden sich auch verschiedene Generationen hinsichtlich ihres Wohnverhaltens und damit ihres Bedarfes an Wohnfläche. Als **Kohorteneffekt** wird die Beobachtung beschrieben, dass die Wohnungsgröße in Abhängigkeit von der Generationszugehörigkeit bzw. Geburtsjahrgänge (Kohorte) variiert. Nachfolgende Generationen leben zumeist in größeren Wohnungen als die vorangegangenen Kohorten, was die steigenden Einkommen und den höheren Wohlstand einer Gesellschaft widerspiegelt. Somit ist aufgrund dieser Fakten mit einer zunehmenden Nachfrage zu rechnen.

Die **Struktur der Haushalte** ist weiterhin wichtig für die **Wohnungsnachfrage**, wobei die Verschiebungen in der Größen- und Altersstruktur der Haushalte bedeutsam sind. So wird von dem Trend einer weiteren Schrumpfung der Haushaltsgröße ausgegangen, da in Deutschland die Zahl der Single-Haushalte immer mehr zunimmt. Insgesamt ist der Anteil dieser Haushaltsgruppe in den letzten Jahren stark gestiegen. 1991 betrug er deutschlandweit noch 33 %. Im Jahr 2015 waren von den insgesamt rund 40,8 Mio. Haushalten gut 41 % Einpersonenhaushalte (16,9 Mio.), wobei im Osten der Anteil mit gut 44 % höher ausfiel. Aufgrund der auch weiter anhaltenden Strukturveränderungen ist zu erwarten, dass c. p. die durchschnittliche Wohnungsgröße abnehmen wird.

Der Anteil der **Migranten** an der Gesamtbevölkerung wird langfristig deutlich ansteigen. Insbesondere die Großstädte in Deutschland und dort bestimmte Stadtteile sind und werden auch zukünftig bevorzugte Ziele der Zuwanderung sein. Mit zunehmender Integration unterscheiden sich jedoch aufstiegsorientierte Migrantenhaushalte nicht mehr von inländischen Haushalten ähnlicher Struktur.

Exkurs: Graue Wohnungsnot

Es gibt keine einheitliche **Definition** von altengerechten Wohnungen, jedoch soll eine altengerechte Wohnung am Bedarf älterer Menschen ausgerichtet sein. Im allgemeinen Sprachgebrauch werden hierfür auch die Begriffe „barrierefrei", „barrierearm", „behindertengerecht", „rollstuhlgerecht" oder „seniorenfreundlich" verwendet. Gesetzlich definiert ist einzig der Begriff „barrierefrei" in §4 Behindertengleichstellungsgesetz.

Statistische Daten über den **Bestand** an altengerechten Wohnungen gibt es nicht. Nach dem Zensus 2011 des Statistischen Bundesamtes war in 11,2 Mio. oder 28,1 % aller Haushalte der Haupteinkommensbezieher 65 Jahre und älter. Gleichzeitig gab es rund 40,5 Mio. Wohnungen in Deutschland; wie viele davon barrierefrei sind, wurde statistisch jedoch nicht erfasst. Die Schätzungen über das gesamte barrierefreie Wohnungsangebot in Deutschland variieren nach dem „Wohnatlas" (KDA, Wüstenrot Stiftung, 2014) zwischen 1 und 3 % des Wohnungsbestandes. Somit könnten zwischen 400.000 und 1,2 Mio. Wohnungen barrierefrei bzw. altengerecht sein. Bei den Seniorenhaushalten lebten nach der Repräsentativbefragung der Studie „Wohnen im Alter" (BMVBS, 2011) gut 5 % der Haushalte in altersgerechten Wohnungen.

Über den **langfristigen Bedarf** gibt es ebenfalls nur widersprüchliche Schätzungen. Sie gehen jedoch alle davon aus, dass langfristig eine Ausweitung des Bestandes notwendig ist. Eine Prognose mit sehr hohem Bedarf kommt vom Eduard Pestel Institut, die davon ausgeht, dass in den folgenden 15 Jahren die Nachfrage nach seniorengerechten Wohnungen dramatisch steigen wird. Insgesamt ist danach bis zum Jahr 2025 von einer Zunahme an Seniorenhaushalten (70 Jahre und älter) um rund 25 % auf dann fast 10 Mio. auszugehen. Weiterhin wird angenommen, dass es sinnvoll wäre, dass ein Fünftel der Seniorenhaushalte über eine barrierefreie Wohnung verfügt. Dies ergibt einen Bedarf von insgesamt knapp 2 Mio. barrierefreien Wohnungen. Abzüglich des bisherigen Bestandes müssten bis 2025 über 1,5 Millionen oder jährlich rund 100.000 neue altengerechte Wohnungen geschaffen werden.

Falls aber derzeit kein Nachfrageüberschuss an altengerechten Wohnungen besteht, so sinkt auch der Neubaubedarf. Bis zum Jahr 2030 soll die Bevölkerungszahl der über 65-Jährigen nach der 13. Prognose des Statistischen Bundesamtes um gut 25 % ansteigen und das BBSR geht von einem Anstieg der Anzahl älterer Haushalte von 2010 bis 2025 um rund 20 % aus. Falls die Anzahl der altengerechten Wohnungen entsprechend wachsen sollte, wären insgesamt nur jährlich rund 10.000 neue altengerechte Wohnungen notwendig.

Die **Schätzungen des Bedarfs** an altengerechten Wohnungen sind mit hoher Unsicherheit verbunden. Auf der einen Seite kann es zu einem höheren Bestand kommen, falls statt Pflegewohnungen mehr barrierefreie Wohnungen geschaffen werden. Ein höherer Bedarf an neuen Wohnungen könnte entstehen, da viele Immobilien nicht für einen Umbau geeignet sind bzw. der Umbau nur mit hohen Kosten erreicht werden kann. Weiterhin bedarf es angesichts einer zunehmenden Altersarmut vor allem kleiner, preisgünstiger Seniorenwohnungen. Auf der anderen Seite spricht einiges dafür, dass es nur einen geringen Bedarf gibt. Es besteht ein hohes Beharrungsvermögen der Seniorenhaushalte in ihren Wohnungen. So sind in vielen Fällen nur wenige bauliche Veränderungen vorzunehmen, um eine Wohnung seniorengerecht zu machen (z. B. Haltegriffe oder ebenerdige Duschen). Außerdem wird der Anteil der älteren Menschen an der Bevölkerung zwar weiter wachsen, allerdings sind die Älteren heute wesentlich gesünder und mobiler als noch vor einigen Jahrzehnten.

Quelle: Vornholz, Günter, Graue Wohnungsnot, in: Die Wohnungswirtschaft (Auszug), 68. Jg., Nr. 11/2015, Hamburg 2015, S. 45 – 47.

4.5 Finanzmärkte

Der Finanzmarkt oder Finanzsektor umfasst sämtliche Märkte, auf denen Geld und Kapital gehandelt wird. Der Finanzmarkt ist die Gesamtheit der Märkte, auf denen sich der Anlagebedarf (Angebot) und der Finanzierungsbedarf (Nachfrage) nach finanziellen Mitteln treffen. Der Finanzmarkt hat heute eine außerordentliche Bedeutung für die Entwicklung der Immobilienwirtschaft. Nicht zuletzt die Wirtschafts- und Finanzkrise hat gezeigt, wie abhängig die Real- bzw. Immobilienwirtschaft vom Funktionieren des Finanzmarktes ist.

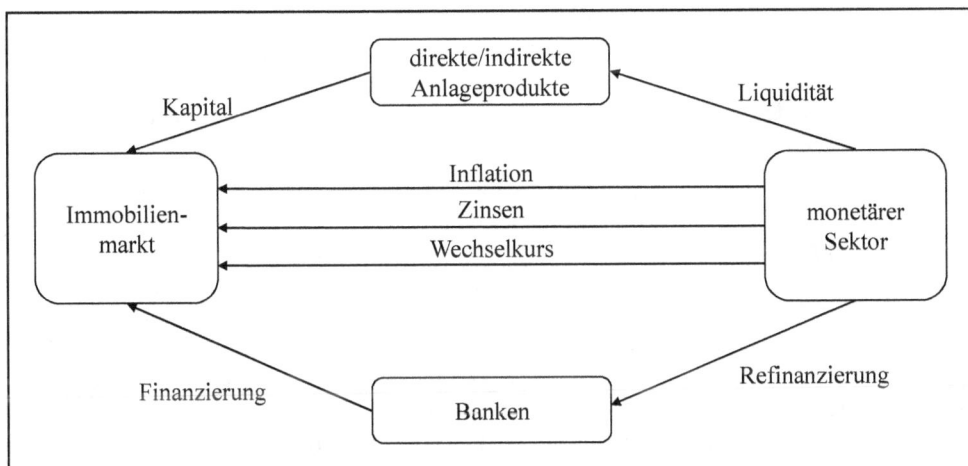

Abb. 4.9:   Zusammenhang von Finanzmärkten und Immobilienmärkten; Quelle: eigene Darstellung

Die Finanzmärkte sind **vielfältig** und weder örtlich noch zeitlich begrenzte Märkte, auf denen sich das Angebot an und die Nachfrage nach Finanzmitteln gegenüberstehen. Eine Gliederung in Teilmärkte kann in unterschiedlicher Weise vorgenommen werden. Nach der Fristigkeit der Mittelüberlassung kann zwischen einem Geldmarkt und einem Kapitalmarkt unterschieden werden. Ein anderes Gliederungsschema differenziert zwischen Eigenkapitalmärkten (z. B. Märkte für Aktien) und Fremdkapitalmärkten, z. B. Märkte für Schuldverschreibungen und andere Kredite. Gelegentlich wird der organisierte Finanzmarkt – z. B. Börsen und Märkte, an denen Banken und andere Kapitalsammelstellen als Akteure auftreten – vom nicht organisierten bzw. grauen Finanzmarkt (z. B. Märkte für Privatdarlehen) abgegrenzt. Daneben kann zwischen nationalen und internationalen Finanzmärkten unterschieden werden.

Die Entwicklung der Finanzmärkte ist nach der Deregulierung und Liberalisierung der internationalen Finanzmärkte in den 1970er- und 1980er-Jahren geradezu spektakulär verlaufen. Ausgangspunkte waren der Zusammenbruch des Bretton-Woods-Systems und die Einführung flexibler Wechselkurse. In den folgenden Jahren wurden die Finanzmärkte von nationalen Beschränkungen weitgehend entbunden, sodass die grenzüberschreitenden Investitionen sowie der Handel mit Finanzprodukten weitaus höhere Wachstumsraten als die Realwirtschaft (BIP) aufwiesen. Das nächste einschneidende Ereignis in der Weltwirtschaft war der Boom mit anschließender Krise in der „New Economy" Anfang des Jahrtausends. Für den globalen Immobilienmarkt war aus monetärer Sicht bedeutsam, dass infolge dieser Krise die Notenbanken mit einer massiven Ausdehnung der Liquidität die Wirtschaftskrise bekämpften. Der Anstieg der globalen Liquidität war verbunden mit im Ergebnis tendenziell sinkenden Zinsen, was den Boom auf den globalen Immobilien-Investmentmärkten während der Mitte des vergangenen Jahrzehnts mit auslöste. Diese Märkte wurden im vergangenen Jahrzehnt somit durch den Immobilienboom und die sich daraus ergebende Finanz- und Wirtschaftskrise geprägt.

Im Zuge der Globalisierung entwickelten sich die Finanzmärkte weitaus überdurchschnittlich. Der Kapitalbedarf der Wirtschaft wie auch der Immobilienbranche stieg, die Finanzmärkte expandierten noch weitaus schneller. Durch die Deregulierungen des Finanzmarktes in den vergangenen Jahrzehnten wurden u. a. die Finanzierungsmöglichkeiten außerhalb des Bankensektors gefördert. Zu den klassischen Aktien- und Anleihemärkten kamen neue Märkte mit neuen Marktteilnehmern und neuen Produkten. Im Zuge dieser Entwicklung hat sich der Finanzmarkt zunehmend von der Realwirtschaft abgekoppelt und dominiert diesen inzwischen. So werden u. a. internationale Immobilienfinanzierungen heute auch stärker denn je über den Finanzmarkt finanziert.

Der Finanzmarkt ist in den letzten 20 Jahren sehr viel stärker gewachsen als der reale Bereich, das Weltfinanzsystem ist schneller gewachsen als die Weltwirtschaft. Das globale Bruttoinlandsprodukt hat sich seit 1990 fast verdreifacht – doch die Finanzmärkte haben sich noch sehr viel rasanter entwickelt. Die Kapitalisierung an den Aktienmärkten ebenso wie das gehandelte Anleihevolumen haben sich im gleichen Zeitraum mehr als verfünffacht. Hinzu kamen tiefgreifende Veränderungen, wobei die traditionellen Bankdienstleistungen und Finanzprodukte durch innovative und teilweise komplexe Finanzierungs- und Risikotransfertechniken ergänzt wurden. So ist das Volumen der Devisengeschäfte mit mehr als dem 6,5-Fachen noch viel stärker angestiegen. Am stärksten wuchsen die außerbörslich gehandelten Finanzderivate, die um mehr als das Dreihundertfache zunahmen.

Bedeutende Auswirkungen für die zukünftige Entwicklung der Finanzmärkte werden von den staatlichen Regulierungen erwartet, die als Reaktion auf die Finanzkrisen zu sehen sind. Die Auswirkungen sind heute schon bedeutend – und werden noch an Deutlichkeit zunehmen. So schränken neue Regulierungsinitiativen die Planbarkeit über längerfristige Zeithorizonte ein. Gleichzeitig dürfte die Regulierung zu steigenden Refinanzierungskosten und einem veränderten Refinanzierungsmix führen. Weiterhin werden zum einen, wie für alle Kreditinstitute, die mit der Regulierung verbundenen Kosten weiter steigen, u. a. aufgrund der weiter zunehmenden Eigenkapitalanforderungen sowie des stetig höheren internen Aufwands für die Umsetzung aufsichtsrechtlicher Vorgaben. Zum anderen könnten die noch ausstehenden Regulierungsvorhaben gerade auf das Finanzierungsgeschäft der Banken und deren Geschäftsmodelle spürbare Auswirkungen haben. Das gilt etwa für die im Rahmen von Basel IV zu erwartenden Neuregelungen.

4.5.1   Finanzmärkte und Immobilienmärkte

Es ist eine zunehmende **Dominanz** der Finanzmärkte über die Immobilienmärkte zu beobachten. Die Finanzmärkte stehen in vielfältigen, teilweise wechselseitigen Beziehungen und Abhängigkeiten zu den Immobilienmärkten. Die Entwicklungen insbesondere im Immobilien-Investmentmarkt werden maßgeblich durch die Trends an den Finanzmärkten getrieben.

In der Vergangenheit nutzte die Immobilienbranche den Finanzmarkt vorwiegend zur Beschaffung von (langfristigem) Fremdkapital für Objektfinanzierungen. Dieses Bild hat sich in den vergangenen Jahren für Investoren und Banken deutlich gewandelt. Neben den historisch typischen Marktakteuren ist der Anteil internationaler Investoren enorm angestiegen. Die vom Finanzmarkt vorgegebenen Anforderungen für Investments (u. a. Rendite, Liquidität) wurden im Zuge dieser Entwicklung immer bestimmender für den Immobilienmarkt. Nach einer Studie der Bank of England sind die Kaufpreise für Gewerbeimmobilien in Großbritannien zwischen 2000 und 2007 um fast 60 % gestiegen. Nur ein Drittel dieses Anstiegs ließ sich demnach durch einen Anstieg der Mieteinnahmen erklären, der Rest durch einen Anstieg der Nachfrage auf dem Investmentmarkt.

Ein stabiles Finanzsystem ist die Grundlage für das Wachstum der Real- und Immobilienwirtschaft. Die **eine volkswirtschaftliche Funktion der Finanzmärkte** für die Immobilienmärkte besteht darin, dass die Akteure des Immobilienmarktes einen effizienten Zugang zu den Finanzmitteln (d. h. Kredite, Liquidität) haben, um ihnen die Finanzierung ihrer Investitionsvorhaben (Kauf oder Projektentwicklung) zu ermöglichen. Die Finanzmärkte sollen die finanziellen Mittel bereitstellen und für eine effiziente Allokation zwischen Kapitalangebot und -nachfrage sorgen. Mit dem Kapital werden Investitionen in der Volkswirtschaft und auch im Immobiliensektor finanziert. Da Immobilien als Assetklasse sehr kapitalintensiv sind, ist der Immobilien-Investmentmarkt in besonderer Weise von der Entwicklung des monetären Sektors abhängig. Im Finanzsektor wird über die optimale Kapitalanlage entschieden. Dabei stehen die Immobilien in Konkurrenz zu anderen Assets als Anlagealternativen. Die Akteure des Finanzmarktes entscheiden darüber, wie viel Liquidität der Immobilienmarkt direkt oder indirekt erhält. Der Finanzmarkt stellt dem Immobilienmarkt die Liquidität in der Form von Eigen- oder Fremdkapital für die Finanzierung von Immobilieninvestitionen zur Verfügung.

Die **andere volkswirtschaftliche Funktion der Finanzmärkte** besteht darin, dass im Finanzsektor die monetären Konditionen bestimmt werden. Dies betrifft sowohl die Höhe als auch die Entwicklung von **Inflationsraten, Zinsen oder Wechselkursen**. Diese Konditionen beeinflussen die Entwicklung und Dynamik der Immobilienmärkte. Die Volks- und Immobilienwirtschaft orientiert sich an den Indikatoren, die vom Finanzmarkt ausgehen. In den letzten Jahren hat die Bedeutung von Immobilien an den Kapitalmärkten zugenommen. Diese wurden zunehmend von Gebrauchsgütern zu „financial assets". Die Finanz- und Wirtschaftskrise hatte diese Entwicklung kurzfristig unterbrochen, aber sicherlich nicht zu einer Trendumkehr geführt. Die Wandlung zum Asset Immobilie hat aber noch weitere Folgen, da die Rendite auf den Finanzmärkten das Anlageverhalten stärker lenkt als die Nachfragebedingungen auf den Vermietungsmärkten. Auf den Finanzmärkten hängen die Portfolioentscheidungen u. a. von den unterschiedlichen Zinssätzen bzw. Spreads (Zinsunterschieden) ab. Damit ist der Immobilienmarkt nicht nur von eigenen Zyklen betroffen, sondern zusätzlich den Liquiditätsschwankungen am Finanzmarkt unterworfen. Die Finanzkrise hat deutlich gemacht, wie abhängig der Immobilienmarkt vom Funktionieren der Finanzmärkte ist.

Gleichzeitig wirken aber auch die Immobilienmärkte auf den Finanzmarkt. Die Immobilienmärkte können eine wichtige Quelle für finanzielle Instabilitäten sein. Ein Hauspreisboom, der von einer expansiven Geldpolitik oder durch eine hohe Liquidität angetrieben wurde, kann zu einer Rezession führen. Das kann schwerwiegende Effekte für den Finanzmarkt haben. Durch schlechtere Kreditqualitäten oder geringere Immobilienwerte (Sicherheiten) kann der Finanz- und Bankenmarkt gefährdet werden. Dies zeigt sich am Beispiel der Finanz- und Wirtschaftskrise des vergangenen Jahrzehnts, die ihren Anfang u. a. beim Wohnungsmarkt der USA nahm.

Die **Zinsentwicklung** hat eine Reihe von Folgen für die Immobilienmärkte, was im Folgenden anhand eines steigenden Zinses dargestellt werden soll. Die weiteren Auswirkungen hängen stark von dem Ausmaß und der Geschwindigkeit des Zinsanstiegs ab. Das Zinsniveau und -veränderungen haben Effekte auf den Bau und die Projektentwicklung von Immobilien. Der Zins wirkt sich hierbei auf die Investitionstätigkeit der Unternehmen aus. Steigende Zinsen bedeuten höhere Kapitalkosten und erhöhen die Fremdfinanzierungskosten. Dies führt zu einer Kostenbelastung der üblicherweise mit einem Teil Fremdkapital gebauten Immobilien. Da die meisten Immobilieninvestitionen Fremdkapital benötigen, hängt von dessen Verfügbarkeit und der Höhe der Zinsen das Ausmaß der Aktivitäten auf dem Immobilienmarkt ab. Steigen die Zinsen an, so werden c. p. die Neubauaktivitäten sinken, da die Finanzierung dieser Bauten teurer wird. Da ein höherer Zinssatz die Finanzierungskosten unmittelbar steigen lässt, erzielt eine Immobilieninvestition bei zunächst konstanten Preisen eine niedrigere Rendite. Es werden somit Projekte unrentabel, die vorher noch bei niedrigeren Zinsen durchgeführt worden wären. Für Investoren verringert sich die Möglichkeit, Projekte durchzuführen und einen höheren Verschuldungsgrad einzugehen. Insgesamt dämpfen höhere Zinsen so die Investitionsbereitschaft für Projektentwicklungen und -neubauten, was sich negativ auf die Angebotsseite auswirkt. Da gleichzeitig auch die Kosten und Preise für die Immobilien steigen, kommt es damit zu einer geringeren Nachfrage nach diesen Immobilien. Weitere Effekte sind für die Investoren zu erwarten (siehe Kapitel 4.5.2).

In der Vergangenheit nutzte die Immobilienbranche den Finanzmarkt vorwiegend zur Beschaffung von (langfristigem) Fremdkapital für Objektfinanzierungen. Dieses Bild hat sich in den vergangenen Jahren für Investoren und Banken deutlich gewandelt. Neben den historisch typischen Marktakteuren ist der Anteil internationaler Investoren enorm angestiegen. Die vom Finanzmarkt vorgegebenen Anforderungen für Investments (u. a. Rendite, Liquidität) wurden im Zuge dieser Entwicklung immer bestimmender für den Immobilienmarkt.

Die globalen Finanzmärkte determinieren gegenwärtig vielfach die globalen Immobilienmärkte. Nicht mehr die Immobilie steht im Mittelpunkt der Betrachtung, sondern oftmals das Finanzprodukt, das weltweit gehandelt wird. Auch wenn die Kapital- und Immobilienmärkte schon seit langem miteinander verbunden waren, so haben erst neue Finanzierungsmöglichkeiten und Anlagevehikel die Immobilie zu einer mobilen Anlageklasse gewandelt. Die Zeit des Immobilienmarktes, in der die Strategie des Immobilienbesitzes (buy-and-hold-Strategie) nahezu ausschließlich in lokalen Bezügen erfolgte, geht damit auf den internationalen Immobilienmärkten zu Ende. Auch die enge Zusammenarbeit zwischen lokalen Kapitalgebern und lokalen Immobilieninvestoren wird durch neue Finanzierungskanäle aufgebrochen. Kapital kann über die Emission von Aktien oder anderen indirekten Anlageprodukten global akquiriert werden.

In einigen kapitalmarktorientierten Anlageformen wie z. B. in Derivaten oder MBS, die Immobilienrechte verbriefen und handelbar machen, findet die Immobilie selbst kaum noch Erwähnung. Ihr Standort scheint nicht mehr von Belang zu sein. Mit der neuen Vielfalt an Anlageformen werden Immobilien nicht mehr bloß als verortete Liegenschaften angesehen, sondern entwickeln sich zu prinzipiell mobilen Anlagen, die in immer kürzeren Zeiträumen auf Sekundärmärkten gekauft und verkauft werden. Aus Immobilien werden so gewissermaßen „Mobilien", die mit Anlagealternativen wie Aktien im Wettbewerb stehen. Ohne eine bestimmte Rendite bei definiertem Risiko und gegebener Liquidität erfolgt eine Umschichtung des Kapitals institutioneller Anleger und Sparer in andere Bereiche, was lokal ein Ausbleiben von Investitionen oder gar eine Desinvestition zur Folge haben kann. Die Shareholder-Abhängigkeit zwingt die Investoren zur kontinuierlichen Suche nach neuen Investitionsstandorten mit höherer Rendite.

Der Bezug zwischen Wertentwicklung am Immobilienmarkt und Performance der Anlage wird immer stärker verwässert. So sind beispielsweise Immobilienaktien Wertpapiere, deren Kursentwicklungen zwar vom Geschehen auf den Immobilienmärkten geprägt werden, sich aber der Volatilität des gesamten Aktien- und Kapitalmarktes nicht entziehen können. Wie die jüngste Immobilienkrise aufzeigt, birgt dies Risiken in sich, wenn das eigentliche Anlageprodukt, d. h. die Immobilie, hinter dem Spekulationsgedanken in Vergessenheit gerät.

4.5.2   Finanzmärkte und Immobilien-Investmentmarkt

Im Globalisierungsprozess beeinflussen die internationalen Finanzmärkte immer stärker die Immobilien-Investmentmärkte. Zunächst geschah dies im angelsächsischen Raum, dann aber auch in Europa und Deutschland. Vorangetrieben wurde diese Entwicklung durch neue, international tätige Finanzmarktakteure, zu denen u. a. Banken und vor allem auch kurzfristig orientierte institutionelle Investoren gehörten.

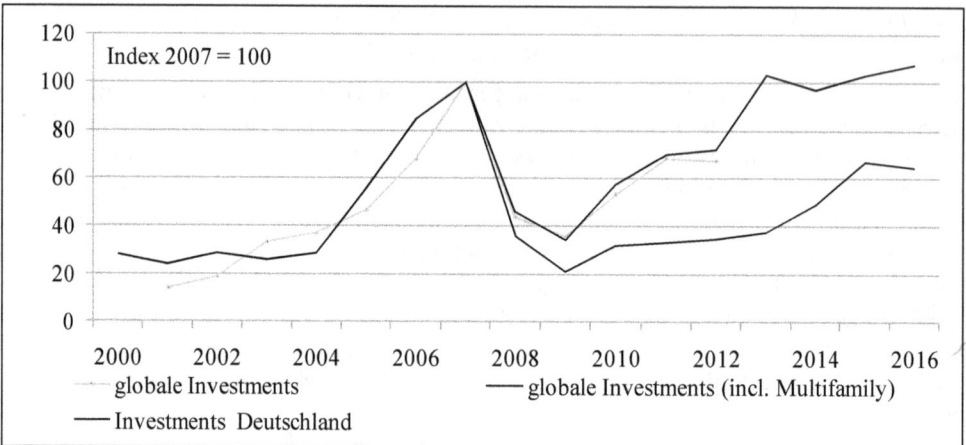

Abb. 4.10:   Die Entwicklung von Immobilieninvestments; Quelle: Cushman Wakefield, Investment Atlas, verschiedene Jahrgänge und RIWIS-Datenbank der bulwiengesa AG, abgerufen am 01.11.2016, eigene Darstellung.

Die Immobilie etablierte sich zunehmend als **globale und fungible Assetklasse**. Hierzu trugen sowohl neue Formen der indirekten Immobilienanlage bei, wie Aktien bzw. REITs oder MBS, als auch die Entwicklung neuer Kapitalmarktprodukte mit dem Bezugsobjekt Immobilie (z. B. Zertifikate, Derivate). Immobilien wurden zu einer Anlagekategorie (siehe Abbildung 4.10 mit den Erläuterungen zu Abbildung 3.11)), die heute mit anderen Assets um das weltweit zur Verfügung stehende Kapital im Wettbewerb steht. Als Folge der zuvor dargestellten Verzahnung (Dominanz) zwischen Immobilien- und Finanzmarkt beeinflussen schließlich die Finanzmarktentwicklungen nun wesentlich stärker auch die Immobilien-Investmentmärkte. Es gibt eine veränderte Sichtweise von Immobilien als Anlagemedium. Die modernen Anlagestrategien der Immobilieninvestoren orientieren sich bei ihren Investitionsentscheidungen zunehmend an den Erfordernissen der Finanzmärkte. Immobilien werden nicht mehr bloß als Liegenschaften angesehen, die lange gehalten werden, sondern entwickeln sich vielmehr zu prinzipiell mobilen Assets, die in kürzeren Zeiträumen gekauft und verkauft werden können. Somit steht nicht mehr die direkte Anlage in Immobilien, sondern das Investment in indirekte Anlageprodukte im Vordergrund. Durch neue Finanzierungsinstrumente ist aus ihnen eine fungible Anlagealternative insbesondere für international tätige Investoren geworden. So kann die Immobiliennachfrage steigen, wenn z. B. andere Anlagealternativen gerade eine Schwächephase durchlaufen und für die Anleger weniger attraktiv sind.

Die institutionellen Investoren sind daran interessiert, in ihrem Portfolio diese Assets zu berücksichtigen. Die klassischen Eigenschaften der Immobilie mit dem Ruf als wertstabiles Investment mit guten Erträgen machten sie zu einem für die international tätigen Investoren interessanten Asset. Die Investoren haben dabei eine Vielzahl von Alternativen hinsichtlich der Qualität, den Standorten oder der Objektarten. Immobilien weisen darüber hinaus ein vielfältiges Rendite-Risiko-Profil auf und erhöhen die Diversifikationsmöglichkeiten im Portfolio. Sie hatten insgesamt im Vergleich zu anderen Assets in den vergangenen Jahren eine höhere Rendite (aber auch höheres Risiko).

Im Zuge dieses Prozesses ist auf Seiten der Investoren aufgrund der wachsenden Vielfalt ein größerer Bedarf an **Finanzierungen** mit unterschiedlichen Volumina und Strukturen festzustellen. Mit den globalen Investments einher geht der Einsatz immer differenzierterer Finanzierungsinstrumente. Früher erfolgten Immobilieninvestitionen vor allem mit dem Ziel, die erworbenen Objekte langfristig zu halten; die typische Form der Finanzierung waren Hypothekendarlehen. Diese wurden durch andere Finanzierungsformen ergänzt und/oder abgelöst, die aus dem Kapitalmarkt stammen. Verbriefungen und die Entwicklung einer Reihe von differenzierten Finanzinstrumenten (z. B. Derivate) haben die Liquidität und die Handelbarkeit von Immobilieneigen- und -fremdkapital erhöht.

War früher die Bonität des Kreditnehmers bei der Kreditvergabe maßgeblich, steht heute vielfach nur die Ertragskraft der Immobilie im Mittelpunkt, da Immobilienfinanzierungen „Non-Recourse" (d. h. mit geringeren oder keinen Absicherungen) vergeben werden. Zur Besicherung dienen die Immobilie und die aus ihrer Bewirtschaftung erzielten Cash-Flows. Bei den Produkten der Finanzierung hatte dies zur Folge, dass im Rahmen des Real Estate Investment Bankings die Verbindung von Immobilien- und Kapitalmarkt mit dem Erscheinen immer neuer Produkte erfolgte. Beispiele hierfür waren die MBS (Verbriefungen) oder Versicherungsprodukte wie CDS, die es erlauben, Ausfallrisiken von Krediten zu handeln. Durch die monetären Indikatoren (siehe Kapitel 4.5.1) sind ebenfalls Auswirkungen auf die Immobilien-Investmentmärkte festzustellen.

Von der **Inflation** sind können Effekte auf die Immobilien-Investmentmärkte ausgehen. Die Inflation kann die Investoren dazu veranlassen, ihre Portfolioentscheidungen zu überdenken. In Zeiten hoher Inflationsraten versuchen Anleger ihre Liquidität zu reduzieren bzw. ihre Investmententscheidungen zu überdenken und suchen Alternativen wie Gold, Kunst oder Immobilien. Immobilien gelten als eine Anlageklasse, die weitgehend vor Inflation schützt. Die Investoren erwarten, dass Immobilien einen besonders wirksamen Schutz vor der Entwertung ihres Vermögens darstellen. Um die Inflationswirkungen zu kompensieren, können Investoren sich andererseits veranlasst sehen, Anlagen mit einer höheren Rendite zu suchen, z. B. auf dem Kapitalmarkt. Dies kann dazu führen, dass die Investoren dem Immobilien-Investmentmarkt weniger Kapital zur Verfügung stellen.

Die **Zinsentwicklung** hat eine Reihe von Folgen für die Immobilienmärkte, was im Folgenden anhand eines steigenden Zinses dargestellt werden soll. Bei einem Rückgang der Zinsen werden die gegensätzlichen Reaktionen erfolgen. Der Zinssatz spielt erstens eine wichtige Rolle als Einflussfaktor beim Kauf von Immobilien. Durch ihn bestimmen sich direkt die Konditionen für die Finanzierung von Objekten, da sich diese mit steigenden Zinsen verteuern. Durch die höheren Zinsen ergeben sich gestiegene Zinszahlungen und ein höherer Schuldendienst. Je höher der Zinssatz ist, desto höher sind die laufenden Zinskosten der Finanzierung. Da aber i. d. R. für die Finanzierung nur begrenzte Mittel zur Verfügung stehen, sinkt die Nachfrage nach Immobilien folglich mit steigendem Zinssatz.

Zweitens sind auch negative Effekte für die Immobiliennachfrage zu beachten. Potenzielle Käufer, die für den Immobilienerwerb hauptsächlich Fremdkapital verwenden, werden aufgrund der gestiegenen Zinsen mit höheren Zinszahlungen belastet. Durch die höheren Zinsen wird der Erwerb von Eigentum relativ ungünstiger im Vergleich zum Mieten von Immobilien. Somit ist zu erwarten, dass es zu einem Rückgang der Nachfrage nach Eigentum und darüber hinaus der Preise kommt, während die Nachfrage nach Mietimmobilien ansteigen wird.

Drittens kann das allgemeine Zinsniveau als Benchmark (Referenzzinssatz) Auswirkungen auf den Kauf von Immobilien durch institutionelle Investoren (institutioneller Immobilien-Investmentmarkt) haben. Die institutionellen Investoren haben die Möglichkeit in verschiedene Assets wie Wertpapiere (z. B. Bundesanleihen), Aktien oder Immobilien zu investieren. Die Investitionsbereitschaft in Immobilien wird u. a. durch die Spreads (Immobilienrenditen im Vergleich zur Zinsentwicklung auf dem Kapitalmarkt) beeinflusst. Ein steigender Zins würde c. p. die Nachfrage der institutionellen Investoren nach Immobilien beeinträchtigen.

Der **Devisenmarkt** hat durch die zunehmende Internationalisierung der Immobilienmärkte in den vergangenen Jahren für die Immobilienwirtschaft eine wachsende Bedeutung gewonnen. Bei Zahlungen über die Währungsgrenzen hinweg wird entweder heimische Währung in fremde oder fremde in heimische Währung umgetauscht, so wie dies bei grenzüberschreitenden Immobilieninvestments oder Mietzahlungen geschieht. Der auf den Devisenmärkten erzielte **Wechselkurs** und seine Entwicklung können zu zusätzlichen Erträgen bzw. zu Ertragseinbußen führen.

Der Wert ergibt sich bei freien Märkten (flexiblen Wechselkursen) aus dem Verhältnis von Angebot und Nachfrage von Devisen und drückt sich im Wechselkurs aus. In anderen Wechselkurssystemen wird der Wechselkurs von den beteiligten Ländern bzw. Zentralbanken festgelegt oder durch feste Bandbreiten vorgegeben. Der Wechselkurs spiegelt das Austauschverhältnis zwischen zwei Währungen auf dem Devisenmarkt wider. Es ist der Preis, zu dem zwei Währungen miteinander getauscht werden. Die Notierung des Wechselkurses erfolgt in Deutschland in der international üblichen Mengennotierung. Die Mengennotierung zeigt die Menge an ausländischer Währung an, die für eine Einheit inländischer Währung erhältlich ist: z. B. 1,14 US-Dollar für 1,00 Euro. Es ist auch der in ausländischer Währung ausgedrückte Preis für eine Einheit Inlandswährung. Bei einem hohen Wechselkurs sind Immobilien im Ausland beim Kauf im Vergleich zu den inländischen c. p. relativ billig.

Bei den laufenden Einnahmen (Mieten) aus einer vermieteten Immobilie im Ausland werden die Erlöse in ausländischer Währung erzielt und umgetauscht. Dabei ist ein wichtiger Parameter der Wechselkurs, wobei gilt, dass je höher der Wechselkurs ist, desto niedriger die Erlöse in heimischer Währung sind. Das gleiche gilt für den Verkauf der Immobilie, auch hier ist ein niedriger Wechselkurs vorteilhaft und bringt dem inländischen Investor höhere Erlöse in heimischer Währung als ein hoher Wechselkurs.

4.5.3   Finanzmärkte und Büroimmobilienmarkt

Die hohe Attraktivität der deutschen Immobilienstandorte zeigt die Entwicklung auf den Büro-Investmentmärkten. Büroobjekte sind dabei schon länger eine internationale Assetklasse als etwa Wohnimmobilien. Bei den Statistiken der bulwiengesa AG über die Investments institutioneller Investoren hatten Büroinvestments in den vergangenen zehn Jahren mit wenigen Ausnahmen jeweils die höchsten Beträge aufgewiesen. Im Jahr 2015 wurde mit einer Investitionshöhe von mehr als 26 Mrd. Euro die höchste Summe seit dem Immobilienboom des vergangenen Jahrzehnts erzielt. Die Büroinvestments hatten dabei mit rund 45 % bei den Gewerbeimmobilien und mit rund einem Drittel an den gesamten Investments den höchsten Anteil. Der Anteil an den gewerblichen Investments lag in den letzten zehn Jahren zwischen 35 und 55 %.

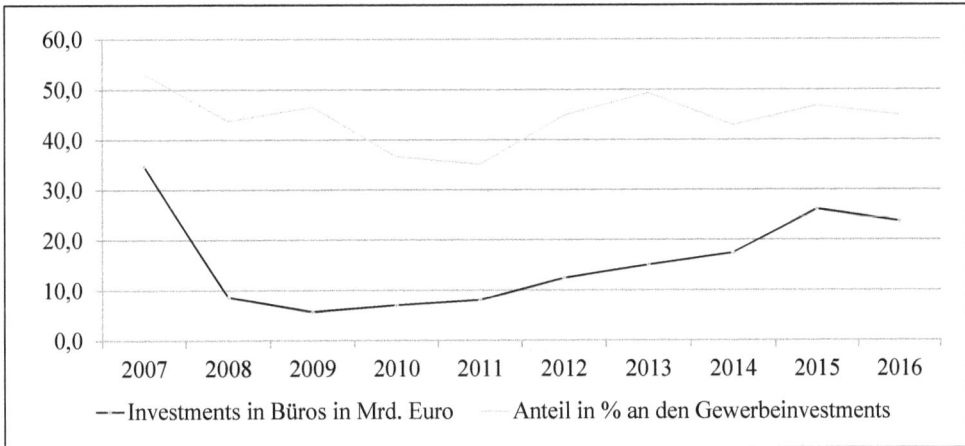

Abb. 4.11: Entwicklung von Büroinvestments; Quelle: RIWIS-Datenbank der bulwiengesa AG, abgerufen am
01.11.2016, eigene Darstellung.

Andere Werte liefert die Auswertung der Gutachterausschüsse, deren Statistiken die Immobi-lienkäufe sowohl der institutionellen als auch der privaten Investoren (siehe Kapitel 2.3.4) und damit auch Investments in geringer Höhe umfassen. Bei den Umsätzen auf dem Gewer-beimmobilienmarkt haben die Büro- und Verwaltungsgebäude einen Anteil von ungefähr nur einem Drittel.

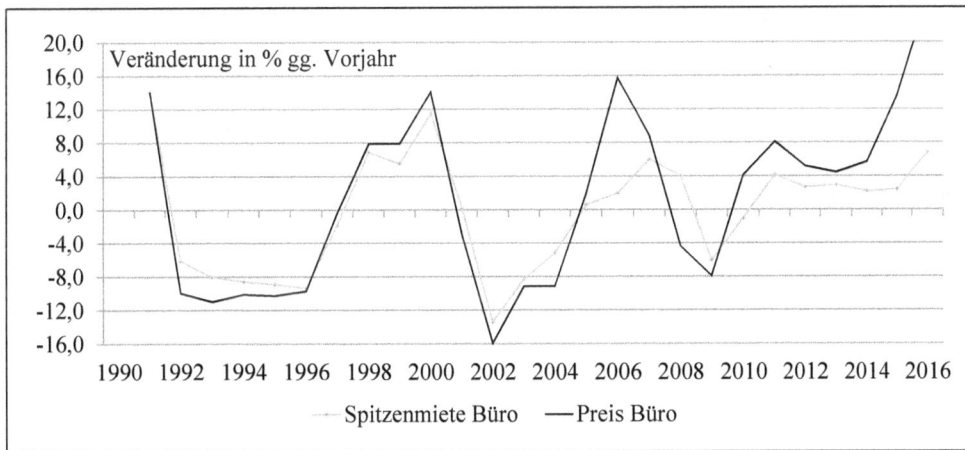

Abb. 4.12: Entwicklung von Büromieten und Büropreise für 7 A-Städte; Quelle: RIWIS-Datenbank der bulwien-gesa AG, abgerufen am 01.11.2016, eigene Darstellung.

Bei der Preisentwicklung von Büroimmobilien ist ein zunehmender Einfluss der Finanz-märkte festzustellen, während der Einfluss der Vermietungsmärkte stetig abnahm. Im ver-gangenen Jahrtausend entwickelten sich die Mieten und Preise weitgehend synchron, wie in Abbildung 4.11 dargestellt ist. Spätestens seit Mitte des vergangenen Jahrzehnts ist eine höhere Volatilität bei den Preisen als bei den Mieten festzustellen. Seit der Finanz- und Wirt-schaftskrise war der Anstieg der Preise sogar weitaus höher als der der Mieten.

Die **Ursachen** für die beschriebene Entwicklung der Investments in Büroimmobilien sind vielfältig. So hat kurzfristig das verfügbare Angebot an den jeweiligen Immobilien einen Einfluss. Die in einer Periode jeweils angebotenen bzw. gehandelten Immobilien unterscheiden sich u. a. nach der Art, Lage und Qualität, sodass es hierfür jeweils unterschiedliche Nachfrage geben kann. Büroobjekte unterscheiden sich insbesondere hinsichtlich der Größe und Ausstattung. Weiterhin ist die Lage ein wichtiger Faktor, der sich bei dem Wert eines Objektes bemerkbar macht. Einen wesentlichen und zunehmenden Einfluss haben langfristig die Finanzmärkte. Zum einen sind es hier die monetären Rahmenbedingungen, die sich u. a. in der Liquiditätssituation und den Anlagealternativen zeigen. Zum anderen sind es die Investoren selber. Nicht in jedem Jahr sind es die gleichen Investoren, die mit dem gleichen Investmentvolumen tätig sind. Die Investoren sind nicht gleichartig, sondern unterscheiden sich bezüglich ihrer Ziele bei den Investments. Ebenso verfolgen sie verschiedene Strategien und nutzen unterschiedliche Investmentvehikel.

Auch hat der jeweilige Stand im **Investmentmarktzyklus** Auswirkungen auf das Verhalten der Anleger. Während sich zu Beginn eines Zyklus vor allem risikoaverse Anleger engagieren, nimmt die Risikobereitschaft der Anleger im Verlauf eines Zyklus immer mehr zu. Zunehmend werden auch Nicht-Core-Objekte oder solche in Nebenlage nachgefragt. Die Konkurrenz unter Anlegern um gute Büroimmobilien hat sich aktuell weiter verschärft. Es ist deswegen wenig verwunderlich, dass die Preise im Core-Segment weiter angezogen und in einigen Märkten ein historisch hohes Niveau überschritten haben. Das niedrige Zinsumfeld verstärkt weiter den Druck auf den Markt und Anleger weichen zunehmend in andere Risikoklassen aus. Aufgrund des hohen Anteils an den gesamten handelbaren Immobilienbeständen werden auch zukünftig die Büroimmobilien ein wesentliches Asset sein.

4.5.4   Finanzmärkte und Einzelhandelsimmobilienmarkt

Der fortschreitende Einfluss der Finanzmärkte wird am Einzelhandelsimmobilien-Investmentmarkt ebenfalls deutlich. Dies zeigt sich sowohl bei der Entwicklung der absoluten und relativen Investmentvolumen als auch beim Preistrend.

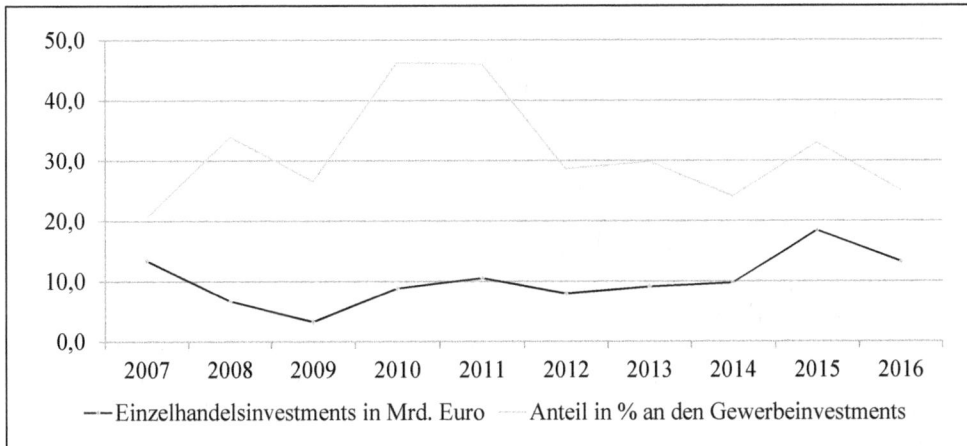

Abb. 4.13: Entwicklung von Investments in Einzelhandelsimmobilien; Quelle: RIWIS-Datenbank der bulwiengesa AG, abgerufen am 01.11.2016, eigene Darstellung.

Nach den Daten der bulwiengesa AG haben Investments in Einzelhandelsimmobilien jeweils den zweithöchsten Anteil in den letzten zehn Jahren. In diesen Jahren lagen sie absolut zwischen 5 und 20 Mrd. Euro, wobei dies vorwiegend von der Dynamik auf dem gesamten Investmentmarkt abhängt. Ihr Anteil an den gesamten Anlagen in Gewerbeimmobilien schwankte im abgebildeten Zeitraum zwischen 20 und 45 % und lag damit i. d. R. unterhalb des Anteils der Büroimmobilieninvestments.

Anders stellt sich die Entwicklung dar, wenn die Daten der Gutachterausschüsse betrachtet werden. Hiernach hatten die Geschäftsgebäude und Märkte einen Anteil von fast 50 % an den Gewerbeinvestments aller Anleger und damit den höchsten Anteil. Dies ist zum einen auf die unterschiedlichen Abgrenzungen und zum anderen auf die jeweils berücksichtigte Höhe der Investments (bei Gutachterausschüssen alle Käufe) zurückzuführen.

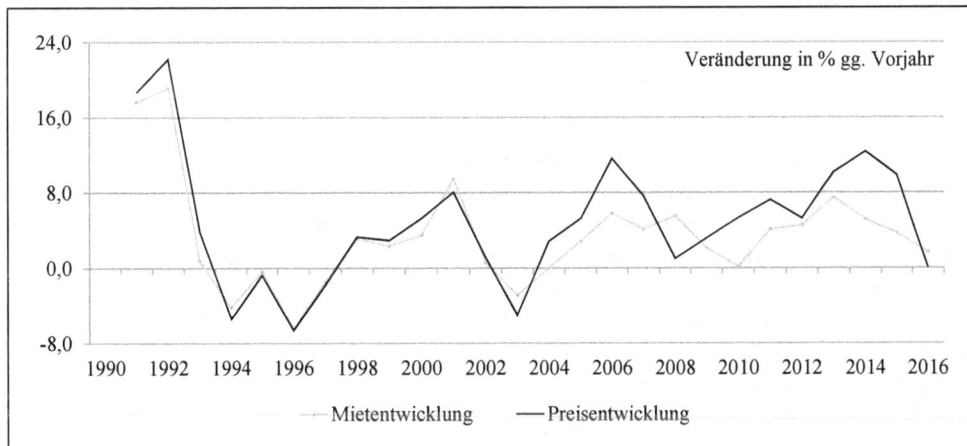

Abb. 4.14: Entwicklung von Mieten und Preisen von Einzelhandelsimmobilien in 7 A-Städten; Quelle: RIWIS-Datenbank der bulwiengesa AG, abgerufen am 01.11.2016, eigene Darstellung.

Es ist ein zunehmender Einfluss der Finanzmärkte auf die Preisentwicklung bei Objekten in zentralen Lagen der Einkaufszonen in deutschen Städten festzustellen (siehe Abbildung 4.13), wobei dies zunehmend unabhängiger von der Entwicklung auf den Vermietungsmärkten geschieht. Während sich im vergangenen Jahrtausend die Mieten und Preise weitgehend synchron entwickelten, ist spätestens seit Mitte des vergangenen Jahrzehnts eine höhere Volatilität bei den Preisen als bei den Mieten festzustellen. Seit der Finanz- und Wirtschaftskrise war der Anstieg der Preise sogar weitaus höher als der der Mieten.

Die **Ursachen** für die beschriebene Entwicklung der Investments in Einzelhandelsimmobilien sind vielfältig. Dieser Immobilienbereich durchläuft seit einigen Jahren grundlegenden Veränderungen. Durch den Markteintritt internationaler Investoren ging die traditionell lokal gegebene Einheit von Investition, Eigentum und Nutzung verloren. Aber auch kurzfristig sind Veränderungen gegeben, die sich auf das Marktgeschehen auswirken. So hat kurzfristig das verfügbare Angebot der jeweiligen Immobilien einen Einfluss. Die in einer Periode jeweils angebotenen bzw. gehandelten Einzelhandelsimmobilien unterscheiden sich u. a. nach der Art, Lage und Qualität, sodass es hierfür jeweils unterschiedliche Nachfrage geben kann. Bei Einzelhandelsimmobilien differieren die Objekte hinsichtlich ihrer Betriebsform und folglich auch in Größe, Standort und Ausstattung. Einen wesentlichen und zunehmenden Einfluss haben langfristig die Finanzmärkte. Zum einen sind es hier die monetären Rahmenbedingungen, die sich u. a. in der Liquiditätssituation und den Anlagealternativen zeigen. Zum anderen sind es die Investoren selber. Nicht in jedem Jahr sind es dieselben Investoren, die mit dem gleichen Investmentvolumen tätig sind. Die Investoren sind nicht gleichartig, sondern unterscheiden sich bezüglich ihrer Ziele bei den Investments. Ebenso verfolgen sie verschiedene Strategien und nutzen unterschiedliche Investmentvehikel.

Auch hat der jeweilige Stand im Investmentzyklus Auswirkungen auf das Verhalten der Anleger. Während zu Beginn eines Zyklus vor allem risikoaverse Anleger im Vordergrund stehen, nimmt die Risikobereitschaft der Anleger im Verlauf eines Zyklus immer mehr zu. Zunehmend werden auch Nicht-Core-Objekte oder solche in Nebenlage nachgefragt. Aufgrund des hohen Anteils an den gesamten handelbaren Immobilienbeständen werden auch zukünftig die Einzelhandelsimmobilien ein wesentliches Anlageassets sein.

4.5.5   Finanzmärkte und Wohnungsmarkt

Die Finanzmärkte beeinflussen die Nachfrage nach Eigentum bei Häusern und Wohnungen auf der einen Seite der privaten Haushalte und auf der anderen Seite der institutionellen Investoren (vor allem Mehrfamilienhäuser oder Wohnungsportfolios). Die privaten Anleger fragen Wohnimmobilien zur Kapitalanlage und zur Selbstnutzung nach, während es bei den institutionellen Investoren nur das Motiv der Kapitalanlage ist. Die Bedingungen auf den Finanzmärkten wirken sich über das Ausmaß der verfügbaren Liquidität bzw. des Kreditvolumens sowie über die Höhe der Zinsen und der Inflation auf die Nachfrage aus. Aufgrund der realwirtschaftlichen Faktoren wie Demografie oder Einkommensentwicklung ist seit Mitte des letzten Jahrzehnts die Nachfrage nach Wohnungen in Teilen Deutschlands (Groß- oder Schwarmstädte) deutlich angezogen, was sich dann auf die Mieten auswirkte.

Der Handel mit deutschen Wohnungsportfolios befindet sich auf einem anhaltend hohen Niveau. Nach einem ersten dynamischen Abschnitt zwischen 2004 und 2007 befindet sich der Markt derzeit in einer zweiten Hochphase der Transaktionstätigkeiten. Der Handel mit

Wohnungsportfolios durch institutionelle Investoren hatte zunächst Mitte des vergangenen Jahrzehnts deutlich zugenommen. Dabei standen anfangs die Privatisierung öffentlicher Bestände und der Erstverkauf im Vordergrund. Aufgrund mangelnder Erfahrungen in Deutschland kam es jedoch teilweise zu Fehleinschätzungen der vor allem ausländischen Investoren.

Die Entwicklung des Handelsgeschehens hängt zum einen von den jeweils angebotenen Wohnungsbeständen ab und zum anderen von dem Investmentverhalten der Nachfrager. Geprägt wird das Marktgeschehen maßgeblich durch einzelne Großdeals. Seit einigen Jahren werden vornehmlich Portfolios und Wohnungsunternehmen veräußert, die bereits zu einem früheren Zeitpunkt gehandelt wurden. Durch den bereits erfolgten Verkauf von Wohnungsbeständen der öffentlichen Hand sowie von Industrieunternehmen und eine Zurückhaltung der Kommunen kommen so gut wie keine neuen Wohnungspakete auf den Markt. Seit 2010 liegt daher der Anteil der Wiederverkäufe bei jeweils über 70 %. Insbesondere seit 2013, als mehrere Finanzinvestoren schrittweise über die Börse aus ihren Wohnungsinvestments ausgestiegen sind, dominieren Wiederverkäufe die Marktdynamik. Portfolios werden je nach Marktstrategie der Teilnehmer zum Teil in kurzen Abständen mehrfach wieder verkauft. Die verhältnismäßig neue Akteursgruppe der an der Börse gehandelten Wohnungsgesellschaften hat in den vergangenen Jahren das Marktgeschehen maßgeblich beeinflusst. Nahezu alle der gelisteten Unternehmen verfolgen eine Wachstumsstrategie und haben ihre Bestände in den letzten Jahren zum Teil mit beträchtlicher Geschwindigkeit vergrößert. Die hohe Liquidität dieser wachstumsorientierten Marktteilnehmer lässt erwarten, dass sich dies mittelfristig fortsetzt.

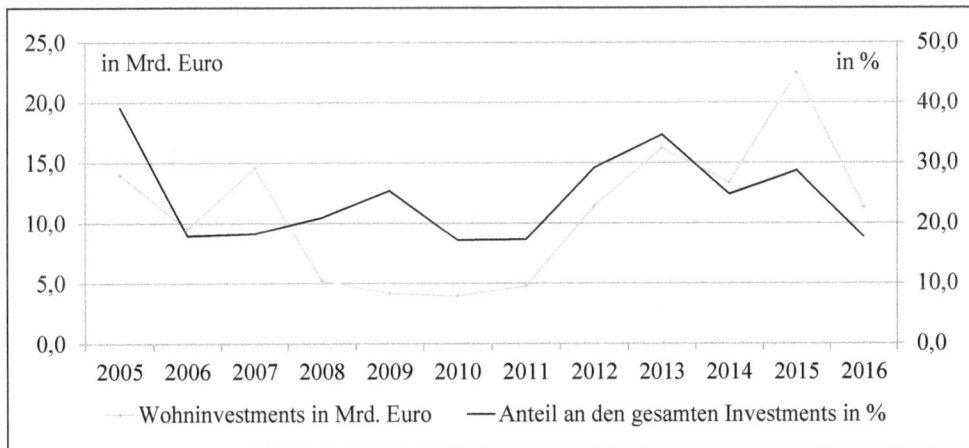

Abb. 4.15:   Entwicklung von Investments in Wohnimmobilien; Quelle: RIWIS-Datenbank der bulwiengesa AG, abgerufen am 01.11.2016, eigene Darstellung.

Im anhaltenden Niedrigzinsumfeld gilt der deutsche Wohnungsmarkt auch für **private Anleger** weiterhin als gewinnbringender und sicherer Markt. Nach den Daten der Gutachterausschüsse wiesen Wohnimmobilien mit einem Anteil von rund zwei Drittel den höchsten Umsatzanteil an allen Käufen von Immobilien auf. Sie überschritten in den letzten Jahren regelmäßig den Wert von 100 Mrd. Euro. Dabei dominiert der Handel mit Eigenheimen und Wohnungen, der typischerweise von privaten Käufern getätigt wird. Nach diesen Zahlen hat der

Kauf von Mehrfamilienhäusern nur einen Anteil von rund 15 %, der üblicherweise den institutionellen Investoren zugeschrieben werden kann.

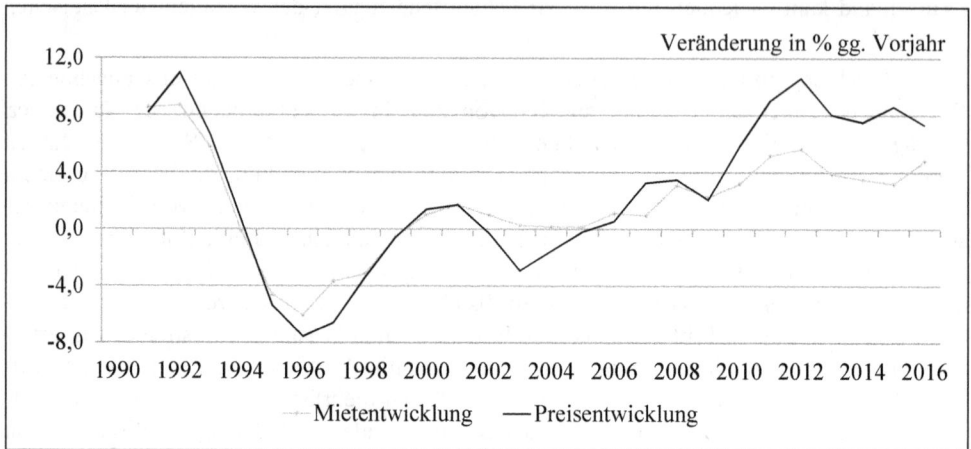

Abb. 4.16:   Entwicklung von Mieten und Preisen von Wohnimmobilien in Deutschland; Quelle: RIWIS-Datenbank
              der bulwiengesa AG, abgerufen am 01.11.2016, eigene Darstellung.

Wie in Abbildung 4.15 dargestellt ist verliefen im vergangenen Jahrhundert die Mieten und
Preise weitgehend parallel. Seit der Finanz- und Wirtschaftskrise ist festzustellen, dass die
Preise für (neugebaute) Wohnungen deutlicher als die Mieten angestiegen sind. Entsprechend
ist auch der Faktor in den vergangenen Jahren angewachsen.

Wie die Abbildung auch zeigt, nehmen die Bedingungen auf den Finanzmärkten wesentlich
stärker Einfluss auf die Investmentaktivitäten. So sind in den letzten Jahren die Preise deutlich stärker als die Mieten angestiegen. Sinkende Zinsen als Ergebnis der Aktivitäten auf den
Finanzmärkten lösen aufgrund der geringeren Belastung für die Haushaltseinkommen positive Impulse für die Wohnimmobilienmärkte aus. Dabei haben kurzfristige Zinsen einen stärkeren Einfluss in Ländern, in denen eine variable Verzinsung dominiert. Die langfristigen
Zinsen haben stärkere Wirkungen bei festen Zinssätzen. Auch die Konkurrenzsituation im
Bankensektor beeinflusst den Wohnungsmarkt, da bei starker Konkurrenz Zinssenkungen der
Zentralbanken eher an die Kunden weitergegeben werden und die Kreditkonditionen c. p.
niedriger sind. Es ist zu erwarten, dass dieser stärkere Einfluss der Finanzmärkte weiterhin
anhalten wird.

4.6   Digitalisierung

Der **technische bzw. technologische Fortschritt** ist einer der wesentlichen Treiber der wirtschaftlichen Entwicklung (siehe Kapitel 4.3). Auch für die weitere Entwicklung der Immobilienmärkte ist der technische Fortschritt von besonderer Bedeutung. Neue Technologien sind
z. B. die Bio- oder Gentechnologie, Nanotechnologien oder insbesondere Informations- und
Kommunikations-Technologien. Unter technischem Fortschritt werden technologische Neuerungen verstanden, welche es ermöglichen, neue Produkte bzw. Produkte höherer Qualität
herzustellen oder neue Methoden und Verfahren einzusetzen. Ersteres verursacht eine bessere

Versorgung der Menschen mit Gütern und Dienstleistungen entweder in quantitativer oder qualitativer Hinsicht. Bei der Digitalisierung wird hier üblicherweise von neuen bzw. veränderten Geschäftsmodellen gesprochen. Bei Letzterem führt technischer Fortschritt zu einer Steigerung der Produktivität. Bei der Digitalisierung ist hiermit die Veränderung von Geschäftsprozessen gemeint.

In den vergangenen Jahrzehnten war die Entwicklung der **Informations- und Kommunikations-Technologien** (IuK-Technologie) wesentlich für die technische und somit die wirtschaftliche Entwicklung. Diese Technologien verarbeiten Daten und stellen sie in Form potenzieller Informationen zur Verfügung. Informationsverarbeitung – verstanden als Selektion, Bewertung, Einordnung und Vernetzung von Informationen – ist dann ein Prozess, der zu Wissen führt (s. Wissensgesellschaft, Kapitel 4.3). Durch IuK-Technologien kam es zu einer Erhöhung der Geschwindigkeit des Informationsaustausches und der ökonomischen Transaktionen bei gleichzeitig sinkenden Informationskosten, insbesondere durch die Entwicklung der Mobilfunktechnik und des Internets. Dies hat die ökonomischen Prozesse verändert. Sie haben ebenso das Leben der Menschen in vielen Bereichen verändert, so u. a. die Erreichbarkeit in der privaten wie in der beruflichen Sphäre, welche hierdurch zunehmend ineinander übergehen (siehe „New Work", Kapitel 4.3).

Definitionen und Abgrenzungen

Der Megatrend Digitalisierung ist Folge einer immer mehr wissensbasierten Gesellschaft/Wirtschaft und der technischen Entwicklung. Digitalisierung hat viele Dimensionen und Stufen. Für Digitalisierung gibt es aufgrund einer fehlenden allgemeinen Definition verschiedene Interpretationen und Abgrenzungen (siehe Abbildung 4.17).

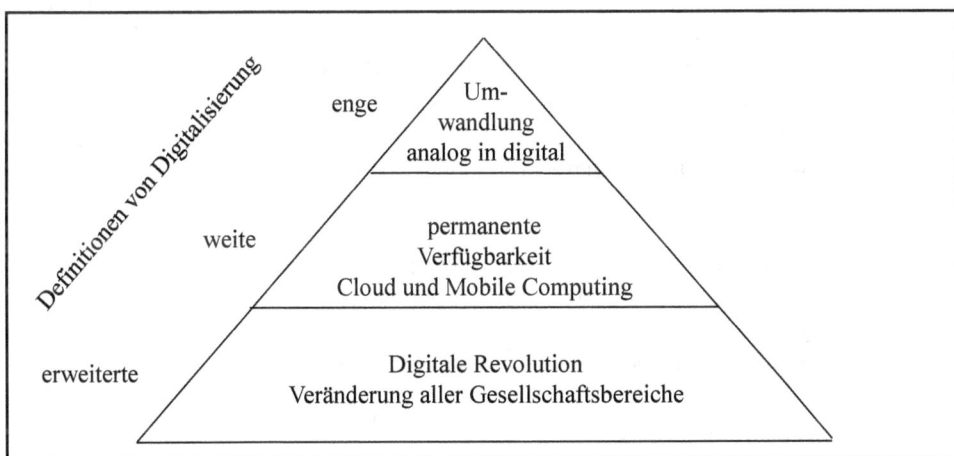

Abb. 4.17:   Definitionen von Digitalisierung; Quelle: eigene Darstellung

Der Begriff Digitalisierung wird in der **engen Definition** beschrieben mit der Übertragung bzw. Umwandlung „analoger" Informationen bzw. Daten (Text, Bild und Ton) in „digitale" Daten, die von Computern bzw. technischen Geräten verwendet werden können. Informationen werden von einer analogen in eine digitale Speicherung übertragen. Hier wird insbesondere der technische Aspekt der Veränderung betont.

In der **weiten Definition** bezeichnet der Begriff Digitalisierung einen Prozess, der durch die Einführung digitaler Technologien bzw. der darauf aufbauenden Anwendungssysteme Veränderungen hervorruft. Das technische Fundament besteht in der Umwandlung analoger in digitale Daten, die von zahlreichen Akteuren in vernetzten Systemen genutzt und verbreitet werden können. Daten können nahezu von jedem Ort und zu jeder Zeit abgerufen, weiterverarbeitet und gespeichert sowie mit immer leistungsfähigeren Geräten als interaktive Kommunikations- und Serviceplattformen genutzt werden.

Die **erweiterte** und damit weitgehendste **Interpretation** von Digitalisierung rückt den Begriff in den Kontext der „Digitalen Revolution", weil sie alle Bereiche durchdringt und verändert (z. B. Arbeitswelt, Verwaltung und Freizeit). Unter dem Begriff der Digitalen Revolution wird im Allgemeinen die zunehmende Integration von Kommunikations- und Informationstechnologien in die Alltags- und Berufswelt verstanden. Die Vernetzung von Produkten, Geschäftsmodellen und -prozessen sowie die Verbindung von physischer und virtueller Welt machen dabei den Kern der Digitalisierung aus. Die Transformation des industriellen Sektors wird dabei als „Industrie 4.0" bezeichnet.

Die Digitalisierung und die damit einhergehenden technischen Veränderungen werden folglich auch als 4. Industrielle Revolution bezeichnet. Im 18. Jahrhundert stellte die mechanische Produktion die erste dar, die zweite war die Massenproduktion und die dritte Revolution die Verwendung von IT und Elektronik wie Roboter oder automatische Produktion. Seit Mitte des letzten Jahrzehnts vollzieht sich in diesem Rahmen der Schritt vom Web 1.0 ins Web 2.0 und seit der weitreichenden Etablierung des mobilen Internets auch schon ins Web 3.0. Im Web 1.0 waren die Internetnutzer noch reine Konsumenten, die Websites dazu nutzten Informationen abzurufen. Im Web 2.0 wird durch Kommentare oder Blogs das Internet mitgestaltet. Beim nächsten Schritt, dem „Internet der Dinge" (engl. Internet of Things, IoT), erfolgt die Vernetzung von Objekten (realer Welt) und virtueller Welt, um einen Informationsaustausch zwischen diesen zu ermöglichen. So können z. B. Gegenstände, die eine Fehlfunktion haben, selbstständig eine Fehlermeldung versenden.

Digitalisierung ist nach der letzten Definition nicht nur die Weiterentwicklung bestehender Technologien oder steht für neue technologische Trends, sondern es können **disruptive Entwicklungsmuster** entstehen. Diese Entwicklung kann massive Umwälzungen in vielen Lebensbereichen und Wirtschaftsbranchen nach sich ziehen. Durch die Digitalisierung können existierende Technologien, etablierte Dienstleister und Lieferanten sowie tradierte Prozesse durch neue Geschäftsmodelle verdrängt werden. Es können aufgrund der Nutzung von Informations- und Kommunikationstechniken ebenso Wertschöpfungsketten (Geschäftsprozesse) grundlegend neu gestaltet werden. Die neuen Geschäftsmodelle und -prozesse sind datengetrieben und somit flexibel auf die Kundenbedürfnisse ausgerichtet.

Arten der Digitalisierung

Durch die Vielzahl digitaler Technologien und deren unterschiedliche Ansätze in der Bezeichnung und Kategorisierung fällt eine Ordnung schwer. Es wird im Folgenden unterschieden nach Basistechnologien und darauf aufbauenden Technologien sowie den angewandten Technologien, die in der Immobilienwirtschaft eingesetzt werden und auf den aufbauenden Technologien basieren. Dieser Zusammenhang ist in dem folgenden Schaubild dargestellt.

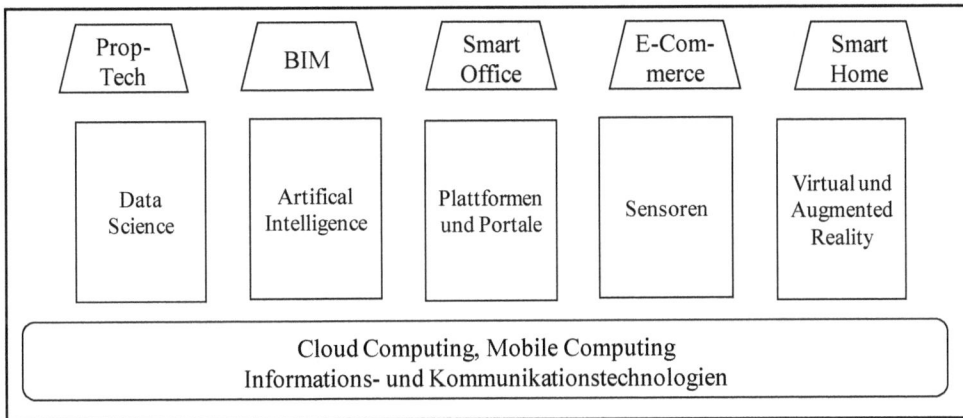

Abb. 4.18:   Ausgewählte Technologien der Digitalisierung mit Bezug zur Immobilienwirtschaft; Quelle: eigene
              Darstellung in Anlehnung an Peter Staub, u. a., Digital Real Estate, 2016, S. 108.

Als Basistechnologien werden Mobile und Cloud-Computing bezeichnet und diese bilden die Grundlage für die weiteren Technologien. **Mobile Computing** beschreibt dabei den elektronischen Zugriff auf ein Netzwerk und die elektronische Datenverarbeitung über ein mobiles Endgerät. Die Geräte können sich orts- und zeitunabhängig mit dem Netzwerk verbinden und kommunizieren. **Cloud-Computing** beschreibt den Zugriff auf Software- und Hardware-Ressourcen über das Internet, die nicht auf dem lokalen Rechner installiert bzw. gespeichert sind. Die benötigten Ressourcen werden über eine Cloud bezogen und von einem Cloud-Provider bereitgestellt. Diejenigen, die den Cloud-Service nutzen, können dabei unabhängig von Ort, Zeit und Endgerät auf die Daten zugreifen.

Aufbauende Technologien mit Relevanz für die Immobilienwirtschaft
- **Data Science** sind Technologien zur Analyse und Auswertung großer Datenbestände (Big Data) sowie zur Prognose künftiger Entwicklungen. Data Science bezeichnet generell die Extraktion von Wissen aus Daten.
- **Artificial Intelligence** (Künstliche Intelligenz) ist der Versuch, eine menschenähnliche Intelligenz nachzubilden, d. h. Computer sollen eigenständig Probleme bearbeiten können (Automatisierung intelligenten Verhaltens).
- **Plattformen und Portale** sind für die Bereitstellung von Software für soziale, technische oder betriebliche Netzwerke notwendig. Die Technologie der Plattformen ist die Grundlage für alle sozialen Netzwerke, Crowdfunding oder Smart Home.
- **Sensoren** (Technologie: Sensorik) können Daten sammeln, überwachen und verteilen, mit anderen Sensoren kommunizieren und so Prozesse steuern und automatisieren. Der Einsatz der Sensorik dient als Grundlage für das Internet der Dinge.
- **Virtual und Augmented Reality** sind die wirklichkeitsnahe Visualisierung der realen Welt (Virtual Reality) oder die Überlagerung der Wahrnehmung der realen Welt mit Visualisierungen, d. h. mit zusätzlichen auf die reale Wahrnehmung bezogenen Informationen in Echtzeit (Augmented Reality).

4.6.1   Digitalisierung und Immobilienwirtschaft

Trotz der rasanten technologischen Entwicklungen halten innovative Technologien erst langsam Einzug in die Immobilienwirtschaft. Immobilien verfügen grundsätzlich über wesentliche Eigenschaften, die eine Digitalisierung sinnvoll erscheinen lassen. Die komplexen Produkte und Prozesse rund um die Immobilie können durch eine Digitalisierung optimiert werden. Die Digitalisierung stellt für die Immobilienwirtschaft einen teilweise tiefgreifenden
und nachhaltigen Wandel dar. Es ist zu erwarten, dass sich neue Geschäftsmodelle mit Produkten und Dienstleistungen ergeben, die aber vielfach auf den traditionellen basieren. Die
Geschäftsprozesse werden ebenso anhaltend verändert, wobei hier die größten Veränderungen zu sehen sind. Beide Veränderungen wirken sich auf die Immobilien aus, sei es auf den
jeweiligen Standort oder auf die Immobilien selbst und deren Ausstattung. Das Ziel ist insgesamt eine effiziente Verbindung und Nutzung der neuen Technologien mit der Immobilie.

Tabelle 4.19 zeigt diese differenzierten Auswirkungen der Digitalisierung auf die Immobilienwirtschaft. Dabei werden diese Effekte zum einen für die Immobilienmärkte und zum
anderen für die verschiedenen Märkte, sowohl den Investment- als auch Vermietungsmärkten, analysiert. Es werden die Folgen auf die Geschäftsmodelle betrachtet, die sich durch
neue bzw. veränderte Produkte ergeben können. Digitalisierung verändert ebenso die Geschäftsprozesse, die in Beziehung mit den verschiedenen Segmenten zu einer Steigerung der
Produktivität führen sollen. Bei den einzelnen Objektarten zeigen sich unterschiedliche Ergebnisse.

Tab. 4.19: Auswirkungen der Digitalisierung auf die Immobilienwirtschaft, Quelle: eigene Darstellung.

Auswirkungen der Digitalisierung auf ...	Immobilienmärkte	Immobilien-Investmentmärkte	Büroimmobilien	Einzelhandelsimmobilien	Wohnimmobilien
Geschäftsmodelle	- PropTech	- FinTech - Crowdfunding - Finanzierung über Internet	- PropTech - Co-Working, Homeoffice - Virtual Office	- PropTech - E-Commerce	- PropTech - Intelligentes Wohnen
Geschäftsprozesse	- interne und externe Prozesse - Produktlebenszyklus - Markttransparenz - Immobilienwerte	- Abwicklung der Investmenttransaktionen - Kreditbearbeitungsprozess	- interne und externe Prozesse bei Vermietung und Verwaltung	- Vertriebswege - Prozess von Ein- bis Verkauf (whole value-added chain)	- Wohnungsunternehmen: ... Arbeitsprozesse ... Data Science ... Kommunikation
Standortveränderung	- abhängig von der Objektart		- andere Standorte ... der PropTech ... der Unternehmen	- stationärer Einzelhandel von Standorten und Sortimenten	- Homeoffice: andere Standorte
Gebäude und Ausstattung der Gebäude	- abhängig von der Objektart		- Flächennachfrage - Ausstattung, Flexibilität der Gebäude - Smart Office	- technische Ausstattung - Internet of Things - AR / VR	- Smart Home - Ambient Assisted Living - nutzungsoffene Konzepte

Die Unternehmen der Immobilienwirtschaft, in denen u. a. Vermarktung, Verwaltung, Bewirtschaftung und Kundenservices organisiert werden, sehen sich vielfältigen Herausforderungen der digitalen Welt gegenüber. Bei den Unternehmen ist der Einsatz von Technologien und Methoden der Digitalisierung zur Effizienzsteigerung und Qualitätsverbesserung eine der wesentlichen Aufgaben. Die Vision beinhaltet insbesondere den Aufbau von IT-technischen Strukturen (Technik, Software, Daten) mit flexiblen, vernetzten Systemen. Der Vorteil der digitalen Arbeit ist die höhere Flexibilität für die Immobilienunternehmen, der durch die Cloud, die Zunahme mobiler Anwendungen und Endgeräte verstärkt global und ohne Zeitgrenzen möglich ist. Aus wirtschaftlicher Sicht eröffnen sich für Unternehmen sowohl neue Wertschöpfungspotenziale als auch Performancesteigerungen. Die Unternehmen stehen vor einem tiefgreifenden Wandel, einerseits im Wettbewerb z. B. mit PropTechs und andererseits, um vorhandene Potenziale der Digitalisierung bezüglich ihrer Geschäftsprozesse und -modelle zu erschließen.

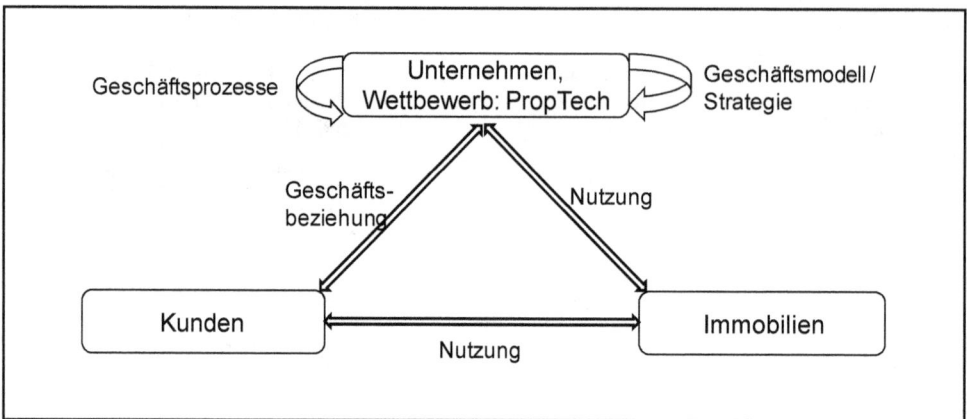

Abb. 4.20:   Digitalisierung und Immobilienwirtschaft; Quelle: eigene Darstellung.

Auswirkungen auf Geschäftsmodelle

Ein Geschäftsmodell beschreibt die Funktionsweise eines Unternehmens. Auch wenn es keine eindeutige Definition gibt, beinhaltet ein Geschäftsmodell u. a. eine Beschreibung der Wertschöpfungskette. Geschäftsmodelle beschreiben weiterhin die Vorgänge, die einen Ertrag für das Unternehmen erzeugen oder durch die der Kunde einen Nutzen bzw. Mehrwert erhält. Durch die Digitalisierung können neue Geschäftsmodelle angeboten oder klassische Geschäftsmodelle transformiert werden.

Die Digitalisierung bietet dabei die Chance für neue Geschäftsmodelle, stellt aber auch die bestehenden in Frage. Veränderte und neue Geschäftsmodelle der Immobilienwirtschaft werden durch den technologischen Fortschritt mit neuen internetbasierten Konsum-, Mediennutzungs- und Kommunikationsmöglichkeiten erzeugt. Informations- und Kommunikationstechnologien gelten dabei als die Schlüsseltechnologien. Der technische Fortschritt in Form der Digitalisierung hat zu neuen Medien und Informationsquellen wie dem Internet und zu neuen Kommunikationsformen in der Immobilienwirtschaft geführt. Gerade die Bereitstellung von sogenannten „digital angereicherten" Dienstleistungen, die „dingliche" Dienstleistungen (Facility Services, im Wohnimmobilienbereich auch Pflege-, Bring- und Holdienste) mit einer elektronischen Vermittlung koppeln, eröffnet neue Chancen für die Branche. Die Digitalisierung hat das Geschehen in der Immobilienwirtschaft verändert, sei es bei der Nutzer- oder Produktsuche, beim Research und Objektmarketing oder auch beim Transaktionsmanagement.

Neben den traditionellen treten neue Wettbewerber für die Unternehmen der Immobilienwirtschaft auf. Diese werden als **PropTechs** bezeichnet, was als Abkürzung für den englischen Begriff „Property Technology" steht und sich aus den Begriffen Property und Technology zusammensetzt. PropTechs wollen die traditionellen Geschäftsmodelle und Geschäftsprozesse in der Wertschöpfungskette von Immobilien mindestens verändern. Als innovative Unternehmen verknüpfen sie ihre Geschäftsmodelle mit den neuen technologischen Möglichkeiten. Dabei kann nach folgenden Arten von PropTechs unterschieden werden: Von den klassischen Maklertätigkeiten (Vermarktungsplattformen) über Planungstools wie BIM (Building Information Modeling) oder Crowdfunding-Modelle. Derzeit sind die PropTechs vor allem im Bereich des Verkaufs und der (zeitweisen) Vermietung von Immobilien tätig, insbesondere da seit 2015 das neue Bestellerprinzip gilt. Ein Überblick über die Anzahl und die Formen von PropTechs in Deutschland findet sich u. a. bei www.gewerbe-quadrat.de.

Auswirkungen auf Geschäftsprozesse

Geschäftsprozesse sind auf der operativen Ebene eines Unternehmens angesiedelt und beschreiben die verschiedenen Aufgaben und Einzeltätigkeiten, um ein bestimmtes betriebliches Ziel zu erreichen. Sie gehören zur Ablauforganisation eines Betriebes und sollen den Wertschöpfungsprozess optimieren. Durch die Digitalisierung können die Geschäftsprozesse bei den Immobilienunternehmen verändert werden. Bislang waren diese Prozesse teilweise zeit- und arbeitsintensiv und wiesen zudem oft eine hohe Fehlerquote aus. Die Nutzung der Möglichkeiten moderner IT-Systeme wird zur Ablösung älterer Austausch-, Kommunikations-, Planungs- oder Steuerungsmethoden genutzt. Die Abläufe sollen optimal digitalisiert, mobilisiert und automatisiert werden. Durch die Digitalisierung wird der Geschäftsprozess üblicherweise nicht vollständig revolutioniert oder bewährte Prozesse vollständig ersetzt, sondern werden weiterentwickelt. Dabei kann bereits die Modernisierung eines Teils der Prozesskette große Effizienzsteigerungen bewirken.

Von zentraler Bedeutung für die Unternehmen sind eine Digitalisierung der internen und unternehmensübergreifenden (externen) Geschäftsprozesse und die Kommunikation zu **Kunden** und Auftragnehmern, aber auch zu weiteren Akteuren wie z. B. Kommunen. In den Beziehungen zu den Kunden liegt in der Digitalisierung eine große Chance, mit neuen und veränderten Dienstleistungen zur Verbesserung der Kundenorientierung beizutragen. Die Kunden sind für die Immobilienunternehmen ein wesentlicher Treiber der Digitalisierung, da sie verstärkt digitale Angebote nachfragen.

Unternehmen können durch die Digitalisierung die Kommunikation mit den Kunden effizienter gestalten, u. a. bietet Social Media die Möglichkeit, mit ihren Zielgruppen in direkten Kontakt und in einen unmittelbaren Dialog zu treten. Weiterhin können Nutzer in sozialen Netzwerken online miteinander kommunizieren und sich gegenseitig austauschen. Diese Form der Digitalisierung kann bei vielen Unternehmensaufgaben unterstützend wirken: bei der Kommunikation mit Presse, Meinungsführern und Kunden oder im Marketing und Vertrieb. Der Einsatz von Social Media zur Kommunikation der Unternehmen als ein auf ein sich rapide verändertes Kommunikationsverhalten der Kunden ist daher ein zentrales Innovationsfeld. Die Datensicherheit stellt dabei eine große Herausforderung dar.

Auswirkungen auf den Produktlebenszyklus

In der **Projektentwicklungsphase** sorgen die Komplexität der Planungsphase, das Einholen der behördlichen Genehmigungen zur Errichtung der Immobilie und nicht zuletzt die Phase der Realisierung dafür, dass sehr viele Dokumente benötigt werden. Dies wiederum führt bei der Ablage in Aktenordnern zu einem bedeutenden Flächenverbrauch. Weniger Fläche und ein effizienterer Umgang lassen sich durch ein digitales Dokumentenmanagement realisieren. Schon in der ersten Phase der Projektentwicklung kann außerdem mithilfe von Sensoren und Satelliten, der Baugrund und das Gelände vermessen werden. Durch Augmented Reality lassen sich weiterhin dreidimensionale Projektionen von Strukturen und durch Virtual Reality virtuelle Begehungen mithilfe von Datenbrillen schaffen.

Building Information Modeling (BIM, Gebäudedatenmodellierung) ist eine der digitalen Technologien, die in dieser Phase Anwendung findet. Dies ist ein integriertes Modell, bei dem sämtliche Einflussgrößen miteinander verknüpft sind. BIM ist dabei als Prozess zu verstehen, bei dem mithilfe geeigneter Softwareunterstützung Planungs- und Bauprozesse sowie der spätere Betrieb vollständig abgebildet werden können. BIM soll zur Optimierung der Planungs- und Ausführungsqualität beitragen, da alle Informationen im Prozessverlauf eines Bauvorhabens allen Beteiligten jederzeit zur Verfügung stehen. Als einheitliche Datenbasis für Bau, Betrieb und Instandhaltung kann BIM eine Schlüsselrolle für den zukünftigen Umgang mit Daten über alle Bereiche hinweg einnehmen. Wo früher Papierpläne und handgefertigte Projektzeichnungen dominierten, ermöglicht heute die Software den Datenaustausch und die Arbeit an einem integrativen Projektmodell und erspart so viele Prozessabläufe. BIM erfordert aber zum einen hohe Investitionskosten und zum anderen auch einen erhöhten Aufwand für Schulungen. Des Weiteren sind technische (alle Beteiligte arbeiten mit einem einheitlichen System) und rechtliche Aspekte zu klären.

Der **Vermietungs- und Nutzermarkt** wird ebenfalls durch Digitalisierung beeinflusst. Geschäftsprozesse können durch die zunehmende Verbreitung und Leistungsfähigkeit von Smartphones und Tablets effizienter gestaltet werden. So werden z. B. Mietverträge digital verwaltet. Außerdem können durch **Immobilienportale** Angebote zu jeder Zeit von jedem beliebigen Ort aus abgerufen werden. Darüber hinaus können Anbieter dort erheblich mehr Informationen zu den Immobilien einstellen. Weiter ist es für die Nachfrager möglich, ihre Suchparameter individuell festzulegen und sich damit gezielt und schnell einen Überblick zu passenden Angeboten zu verschaffen. Weiterhin kann so der Nutzer- bzw. Mieterservice verbessert werden. Mithilfe von Augmented Reality und Virtual Reality ist es z. B. möglich, die Immobilien schon vor der Fertigstellung anzusehen.

Weitere Möglichkeiten der Digitalisierung bestehen im Property Management (anlageorientiertes, operatives Management von Immobilienobjekten) oder im Facility Management (lebenszyklusbezogenes, operatives Management immobilienbezogener Prozesse), um mehr Effizienz und Nachhaltigkeit zu erreichen. Durch die Digitalisierung werden sich dabei speziell die Anforderungen an die Wohnungsverwaltung verändern. Die Wartung und Instandhaltung von komplexen Anlagen kann mithilfe der Augmented Reality durch das Einblenden zusätzlicher technischer Informationen effizienter durchgeführt werden. Auch im Assetmanagement (strategisches Objektmanagement eines Bestandes), Portfoliomanagement (strategisches Management von Portfolios) oder im Investmentmanagement (rahmengebendes Management von z. B. Beständen) können durch die Digitalisierung Prozesse effizienter gestaltet werden.

Beim **Data Science**, oftmals auch als Data Mining oder Big Data bezeichnet, werden digitale Technologien eingesetzt, um einen Mehrwert für die Unternehmen und Kunden zu erreichen. Es lassen sich so durch Data Science Markt- und Mietvertragsdaten analysieren, um damit die Renditen bei Portfolios und Immobilien zu optimieren oder Mietausfälle vorherzusagen und zu vermeiden. In diesem Rahmen bietet Data Mining z. B. Methoden, um gespeicherte Daten zu analysieren und möglichst automatisiert vorhandene Daten auf empirische Zusammenhänge zu untersuchen.

Bei der Umwandlung von **Big Data** in Smart Data sind die Datenmengen zu groß, komplex und/oder ändern sich zu schnell, um sie sinnvoll mit klassischen Analysemethoden auswerten zu können. Große Datenmengen werden hierbei gespeichert, verarbeitet, ausgewertet und teilweise neu vernetzt. Durch eine sorgfältige Aufbereitung und Analyse erfolgt der Übergang von Big zu Smart Data. Big Data bezieht sich in der Immobilienwirtschaft zum einen auf Daten, die die Immobilien selbst (etwa in Bezug auf Energieverbrauch und Nutzerverhalten) liefern. Entscheidend für den Erfolg von Immobilienunternehmen wird es sein, diese Daten effizient zu erheben, auszuwerten und in Geschäftsmodelle umzusetzen. Es geht auch darum, standardisierte Massenprozesse zu automatisieren. Es werden Daten am Ort des Ursprungs aufgenommen, die daraus resultierenden Aufträge oder Folgearbeiten werden in einem Workflow automatisch ausgelöst und bearbeitet. Diese Art des Prozessmanagements existiert zwar schon, aber viele Schritte werden heute noch manuell vollzogen. Eine höhere Digitalisierung lohnt sich dort, wo Daten nach dem gleichen Schema dezentral erfasst und zentral verfügbar sind. In der Immobilienwirtschaft sind dies beispielsweise die Übergabe und Übernahme von Mietflächen oder Instandhaltungsaufträge. Weiter sind damit Daten gemeint, die es ermöglichen, immobilienwirtschaftliche Vorhersagen zu treffen. Mithilfe von z. B. öffentlich zugänglichen Daten, unternehmensinterne Daten oder Daten aus dem Social-Media-Umfeld können z. B. Einstellungsänderungen von Nutzern zu Lagen frühzeitig erkannt werden. Eine der größten Herausforderungen ist dabei die fragmentierte und teils unübersichtliche Datenlage. Die Probleme potenzieren sich durch die Heterogenität der Objekte, die Komplexität der Portfolios, die Zahl der Verträge sowie die Anzahl der beteiligten Akteure.

Die Immobilienwirtschaft zeichnet traditionell eine geringe **Markttransparenz** aus. Daher haben die Marktteilnehmer einen Wettbewerbsvorsprung, die über spezifisches Know-how verfügen. Die Digitalisierung ermöglicht hierbei neue Wege zu mehr Transparenz. Im letzten Jahrhundert waren nur wenige Daten verfügbar, die zudem noch aus Befragungen von Marktteilnehmern stammten. Durch die Digitalisierung (u. a. Plattformen) stehen heute weitaus mehr Informationen zur Verfügung, die mithilfe von Data Science analysiert werden können. So können relevante Informationen in einem akzeptablen Format aufbereitet und dem Interessenten zur Verfügung gestellt werden. So kann die Vermarktung von Immobilien verbessert werden, da eine höhere Aktualität der Angebote möglich ist. Für den Kunden ist der Zugang zu den Angebotsplattformen jederzeit möglich. Dies kann Informationsasymmetrien zwischen den beiden Transaktionsparteien verringern und mehr Transparenz schaffen. Das ist eine Voraussetzung, um den Transaktionsprozess effizienter zu gestalten. Darüber hinaus ist es möglich, durch mehr Marktinformationen den Wert einer Immobilie genauer zu bestimmen. Data Science ermöglicht so beispielsweise die Vorhersage der Renditeentwicklung komplexer Immobilienportfolios.

Die langfristigen **Immobilienpreise bzw. -werte** können durch die Digitalisierung beeinflusst werden. Beim Kauf eines Objektes gehen grundsätzlich Annahmen zur zukünftigen Entwicklung z. B. der Miete in die Kalkulation ein. Da Immobilien oft langfristig gehalten werden, wirken sich langfristige Trends auf deren Wertentwicklung aus. In den nächsten Jahren wird der digitale Veränderungsdruck zunehmen. Die Digitalisierung wird langfristig zu einer umfassenden und vielfältigen Änderung von Arbeits- und Lebensgewohnheiten führen. Für die Wertentwicklung von Immobilien aller Nutzungsarten wird von daher mitentscheidend sein, wie sich die Digitalisierung auswirkt. Falls die Objekte am Ende der Halteperiode dann nicht mehr den Anforderungen der digital orientierten Nutzer entsprechen, können sie nur mit Abschlägen verkauft werden oder es bedarf umfassender Refurbishments. Von daher sind die Auswirkungen der Digitalisierung und die damit verbundenen Änderungen auf das Nutzer- und auch Nachfrageverhalten bei Investmententscheidungen stärker zu berücksichtigen.

In der **Verwertungsphase** entspricht die Immobilie nicht mehr der Nachfrage der Nutzer. Damit ergeben sich in dieser Phase des Lebenszyklus zwei Möglichkeiten, nämlich der Abriss oder aber umfangreiche Sanierungen bzw. Refurbishments. Wie auch in der Projektentwicklungsphase können dabei digitale Produkte den Prozess effizienter gestalten.

Die Revitalisierung und Modernisierung von Immobilien ist in der Regel mit großem finanziellem Aufwand verbunden. Diese Kapitalbeschaffung kann, wie auch bei der Projektentwicklung, u. a. durch Crowdfunding erfolgen.

Chancen und Risiken für die Immobilienwirtschaft

Die Digitalisierung bringt neue Chancen für die Immobilienwirtschaft, birgt allerdings ebenso einige Risiken. Die **Chancen** der Digitalisierung liegen in der Entwicklung neuer digitaler Geschäftsmodelle. Neben den neuen Geschäftsmodellen können Geschäftsprozesse automatisiert und vereinfacht werden. Digitalisierung ermöglicht eine effizientere Bauweise sowie Planung und Finanzierung von Projekten. Durch neue Technologien lassen sich Projekte noch vor Fertigstellung visuell besser vermarkten. Unternehmen können so neue Wettbewerbsvorteile für sich nutzen. Insgesamt kann die Immobilienwirtschaft dynamischer und effizienter werden.

Ein nicht zu unterschätzendes **Risiko** der Digitalisierung ist der wirtschaftliche Aspekt, da vielfach technische Leistungen und Produkte präsentiert werden, die aber ökonomisch nicht erfolgreich sind. Auch die Schnelllebigkeit der Produkte stellt ein Risiko für deren Wirtschaftlichkeit dar. Hinzu kommt der Kapitaleinsatz durch die Einführung neuer Systeme und den Erwerb neuer Qualifikationen der Mitarbeiter im Unternehmen. Neben den wirtschaftlichen Risiken bringt die Digitalisierung auch soziale Risiken mit sich. Es besteht die Gefahr, dass die persönliche Kommunikation abnimmt und damit auch die Arbeitseffizienz. Technologische Risiken sind der Datenschutz, der Missbrauch von Daten sowie mögliche Sicherheitslücken der Systeme und die Gefahren eines Systemausfalls mit der Gefahr der Versorgungsunterbrechung.

Bislang ist insgesamt ein disruptiver Einfluss der Digitalisierung auf die Immobilienbranche noch nicht gegeben, da sie teilweise einen zu hohen Kapitaleinsatz erfordert, mit rechtlichen Hindernissen kollidiert und letztendlich auch an der für eine erfolgreiche Realisierung erforderlichen Datenbasis scheitert.

4.6.2   Digitalisierung und Immobilien-Investmentmarkt

Der Immobilien-Investmentmarkt, der über alle drei Phasen der Wertschöpfungskette von Immobilien reichen kann, ist definiert als Markt für Kapitalanlagen in Immobilien. Durch die digitalen Konzepte können verschiedene Auswirkungen identifiziert werden, die sich unterschiedlich stark auf den Investmentmarkt auswirken werden.

Auswirkungen auf Geschäftsmodelle

Neue Geschäftsmodelle in diesem Bereich können neben den PropTechs (siehe Kapitel 4.6.1) auch durch die **FinTechs** eröffnet werden. FinTech setzt sich aus den Wörtern Financial Services und Technology zusammen. Der Begriff bezeichnet Unternehmen und Anwendungen, die auf digitale Vernetzung bei Finanzdienstleistungen setzen. Vorangetrieben werden

FinTechs vor allem von Start-up-Unternehmen, die innovative Dienste etwa in Form von Smartphone-Apps z. B. für mobile, webbasierte Zahlungssysteme und Bankgeschäfte anbieten. Diese bieten neuartige Lösungen von Anwendungssystemen, die eine Neu- oder Weiterentwicklung im Finanzdienstleistungsbereich darstellen und sich auch auf die Immobilienmärkte auswirken. Begünstigt werden FinTechs von Entwicklungen im Bereich Data Science und Cloud-Computing sowie von der rasanten Verbreitung von Smartphones, Laptops und Tablets in Verbindung mit nahezu ständigem Zugriff auf das Internet. Die Bedeutung ist aber bislang nur in Teilbereichen relevant.

Durch die Digitalisierung kann es zu neuen **Vertriebswegen** kommen, wobei internetbasierte Transaktionsplattformen für Investments zur Kontaktaufnahme zwischen Verkäufer und Käufer dienen. In den letzten Jahren sind vermehrt Immobilienbörsen an den Markt gegangen. Darunter sind Angebotsplattformen zu verstehen, auf denen die Anbieter und die Nachfrager von Immobilien zusammenkommen. Diese „Marktplätze" sind zum größten Teil auf private Käufer spezialisiert, während eine deutlich geringere Zahl an Plattformen gewerbliche Immobilien offeriert. Darüber hinaus hat eine schnell wachsende Zahl von Maklern begonnen, eigene Internetseiten zur Präsentation des Immobilienangebotes aufzubauen. Beide Vertriebsmöglichkeiten werden häufig nicht substitutiv, sondern ergänzend genutzt. Übergreifende Immobilienbörsen und maklereigene Internetseiten dienen bislang vor allem als Marketinginstrument und weniger zur eigentlichen Abwicklung der Kauftransaktionen. Die Integration des Abwicklungsprozesses beschränkt sich im Regelfall auf „strukturierte Kontaktformulare", mit denen der Kauf- bzw. Mietinteressent mit dem jeweiligen Anbieter per E-Mail in Verbindung treten kann.

Auch **Immobilienfinanzierungen** werden vermehrt über das Internet offeriert. Dabei handelte es sich primär um Angebote für die private Wohnungsfinanzierung. In einer ersten Phase hatten Banken, Bausparkassen und andere Finanzdienstleister Angebote in das Internet eingestellt. In einer zweiten Phase begannen dann übergeordnete Anbieter in der Funktion eines „virtuellen Finanzierungsvermittlers" (als Kreditmarktplätze), die Angebote mehrerer Baufinanzierungsanbieter zu vermarkten. Die Käufer nutzen zunehmend Online-Plattformen, um verschiedene Finanzierungsmodelle und Finanzierungsanbieter miteinander zu vergleichen. Im Bereich der gewerblichen bzw. größeren Finanzierungen sind diese derzeit nicht üblich.

Die Digitalisierung führt weiterhin zu neuen Finanzierungsformen. Über das Internet wird **Crowdfunding** als Möglichkeit zur Finanzierung einer Immobilie oder einer Projektentwicklung angeboten. Es werden auf entsprechenden Online-Plattformen Vorhaben präsentieren, um Kapital einzuwerben. Die Community kann sich finanziell beteiligen, wenn die Idee sinnvoll und erfolgversprechend erscheint, sodass die Finanzierung auf viele – eben die Crowd – verteilt wird. Dabei existieren verschiedene Formen des Crowdfundings. Das klassische Crowdfunding zeichnet sich dadurch aus, dass die Crowd ein nicht-finanzielles Dankeschön erhält, wie eine Kopie des Projektergebnisses (z. B. CD), und nicht unbedingt einen Gewinn. Bei sozialen Projekten spendet die Crowd und es gibt keine materielle oder finanzielle Gegenleistung. Beim Crowdinvesting werden die Investoren finanziell am Projekterfolg beteiligt, wobei das Kapital aus Eigenkapital oder Nachrangdarlehen bestehen kann. Crowdlending (auch P2P Kredit genannt) bedeutet, dass die Crowd ihr Geld zu einen fest vereinbarten Zins über eine feste Laufzeit vergibt. Damit handelt es sich i. d. R. um erstrangiges Fremdkapital, das eine Alternative zum klassischen Bankkredit darstellt.

Auswirkungen auf Geschäftsprozesse

Die Digitalisierung betrifft insbesondere die **Abwicklung des Kauf- und Finanzierungs-transaktion**. Die wesentlichen Veränderungen im Immobiliengeschäft sind langfristig nicht im Vertrieb, sondern in der Veränderung der Arbeitsprozesse in der Organisation (Bearbei-tung und Verwaltung) – sog. Backoffice-Prozesse – zu sehen. In der Bearbeitung der Kauf-transaktionen und der Kreditabwicklung kommt es angesichts der Digitalisierung zu neuen oder veränderten Geschäftsprozessen. Digitale Akten und die volle Integration des Daten-flusses können zu einer integrierten Prozesskette sowohl bei den Transaktionen als auch bei der Finanzierung führen, bei der Daten nur einmal eingegeben und dann weitgehend EDV-gestützt verarbeitet werden.

Gerade im Back Office sind hohe Prozesskosteneinsparungen möglich, die bisher nur zum Teil erschlossen sind. Diese Einsparungen können auch bei den gewerblichen Immobilien-transaktionen und -finanzierungen zum Tragen kommen – in diesem Fall sind die Abwick-lungsprozesse aufgrund der Heterogenität der einzelnen Geschäftsvorfälle im Gegensatz zur privaten Baufinanzierung sehr komplex. Aus rechtlichen Gründen kann die Immobilienfi-nanzierung nicht als kompletter Geschäftsprozess über das Internet abgewickelt werden. Aufsichtsrechtliche Vorgaben fordern in vielen Fällen die persönliche Besichtigung der Im-mobilie. Die Vertragsunterlagen müssen ebenso nach wie vor in Schriftform mit den Unter-schriften des Anbieters und des Kunden versehen werden. Zusätzliche Herausforderungen können sich durch die weitere Verschärfungen bei Finanzdienstleistungen und Verbraucher-schutzbestimmungen ergeben.

4.6.3   Digitalisierung und Büroimmobilienmarkt

Büroimmobilien werden zur Ausführung von Verwaltungs- und Schreibtischtätigkeiten ge-nutzt. Durch die Digitalisierung der Geschäftsmodelle und -prozesse ergeben sich neue An-forderungen an moderne zukunftsfähige Büroimmobilien sowie deren Standorte.

Auswirkungen auf Geschäftsmodelle

Neue Modelle der Vermietung werden aktuell bereits in ähnlicher Form von **Co-Working**-Anbietern umgesetzt. Dabei wird ein zeitlich flexibler Arbeitsplatz in einem offen gestalteten Büro vermietet und den Mietern ist es möglich, die Vorteile des Zusammenarbeitens zu nut-zen. In diesen Büros wird als Basisinfrastruktur ein Schreibtisch mit Strom- und Internetan-schluss für eine begrenzte Dauer gegen einen pauschalen Preis zur Verfügung gestellt. Au-ßerdem gibt es ähnlich wie beim Desk-Sharing die Möglichkeit, einen flexiblen Arbeitsplatz zu buchen. Bei dem Trend Co-Working ist die Digitalisierung eine notwendige Vorausset-zung. Derzeit sind es vor allem Start-ups, welche die Möglichkeiten des Co-Working nutzen, um von der Flexibilität, der Preisgestaltung und den möglichen Synergien zu profitieren. Vermehrt suchen jedoch auch etablierte Unternehmen die Möglichkeit, derartige Strukturen mitzunutzen.

Bei **Virtual Offices** handelt es sich um Business Center, in denen dem Kunden die üblichen Dienstleistungen wie Sekretariatsaufgaben angeboten werden. Der grundlegende Unterschied ist, dass der Kunde ein virtueller Mieter ist. Er muss kein Büro anmieten, sondern sämtliche Dienstleistungen werden online angeboten. **Homeoffice** stellt für Bürovermieter kein neues Geschäftsmodell dar, da hierbei Unternehmen ihren Mitarbeitern die Gelegenheit bieten, von zu Hause aus zu arbeiten. Die Digitalisierung ist aber eine Voraussetzung für die Einrichtung von Homeoffice, da vom Heimarbeitsplatz eine technisch optimale Verbindung mit dem Unternehmen notwendig ist.

Auswirkungen auf Geschäftsprozesse

Bei den Büroimmobilien ist ebenfalls der Lebenszyklus von der Digitalisierung betroffen. Dies bezieht sich, wie in Kapitel 4.6.1 beschrieben, auf die Projektentwicklung mithilfe von BIM -Prozessen.

Weitere Auswirkungen sind bei den Vermietungsprozessen und der Verwaltung dieser Immobilien zu erwarten. Die Effekte bei Investments und Finanzierungen von Büroimmobilien sind bereits im vorangegangenen Kapitel beschrieben worden.

Auswirkungen auf Standorte

Aufgrund der Digitalisierung ergibt sich nur bedingt Potenzial für neue, andere Standorte. Junge Unternehmen der IT-Branche (z. B. **PropTechs**) bevorzugen häufig ein entsprechendes, innovatives Umfeld – etwa in originellen Objekten oder in „In"-Vierteln – aber auch in Privatwohnungen, Co-Working-Angeboten oder Business-Centern. Häufig handelt es sich dabei um ehemals industriell genutzte Objekte, die nun für verschiedene Nutzungen offen sind. Diese sog. Flex Spaces sind nicht durch eine besondere Nutzung (Büro, Lager, Produktion etc.) geprägt, sondern eignen sich vielmehr für diverse Nutzungsanforderungen. Diese werden den Anforderungen der Nutzer entsprechend vom Vermieter angepasst und vermietet. Diese Unternehmen sind zunächst nicht an den etablierten Top-Standorten oder in klassischen Büroobjekten zu finden, da sie auch die vergleichsweise hohen Mieten nicht bezahlen wollen oder können. Sind sie nachhaltig erfolgreich und expandieren, dann werden sie auch an traditionellen Standorten Büroräume suchen. Aufgrund der Anzahl und der Größe der PropTechs wird es noch einige Zeit dauern, bis sie zu einer signifikanten Nachfragekonkurrenz für traditionelle Büromieter werden.

Für **traditionelle Unternehmen** der Immobilienwirtschaft bleibt das stationäre, zentrale Büro nach wie vor der klassische Unternehmensstandort. Durch die Digitalisierung wird die Entscheidung über den Standort entweder in einem Central Business District (CBD) oder in der Peripherie nicht grundlegend verändert. Zentrale Lagen erfüllen oftmals auch repräsentative Funktionen, während sich in der Peripherie die Backoffice-Standorte befinden. Das Homeoffice stellt nur eine Ergänzung dar und kann Unternehmensstandorte nicht ersetzen, da diese üblicherweise nicht an Bürostandorten, sondern in Wohnimmobilien zu finden sind. Aufgrund der Möglichkeiten, von überall zu arbeiten, werden künftig von den Arbeitnehmern vor allem gut erreichbare Bürostandorte präferiert. Dieses entspricht aber nicht immer den Standortpräferenzen der Unternehmen.

Auswirkungen auf Gebäude und -ausstattung

Die Digitalisierung bietet gleichzeitig das Potenzial für **mehr und weniger Bedarf an Bürofläche**. Auf der einen Seite ist eine höhere Büroflächennachfrage durch die Informations- und Kommunikations-Branche gegeben, da diese im Vergleich zu anderen Branchen weitaus höhere Wachstumsraten aufweist. Auch Bereiche, die von der Digitalisierung oder E-Commerce profitieren, werden ihre Nachfrage steigern. Deutlich wird dies beispielsweise im Handelssegment (E-Commerce) oder bei Dienstleistungssegmenten, bei denen der Einfluss der Digitalisierung stetig zunimmt. Die Digitalunternehmen konnten einen enormen Bedeutungszuwachs verzeichnen, so hat sich der Büroflächenumsatz dieser Unternehmen in Berlin in den letzten fünf Jahren mehr als versiebenfacht und hatte 2015 einen Anteil von mehr als 40 % des gesamten Umsatzvolumens. Die hohe Dynamik dieser Zukunftsbranchen hat positive Effekte auf das regionalwirtschaftliche Wachstum, den jeweiligen Arbeits- und auch den Immobilienmarkt. Gleichzeitig haben diese dynamisch wachsenden Unternehmen hohe Ansprüche an die Flexibilität der Büronutzung. Dies sind auch tendenziell kürzere Mietlaufzeiten, um stärker anpassungsfähig an eine Expansion bzw. veränderte Mitarbeiterzahlen zu sein.

Auf der anderen Seite kann es infolge zunehmender Digitalisierung zu der Abnahme des Büroflächenbedarfs kommen. Es sinkt der Flächenbedarf für die Dokumentenverwaltung und Archivierung in Papierform, da der Anteil digitaler Dokumente in den Unternehmen stark zunimmt. Durch den Trend zu mobilem, vernetztem Arbeiten können Unternehmen, die diese Arbeitsformen einführen, ihren Flächenbedarf senken. Flexibles Arbeiten mithilfe der Digitalisierung kann in verschiedenen Formen erfolgen, wie z. B. Homeoffice, Desk-Sharing (mehr Mitarbeiter als Büroarbeitsplätze in einem Büro) oder Co-Working. Dabei arbeiten bei flexibler Nutzung mehrere Arbeitnehmer oder Unternehmen zugleich in meist größeren, offenen Räumen und Unternehmen mieten diese Büroarbeitsplätze zeitweise und flexibel an. Voraussetzung für den Minderbedarf ist vielfach, dass einerseits die Beschäftigten eine längere Zeit außerhalb des Büros arbeiten und andererseits geeignete sowie flexible Gebäude und Flächen vorhanden sind. Bisher ist noch kein spürbarer Rückgang des Büroflächenbedarfs erkennbar, was auch daran liegt, dass der Anteil von Homeoffice in Deutschland stagniert (siehe Exkurs in Kapitel 3.3.2). Trotz hohen Wachstums alternativer Arbeitsplätze verliert das klassische Büro seine Bedeutung als zentrale Anlaufstelle nicht, vielmehr ist dieses weiterhin der Standard.

Einen wesentlich sichtbareren Wandel im Büro wird der Megatrend der Digitalisierung hinsichtlich **Ausstattung und Flexibilität des Gebäudes** an sich verzeichnen. Traditionelle Geschäftsprozesse werden immer mehr von digitalen Arbeitsprozessen verdrängt. Standardisierte Prozesse und Routinetätigkeiten werden vielfach abgelöst von komplexen und sich dynamisch verändernden Aufgaben. „Smart Office" ist ein derartiges Konzept, das durch neue Technologien gekennzeichnet ist, die ein mobiles Arbeiten jederzeit ermöglichen. Dieses stellt eine vielfältige Bürolandschaft dar, die dem Nutzer verschiedene spezialisierte Arbeitsbereiche zur Verfügung stellt. Es existieren unterschiedlich ausgestattete Bürobereiche mit geschlossenen und offenen Elementen. Ein modernes Bürokonzept wie Smart Office soll die flexible Arbeitsweise von Smart Working durch das Bereitstellen von flexiblen und dem jeweiligen Bedarf anpassbaren Nutzungsmöglichkeiten optimal unterstützen.

Die technischen Rahmenbedingungen werden in einem Smart Office wichtiger. Informationen und Wissen sind schnell und sicher zu vernetzen und orts- und zeitunabhängig zur Verfügung zu stellen. Moderne Informations- und Kommunikationstechnologien ermöglichen es, die Arbeit von Raum und Zeit zu entkoppeln, gleichzeitig erlauben sie eine schnelle, hohe und zuverlässige Vernetzung von Informationen und Wissen. Aufgrund neuer Arbeits- und Bürokonzepte entwickeln sich die Anforderungen an moderne Büroimmobilien entsprechend weiter. Das klassische Schema eines orts- und zeitgebundenen Arbeitsplatzes wird abgelöst durch in Bezug auf Struktur, Arbeitszeit und -ort flexible Strukturen.

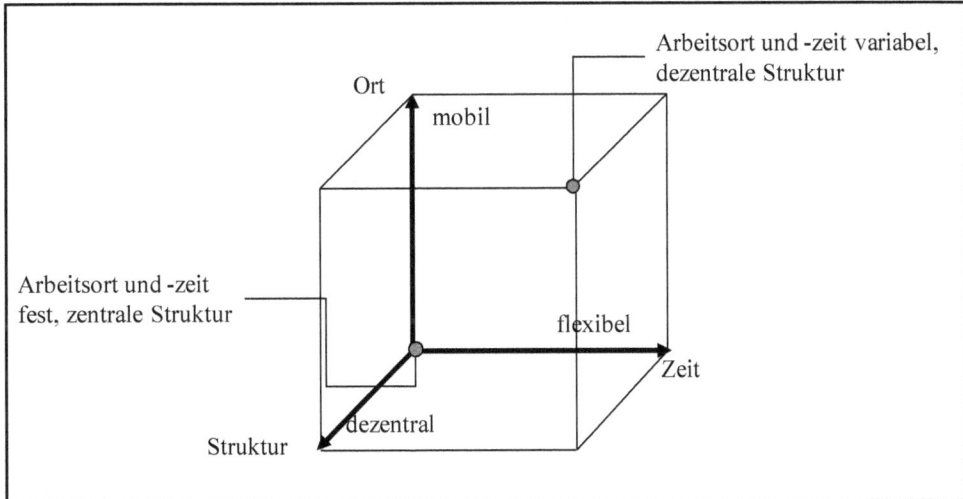

Abb. 4.21:   Nutzeranforderungen an Büroimmobilien; Quelle: Deutsche Hypo, 2010, S. 5, eigene Darstellung.

Diese Flexibilität wirkt sich auch auf die Büroimmobilien und -räume aus, für die eine umfassende technische Ausstattung erforderlich wird. Mithilfe von Mobile und Cloud Computing werden die einzelnen technischen Komponenten untereinander kommunizieren und zugleich über Sensoren das Geschehen innerhalb des Gebäudes erfassen. Eine aufwändige und kabelgebundene Steuerung der heutigen High-Tech-Gebäude wird in dieser Form zunehmend überflüssig werden. Zukunftsfähige Büroimmobilien werden zunehmend variabler und mit modernster Technik ausgestattet sein. Moderne Bürogebäude und Bürokonzepte bieten eine intelligente, technologiebasierte und optimal medial unterstützte Arbeitsumgebung. Die Gebäude sind daher mit einer intelligenten Gebäudetechnik auszustatten, um den Ansprüchen der Nutzer gerecht zu werden. Bei den verschiedenen Nutzungen und der Anpassungsfähigkeit darf die Funktionalität des Gebäudes nicht eingeschränkt werden. So sollten die Energiesysteme und die Haustechniksysteme anpassungsfähig sein. Für den Immobilieneigentümer ist dies vorteilhaft, da flexible Nutzungskonzepte eine einfache Umstrukturierung in den nachhaltigen Gebäuden garantieren.

Der eigentliche **Arbeitsplatz** wird ebenfalls durch die Digitalisierung verändert. Die neue Flexibilität der Arbeit wirkt sich auch auf das Layout der Büroflächen aus. Aufgrund des Wandels der Arbeitsinhalte ist mehr Raum für eigenverantwortliches, projektbezogenes Arbeiten zu schaffen, aber auch für die Zusammenarbeit in neuen Arbeitsformen. Das Büro der Zukunft unterstützt die Mitarbeiter bei ihren unterschiedlichen Arbeitsaufgaben und Tätigkeiten. Das klassische Einzel- bzw. Zellenbüro, das nur noch weniger als die Hälfte aller Arbeitsplätze ausmacht, wird diesen Anforderungen häufig nicht mehr gerecht und auch das Großraumbüro ist hierfür vielfach nicht die geeignete Konzeption. In einem modernen Büro ist es einerseits den Mitarbeitern möglich, konzentriert und ungestört zu arbeiten. So werden z. B. Inseln für individuelle Einzelaktivitäten wie Telefonate geschaffen. Andererseits sollte die organisationsübergreifende Kommunikation und Zusammenarbeit durch mehr gemeinschaftliche Fläche für Teamarbeit gefördert werden, auch um die Mietflächen optimal zu nutzen.

Das alternative Bürokonzept Business Club stellt anstelle von persönlichen Arbeitsplätzen eine Vielfalt an Arbeitsorten mit je nach Tätigkeit unterschiedlichen Eigenschaften bereit. Ein weiterer konzeptioneller Ansatz in diese Richtung ist das fraktale Büro, das einen Arbeitsraum darstellt, welcher je nach Bedarf an immer neue Anforderungen flexibel angepasst und neu gestaltet werden kann. Eine zentrale Anforderung an die Büroimmobilien wird daher in der Zukunft das Bereitstellen von flexiblen und dem jeweiligen Bedarf anpassbaren Nutzungsmöglichkeiten sein.

Grundsätzlich handelt es sich bei den Auswirkungen der Digitalisierung auf den Büroimmobilienmarkt um einen Veränderungsprozess, der sich allmählich vollzieht und nicht rasch. Die traditionellen Bürostrukturen werden noch anhaltend dominieren und alternative Konzepte sind heute eher noch unterrepräsentiert.

4.6.4   Digitalisierung und Einzelhandelsimmobilienmarkt

Die Digitalisierung stellt für den Einzelhandel eine große Herausforderung dar und hat weitreichende Konsequenzen für diese Immobilienart. Massive Veränderungen im Kaufverhalten werden sich auf den Einzelhandel und diese Objektart auswirken. Durch den Onlinehandel und Veränderungen bei den Einkaufsprozessen ergeben sich für den Einzelhandel neue Geschäftsmodelle und -prozesse. Für den Markt für Einzelhandelsimmobilien ist aber die Wirkung des Megatrends technischer Fortschritt ambivalent.

Auswirkungen auf Geschäftsmodelle: E-Commerce

Der boomende Onlinehandel (E-Commerce) und das mobile Shoppingangebot (M-Commerce) verändern die Einzelhandelslandschaft und üben Druck auf die klassischen Vertriebskanäle aus. Mit dem E-Commerce gewinnt ein Handelsformat an Bedeutung, welches keine Verkaufsflächen und damit Einzelhandelsimmobilien benötigt. Der Onlinehandel verzeichnet seit Jahren ein kontinuierliches Wachstum und ist laut HDE von 1,3 Mrd. Euro im Jahr 1999 auf 44 Mrd. Euro im Jahr 2016 angestiegen. Dies waren rund 10 % vom gesamten Einzelhandelsumsatz, wobei insgesamt weiteres Wachstum erwartet wird.

Differenziert sind aber die Zukunftsaussichten für einzelne Warengruppen. So sind die Wachstumspotenziale z. B. bei Büchern oder CDs aufgrund des erreichten Niveaus begrenzt. Dies gilt auch für Produkte, die der Kunde vor Ort selbst betrachten möchte und dabei den „Erlebnis- und Impulskauf" vorzieht. Insbesondere bei Lebensmitteln wird aber noch starkes Wachstum erwartet. Insgesamt wird der E-Commerce weiter wachsen, der stationäre Einzelhandel kann jedoch nicht ersetzt werden. Daher wird die Nachfrage nach Einzelhandelsimmobilien auch zukünftig gegeben sein, da auch Internet-Händler in den stationären Einzelhandel einsteigen.

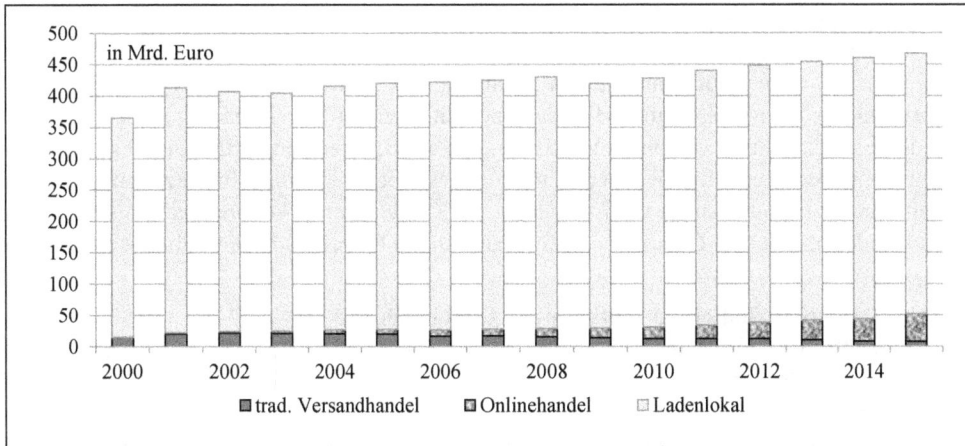

Abb. 4.22:   Anteile der Vertriebswege am Einzelhandelsumsatz; Quelle: Bundesverband E-Commerce und Ver-
             sandhandel Deutschland e.V. (bevh), Interaktiver Handel in Deutschland B2C 2015, verfügbar unter:
             https://www.bevh.org/uploads/media/Auszug_u._besondere_Charts_der_bevh-
             Studie_Interaktiver_Handel_in_Deutschland_2015.pdf, abgerufen am 18.02.2017, eigene Darstellung.

Etwas andere Umsatzzahlen als in Abbildung 4.22 stammen von der GfK GeoMarketing,
aber auch hier zeigt sich die beschriebene Entwicklung. Seit der Jahrtausendwende hat der
traditionelle Versandhandel absolut und relativ an Bedeutung eingebüßt. Wachstumsgewinner
war der E-Commerce, aber auch der Einzelhandel über die klassischen Immobilien hat absolut leicht zugelegt.

Auswirkungen auf Geschäftsprozesse

Die Digitalisierung kann eingesetzt werden, um die Wertschöpfungs- und Lieferkette im
Einzelhandel zu verändern und zu automatisieren. Insbesondere in den Bereichen der Pro-
duktverfügbarkeit, der benötigten Lagerbestände, des Produktverfalls (u. a. bei Lebensmitteln) und des Warenschwunds kann die Digitalisierung eingesetzt werden. Bisher wurde die
optimale Einkaufsmenge mithilfe statistischer Auswertungen und von individuellen Erfahrungen geschätzt. Diese werden nun vermehrt durch automatische Entscheidungssysteme auf
Basis künstlicher Intelligenz ergänzt bzw. ersetzt.

Weiterhin besteht für den Einzelhandel damit die Möglichkeit der individuellen Rabatte und
der dynamischen Produktvorschläge. Beim Einkauf können dem Kunden mithilfe von Augmented Reality komplementäre Güter angeboten werden, etwa beim Kauf von einem Six-
pack Bier noch Chips. Durch die digitalen Technologien (u. a. elektronische Preisschilder)
können Preise an bestimmten Tagen oder Uhrzeiten verändert werden, sodass Umsatz- und
Gewinnzuwächse erzielt werden können.

Die Digitalisierung bietet dem stationären Einzelhandel neue Entwicklungsmöglichkeiten. So
erschließen sich bisher ausschließlich stationär aktive Einzelhändler neue Vertriebswege. Vor
diesem Hintergrund ist davon auszugehen, dass sich die Nachfrage nach Einzelhandelsimmobilien in den kommenden Jahren nicht grundlegend verändern wird. Es wächst aber der
Druck auf den Einzelhandel, die verschiedenen Vertriebskanäle besser miteinander zu verzahnen (Multi- oder Omnichannel-Strategien). Eine Vielfalt von Geschäftsprozessen mit
verschiedenen Absatzwegen bis zum Kunden hat sich im Handel gebildet. Dabei ist Multich-

annel-Handel der am längsten gebräuchliche Begriff und steht für einen mehrgleisigen Vertrieb des Handels oder auch für mehrere Vertriebslinien. Die verwendeten Kanäle existieren nebeneinander, ohne jedoch miteinander zu interagieren. Beim Omnichannel, der eine Weiterentwicklung zum Multichannel-Handel darstellt, werden alle Kanäle („omni") genutzt. Von den Einzelhändlern werden vielfach eine gezielte Differenzierung und ein abgestimmtes Zusammenwirken der verschiedenen Kanäle angestrebt. Durch den Einsatz von mehreren Absatzkanälen (siehe Kasten) wird versucht, die Kunden durch Verbindung des stationären Einzelhandels mit dem E-Commerce auch wieder in die Einzelhandelsimmobilien zu binden.

Neues Einkaufsverhalten im Zeitalter der Digitalisierung
- Pure Offline: Umsatz aus dem stationären Ladengeschäft ohne Bezug zur Website.
- Click-and-Collect (Drive-in-Märkte): Der Kunde erwirbt ein Produkt im Onlinehandel und bezieht das Produkt im stationären Handel.
- Digital-in-Store: Digitale Informationssysteme werden im Ladenlokal angeboten, z. B. Produktinformationen durch Scannen der Barcodes, Bezahlung über das Handy.
- Research Offline/Purchase Online: Produkte werden im stationären Handel identifiziert und verglichen. Der Erwerb erfolgt jedoch zu meist günstigeren Preisen online.
- Research Online/Purchase Offline: Produkte werden online identifiziert und verglichen. Der Erwerb erfolgt jedoch durch den stationären Handel.
- Showrooming: Es werden nur wenige Stücke des Produktes exponiert ausgestellt und vorgeführt. Der Verkauf erfolgt üblicherweise online und die Ware wird im Nachgang versandt.
- Pure Online: Umsatz aus dem Online-Shop ohne Bezug zum Laden.

Auswirkungen auf Standorte

Bislang gab es einen stetigen Anstieg der Einzelhandelsflächen, da der Umsatz im stationären Handel absolut weiter angestiegen ist, auch wenn es schon immer einen Strukturwandel gab. Durch den E-Commerce erhöht sich der Wettbewerb zwischen Standorten und Betriebsformen. Eine Vision wird die vollautomatisierte Versorgung der Haushalte mit Waren bleiben, bei denen diese automatisch nachbestellt werden, falls zu wenige Waren vorrätig sind. Da die Lieferung direkt erfolgen wird, wären dann die klassischen Einzelhandelsimmobilien nicht mehr benötigt.

Die neuen Geschäftsmodelle haben Folgen für den Verkaufsflächenbedarf, wo sowohl ein höherer als auch geringerer Flächenbedarf entstehen kann. Durch den E-Commerce kommt es zu Veränderungen bei der **Sortimentsentwicklung**, die sich dann auch auf die einzelnen Standorte des Einzelhandels auswirken. So ist mit weiteren Rückgängen der Flächennachfrage von Buchhändlern oder den Elektrofachhändlern zu rechnen.

Aufgrund des starken Wachstums des E-Commerce werden die **Standorte** mehr oder weniger negativ betroffen sein. Die Konzentration des Handels ist dabei zwischen Städten unterschiedlicher Größe und Funktion (Metropolen/Großstädten, Klein- und Mittelstädte) und zwischen verstädtertem und ländlichem Raum unterschiedlich stark ausgeprägt. Bei den Standorten werden von den Auswirkungen die Toplagen der Innenstädte von Großstädten sowie die Shoppingcenter weniger betroffen, wobei sich aber der Mietermix verändern wird. Großstädte mit einem vielfältigen und differenzierten Handelsangebot werden auch zukünftig bedeutend sein. Dies gilt in besonderer Weise für die A-Städte und für die Innenstädte der wachsenden Großstädte. Für den Erlebniseinkauf werden weiterhin deren Innenstädte aufgesucht.

Auch Einzelhandelslagen in Groß- und Mittelstädten, die eine günstige wirtschaftliche und sozio-demografische Entwicklung aufweisen, können sich besser gegen den Onlinehandel behaupten. Städte mit einer ausgeprägten Urbanität haben gute Aussichten, auch zukünftig ein attraktiver Standort zu bleiben. Voraussetzung hierfür ist die Schaffung einer hohen Aufenthaltsqualität, d. h. emotionale Orte, die eine Marktplatzfunktion alter Prägung übernehmen. Den Kunden ist ein Mix aus klassischem Verkauf, Freizeit, Gastronomie und Dienstleistungen an einem Ort zu bieten. Durch die attraktive Lage der Läden und Showrooms gibt es ein besonderes Einkaufserlebnis. Während weniger Flächen für klassische Ladenlokale genutzt werden, gibt es eine deutlich höhere Nachfrage nach Freizeit- und Gastronomieflächen. Viele Einkaufszentren erweitern ihre Restaurant- und Freizeitflächen, um so die Verweildauer von Kunden zu verlängern. Fachmarktzentren sind ebenfalls weniger betroffen. Vorteilhaft sind weiterhin sehr gut geschnittene Geschäftshäuser in erstklassigen Lagen in größeren Städten, die eine hohe Anzahl an Verbrauchern erreichen, die Bekanntheit von Marken fördern und Einzelhändlern die Möglichkeit einer bestmöglichen Warenpräsentation bieten.

Deutlich stärker negativ werden Geschäfte in Nebenlagen und in kleineren Städten betroffen sein. Tendenziell ist die Gefahr von Leerstand in Mittelstädten größer, wobei jedoch die Ursachen nicht ausschließlich auf den Online-Handel zurückzuführen sind. Dazu gehören auch High-Street-Lagen in B-Städten mit ungünstigen sozio-demografischen und wirtschaftlichen Perspektiven, geringem Einkaufserlebnis und einem Mangel an bekannten Filialisten. Außerdem gehören zu den Verlierern zweitklassige, nicht dominante Einkaufszentren beispielsweise mit Instandhaltungsstau, einem Mangel an wichtigen Mietern (u. a. Gastronomiekonzepte) oder unzureichendem Parkplatzangebot. Für Kleinstädte werden weitere Nachfrageverluste, Leerstand und größere Probleme erwartet. Aufgrund des steigenden Wettbewerbs durch den Online-Handel und den allgemeinen Trend zur Reurbanisierung wird in Kleinstädten, die bereits heute ein oft unzureichendes Handelsangebot haben, die Nachfrage weiter abnehmen. Weitere Umsatzrückgänge im dortigen stationären Einzelhandel und eine Ausweitung der Leerstände sind die Folge.

Insgesamt wird die Segmentierung zwischen den verschiedenen Lagen durch die Digitalisierung noch stärker zunehmen. Es werden schwächer positionierte Lagen verlieren, während die Flächennachfrage neuer und den Digitalisierungserfordernissen angepasste Shopkonzepte weiter zunehmen kann.

Auswirkungen auf Gebäude und -ausstattung

Durch technische Entwicklungen sind auch die **Einzelhandelsimmobilien** selbst zu optimieren. Einige Einzelhandelsimmobilien, insbesondere große Shoppingcenter, verfügen bereits über WLAN innerhalb des Gebäudes, welches von den Kunden kostenlos genutzt werden kann. Dadurch kann der Kommunikationsprozess mit den Kunden verändert werden. Dies soll einerseits die Attraktivität der Einzelhandelsimmobile für potenzielle Kunden steigern, andererseits können durch die WLAN-Signale das Verhalten der Kunden innerhalb der Einzelhandelsimmobilie analysiert werden. So kann die Warenanordnung optimiert werden. Eine weitere technische Optimierung von Einzelhandelsimmobilien stellt die Entwicklung und Verbreitung von mobilen Applikationen („Apps") dar, die das Einkaufserlebnis von Kunden optimieren sollen. So können sich Kunden die Shopping-Apps der Einzelhändler herunterladen und werden so informiert.

Technische Innovationen wie Internet of Things oder Augmented Reality können einen Mehrwert beim Einkaufen generieren. Mithilfe dieser Technologien können die Kunden während des Einkaufsprozesses mit personalisierten Angeboten versorgt werden. Die Verbreitung von AR-Technologien wird es dem Einzelhandel ermöglichen, die Fußgängerzonen der Innenstädte etwa durch interaktive Video Walls und Connected Devices (angeschlossene Geräte) in Kommunikations- und damit Verkaufsfläche zu verändern, wobei auch eine individualisierte Kundenansprache möglich wird. Weiterhin beginnen Einzelhändler damit, Selbstbedienungskassen aufzustellen. Bei diesen automatisierten Bezahlvorgängen scannt der Kunde an diesen Kassen seine Produkte selbst ein und kann dann bargeldlos bezahlen.

4.6.5 Digitalisierung und Wohnungsmarkt

Die Digitalisierung wird den Wohnungsmarkt deutlich verändern, was sich insbesondere bei den Unternehmen und den Gebäuden einschließlich der Wohnungen zeigen wird. Jedoch bleibt das Bedürfnis nach Wohnen und Wohnungen bestehen, sodass sich die Nutzungsform als solche nicht ändert.

Auswirkungen auf Geschäftsmodelle

Ein wichtiges Feld der digitalen Geschäftsmodelle im Bereich der Wohnimmobilien lässt sich unter dem Begriff des **intelligenten Wohnens** zusammenfassen. Es gibt bereits viele mögliche Technologien, die hierbei genutzt werden können. Eines dieser Geschäftsmodelle sind Smart-Konzepte (siehe Kapitel 4.6.5). Weitere Geschäftsmodelle sind Online-Mieterportale, die ihre Dienstleistungen in Form von automatisierten Prozessen anbieten und notwendige Informationen zur Verfügung stellen oder Portale zum Chat zwischen Mietern und Vermietern anbieten. Im Zuge der Digitalisierung sind verschiedene mobile Formen der Wohnungsvermittlung entstanden. Dazu gehören u. a. Makler-Apps, Auktionsplattformen und Datenbanken für Wohnungssuchende. Bislang sind die neuen, digitalbasierten Geschäftsmodelle dann rentabel, wenn sie eher auf klassischen Businessansätzen aufbauen.

Durch die systematische Auswertung der gewonnenen Daten mithilfe von Data Science erzielen die Wohnungsunternehmen neue Erkenntnisse über ihre Kunden sowie deren Verhalten und Bedürfnisse. Dieses Wissen kann genutzt werden, um bestehende Dienstleistungen zu verbessern und neue zu entwickeln. Es bildet so die Basis für neue Geschäftsmodelle, die der veränderten Anspruchshaltung der Kunden gerecht werden.

Auswirkungen auf Geschäftsprozesse: Wohnungsunternehmen

Der Megatrend Digitalisierung wird in den Wohnungsunternehmen vor allem die Arbeitsprozesse verändern. Die Digitalisierung ermöglicht optimale Datenaufbereitung und Arbeitsabläufe im Unternehmen bzw. über mobile Endgeräte vor Ort. Arbeitsinhalte und -abläufe sowie Arbeitsweisen in Wohnungsunternehmen werden sich mit zunehmender Digitalisierung in den kommenden Jahren weiter verändern. Immer mehr werden die Informations- und Kommunikationstechnologien zur Steuerung von Arbeitsprozessen, zum Speichern und Strukturieren von Informationen sowie zur Unternehmensplanung und -steuerung eingesetzt. Damit wird es den Unternehmen möglich sein, schneller und effizienter und damit der wachsenden Komplexität der zukünftigen Aufgaben im Wohnungsunternehmen gerecht zu werden.

Innerhalb der Wertschöpfungskette „Wohnung" existiert eine Vielzahl von Prozessen, die digitalisierbar sind. Dies beginnt bei Planung und Bau der Wohnungen und Gebäude selbst (BIM, siehe Kapitel 4.6.1). Das Kerngeschäft, Betrieb und Verwaltung der Wohnungen, unterliegt der Digitalisierung außerdem seit langem. Entsprechende Verwaltungs-, Buchhaltungs- oder Prozessplanungsprogramme werden eingesetzt. Eine weitere Möglichkeit stellen elektronische Vermietungssteckbriefe dar, die neben Informationen zu den Gebäuden bzw. Wohnungen auch solche zu den Mietverhältnissen mit Mieten, Mietdauer und Fluktuation beinhalten können.

Web-basierte Hausverwaltungen werden versuchen, die Digitalisierung mit der Verbrauchserfassung zu verzahnen. Durch fernablesbare Zähler von Heizung bis Wasser könnten die jährlichen Ablesevorgänge wegfallen. Inwieweit andere Nebenkostenpositionen (Müllgebühren, Kabelfernsehen) ebenfalls demnächst dank „smarter" Erfassung nutzungsabhängig abgerechnet werden, dürfte von den erzielbaren Einsparungen bei den Nebenkosten abhängig sein.

Größere Veränderungen ergeben sich auch im Bereich der Vermarktung von Immobilien. Die Digitalisierung der Vermarktung – von der Kontaktanbahnung bis zu Verkauf und Vermietung – ist bereits heute weiter fortgeschritten. Die ausschließliche Vermittlung von Wohnungen ist heute offline eher die Ausnahme, sondern wird wesentlich durch Immobilienportale bestimmt. Die Wohnungsunternehmen können diese Vertriebswege auch für ihre Wohnungen nutzen.

Eine besondere Herausforderung werden die zu verarbeitenden Daten sein, wozu **Data Science** Lösungen in Form etwa von Smart Data liefern kann. Daten, die auch in der Gebäudenutzung und -instandhaltung anfallen, sind beispielsweise Energieverbrauchsdaten. Intelligente Produkte und Anwendungen in Wohnungen produzieren auch große Mengen an Daten. Diese Datenmengen werden zwar bisher gesammelt, jedoch nicht zwingend digital erfasst und in der Regel auch nicht strukturiert abgelegt. Eine systematische Auswertung (Data Science) erfolgt häufig nicht; nur selten werden die Daten aufbereitet und genutzt. Daten können mithilfe digitaler Prozesse schneller aufbereitet und über mobile Endgeräte dort verfügbar gemacht werden, wo sie gebraucht werden. Damit können die Arbeitsprozesse, von der Neuvermietung bis zur systematischen Prüfung der Verkehrssicherheit, schneller und zuverlässiger gemacht werden.

Die Digitalisierung ermöglicht eine verbesserte **Kommunikation** sowohl mit den Kunden als auch mit den Geschäftspartnern. Die Kommunikation mit den Kunden kann immer mehr IT-gestützt abgewickelt werden, dann auch unabhängig von der Tageszeit. Damit wird den steigenden Ansprüchen von Mietern an Zuverlässigkeit, Auskunftsfähigkeit und Bearbeitungsgeschwindigkeit Rechnung getragen. So können den Kunden über Mieterportale relevante Informationen vermittelt und ihre Wünsche entgegengenommen werden. Weiterhin erleichtern diese Systeme die Organisation und Zusammenarbeit mit externen Dienstleistern. Abrechnungen können per elektronischer Rechnungsstellung schneller geprüft und eindeutig zugeordnet werden. Betriebsintern können Aufgaben in projektspezifische Teams übergehen, wobei den Mitarbeitern eine höhere Eigenverantwortung eingeräumt wird. Eine Voraussetzung hierfür ist aber, dass die Kommunikationssysteme für unterschiedliche Anspruchsgruppen integrierbar sind, um reibungslose Kommunikationsflüsse intern wie extern sicherzustellen.

Auswirkungen auf Standorte

Aufgrund der Digitalisierung kann es zu einer Verschiebung der **Standortpräferenzen** bei Wohnimmobilien kommen. Durch Homeoffice haben Arbeitnehmer die Möglichkeit, weniger Zeit im Unternehmen präsent zu sein. Dadurch könnte sich der Trend zum Wohnen im Umland von Ballungsräumen verstärken, was erschwingliche Eigenheime aufgrund niedrigerer Grundstückspreise in der Peripherie der Großstädte interessanter macht. Auch weiter entfernte Gegenden mit hohem Freizeitwert dürften an Attraktivität gewinnen.

Homeoffice bietet weiterhin Chancen für qualifizierte Arbeitskräfte in strukturschwachen Gebieten und kann deren Abwanderung eventuell hemmen. Notwendige Voraussetzung hierfür ist aber eine gute Internetverbindung am peripheren Wohnort. Die Auswirkungen auf die Wohnungsnachfrage insgesamt und damit auch in den Städten werden sich aufgrund der Digitalisierung aber, wenn überhaupt, nur langsam und in geringem Umfang verändern.

Auswirkungen auf Gebäude und -ausstattung

Die Steuerung und Kontrolle von Anlagen in Wohnimmobilien wird durch Digitalisierung in Form der **Smart Home-Technologien**, auch als Intelligentes Wohnen bezeichnet, deutlicher verändert werden. Intelligentes Wohnen dient oftmals als Oberbegriff für technische Veränderungen, auch wenn unterschiedliche Begriffe und Bezeichnungen (z. B. von Unternehmen) verwendet werden. Diese Technologien umfassen Steuerungsprozesse, die innerhalb eines Gebäudes oder Raumes in eine Maschine-zu-Maschine-Kommunikation übernommen und damit automatisiert werden.

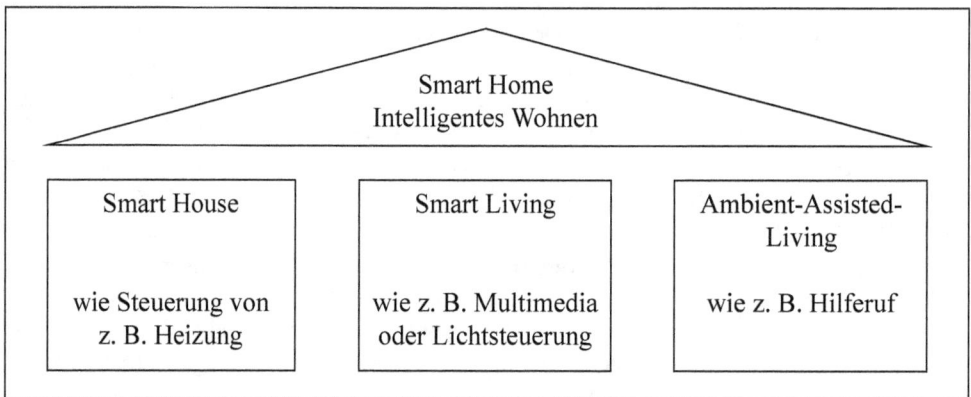

Abb. 4.23:   Intelligentes Wohnen; Quelle: eigene Darstellung.

Die Smart Home-Technologien können in Smart House-, Smart Living- und Ambient-Assisted Living-Systeme unterschieden werden, auch wenn die Abgrenzungen fließend sind. Im Rahmen von Smart House-Lösungen erfolgt mithilfe von Systemen und Verfahren die Vernetzung von Haustechnik und Haushaltsgeräten. Die Digitalisierung soll in den Gebäuden Sicherheit und Ressourceneffizienz schaffen. Digitale Anwendungsbereiche betreffen vor allem Sicherheitsaspekte und die Versorgung. Zur Steuerung kann auch ein Smartphone oder Tablet-PC verwendet werden, welcher mit den entsprechenden Apps ausgerüstet werden kann.

Bei Smart Houses ist im Bereich der Stromnutzung ein Geschäftsmodell entstanden, das sogenannte Smart Grid. Es handelt sich dabei um elektronische Messeinrichtungen, die kommunikationsfähig sind. Dies ermöglicht es dem Nutzer, die einzelnen Stromflüsse im Haus mithilfe einer App zu kontrollieren. Smart Meter – intelligente Zähler – werden dabei eingesetzt, um z. B. den Energieverbrauch sowie die Energiezufuhr zu messen und gezielt zu steuern. Dabei stellen sie die Schnittstelle zwischen Smart Houses und Smart Grids dar. Damit ist eine einfachere Erfassung der Verbräuche möglich. Für den Verbraucher wird die Transparenz erhöht und er kann seine Nachfrage an den jeweils aktuellen Bedarf anpassen. Dies erfordert jedoch vom Bewohner ein entsprechendes Engagement.

Durch die neuen Technologien sind Veränderungen in Form des **Smart Living** zu erwarten, wodurch sich die Anforderungen an die Wohnungsausstattung deutlicher verändern werden. Mehr Lebens- und Wohnqualität soll durch diese Technologien z. B: bei der Belichtung und Beschattung erreicht werden. Der Einsatz von Multimedia oder Lichtsteuerung in der Wohnung wird weiter zunehmen. So lassen sich die Heizung und das Raumklima über das Internet steuern. Einige Systeme drosseln selbstständig die Heizung, wenn ein Fenster geöffnet wird. Sie erkennen, dass ein Bewohner einen Raum betritt und schalten das Licht ein. Diese Systeme sollen zu mehr Lebens- und Wohnqualität führen.

Dies betrifft vor allem die Vernetzung der Geräte über W-LAN, z. B. über Smart TV. Auch für die Nutzung der Wohnung als Einkaufsort per Internet müssen die technischen Voraussetzungen gegeben sein. Diese sind vielfach nicht die Aufgabe der Wohnungsanbieter, sondern entsprechen den Bedürfnissen der Wohnungsnutzer und sind daher auch von ihnen zu bezahlen. Gleichzeitig erhöhen sich aber die Vermietungschancen, wenn der Vermieter diesen Service anbietet.

In Verbindung mit der demografischen Entwicklung besteht ein großes Potenzial für Smart Home in der Form von **Ambient-Assisted-Living-Systemen**. Intelligente Informations- und Kommunikationstechnologien können zur Erhöhung des Komforts, der Sicherheit sowie der Gesundheit beitragen und damit ältere oder benachteiligte Menschen im Alltag unterstützen. Sie ermöglichen es älteren Menschen länger in ihren bisherigen Wohnungen zu leben.

Dabei haben die Assistenzsysteme neben den beschriebenen Smart House-Anwendungen unterschiedlichste Funktionen. Im Bereich der Telemedizin können beispielsweise die Vitalwerte und die Medikamenteneinnahme überwacht werden. Ebenso kann die Alltagsorganisation durch eine Terminverwaltung unterstützt oder die Kommunikation mit anderen Personen oder sozialen Netzwerken erleichtert werden. Spezielle Sensortechnik kann eingesetzt werden, um beispielsweise den Sturz einer Person zu erkennen und deren Aufenthaltsort zu ermitteln oder einfach den Herd abzuschalten, falls dies vergessen wurde.

Der Trend zum **dezentralen Arbeiten** hat auch unmittelbare Auswirkungen auf die Wohnimmobilien und ihre Ausstattung. Bei der Planung von Wohnungen sind der Raumbedarf und die technischen Voraussetzungen für Homeoffice zu berücksichtigen. Nicht jede Wohnung hat ausreichend Zimmer, um eine geeignete Arbeitsfläche einrichten zu können. Die Wohnungen müssen weiterhin so gestaltet werden, dass sie den gesetzlichen Regelungen und Arbeitssicherheitsstandards entsprechen und damit eine Arbeit im Homeoffice ermöglichen. Angesichts des höheren Platzbedarfs ist aufgrund des Trends zu Homeoffice langfristig mit einem Anstieg der Wohnfläche zu rechnen. Dieses ist bereits bei den Grundrissen der Wohnungen zu beachten, gefordert sind nutzungsoffene, innovative und möglichst reversible Konzepte und Pläne. Fest vorgegeben werden dabei nur die tragenden Strukturen, während die Grundrisse relativ flexibel angepasst werden können.

Beurteilung

Smart Home-Technologien und Intelligentes Wohnen werden zu Veränderungen des Wohnens und der Wohnungen führen. Mit fortschreitender technologischer Entwicklung ist langfristig davon auszugehen, dass zum einen die Systeme selbst weniger kosten werden, zum anderen aber auch die Ansprüche und Zahlungsbereitschaft für entsprechend ausgestattete Immobilien bei Mietern und Käufern von Wohnimmobilien zunehmen werden. Die technische Ausstattung von Wohnimmobilien wird zu einem gewichtigeren Faktor bei deren Vermarktung werden. Die standort- und marktrelevanten Einflussfaktoren werden allerdings grundlegend ihre entscheidende Bedeutung behalten.

Einschränkende Faktoren sind zum einen, dass die Immobilien für diese neuen Technologien geeignet sein müssen. Bei der Planung von Neubauten ist dies vergleichsweise einfach zu berücksichtigen. Eine Nachrüstung von Bestandsimmobilien ist allerdings häufig mit hohem Aufwand und Investitionskosten verbunden. Weiterhin muss bei den Bewohnern eine hohe technische Akzeptanz vorhanden sein, um diesen technologischen Wandel umzusetzen. Zum anderen ist die wirtschaftliche Effizienz zu beachten, denn nicht alles, was technisch machbar ist, ist für den Nutzer auch ökonomisch sinnvoll. Für den Investor (Wohnungsunternehmen oder Mieter) muss eine Investition wirtschaftlich sein und die Nutzer müssen eine deutliche Aufwertung ihrer Lebensqualität erfahren. Schließlich ist auch das Thema Datenschutz zu beachten, das bei einigen potenziellen Nutzern zur Zurückhaltung führen kann. Insgesamt ist die Digitalisierung bei Wohnimmobilien seit langem gegeben und viele Beteiligten passen sich daran an. Die Digitalisierung gleicht damit eher einer technologischen Evolution als einer Revolution.

4.7   Nachhaltigkeit

Die Anforderungen der Nachhaltigkeit an die Immobilienwirtschaft sind mehr als nur Green Building oder Zertifizierung. Die Immobilienbranche als ein großer Wirtschaftszweig hat eine besondere Bedeutung für das Ziel einer nachhaltigen Gesellschaft. Die OECD verweist darauf, dass durch die Errichtung, die Nutzung und den Abriss von Gebäuden und baulichen Anlagen ungefähr bis zu 40 % des Energieverbrauchs, ca. 30 % der Rohmaterialnutzung und ca. 40 % der Treibhausgasemissionen sowie bis zu 30 % der Abfallproduktion entstehen. Eine nachhaltige Entwicklung des Immobiliensektors betrifft somit sowohl die Unternehmen und Beschäftigten der Immobilienwirtschaft als auch die von der Immobilienwirtschaft erstellten und genutzten Immobilien selbst.

Definition und Abgrenzungen

Es gibt keine einheitliche Definition von Nachhaltigkeit, sondern sehr unterschiedliche Auffassungen. Die für das heutige Verständnis grundlegende Definition von Nachhaltigkeit („nachhaltige Entwicklung (Sustainable Development)") findet sich im Abschlussbericht der

UN-Kommission für Umwelt und Entwicklung, dem **Brundtland-Bericht** aus dem Jahr 1987. In diesem heißt es: „Die Menschheit ist einer nachhaltigen Entwicklung fähig – sie kann gewährleisten, dass die Bedürfnisse der Gegenwart befriedigt werden, ohne die Möglichkeiten künftiger Generationen zur Befriedigung eigener Bedürfnisse zu beeinträchtigen." Damit kommt jeder Generation die Verantwortung zu, nachfolgenden Generationen die gleichen Möglichkeiten zur Bedürfnisbefriedigung zu hinterlassen, welche sie selbst vorgefunden hat.

Bei der Erfüllung dieser Bedürfnisse wird zwischen der intra- und der intergenerativen Gerechtigkeit unterschieden. Unter der **intragenerativen Gerechtigkeit** wird verstanden, dass jeder Mensch in einer Generation das Anrecht hat, seinen Bedürfnissen nachkommen zu können. Dies betrifft z. B. die Gerechtigkeit innerhalb eines Landes oder zwischen Industrie- und Entwicklungsländern. Die **intergenerative Gerechtigkeit** zielt auf die Beziehung und die Abhängigkeit zwischen der heutigen und den nachfolgenden Generationen ab. Diese entspricht einer Form des Generationenvertrages z. B. über den Umgang mit Ressourcen. Somit erfordert Nachhaltigkeit einerseits den Ausgleich zwischen den Bedürfnissen heutiger und zukünftiger Generationen und andererseits innerhalb der heutigen Generation (vgl. Vornholz, 1993).

Dimensionen der Nachhaltigkeit

Bei einer weitergehenden Abgrenzung werden verschiedene Dimensionen der Nachhaltigkeit spezifiziert. Die Nachhaltigkeit umfasst die **drei Säulen Ökologie, Ökonomie und Gesellschaft**, wobei alle drei Dimensionen (Säulen) gleichwertig nebeneinander stehen und zudem eng miteinander verflochten sind (siehe Abbildung 4.21). Dieses Konzept stammt von der Enquetekommission des Deutschen Bundestages mit ihrem Bericht „Schutz des Menschen und der Umwelt", der diesem Ansatz zu internationaler Geltung verhalf. Nachhaltiges Handeln bedeutet, dass die Wirkungen auf die Umwelt mindestens gleichberechtigt mit sozialen und wirtschaftlichen Aspekten behandelt werden sollen. Entscheidungen sind derart zu treffen, dass gegenwärtige und nachfolgende Generationen intakte ökologische, soziale und ökonomische Strukturen haben.

```
┌─────────────────────────────────────────────────────────────────┐
│         ╭─────────────────────────────────────────────╮           │
│         │    Nachhaltigkeit/Sustainable Development     │           │
│         ╰─────────────────────────────────────────────╯           │
│                                                                     │
│   ╭───────────────────────────────╮ ╭───────────────────────────╮ │
│   │   Intragenerative Gerechtigkeit│ │ Intergenerative Gerechtigkeit│
│   │ Verantwortung der reichen für  │ │ Verantwortung der heutigen │ │
│   │    ärmere Staaten und Menschen │ │  für die zukünftigen       │ │
│   │                                │ │     Generationen           │ │
│   ╰───────────────────────────────╯ ╰───────────────────────────╯ │
│                                                                     │
│  ╭──────────────────╮ ╭──────────────────╮ ╭────────────────────╮ │
│  │ Ökonomische      │ │ Ökologische      │ │  Soziale Dimension │ │
│  │ Dimension        │ │ Dimension        │ │ Verteilung bei     │ │
│  │ Wachstum         │ │ Umwelt- und      │ │ Einkommen          │ │
│  │ Wertstabilität   │ │ Energieverbrauch │ │ und Vermögen       │ │
│  │                  │ │ Emissionen       │ │ Gesellschaftliche  │ │
│  │                  │ │                  │ │ Ziele              │ │
│  ╰──────────────────╯ ╰──────────────────╯ ╰────────────────────╯ │
└─────────────────────────────────────────────────────────────────┘
```

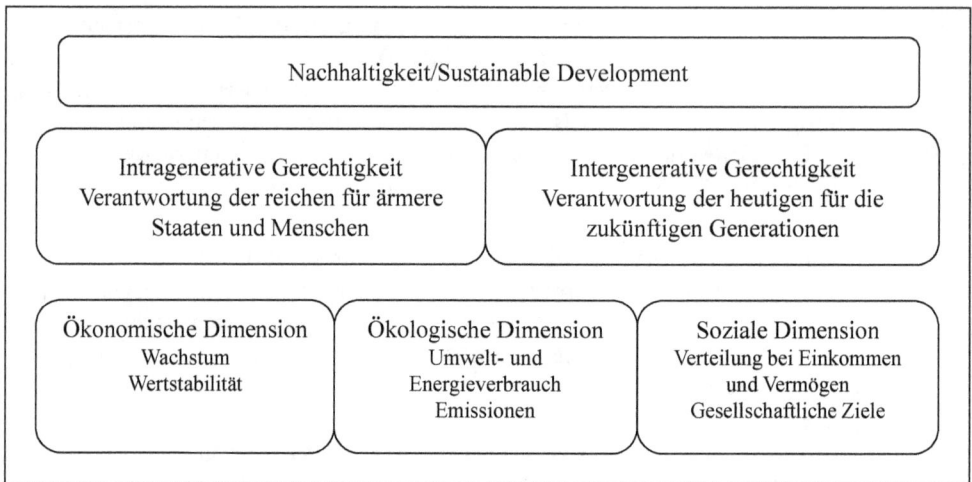

Abb. 4.24:   Dimensionen der Nachhaltigkeit; Quelle: eigene Darstellung.

Entsprechend der drei Dimensionen der Nachhaltigkeit hat sich die Immobilienwirtschaft ihrer Verantwortung zu stellen und ihre bisherigen Strategien und Lösungsansätze zu überdenken. Die Anforderungen an die Immobilien und deren Qualitäten müssen grundlegend verändert werden.

Die **ökologische Nachhaltigkeit** verfolgt das Ziel, nachfolgenden Generationen Natur und Umwelt bestmöglich zu erhalten. Um den kommenden Generationen eine Lebens- und Wirtschaftsgrundlage bieten zu können, muss die Natur erhalten bleiben. Dazu bedarf es für den Schutz der Erdatmosphäre der Begrenzung der Klimaerwärmung. Neben dem Ziel der Erhaltung der Arten- und Landschaftsvielfalt sollen erneuerbare und nicht erneuerbare Ressourcen nachhaltig genutzt werden. Für die Immobilienwirtschaft bedeutet dies, dass der Einsatz nicht-erneuerbarer Ressourcen minimiert und erneuerbare Ressourcen nur in begrenztem Umfang genutzt werden sollen. Abfälle sollen vermieden und beim Bau und bei der Nutzung sollen umweltschonende und recycelbare Materialien verwendet werden. Energieeffiziente und umweltfreundliche Gebäude sind zu bauen und bestehende zu modernisieren.

Die **ökonomische Nachhaltigkeit** erfordert eine dauerhaft tragfähige Wirtschaftsweise, die insbesondere Folgen für die Nutzung natürlicher Ressourcen durch eine Generation hat. Neben der Gewährleistung der Grundversorgung mit nachhaltigen Produkten soll gesamtwirtschaftliche Stabilität erreicht werden. Dazu gehört auch eine verstärkte Entwicklungszusammenarbeit. Die ökonomische Dimension der Nachhaltigkeit beschäftigt sich mit der Wirtschaftlichkeit einer Immobilie über den gesamten Lebenszyklus. Angestrebt werden sollen niedrige Lebenszykluskosten und eine hohe Flächeneffizienz, um die Werte der Immobilien stabil zu halten. Dies führt auch dazu, dass nachhaltige Immobilien höhere Mieten und Preise erzielen können.

Die **soziale bzw. gesellschaftliche Nachhaltigkeit** zielt auf die Entwicklung einer dauerhaft lebenswerten Gesellschaft, in welcher die Menschenrechte geachtet werden und soziale Gerechtigkeit ein hohes Gut darstellt. Zu den sozialen Zielen der Nachhaltigkeit gehören eine partizipative Demokratie und Rechtsstaatlichkeit in allen Lebensbereichen sowie die Vermeidung von Armut und das Streben nach sozialer Sicherheit. Die Immobilien sollen dazu

beitragen, dass sich die Menschen sowohl in der Arbeitswelt als auch in ihren Häusern wohl-
fühlen.

4.7.1   Nachhaltigkeit und Immobilienwirtschaft

Die drei Dimensionen der Nachhaltigkeit erstrecken sich auch auf die Immobilienwirtschaft.
Dabei geht es nicht allein darum, die Energieeffizienz während der Nutzung von Immobilien
zu optimieren. Der gesamte Lebenszyklus einer Immobilie soll nachhaltig sein: von der Herstellung der verwendeten Baustoffe über den Bau selbst und die Nutzung bis hin zur Entsorgung.

Tab. 4.25:   Drei Dimensionen der Nachhaltigkeit im Lebenszyklus von Immobilien; Quelle: eigene Darstellung

Lebenszyklusphasen	Ökonomische Dimension	Ökologische Dimension	Soziale Dimension
Projektentwicklung	Kostensparendes Bauen und Planen	Ökologisches Bauen	Bedarfsgerechte Wohnraumversorgung durch Neubau
Nutzung	Gebäudemanagement	Ressourcen- und Umweltmanagement	Soziales Management
Verwertung: Umnutzung oder Abriss	Umnutzungs- und Abrissmanagement	Ökologisches Recycling	Partizipation bei Verwertung

Nachhaltigkeit bezieht sich auf **alle Stufen** des Produktlebenszyklus einer Immobilie. Dies
beginnt bei der Planung und Errichtung des Gebäudes und endet erst mit der Verwertung
einschließlich der Entsorgungskoordination. Besonders während der langjährigen Nutzung
der Immobilie wird auf Nachhaltigkeitsaspekte geachtet.

Nachhaltige Immobilienunternehmen

Das Problembewusstsein für eine nachhaltige Entwicklung ist in den vergangenen Jahren bei
allen Beteiligten gestiegen. Auf Unternehmensseite belegen dies unterschiedlichste Leitbild-
vorgaben, in denen das Konzept der **Corporate Social Responsibility (CSR)** in der Strategie der Immobilienunternehmen fester Bestandteil geworden ist. Es bedeutet für ein Unternehmen, auf freiwilliger Basis gesellschaftliche Verantwortung zu übernehmen. Das freiwil-
lige Engagement eines Unternehmens, seine Aktivitäten über die gesetzlichen Vorgaben
hinaus sozial und umweltgerecht (also nachhaltig) auszurichten, wird als Corporate Social
Responsibility bezeichnet. Für die Unternehmen der Immobilienwirtschaft ist Nachhaltigkeit
bzw. CSR zunächst eine allgemeine gesellschaftliche Herausforderung. Jedes einzelne Unternehmen muss sich dieser Aufgabe als Verpflichtung bewusst sein. Nachhaltiges Handeln
ist nicht nur eine einseitige Fokussierung auf ökologische Aspekte, sondern dazu gehören
auch die ökonomische Nachhaltigkeit und die gesellschaftliche Verantwortung. Die Unternehmen der Immobilienwirtschaft handeln dabei gemäß einer ihnen entsprechenden CSR.

Die Immobilienwirtschaft umfasst eine Vielzahl von Unternehmen in ganz unterschiedlichen
Teilbranchen. Daraus resultieren dann auch unterschiedliche Nachhaltigkeitsansprüche ge-

sellschaftlicher Gruppen an diese Unternehmen, da auch deren ökologisches, soziales und ökonomisches Handeln anders ist. Die zentrale Bezugsgröße für die unternehmerischen Tätigkeiten der Immobilienwirtschaft ist die Immobilie. Entlang des Lebenszyklus einer Immobilie gibt es eine Fülle von Aufgaben, die aggregiert die Vielfalt der Geschäftsprozesse in der Branche ausmachen. Der Zentrale Immobilien Ausschuss (ZIA) hat in seinem Nachhaltigkeitskodex für die Immobilienwirtschaft dieser Heterogenität der Branche Rechnung getragen. So hat der ZIA Selbstverpflichtungen sowohl für alle Unternehmen der Branche als auch clusterspezifische, zusätzliche Ergänzungen für die verschiedenen Gruppen der Immobilienwirtschaft herausgegeben (siehe Kasten). Die Unternehmen, die sich diesem Nachhaltigkeitskodex verpflichten, unterschreiben diese Grundsätze.

ZIA-Nachhaltigkeitskodex für die Immobilienwirtschaft
- Wir sehen unsere gesellschaftliche Verantwortung und nehmen diese an!
- Das Prinzip Nachhaltigkeit prägt unsere Werte und unser Verhalten!
- Unsere Ziele sind nicht eindimensional, sondern orientieren sich an nachhaltigen Grundsätzen!
- Unsere Produkte, Leistungen und Geschäftsbeziehungen basieren auf nachhaltigen Prinzipien!
- Mitarbeiterauswahl, -entwicklung, -fortbildung und -führung bilden die Grundlage nachhaltigen Handels!
- Wir beziehen unsere Stakeholder aktiv bei der Suche und Implementierung nachhaltiger Lösungen ein!
- Wir handeln nach hohen Compliance-Anforderungen und streben kontinuierliche Verbesserungen an!
- Wir veröffentlichen unsere Ziele, Maßnahmen, Aktivitäten und Fortschritte in Nachhaltigkeitsberichten!
- Wir leben Transparenz vor und unterstützen Aktivitäten der Nachhaltigkeitsmessung!
- Wir leben nachhaltige Unternehmensführung vor und ermutigen andere, dasselbe zu tun!

Quelle: ZIA, 2011, S. 16

Kernelement des Nachhaltigkeitskodex der Immobilienwirtschaft ist die Verpflichtung zur Erstellung eines Nachhaltigkeitsberichtes, der die Grundlage für eine nachprüfbare Messung der Unternehmensaktivitäten bezüglich der Nachhaltigkeit bildet. Wie die Nachhaltigkeit jeweils konkret in einem Unternehmen der Immobilienwirtschaft umgesetzt wird, hängt vom Einzelfall ab.

Noch sind die Unternehmen der Immobilienwirtschaft nicht im Sinne der Nachhaltigkeit aufgestellt – wenige Ausnahmen bestätigen die Regel. Die Chancen sind klar: nachhaltige Unternehmen gewinnen Glaubwürdigkeit, positionieren sich erfolgreich im Wettbewerb, haben gute Argumente für den Absatz ihrer Produkte und erhöhen ihre Attraktivität beim Werben um qualifiziertes Personal. Glaubwürdigkeit ist aber auch gleichzeitig die Gefahr. Bei Greenwashing als grüner Etikettenschwindel geht es eben nicht um den verantwortungsbewussten Umgang mit Nachhaltigkeit, sondern nur darum, sich aus PR-Gründen ein „grünes Mäntelchen" umzuhängen.

Nachhaltige Immobilien/Green Buildings

Immobilien besitzen ein besonderes Potenzial, um einen Beitrag zu einer nachhaltigen Zukunft zu leisten. Sie können wesentlich zur Reduzierung von CO_2-Emissionen sowie von Ressourcen und Energien beitragen. Zur Kennzeichnung von Immobilien, die sich durch ihre Nachhaltigkeit auszeichnen, wurde der Begriff Green Building eingeführt. Dabei gibt es aber auch nachhaltige Immobilien, die nicht zertifiziert werden (siehe Abbildung 4.26). Als **Green Building** wird eine Immobilie bezeichnet, deren Ressourceneffizienz verbessert wurde und gleichzeitig die Umweltbelastung und schädliche Auswirkungen auf den Menschen reduziert worden sind.

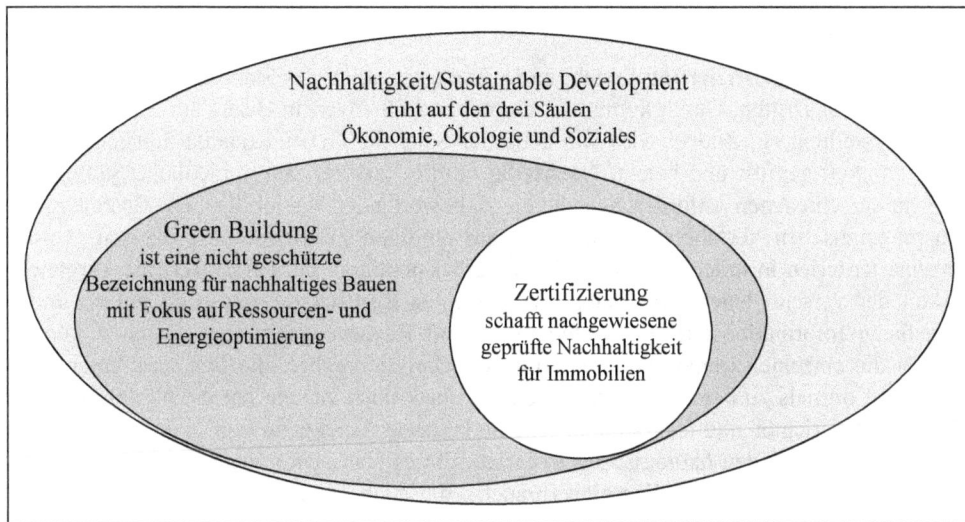

Abb. 4.26:   Nachhaltigkeit ist mehr als Green Building; Quelle: eigene Darstellung.

Um die Nachhaltigkeit von Immobilien zu beurteilen, sind mit den Zertifikaten spezifische Bewertungssysteme eingeführt worden. Grundsätzliches Ziel aller Zertifizierungssysteme ist es, über individuell festgelegte Kriterien die Auswirkungen der Immobilie auf ihre ökonomische, soziale und ökologische Umwelt zu bewerten und messbar zu machen. Auf dieser Basis werden über geeignete Indikatoren Anforderungen an die Gebäude und deren Umfeld gestellt. Diese Anforderungen sollen höher sein, als dies der übliche Stand der Technik und des Bauens ist. Einen international einheitlichen Standard gibt es jedoch bislang nicht. Vielmehr gibt es verschiedene Zertifizierungssysteme, was zu einer erschwerten Vergleichbarkeit der bewerteten Objekte führt. Zugleich können auch Immobilien ohne ein solches Nachhaltigkeitszertifikat den Anforderungen genügen.

Das **deutsche Zertifikat** wurde von der Deutschen Gesellschaft für nachhaltiges Bauen (DGNB) und dem Bundesministerium für Verkehr, Bau und Stadtentwicklung entwickelt. Das Gütesiegel wird seit 2008 vergeben und basiert auf 48 Kriterien, denen sechs Themenfelder zugeordnet sind. Davon kennzeichnen fünf Themenfelder mit insgesamt 42 Kriterien die Gebäude- und Prozessqualität, die sich zusammensetzt aus der ökologischen, ökonomischen, soziokulturellen und funktionellen, technischen sowie Prozessqualität. Sechs weitere

Kriterien beurteilen die Standortqualität, die separat bewertet wird. Das Zertifikat wird in den drei Stufen Gold, Silber und Bronze verliehen.

Damit handelt es sich bei dem deutschen Zertifikat um ein sehr umfassendes, welches versucht, alle Dimensionen der Nachhaltigkeit in die Bewertung zu integrieren. Dies geht allerdings erstens zu Lasten der Transparenz, da eine vergleichsweise hohe Informationsdichte in die Bewertung eingeht, und zweitens wird der Zertifizierungsprozess dadurch relativ aufwendig. Während die besonderen Anforderungen an die Qualität und Prozesse bei Neubauprojekten Standard werden, sind diese im Bestand schwieriger umzusetzen. Daher hat die DGNB 2011 eine eigene Systematik dafür entwickelt. In einem zweistufigen Prozess führt der Eigentümer zunächst eine Bestandsanalyse durch, um sich einen Überblick zu verschaffen und Optimierungspotenzial zu identifizieren. Danach wird bei Bedarf eine Zertifizierung durchgeführt.

Der **Vorteil der Zertifizierung** besteht in der Dokumentation des Standards der Nachhaltigkeit gegenüber Dritten. Damit kommt ihr ein hoher Stellenwert in Bezug auf Marketing und Außendarstellung zu. Zudem wird von neutraler Seite die Gebäudequalität hinsichtlich der Nachhaltigkeit geprüft und belegt. **Nachteilig** ist die Existenz unterschiedlicher Gütesiegel mit sehr verschiedenen Anforderungen an die zu bewertenden Immobilien. Die Spanne reicht von pragmatischen Verfahren bis zu relativ aufwendigen Zertifizierungsprozessen, welche einzelne Kriterien in unterschiedlicher Tiefe berücksichtigen. Dies erschwert die Vergleichbarkeit der verschiedenen Zertifikate. Die einzelnen Zertifizierungssysteme nutzen unterschiedliche Informationsquellen, Systematiken und Bewertungskriterien. Dadurch können sich für die einzelnen Immobilien Bewertungsergebnisse ergeben, die sich stark unterscheiden. Es ist oftmals zu bemängeln, dass die Zertifikate noch zu sehr auf die ökologische Dimension ausgerichtet sind und ökonomische und soziale Aspekte zu sehr in den Hintergrund geraten. Gerade bei den ökologischen Kriterien gibt es aber schon viele immobilienspezifische Kennzahlen (etwa zum Energieverbrauch), die auch ohne ein Zertifikat erhoben und bewertet werden.

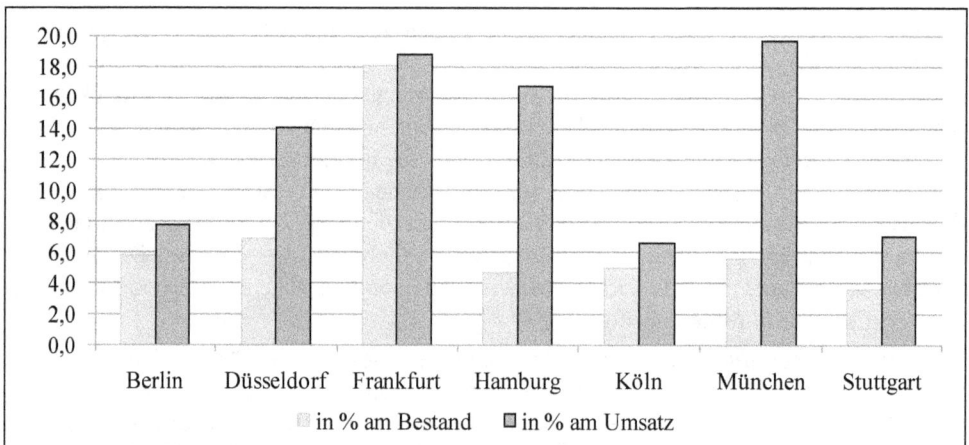

Abb. 4.27:   Anteil als nachhaltig zertifizierter Gebäude in den A-Städten; Quelle: Jones Lang LaSalle, Cesar, Sept. 2016, verfügbar unter: http://www.jll.de/germany/de-de/Research/CESAR-Germany-JLL.pdf, abgerufen am 22.06.2017, eigene Darstellung.

Die Zahl der zertifizierten Objekte hat weiter zugenommen. Ende 2015 konnten fast 1.250 Green Buildings erfasst werden und damit gut ein Viertel mehr als ein Jahr zuvor. In den großen Städten werden bereits heute kaum noch Neubauobjekte ohne Zertifikat errichtet. In den A-Städten ist folglich auch der Anteil nachhaltiger Gebäude am Umsatz höher als am Bestand, auch wenn es in der Differenz teilweise deutliche Unterschiede gibt (siehe Abbildung 4.27).

Der Trend, dass neben den ursprünglich fast ausschließlich zertifizierten Bürogebäuden auch andere Nutzungsarten an Bedeutung gewinnen, hat sich weiter fortgesetzt. Nach wie vor dominieren zwar Büros bei den Green Buildings; gerade der Einzelhandel konnte aber spürbar aufholen und ist mittlerweile für knapp ein Viertel des Bestands verantwortlich. Die Zertifizierung im Bestand nimmt seit einiger Zeit deutlich zu. Wurden anfangs fast nur für Neubauten Nachhaltigkeits-Labels vergeben, werden aktuell immer mehr Bestandsgebäude nachgerüstet. Als Konsequenz hieraus hat sich der Anteil der Bestandsobjekte an den 2015 neu zertifizierten Gebäuden auf mittlerweile gut 30 % erhöht.

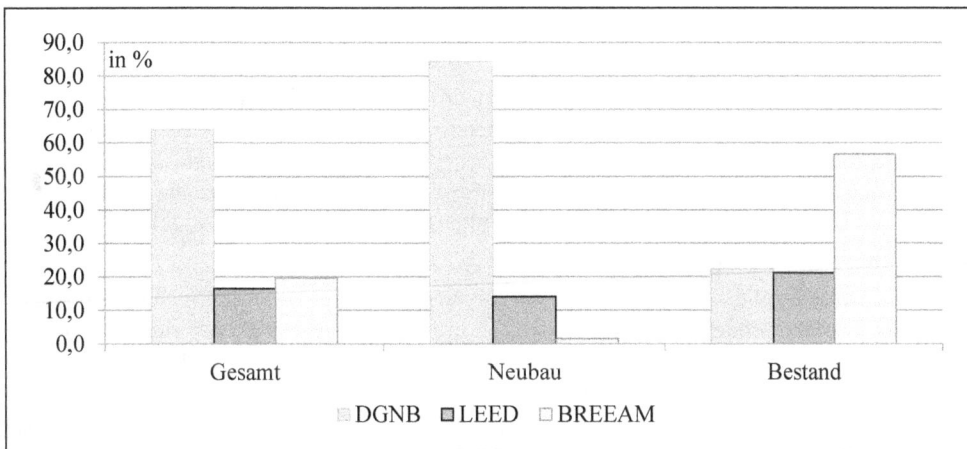

Abb. 4.28:   Marktanteile der Zertifizierungssysteme im Lebenszyklus; Quelle: BNP Paribas Real Estate, Market Focus 2016, Investmentmarkt Green Buildings, http.//www.realestate.bnpparibas.de, abgerufen am 05.02.2017, eigene Darstellung.

Die DGNB ist nach wie vor mit weitem Abstand Marktführer in Deutschland. Building Research Establishment Environmental Assessment Methodology (BREEAM) ist ein ursprünglich aus Großbritannien stammendes Bewertungssystem für nachhaltige Immobilien und konnte seinen zweiten Platz ausbauen. Der Erfolg von BREEAM beruht dabei auf der Zunahme der Bestandszertifikate. Leadership in Energy and Environmental Design (LEED) ist ein System zur Klassifizierung für ökologisches Bauen, das vom U.S. Green Building Council 1998 entwickelt wurde. In Deutschland verharrt LEED auf dem dritten Platz.

Green Lease

Ein besonderer Faktor bei der Entwicklung von Nachhaltigkeit im Immobilienbereich spielt die spezielle Nachfrage nach nachhaltigen Immobilien. Dies geschieht z. B. durch nachhaltige Mietverträge, sog. Green Leases. Durch seine besondere Ausgestaltung soll ein Green

Lease z. B. den Mieter zu einer möglichst nachhaltigen Nutzung und den Vermieter zu einer möglichst nachhaltigen Bewirtschaftung der Immobilie veranlassen.

Die Mieter insbesondere großer Immobilienflächen achten zunehmend bei ihren Entscheidungen auf ökologische Faktoren. Potenzial für Verbesserungen u. a. der Energieeffizienz besteht bei Neubauten wie auch bei bestehenden Gebäuden. Der bisherige Bestand wird mittelfristig den neuen Standards angepasst werden müssen.

Es können umweltfreundliche Baukonzepte oder „grüne Ausstattungsmerkmale" der Mietsache vereinbart werden. Grundsätzlich können Klauseln sowohl bei Neuvermietungen als auch bei Vertragsergänzungen in den jeweiligen Mietvertrag integriert werden. Die Mietverträge unterscheiden sich zwischen Neu- und Bestandsbauten sowie bei der Art der Nutzung der Gebäude. Weiterhin können die Klauseln zwischen reinen Absichtserklärungen und sanktionsbewehrten Pflichten differieren. Die Integration „grüner" Klauseln wird auch im deutschen Immobiliensektor zukünftig eine immer größere Rolle spielen, da zunehmend auf die Nutzung und Bewirtschaftung der Objekte geachtet wird.

4.7.2   Nachhaltigkeit und Immobilien-Investmentmarkt

Nachhaltig zertifizierte Immobilien haben sich in den letzten Jahren zunehmend zu einer bedeutenden Assetklasse bei Immobilienanlagen entwickelt. Insbesondere institutionelle Investoren orientieren sich in ihren Immobilienportfolios zunehmend an Objekten mit Nachhaltigkeitszertifikaten. Dieser Trend wird sich fortsetzen, da die Investoren ein großes Potenzial für das Emittieren von nachhaltigen Immobilienanlageprodukten sehen.

Das **Transaktionsvolumen** mit zertifizierten Green Buildings belief sich 2016 auf knapp 7,4 Mrd. Euro. Damit wurde nicht nur das bereits sehr gute Vorjahresergebnis um knapp 10 % übertroffen, sondern auch ein neuer Rekordumsatz aufgestellt, der doppelt so hoch ausfällt wie im Durchschnitt der letzten acht Jahre. Das Investmentgeschehen mit Green Buildings hat sich damit genauso dynamisch entwickelt wie das gewerbliche Investmentvolumen insgesamt. Bezogen auf die rund 35,1 Mrd. Euro, die bundesweit in Einzelobjekte investiert wurden, beläuft sich der Anteil zertifizierter Gebäude auf gut 21 % und liegt damit leicht über dem Ergebnis des Vorjahres. Im Jahr 2008 lag der Anteil von Green Buildings lediglich bei gut 5 %. Die Umsatzentwicklung (siehe Abbildung 4.29) zeigt, dass zertifizierte Gebäude begehrt und für viele Investoren zwingend notwendig sind.

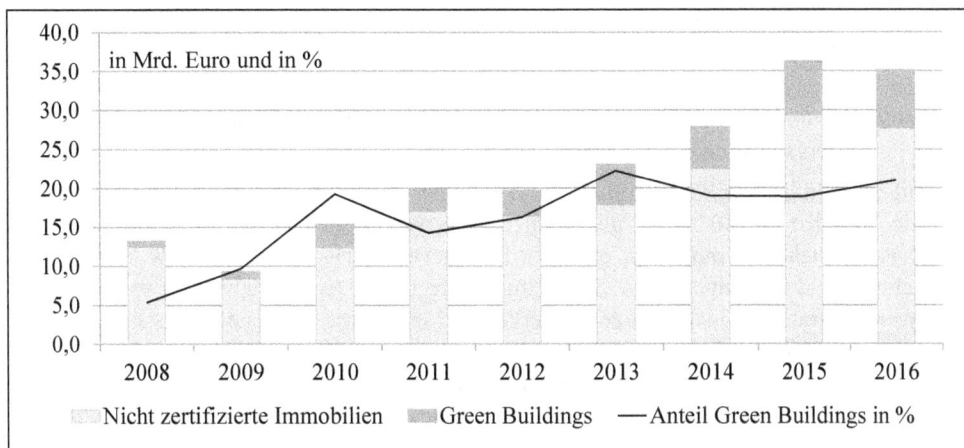

Abb. 4.29:   Investments in Green Buildings; Quelle: BNP Paribas Real Estate, Market Focus 2015, Investmentmarkt Green Buildings, http.//www.realestate.bnpparibas.de, abgerufen am 05.01.2017, eigene Darstellung.

Bei Objekten von mehr als 50 Mio. Euro Umsatz wird ein Anteil an Green Buildings von
annähernd 90 % erzielt. Eine Ursache dafür ist, dass sich das Transaktionsvolumen stark auf
die A-Standorte konzentriert. Ähnlich wie bei der räumlichen Konzentration lassen sich auch
Käufer identifizieren, die stark auf nachhaltige Investments konzentriert sind. Hierbei handelt es sich vor allem um eigenkapitalstarke Core-Anleger, bei denen langfristig stabile Objekte an hochwertigen Standorten oftmals stärker im Vordergrund stehen als hohe Renditen.

Risiko, Rendite und Liquidität sind die klassischen **Investitionsziele** bei einer Kapitalanlage.
Neben diesen Zielen ist auch vermehrt das Ziel der Nachhaltigkeit in den Fokus gerückt.
Dabei werden verstärkt ökologische und soziale Faktoren bei den Entscheidungen berücksichtigt. Jedoch eignet sich jedes zertifizierte Gebäude als Investmentobjekt für jedes Investmentvehikel. Die Nachhaltigkeitskriterien der Objekte müssen mit den weiteren Kriterien der Investmentziele und -strategien wie Standort, Objektart und andere Aspekte überein-
stimmen.

Wirtschaftliche Überlegungen führen ebenfalls zum Kauf von nachhaltigen Immobilien. Es
wird erwartet, dass sich mit nachhaltigen Immobilien langfristig mehr Einnahmen generiert
werden können und auch die laufenden Betriebskosten niedriger ausfallen sollen.

Schließlich erwarten diese Anleger auch, dass diese Immobilien trotz höherer Investitionskosten langfristig einen höheren Werterhalt bieten. Nachhaltigkeit führt zu einer höheren
Mieterzufriedenheit und einer steigenden Gebäudequalität, was sich langfristig auf den Ge-
bäudewert niederschlagen soll. Ebenfalls können gesetzliche Auflagen und Regulierungen
dazu führen, dass Investoren diese Immobilienart kaufen. Diese Investoren sehen sich einem
großen öffentlichen Interesse gegenüber und engagieren sich deswegen in diesen Immobilien.

4.7.3   Nachhaltigkeit und Büroimmobilienmarkt

Eine den Dimensionen der Nachhaltigkeit entsprechende Büroimmobilie ist mehr als nur ein
Green Building, welches primär **ökologische Kriterien** erfüllt. Der Fokus liegt auf einem

effizienten Einsatz der Ressourcen während des gesamten Lebenszyklus. Dies beginnt bei der Standortfrage, da für den Flächenbedarf des Objektes idealerweise bereits versiegelte Flächen an innerstädtischen Standorten genutzt werden sollen. Diese weisen auch die nötige Zentralität auf, um die Anfahrtswege der Mitarbeiter zu reduzieren. Gleiches gilt in der Bauphase für die Organisation des Baustellenverkehrs.

Die mit Abstand längste Phase im Lebenszyklus einer Büroimmobilie ist die Nutzungsphase. Auf sie entfallen ca. 80 % der gesamten Lebenszykluskosten (siehe Abbildung 4.30). In dieser Phase steht ein möglichst geringer Energieverbrauch für Heizung, Klimatisierung, Beleuchtung und die eingesetzten Geräte im Vordergrund. Der Energiebedarf soll vornehmlich aus regenerativen Quellen gedeckt werden und integrierte Ver- und Entsorgungssysteme sollen in Verbindung mit einer modernen Gebäudeleittechnik die nachhaltige Nutzung gewährleisten. In der Rückbauphase sollen möglichst viele der eingesetzten Rohstoffe recycelt oder umweltverträglich entsorgt werden können. Nach dem Rückbau bleibt idealerweise eine renaturierte Fläche oder es entsteht Platz für eine neue Immobilie mit noch besserer Umsetzung der Nachhaltigkeitsanforderungen.

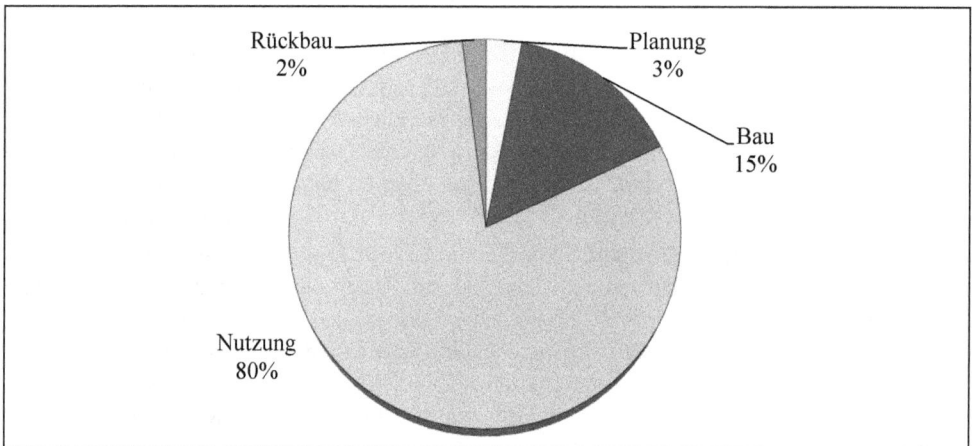

Abb. 4.30: Kostenverteilung über den Lebenszyklus einer Büroimmobilie; Quelle: eigene Darstellung in Anlehnung an Deutsche Hypo, 2010, S. 13.

Bei den Bürogebäuden gewinnt die Energieeffizienz zunehmend an Bedeutung. In früheren Jahren waren Bürobauten zu Lasten des Energieverbrauchs geplant. Sie sahen eine möglichst vollständige Trennung des Innen- und Außenklimas vor, wozu wiederum eine umfangreiche, energieineffiziente, technische Gebäudeausrüstung notwendig war. Nachhaltige Bürogebäude zeichnen sich nicht nur durch Energieeffizienz aus, sondern beachten auch stark die sozialen Aspekte der Nachhaltigkeit. Entsprechend der **sozialen Dimension** der Nachhaltigkeit muss eine zukunftsfähige Büroimmobilie die Realisierung eines den Bedürfnissen der Mitarbeiter entsprechenden Bürokonzeptes ermöglichen und wird damit zu mehr als einem reinen Ort der Arbeit. Diese modernen Bürokonzepte weisen einen engen Bezug zum Megatrend New Work (siehe Kapitel 4.3.1) auf.

Diese Bürokonzepte zeichnen sich durch Kommunikationsmöglichkeiten und Raumkomfortangebote aus. Durch die hohe Arbeitsplatzqualität kann eine langfristigere Bindung der Mitarbeiter erreicht werden, was auch hinsichtlich der demografischen Herausforderung wichtig ist (siehe Kapitel 4.4.3). Je mehr die Verpflichtungen von Corporate Social Responsibility in Unternehmensleitbilder eingehen, desto wichtiger werden Nachhaltigkeitskriterien bei den genutzten Immobilien. Sie machen das nachhaltige Selbstverständnis eines Unternehmens nach außen sichtbar.

Im Sinne des Nachhaltigkeitsgedankens geht es nicht nur darum, ein Bürogebäude energieeffizienter zu gestalten, sondern eine Arbeitswelt zu entwickeln, die den **ökonomischen Erfolg** des Unternehmens auch räumlich nachhaltig gestaltet. Das heißt, dass höhere Anfangsinvestitionen, um ein flexibles und variables Bürokonzept umsetzen zu können, mit langfristigen Vorteilen hinsichtlich der Produktivität abgewogen werden müssen. Dies erfordert die Akzeptanz längerfristiger Amortisierungsphasen und eine aufwendige Abstimmung innerhalb des Unternehmens schon während der Entwicklung und Planung. Es sollte nicht nur der Kostenfaktor eines Objektes im Vordergrund stehen, sondern auch dessen signifikanter Beitrag zur Produktivität, Motivation und zum Wohlbefinden der Mitarbeiter.

Nachhaltige Büroimmobilien erfordern **flexible Nutzungskonzepte**, damit diese an geänderte Anforderungen angepasst werden können. Alternativ könnten diese Büroimmobilien nicht mehr genutzt werden und würden dann leer stehen bzw. müssten abgerissen werden. Dies ist bereits bei der Planung zu berücksichtigen, damit Objekte mit moderner Ausgestaltung der neuen Arbeitswelt bereitgestellt werden. Wenn ein Nutzer Veränderungen vornehmen möchte, beispielsweise Umstrukturierungen von Abteilungen oder das Zusammenlegen verschiedener Bereiche, sollte er im Sinne der Nachhaltigkeit diese organisatorischen Entwicklungen auch räumlich umsetzen können. Diese Flexibilität ist umso mehr gefragt, wenn der Nutzer die Fläche aufgibt und es zu einem Mieterwechsel kommt. Das Gebäude und das Bürokonzept sind nur dann nachhaltig gestaltet, wenn dieser Wechsel gelingt und den Ansprüchen eines neuen Mieters entsprochen werden kann. Nachhaltig ist eine Arbeitswelt, die Veränderungen von Beginn an in ein Konzept mit einplant und die vielfältigen Anforderungen der Bürobeschäftigten berücksichtigt, um eine ausgeglichene Work-Life-Balance verwirklichen zu können.

4.7.4 Nachhaltigkeit und Einzelhandelsimmobilienmarkt

Die Einzelhandelsimmobilien selbst stehen im Mittelpunkt von Nachhaltigkeitsüberlegungen. Die **Nachhaltigkeitszertifikate** von Green Buildings ist eine Maßnahme aus der Entwicklung verschiedener Nachhaltigkeitskonzepte. Durch die gestiegenen Nachhaltigkeitsbedürfnisse von Einzelhändlern und Konsumenten ist es wichtig, ebenfalls Nachhaltigkeitskonzepte für die Bewirtschaftung von Immobilien zu erschaffen. Green Buildings zeichnen sich durch Ressourceneffizienz aus und dies reduziert ebenso ihre schädliche Auswirkung auf Gesundheit und Umwelt. Die Eigentümer der Immobilie versprechen sich durch Nachhaltigkeit den Werterhalt bzw. eine Wertsteigerung.

Nachhaltigkeit im Bereich der Einzelhandelsimmobilien fokussiert sich häufig auf den effizienten Energieverbrauch und damit die Senkung von Nebenkosten. Die größten Potenziale stecken in einem optimierten Konzept zum Heizen und Kühlen, der Energierückgewinnung und der Be- und Entlüftung der Immobilie. Die Nutzung regenerativer Energien und der Einsatz innovativer Technologien sollen zur Reduzierung der CO_2-Emissionen dienen. Je nach Nutzer der Immobilie wird entweder die ökonomische oder die soziale oder die ökologische Dimension als ausschlaggebend für die Nutzung von nachhaltigen Immobilien erachtet wird. Für Einzelhändler dürfte hauptsächlich der ökonomische Aspekt im Vordergrund stehen. Die meist höheren Ladenmieten einer nachhaltig gebauten Einzelhandelsimmobilie werden in Kauf genommen, wenn niedrigere Betriebskosten oder ein Imagezuwachs dadurch erwartet werden kann. Dies bindet solche Kunden, die selbst ein großes Umweltbewusstsein haben. Kunden einer Einzelhandelsimmobilie locken eher die sozialen und die ökologischen Vorteile in eine nachhaltige Einzelhandelsimmobilie.

Potenzial haben vor dem Hintergrund der Nachhaltigkeit dezentrale **Einzelhandelsimmobilienstandorte**, welche die Nahversorgungsfunktion erfüllen. Sie profitieren mit einem lokal orientierten Sortiment zum einen vom Trend zur Glokalisierung, zum anderen stammen die Waren regionaler Anbieter oftmals auch aus nachhaltigem Anbau oder nachhaltiger Produktion. In Verbindung mit dem regionalen Bezug ist es für Kunden attraktiv, diese Geschäfte zur fußläufigen Versorgung mit den Waren des täglichen Bedarfs zu nutzen.

Weiterhin gibt es einen unmittelbaren Einfluss auf die **Sortimentszusammenstellung**. Die Unternehmen des Einzelhandels sind direkt betroffen, wenn sie sich nachhaltigkeitsgetriebenen Kundenwünschen gegenüber sehen. Dies zeigt sich zum einen in der Expansion des Handelsformats Biomarkt, das sich noch in der Wachstumsphase befindet, und zum anderen in der zunehmenden Verfügbarkeit von Bio-Produkten bei traditionellen Lebensmittelhändlern. Gerade Ersteres verfolgt eine ganzheitlich nachhaltige Geschäftsstrategie, die auch die Nutzung nachhaltiger Immobilien mit einschließt. Biomärkte nehmen dabei die meist höheren Ladenmieten einer nachhaltig gebauten Einzelhandelsimmobilie in Kauf, wenn dies Teil der Corporate-Social-Responsibility-Strategie ist oder einen Imagezuwachs bedeutet. Dies fördert die Kundenbindung der vor allem jungen LOHAS-Generation (Lifestyle of Health and Sustainability), die selbst ein großes Umweltbewusstsein haben und ihren Lebensstil daran ausrichten. In vielen Fällen steht derzeit aber noch die ökonomische Motivation im Vordergrund, das bedeutet die kostengünstige Versorgung und deren gute Erreichbarkeit. Hier tritt die Erfüllung von Nachhaltigkeitsanforderungen in den Hintergrund. Beispiele für derartige nicht nachhaltige Einzelhandelsimmobilien sind auf der grünen Wiese an dezentralen Standorten errichtete Center mit großem Kundenparkplatz für den Individualverkehr.

Insgesamt steckt die Einzelhandelsimmobilie der Zukunft in einem Dilemma. Sie muss die Kriterien einer nachhaltigen Immobilie erfüllen, um dem wachsenden Umweltbewusstsein und Nachhaltigkeitsbedürfnis von Einzelhändlern und Kunden gerecht zu werden, darf im Gegenzug aber keine oder nur geringe Mehrkosten in der Bewirtschaftung verursachen.

4.7.5   Nachhaltigkeit und Wohnungsmarkt

Nachhaltiger Wohnungsbau im modernen Sinne bringt ökologische, ökonomische, soziale und kulturelle Aspekte in Einklang. Nachhaltigkeit im Wohnungsbereich bedeutet den ressourcenschonenden und energieeffizienten Neubau, die aktive Einbeziehung zukünftiger Bewohner und die Umsetzung einer hohen Bau- und Wohnqualität im Rahmen wirtschaftlicher Rentabilität.

Da eine Wohnung gleichzeitig lebensnotwendig und nicht substituierbar ist, kommt der Wahl der Wohnung bzw. Wohnform auf Seiten der Nachfrage eine hohe Bedeutung zu. Nachhaltigkeit hat in diesem Zusammenhang die Anforderungen der Nutzer an Wohnungen in den letzten Jahren wesentlich geprägt und zur Formulierung ökologischer Anforderungen an die

Objekte geführt. Grundsätzlich zeigt sich auf Seiten der Nutzer eine höhere Zahlungsbereitschaft für nachhaltige Wohnungen, wenn vor allem die Senkung von Energiekosten gelingt.

Innerhalb des Lebenszyklus einer Immobilie ergeben sich durch die Nachhaltigkeit neue Anforderungen. In der Projektentwicklungsphase ist auf einen möglichst geringen Flächenverbrauch zu achten. Da der Bau von Wohnungen den höchsten Anteil am Wachstum der Siedlungsflächen hat, ist hier verstärkt auf Nachhaltigkeit zu achten. Die dadurch verursachte Versiegelung von Flächen behindert nicht nur die natürlichen Bodenfunktionen, sondern zerstört auch wichtige Lebensräume für Pflanzen und Tiere.

Staatliche Programme fördern den Bau von nachhaltigen Wohnimmobilien. Erfüllen Häuser die von der Kreditanstalt für Wiederaufbau (KfW) formulierte Standards, werden zinsgünstige Finanzierungen angeboten. Das Gleiche gilt für die Installation von Photovoltaik- oder Solarthermieanlagen. Beim Bau der Wohnungen sollte darauf geachtet werden, dass die Räume möglichst flexibel nutzbar sind und die Nutzflächen maximiert werden. Bei Beachtung nachhaltiger Grundsätze sind gesunde Baustoffe zu verwenden.

Es ist zu erwarten, dass die Nutzer von Wohnimmobilien auch in Zukunft vermehrt darauf achten werden, ob ihre Wohnung bzw. Wohnimmobilie auch den Kriterien der Nachhaltigkeit entspricht. Für eine nachhaltige Nutzung ist u. a. ein ganzheitliches Energiekonzept notwendig, das bei der Gebäudekonzeption anfängt, aber ebenfalls den baulichen Wärmeschutz und effiziente Anlagen zur Nutzung von Wärme- und Lufttechnik sowie erneuerbaren Energien betrifft. Nachhaltigkeit ist somit eng verbunden mit dem Ziel der Energieeffizienz. So gewinnen Wohnimmobilien wie Niedrigenergie-, Energiespar- oder Passivhäuser zunehmend an Bedeutung.

Auch in der Verwertungsphase der Immobilien ist auf ein nachhaltiges Handeln zu achten. Der Gebäudebestand stellt ein riesiges Materiallager dar, das effizient genutzt werden sollte. Ein vermehrtes Recycling bietet sich an, auch da für die Erzeugung der Bauprodukte wie Ziegel oder Zement viel Energie benötigt wird. Bei der Sanierung von Bestandsimmobilien werden Aspekte der Nachhaltigkeit weiter an Gewicht gewinnen.

Das **Zertifikat „Nachhaltiger Wohnungsbau, (NaWoh)"** wird für neue Wohngebäude vergeben, die den Kriterien eines objektiven Bewertungssystems entsprechen und sich einer Prüfung unterzogen haben. Auch bei Wohnimmobilien werden Nachhaltigkeitszertifikate zunehmend wichtiger. Diese sollen sicherstellen, dass beim Neubau von Wohnimmobilien der gesamte Lebenszyklus Berücksichtigung findet und nicht nur die eigentliche Nutzungsphase. Auch der Bau und der spätere Abriss bzw. die Entsorgung sind bei der Kalkulation des Primärenergiebedarfs einer Immobilie zu berücksichtigen. Damit soll Nachhaltigkeit transparent und nachhaltige Qualität gesichert werden. Es erlaubt die Beschreibung und Bewertung der Qualität und Nachhaltigkeit neu zu errichtender Wohngebäude auf freiwilliger Basis.

Das Bewertungssystem Nachhaltiger Wohnungsbau wurde aus der wohnungswirtschaftlichen Sicht entwickelt, um die verschiedenen Aspekte der Nachhaltigkeit im Wohnungsneubau zu beschreiben und, wo geeignet, auch zu bewerten. Innerhalb der verschiedenen auf dem Markt befindlichen Nachhaltigkeitsbewertungssysteme für Wohngebäude spezialisiert sich dieses System insbesondere auf die Handlungsmöglichkeiten von Wohnungsunternehmen als Bestandshalter. Besonderheiten sind eine ausführliche Behandlung des Bereiches Wohnqualität, das Herstellen eines methodischen Zusammenhangs zwischen Gebäudestandort und Umfeld einerseits sowie den planerischen und baulichen Reaktionen auf Standort und Umfeld andererseits, und die Einbeziehung der ökonomischen Nachhaltigkeit zusätzlich auch aus Sicht

des Bauherrn. Das System orientiert sich ganz unmittelbar an den Bedürfnissen der wohnungswirtschaftlichen Praxis.

Die Kriterien für nachhaltigen Wohnungsbau berücksichtigen die Wohnqualität. Darüber
hinaus werden die technische Qualität – einschließlich planerischer und baulicher Reaktion
auf Standort und Umfeld – sowie die ökologischen und ökonomischen Aspekte auch aus
Sicht des Bauherren und letztlich die Prozessqualität bewertet. Das Qualitätssiegel Nachhaltiger Wohnungsbau gibt die Möglichkeit, für den Wohnungsneubau Nachhaltigkeit zu doku-
mentieren und sichtbar zu machen. Das zugrunde liegende System zur Beschreibung und
Bewertung der Nachhaltigkeit kann unabhängig vom Qualitätssiegel weiterhin als Leitfaden,
Planungshilfe und zur Unterstützung der Qualitätssicherung eingesetzt werden.

Die Einhaltung der Beschreibungskriterien und Qualitätsanforderungen werden einer Voll-
ständigkeits- und Konformitätsprüfung unterzogen und mit einer Urkunde bestätigt. Zur
Verbesserung der Transparenz werden die Ergebnisse der Beschreibung und Bewertung zusätzlich zum Qualitätssiegel detailliert angegeben und in einem Stärkenprofil auch als Infor-
mationsgrundlage für Dritte zusammengefasst. Das Bewertungssystem wurde in der Arbeitsgruppe Nachhaltiger Wohnungsbau entwickelt; in der vom Bundesministerium für Verkehr,
Bau und Stadtentwicklung unterstützten Arbeitsgruppe arbeiten Verbände der Immobilien-
und Wohnungswirtschaft, Unternehmen der Wohnungswirtschaft, Vertreter relevanter Ak-
teursgruppen sowie Forschungseinrichtungen mit. Träger für die Vergabe des Qualitätssiegels
ist der Verein zur Förderung der Nachhaltigkeit im Wohnungsbau.

Internetquellen
BNP Paribas Real Estate, Market Focus 2015, Investmentmarkt Green Buildings,
http://www.realestate.bnpparibas.de, abgerufen am 05.01.2017.
Statistisches Bundesamt, 13. Koordinierte Bevölkerungsvorausberechnung, https://
www.destatis.de/DE/ZahlenFakten/GesellschaftStaat/Bevoelkerung/Bevoelkerungsvorausb
erechnung/Bevoelkerungsvorausberechnung.html, abgerufen am 05.10.2016.
Bundesinstitut für Bau-, Stadt- und Raumforschung (BBSR), Raumordnungsprognosen,
http://www.bbsr.bund.de/BBSR/DE/Raumbeobachtung/UeberRaumbeobachtung/Kompone
nten/Raumordnungsprognose/veroeff-raumordnungsprognose.html,   abgerufen   am
05.10.2016.
Berlin-Institut für Bevölkerung und Entwicklung, Demografische Analysen, Konzepte und
Strategien, http://www.berlin-institut.org, abgerufen am 05.10.2016.
Bertelsmann Stiftung, Kommunales Informationssystem, http://www.wegweiser-kom-
mune.de, abgerufen am 05.10.2016.

Übungsfragen und Fallstudien
1. Die verschiedenen Teilmärkte des Immobilienmarktes werden langfristig von dem
    Megatrend der wirtschaftlichen Entwicklung beeinflusst. Nach Objektarten lassen sich
    die folgenden Teilmärkte unterscheiden:
    a) Büroimmobilien
    b) Einzelhandelsimmobilien
    c) Wohnimmobilien

Wie wirkt sich das für die kommenden Jahre für Deutschland prognostizierte Wirtschaftswachstum auf die verschiedenen Immobilienmärkte aus?

2. Die verschiedenen Teilmärkte des Immobilienmarktes werden langfristig von dem Megatrend der demografischen Entwicklung beeinflusst. Nach Objektarten lassen sich die folgenden Teilmärkte unterscheiden
   a) Büroimmobilien
   b) Einzelhandelsimmobilien
   c) Wohnimmobilien
   Wie wirkt sich der demografische Wandel auf die verschiedenen Immobilienmärkte aus?

3. Die verschiedenen Teilmärkte des Immobilienmarktes werden langfristig von dem Megatrend „Finanzmärkte" beeinflusst. Nach Objektarten lassen sich die folgenden Teilmärkte unterscheiden
   a) Büroimmobilien
   b) Einzelhandelsimmobilien
   c) Wohnimmobilien
   Wie wirkt sich die Entwicklung der Finanzmärkte auf die verschiedenen Immobilien märkte aus?

4. Die verschiedenen Teilmärkte des Immobilienmarktes werden langfristig von dem Megatrend der Digitalisierung beeinflusst. Nach Objektarten lassen sich die folgenden Teilmärkte unterscheiden
   a) Büroimmobilien
   b) Einzelhandelsimmobilien
   c) Wohnimmobilien
   Wie wirkt sich der Digitalisierung auf die verschiedenen Immobilienmärkte aus?

5. Beschreiben Sie die Auswirkungen der Digitalisierung auf Ihr Unternehmen bzw. einen Unternehmensbereich.

6. Die verschiedenen Teilmärkte des Immobilienmarktes werden langfristig von dem Megatrend der Nachhaltigkeit beeinflusst. Nach Objektarten lassen sich die folgenden Teilmärkte unterscheiden
   a) Büroimmobilien
   b) Einzelhandelsimmobilien
   c) Wohnimmobilien
   Wie wirkt sich Nachhaltigkeit auf die verschiedenen Immobilienmärkte aus?

7. Was ist mit „Sustainable Development" gemeint und welche Auswirkungen hat die Nachhaltigkeit auf die Immobilienwirtschaft und die Immobilien?

8. Beschreiben Sie die zentralen zukünftigen Herausforderungen und mögliche Reakti-
    onsmöglichkeiten für die folgenden Immobilienmärkte:
    a) Büroimmobilienmärkte
    b) Einzelhandelsimmobilienmärkte
    c) Wohnimmobilienmärkte
    d) Immobilien-Investmentmärkte

Fallstudie

Herr Kuzorra, Assistent des Vorstands der Wohnungsbaugesellschaft GE, hat davon erfahren, dass in der Stadt ein multinationales Unternehmen eine Niederlassung eröffnen will.
Dadurch werden einige tausend Arbeitsplätze in der strukturschwachen Region geschaffen.
Im nächsten Geschäftsbericht soll zu diesem Vorhaben ein vorausschauendes Kapitel über
die immobilienwirtschaftlichen Auswirkungen dieser Standortentscheidung erscheinen.

Ihre Aufgabe: Helfen Sie Herrn Kuzorra und schreiben Sie dieses Kapitel des Geschäfts-
berichts.

Literatur

Grundlagenliteratur

Brauer, Kerry-U., Grundlagen der Immobilienwirtschaft, 7. Aufl., Wiesbaden 2010.

Gondring, Hanspeter, Immobilienwirtschaft, Handbuch für Studium und Praxis, 3. Aufl., München 2013.

Rat der Immobilienweisen, Jahresgutachten für die Immobilienwirtschaft, verschiedene Jahrgänge.

Rottke, Nico und Michael Voigtländer (Hrsg.), Immobilienwirtschaftslehre, Bd. I, Management, Köln 2011.

Rottke, Nico und Matthias Thomas (Hrsg.), Immobilienwirtschaftslehre, Bd. II, Ökonomie, Köln 2012.

Schulte, Karl-Werner (Hrsg.), Immobilienökonomie, Bd. 1, Betriebswirtschaftliche Grundlagen, 5. Aufl., München 2015.

Schulte, Karl-Werner (Hrsg.), Immobilienökonomie, Bd. 4, Volkswirtschaftliche Grundlagen, München 2008.

Vornholz, Günter, VWL für die Immobilienwirtschaft, 2. Auflage, München 2014.

Vornholz, Günter, Internationale Immobilienökonomie – Globalisierung der Immobilienwirtschaft, München 2015.

Literatur zu Kapitel 2

Bone-Winkel, Stephan, Karl-Werner Schulte und Christian Focke, Begriff und Besonderheiten der Immobilie als Wirtschaftsgut, in: Karl-Werner Schulte (Hrsg.): Immobilienökonomie, Bd. 1, Betriebswirtschaftliche Grundlagen, 4. Aufl., München 2008, S. 3–26.

Bulwien, Hartmut, Entwicklung Immobilienmarkt Deutschland – Präferenz der Investoren, Vortrag auf dem 11. Kommunikationsforum der UniCredit, München 19.09.2011.

gif – Gesellschaft für Immobilienwirtschaftliche Forschung e.V., Definitionen zur Einzelhandelsanalytik, Wiesbaden 2014.

gif – Gesellschaft für Immobilienwirtschaftliche Forschung e.V., Leitfaden zur Berichterstattung über den Investmentmarkt für Gewerbeimmobilien, Wiesbaden 2014 [2014a].

gif – Gesellschaft für Immobilienwirtschaftliche Forschung e.V., Leitfaden zur Büromarktberichterstattung, Wiesbaden 2015.

Jones Lang LaSalle Research, Immobilienmarkt – Definitionen, o.O., 2011.

NORD/LB, Immobilienmärkte – Einflussfaktoren und Perspektiven, Hannover 2005.

Rottke, Nico, Immobilienwirtschaftslehre, in: Nico Rottke und Matthias Thomas (Hrsg.), Immobilienwirtschaftslehre, Bd. I, Management, Köln 2011, S. 27–72.

Rottke, Nico, Immobilienarten, in: Nico Rottke und Matthias Thomas (Hrsg.), Immobilienwirtschaftslehre, Bd. I, Management, Köln 2011, S. 141–172.

https://doi.org/9783110550535-245

Rottke, Nico und Martin Wernecke, Lebenszyklus von Immobilien, in: Karl-Werner Schulte (Hrsg.), Immobilienökonomie, Bd. 1, Betriebswirtschaftliche Grundlagen, 4. Aufl., München 2008, S. 209–230.

Rußig, Volker und Ludwig Dorfmeister etc., Die wirtschaftliche Bedeutung der Immobilienwirtschaft, Kurzfassung des Gutachtens des Ifo- Instituts für Wirtschaftsforschung e.V. an der Universität München, München 2005, auch in: Zeitschrift für Immobilienökonomie, Sonderheft 5, Wiesbaden 2005.

Savills Research Deutschland, Definitionssammlung Immobilienmarkt, Berlin 2012.

Schulte, Karl-Werner, Institutionelle Aspekte der Immobilienökonomie, in: Karl-Werner Schulte (Hrsg.), Immobilienökonomie Bd. 1, Betriebswirtschaftliche Grundlagen, 5. Aufl. München 2015, S. 167–208.

Literatur zu Kapitel 3

Bundesinstitut für Bau-, Stadt- und Raumforschung (BBSR), Wohnungs- und Immobilienmärkte in Deutschland 2016, Analysen Bau.Stadt.Raum, Bd. 12, Bonn 2016.

Bundesverband deutscher Wohnungs- und Immobilienunternehmen e.V. (GdW), Wohnungswirtschaftliche Daten und Trends, Berlin, verschiedene Jahrgänge.

Deutsche Hypo, Einzelhandelsimmobilien – Trends auf der Angebotsseite, Hannover 2009.

Deutsche Hypo, Büroimmobilienmarkt der Zukunft, Hannover 2010.

Deutsche Hypo, Immobilien-Investmentmarkt: Nach dem Boom ist vor dem Boom?, Hannover 2010.

Deutsche Hypo, Perspektiven der Wohnungsmärkte in Deutschland, Hannover 2012.

vdp Verband deutscher Pfandbriefbanken, Volkswirtschaftliches Basiswissen, Berlin 2009.

Literatur zu Kapitel 4

Competence Center Process Management Real Estate, Competence Center Process Management Real Estate Monitor 2016, Berlin 2016.

Deutsche Hypo, Demografische Herausforderungen, Hannover 2009.

Deutsche Hypo, Büroimmobilienmarkt der Zukunft, Hannover 2010.

Bölting, Torsten etc., Digitalisierung in der Immobilienwirtschaft – Chancen und Risiken, Studie im Auftrag der Bundesarbeitsgemeinschaft Immobilienwirtschaft Deutschland (BID), Bochum 2016

Just, Tobias, Demografie und Immobilien, München 2009.

Staub, Peter, Manuela Stucki und Andrea Wettstein, Digital Real Estate, Reihe Immobilienwirtschaft kompakt, Nummer 03.01/2016, Zürich 2016.

Vornholz, Günter, Zur Konzeption einer ökologisch tragfähigen Entwicklung – Eine ökonomische, theoretische Analyse der Bedingungen für die Erhaltung der natürlichen Lebensgrundlagen, Marburg, 1993.

Vornholz, Günter, Demografische Effekte auf die Büromärkte – neue Argumentationslinie, in Zeitschrift für die immobilienwirtschaftliche Forschung und Praxis, Stuttgart, Ausgabe 13 vom 18.12.2009.

ZIA Zentraler Immobilien Ausschuss e.V., Nachhaltigkeit in der Immobilienwirtschaft - Kodex, Berichte und Compliance, Berlin 2011.

ZIA Zentraler Immobilien Ausschuss e.V., Herbstdiskurs der Immobilienweisen: Innovativ, smart und digital – Schöne neue Immobilienwelt?, Berlin 2016.

Index

www.ingramcontent.com/pod-product-compliance
Lightning Source LLC
Chambersburg PA
CBHW061810210326
41599CB00034B/6945